汉译世界学术名著丛书

形而上学

〔古希腊〕亚里士多德 著

吴寿彭 译

商务印书馆
The Commercial Press

ARISTOTLE
METAPHYSICA
本书译文依据

1. 路白经典丛书希-英文本,1933年纽约版
ΆΡΙΣΤΟΤΕΛΟΥΣ ΤΩΝ ΜΕΤΑ ΤΑ ΦΥΣΙΚΑ
Eng. tr. by H. Tredennick
(The Loeb Classical Library)

2. 罗斯主编英译亚氏全集卷八,1928年牛津再版本
The Works of Aristotle, Vol. viii, Metaphysica
Eng. tr. by W. D. Ross.

亚里士多德(公元前384—前322)是古希腊的伟大思想家。马克思主义经典作者称道亚里士多德是古希腊哲学家中"最博学的人"。他研究了哲学、逻辑学、心理学、自然科学、历史、政治学、伦理学、美学等问题。他在"形而上学"这一著作中叙述了自己的哲学体系。

本书除译文外,附有章节分析、索引和参考书目,以供研习哲学与哲学史者以及研究希腊学术与西方学术史者之查考。

汉译世界学术名著丛书
出版说明

我馆历来重视移译世界各国学术名著。从五十年代起,更致力于翻译出版马克思主义诞生以前的古典学术著作,同时适当介绍当代具有定评的各派代表作品。幸赖著译界鼎力襄助,三十年来印行不下三百余种。我们确信只有用人类创造的全部知识财富来丰富自己的头脑,才能够建成现代化的社会主义社会。这些书籍所蕴藏的思想财富和学术价值,为学人所熟知,毋需赘述。这些译本过去以单行本印行,难见系统,汇编为丛书,才能相得益彰,蔚为大观,既便于研读查考,又利于文化积累。为此,我们从今年着手分辑刊行。限于目前印制能力,现在刊行五十种,今后打算逐年陆续汇印,经过若干年后当能显出系统性来。由于采用原纸型,译文未能重新校订,体例也不完全统一,凡是原来译本可用的序跋,都一仍其旧,个别序跋予以订正或删除。读书界完全懂得要用正确的分析态度去研读这些著作,汲取其对我有用的精华,剔除其不合时宜的糟粕,这一点也无需我们多说。希望海内外读书界著译界给我们批评、建议,帮助我们把这套丛书出好。

商务印书馆编辑部
1981 年 1 月

目 录

形而上学 …………………………………………… 1
  卷(A)一 …………………………………………… 1
  卷(α)二 …………………………………………… 36
  卷(B)三 …………………………………………… 42
  卷(Γ)四 …………………………………………… 64
  卷(Δ)五 …………………………………………… 94
  卷(E)六 …………………………………………… 133
  卷(Z)七 …………………………………………… 141
  卷(H)八 …………………………………………… 180
  卷(Θ)九 …………………………………………… 192
  卷(I)十 …………………………………………… 211
  卷(K)十一 ………………………………………… 233
  卷(Λ)十二 ………………………………………… 263
  卷(M)十三 ………………………………………… 287
  卷(N)十四 ………………………………………… 321

附录一 ……………………………………………… 342
  纲目(章节分析) …………………………………… 342
  译者附志 …………………………………………… 367

附录二 ……………………………………………… 371

索引一　人名、地名、神名等……………………………………… 371
索引二　本书各卷互涉及关涉亚氏其他著作者……………… 375
索引三　名词及题旨…………………………………………… 376
附录三……………………………………………………………… 398
　参考书目………………………………………………………… 398
译后记……………………………………………………………… 403

形而上学

卷（A）一[①]

章一 求知是人类的本性。我们乐于使用我们的感觉就是一个说明；即使并无实用，人们总爱好感觉，而在诸感觉中，尤重视觉。无论我们将有所作为，或竟是无所作为，较之其它感觉，我们都特爱观看。理由是：能使我们识知事物，并显明事物之间的许多差别，此于五官之中，以得于视觉者为多。[②]

动物在本性上赋有感觉的官能，有些动物从感觉产生记忆，有

980a25

980b

[①] 本卷首章简述人类由感觉，记忆，经验，积累智慧以建立理论学术，而哲学尤为宝贵。次章列叙自然研究中所识万有之常态与变化，综为四因；遂撮举希腊先哲各家之说，略论其得失。995b5，1059a18，等所称"导言"（ἐν τοῖς πεφροιμιασμένοις）正当指此卷各章。一般诠疏家如耶格尔（Jaeger, W.）、罗斯（Ross, W.）等以卷 A 第九章与卷 M 第四第五章相对勘，推论此卷当系亚氏初离柏拉图学院后，在亚索（Assos）时所著录，故行文语气仍自侪于柏拉图学派之列。本书边注页数行数系照亚氏全集希文本页行数编录，索引即凭此码制订。

[②] 希腊学者一向认为视觉是五官中特重的一官，下文言及感觉时，往往单举视觉。

些则不产生记忆。这样,前者就比那些不能记忆的更明敏而适宜于学习。那些不能听声音的,虽也明敏,可是不能受教诲:譬如蜜蜂,及其它相似的种属;除记忆以外,又具备听觉的那些动物,就可加以教诲。

除了人类,动物凭现象与记忆而生活着,很少相关联的经验;但人类还凭技术与理智而生活。现在,人从记忆积累经验;同一事物的屡次记忆最后产生这一经验的潜能。经验很像知识与技术,但实际是人类由经验得到知识与技术;浦罗说:"经验造就技术,无经验就凭机遇"[①]。从经验所得许多要点使人产生对一类事物的普遍判断,而技术就由此兴起。作成这样一个判断:加里亚沾染过这种病,于他有益,苏格拉底与其他许多病例也如此,这是经验;但作成这样一个判断:所有具备某一类型体质的人沾染过这种病,例如粘液质的或胆液质[②]的人因病发烧,都于他有益,——这是技术。

在业务上看,似乎经验并不低于技术,甚至于有经验的人较之有理论而无经验的人更为成功。理由是:经验为个别知识,技术为普遍知识,而业务与生产都是有关个别事物的;因为医师并不为"人"治病,他只为"加里亚"或"苏格拉底"或其他各有姓名的治病,而这些恰巧都是"人"。倘有理论而无经验,认识普遍事理而不知其中所涵个别事物,这样的医师常是

---

① 语见柏拉图:"乔治亚篇"(Plato:"Georgias" 448C,462BC)。τέχνη(技术,音译:德赫尼)与τύχη(机会或运道,音译:托赫尼)原文声韵相切近,译文不能声义并达。

② 古希腊生理学及医学将人分别为四种体质:粘液质,血液质,胆黄质,胆黑质。因其体质不同,感疾与治病均不同。粘液质者其人恬静,性迟缓,胆液质者其人胃弱,易怒。

治不好病的;因为他所要诊治的恰真是些"个别的人"。我们认为知识与理解属于技术,不属于经验,我们认为技术家较之经验家更聪明(智慧由普遍认识产生,不从个别认识得来)[①];前者知其原因,后者则不知。凭经验的,知事物之所然而不知其所以然,技术家则兼知其所以然之故。我们也认为每一行业中的大匠师应更受尊敬,他们比之一般工匠知道得更真切,也更聪明,他们知道自己一举足一投手的原因(我们认为一般工匠凭习惯而动作,——与非生物的动作相似,如火之燃烧——趁着自然趋向,进行各自的机能活动,对于自己的动作是不知其所以然的);所以我们说他们较聪明,并不是因为他们敏于动作而是因为他们具有理论,懂得原因。一般说来,这可算是人们有无理论的标记,知其所以然者能教授他人,不知其所以然者不能执教;所以,与经验相比较,技术才是真知识;技术家能教人,只凭经验的人则不能。

又,我们不以官能的感觉为智慧;当然这些给我们以个别事物的最重要认识。但官感总不能告诉我们任何事物所以然之故——例如火何为而热;他们只说火是热的。

当初,谁发明了超越世人官能的任何技术,就为世人所称羡;这不仅因为这些发明有实用价值,世人所钦佩的正在他较别人敏慧而优胜。迨技术发明日渐增多,有些丰富了生活必需品,有些则增加了人类的娱乐;后一类发明家又自然地被认为

---

① 括弧内语句很像是早期希腊诠疏家所作注释,而其后混入正文的。以下各例仿此。

较前一类更敏慧,因为这些知识不以实用为目的。在所有这些发明相继建立以后,又出现了既不为生活所必需,也不以人世快乐为目的的一些知识,这些知识最先出现于人们开始有闲暇的地方。[①] 数学所以先兴于埃及,就因为那里的僧侣阶级特许有闲暇。

我们在"伦理学"中[②]曾已讲过技术与知识与各种官感的分别;这里所要讨论的主题是大家用来阐释事物的原因与原理的所谓智慧;因此,如上所述,有经验的人较之只有些官感的人为富于智慧,技术家又较之经验家,大匠师又较之工匠为富于智慧,而理论部门的知识比之生产部门更应是较高的智慧。这样,明显地,智慧就是有关某些原理与原因的知识。

章二　因为我们正在寻求这门知识,我们必须研究"智慧"〈索非亚〉是哪一类原因与原理的知识。如果注意到我们对于"哲人"的诠释,这便可有较明白的答案。我们先假定:哲人知道一切可知的事物,虽于每一事物的细节未必全知道;谁能懂得众人所难知的事物我们也称他有智慧(感觉既人人所同有而易得,这就不算智慧);又,谁能更擅于并更真切的教授各门知识之原因,谁也就该是更富于智慧;为这门学术本身而探求的知识总是较之为其应用而探求的知识更近于智慧,高级学术也较之次级学术更近于智慧;哲人应该施为,不应被施为,他不应听从他人,智

---

① 闲暇产生理论学术这一节,希腊诠疏家亚历山大(Alexander Aphrodisiensis)与阿斯克来比(Asclepius)等注释甚详。几何等学皆先兴于埃及。

② 参看"伦理学"1139b14—1141b8。(凡涉及亚氏本人其它著作者,举书名不再举作者名。以下仿此。)

慧较少的人应该听从他。

这些就是我们关于智慧与哲人的诠释。① 这样,博学的特征必须属之具备最高级普遍知识的人;因为如有一物不明,就不能说是普遍。而最普遍的就是人类所最难知的;因为它们离感觉最远。最精确的学术是那些特重基本原理的学术;而所包涵原理愈少的学术又比那些包涵更多辅加原理的学术为更精确,例如算术与几何〈度量〉②。研究原因的学术较之不问原因的学术更为有益;只有那些能识万物原因的人能教诲我们。知识与理解的追索,在最可知事物中,所可获得的也必最多(凡为求知而求知的人,自然选取最真实的也就是最可知的知识);原理与原因是最可知的;明白了原理与原因,其它一切由此可得明白,若凭次级学术,这就不会搞明白的。凡能得知每一事物所必至的终极者,这些学术必然优于那些次级学术;这终极目的,个别而论就是一事物的"本善",一般而论就是全宇宙的"至善"。上述各项均当归于同一学术;这必是一门研究原理与原因的学术;所谓"善"亦即"终极",本为诸因之一。

就从早期哲学家的历史来看,也可以明白,这类学术不是一门制造学术。古今来人们开始哲理探索,都应起于对自然万物的惊异;他们先是惊异于种种迷惑的现象,逐渐积累一点一滴的解释,

---

① "智慧"(σοφία)一字出于伊雄语,其要义有三:(1)一般聪明与谨慎,(2)敏于技艺,(3)学问与智慧。其后在学术方面分别了小巧与大智,遂以此字专主大智。其初尝以σοφός(智人)尊称毕达哥拉斯。迨诡辩者滥用机巧小慧,为人所鄙薄,遂另以φιλόσοφος(爱智者[哲学家])别于σοφιστήρ(诡辩家[智者]),以φιλοσοφία(哲学)别于σοφιστική(诡辩术[智术])[参看亚历山大诠疏,见于白朗第(Brandis)辑诠疏525以下各页]。

② Γεωμετρια,"度量学"。中国将埃及希腊量地之法,据欧几里得拉丁本而译为"几何",始于明末利玛窦与徐光启、李之藻时,沿用已三百余年。本书亦沿此译名。

对一些较重大的问题,例如日月与星的运行以及宇宙之创生,作成说明。一个有所迷惑与惊异的人,每自愧愚蠢(因此神话所编录的全是怪异,凡爱好神话的人也是爱好智慧的人)①;他们探索哲理只是为想脱出愚蠢,显然,他们为求知而从事学术,并无任何实用的目的。这个可由事实为之证明:这类学术研究的开始,都在人生的必需品以及使人快乐安适的种种事物几乎全都获得了以后。这样,显然,我们不为任何其它利益而找寻智慧;只因人本自由,为自己的生存而生存,不为别人的生存而生存,所以我们认取哲学为唯一的自由学术而深加探索,这正是为学术自身而成立的唯一学术。

要获得这样的知识也许是超乎人类的能力;从许多方面想,人类的本性是在缧绁之中②。照雪蒙尼得③的话,"自然的秘密只许神知道",人类应安分于人间的知识,不宜上窥天机。如诗人之语良有不谬,则神祇亦复怀妒,是故人之以此智慧(泄漏天机)胜者,辄遭遇不幸。然神祇未必妒(古谚有云:诗人多谎)④而且人间也没有较这一门更为光荣的学术。因为最神圣的学术也是最光荣的,这学术必然在两方面均属神圣。于神最合适的学术正应是一门神圣的学术,任何讨论神圣事物的学术也必是神圣的;而哲学确正如此:(1)神原被认为是万物的原因,也被认为是世间第一原理。(2)这样的一门

---

① 神话为哲学先启;亚里士多德时混用"哲学"与"神学"两词。至公元后第一世纪,柏里尼(Pliny)犹别称"菲洛索菲亚"(哲学)为"菲洛米茜亚"(神话学)。

② 亚蒙尼(Ammonius,盛年约公元485)解释:人类多欲,形役于日常所需,成为自己生活的奴隶,因此不复能寻求理智。

③ 雪蒙尼得(Simonides,公元前556—前468),启奥人。可参看希勒(Hiller)编"残篇"3。

④ 语出苏伦(Solon),见希勒"残篇"26,又赖茨与希那特温合编"希腊古谚"(Leutsch und Schneidewin, Paroemiographi Graeci)卷一,371。

学术或则是神所独有；或则是神能超乎人类而所知独多。所有其它学术，较之哲学确为更切实用，但任何学术均不比哲学为更佳。

可是，在某一含义上，修习这一门学术的结果恰与我们上述探索的初意相反。所有的人都从对万象的惊异为开端，如傀儡自行，如冬至与夏至，如"正方形的对角线不能用边来计量"①等；说是世上有一事物，即便引用最小的单位还是不能加以计量，这对于所有未明其故的人正是可惊异的。然而实际恰正相反，依照古谚所谓"再思为得"②，人能明事物之故，而后不为事物所惑；对于一个几何学者，如果对角线成为可计量的，那才是世间怪事。

这里已陈述了我们所探索的学术是何性质，以及全部研究所必须达到的是何标准。

章三　显然，我们应须求取原因的知识，因为我们只能在认明一事物的基本原因后才能说知道了这事物。原因则可分为四项而予以列举。其一为本体亦即怎是③（"为什么"既旨在求得界说最后或最初的一个"为什么"，这就指明了一个原因与原理）〈本因〉；另一是物质④或底层〈物因〉；其三为动变⑤的来源〈动因〉；

---

①　Τὴν τῆς διαμέτρου ἀσυμμετρίαν 此短语直译为"直径的不可计量性"。a 边之正方形，其对角线长为$\sqrt{2}a$，故云虽用最小单位也不能计量。
②　参考"希腊古谚"卷一，62，234，又卷二，357。
③　οὐσία 出于动字"是"，转成"本体"、"财产"、"实物"、"性能"等义。兹译"本体"τὸ τί ἦν εἶναι 事物之所以成是者，兹译"怎是"。
④　ὕλη 原义为(1)树林，(2)多数为树林，(3)引申其义为木材，(4)继续衍生之字义为制造用的材料，(5)最后转成一般物质。须注意亚氏常引用此字代表一切事物之底层(ὑποκείμενος)，较吾人习用之"物质"一词其义尤广。
⑤　κίνησις 原义为"运动"，即近代"动力学"(kinetics)一词所本。亚氏用此字每包括变化之义在内，因此本译文中有时译为"动变"，有时译为"运动"。

其四相反于动变者,为目的与本善,因为这是一切创生与动变的终极①〈极因〉。我们曾已在"物学"②中充分地研究了这些原因,现在让我们唤起曾经攻研"真理"而论证"实是"的诸先哲,为我们学习的一助。他们也谈到某些原理与原因;懂得他们的观点,这于我们今日的探索自属有益,而由那些旧说进而求取新解,或可借以辨明我们所持的理论确当无误。

初期哲学家大都认为万物唯一的原理就在物质本性。万物始所从来,与其终所从入者,其属性变化不已,而本体常如,他们因而称之为元素,并以元素为万物原理。所以他们认为万物成坏,实无成坏,这一类实是毕竟万古常在;譬如我们说苏格拉底美而文明,其所为美与文明者,可先有而后失,并不常在,然苏格拉底则常在。正复如此他们就说事物或生或灭而实无生灭;因为那些组成一切事物的实是——无论为一〈元素〉或为若干〈元素〉——在万物成坏中,依然如故。

可是他们对于这些原理的性质与项目,所想并不一致。这类学说的创始者泰勒斯说"水为万物之源"(为此故,他宣称大地是安置在水上的),大概他从这些事实得其命意:如一切种籽皆滋生于润湿,一切事物皆营养于润湿,而水实为润湿之源。他也可以从这样的事实得其命意:如由湿生热,更由湿来保持热度的现象(凡所从来的事由就是万物的原理)。

---

① τέλος 义为终极。
② 四因见"物学"(或"物理")卷二章三章七;又见"解析后编"卷二章十一。亚氏称为 φυσική 的一部分论文,包括宇宙万物,涉及物理、化学、天文地理、生物等,较近代所称"物理学"为广。本译文或作"物学",或作"自然哲学"。

有些人①认为去今甚久的古哲,他们在编成诸神的记载中,也有类此的宇宙观念;他们以海神奥启安与德修斯为创世的父母,②而叙述诸神往往指水为誓,并假之名号曰"斯德赫"③。事物最古老的最受尊敬,而凡为大家所指誓的又应当是最神圣的事物。这种关于自然的解释,究从远古何时起始,殊难论定,但我们可以确言泰勒斯曾这样的指陈了世界第一原因。一般都不以希波④之列入这一学派为合宜,因为希波的思想是琐碎的。

阿那克西米尼与第欧根尼论为气先于水,气实万物原始的基体;而梅大邦丁的希巴索和爱非斯的赫拉克利特则以火为先。恩培多克勒主于四元素并为物始(以土加于上述三者),他说四元素或聚或散,或增或减,以成万物的形形色色,而它们本身则出于一,入于一,古今一如,常存不变。⑤

克拉左美奈的阿那克萨哥拉,虽较恩培多克勒年长,为学则后于恩氏,其言曰原理为数无穷(非一非四);他认为万物各以其组成

---

① 似指柏拉图;参看"克拉替卢"(Cratylus)402B,"色埃德托"(Theaetetus)152E,180C,D中。
② 见荷马"伊里埃"(Homer,Iliad)卷十四,201,246。奥启安为海洋之神,德修斯海洋女神。
③ 同上,卷二,755,卷十四,271,卷十五,370。希腊神话中地狱有河,曰"斯德赫"(Στυξ 从动字 στυγ(ω[恨]衍成,故可意译为"恨水")。又泰勒斯以"水为物质之最古老原始者"。
④ 参看"灵魂论"405b2。希波,传为毕达哥拉斯弟子,或列于自然学派,彼亦有水为物原之说。
⑤ 参考第尔士(Diels)编:"先苏格拉底诸哲残篇"(以下简称"先苏格拉底"或"残篇")17。又菩纳脱(Burnet)"早期希腊哲学"108—108页。
此节所述希腊旧说以水、气、火、土为四元素,即印度婆罗门古教所举"四大",中国初期佛学翻译,作"地、水、风、火"。希腊学者以四大为实体。与印度佛教断言"四大皆空"者不同。与中国五行相比,希腊人因金属可熔为液体,并入水元素;又将木入火元素中;而另立了气(即风)这一行。

部分之聚散为生灭,万物皆如水火,水火各由"相似的微分"所积成,故生灭只是许多微分的聚散,而各各微分则永恒存在。①

　　从这些事实说来,我们将谓万物的唯一原因就只是物质;但学术进步,大家开拓了新境界,他们不得不对这些主题再作研究。就算万物真由一元素或几元素(物质)演变生灭而成宇宙万有,可是试问生灭何由而起,其故何在?这物质"底层"本身不能使自己演变;木材与青铜都不能自变,木材不能自成床,青铜不能自造像,这演变的原因只能求之于另一事物。找寻这个,就是找寻我们所说的第二原因②——动因。那些初作这类探索的人们,说宇宙"底层"出于一因,③颇为自得;有些人则虽已由这第二原因引起考虑,而却又像未能找到,而仍还执持于全宇宙在成坏论上是一个不变的"元一";于其它演化而论,亦复如此。④(这种原始信念为初期哲学家共通的思想。)这就是他们所特有的观点。凡专主宇宙为元一的人们,除了巴门尼德以外,都未能找到这另一类原因,巴门尼德亦仅说在某种含义上,原因不只一,可有二。⑤但那些主于多元素的人⑥比较可能涉及这第二原因,他们于冷热,于土水,均一例

---

①　参看第尔士编"残篇"4。又"说天"302a 28。及"成坏论"314a 24。均涉及阿那克萨哥拉之说。其义试以毛发为例:一毛发应为许多微分之毛发生聚而成,其消灭也仍解散为许多微分毛发;追另一生物摄取诸微分,便又成一新毛发。参看本书1056b 28—30,1063b28。

②　亚氏常将动因列为第三原因。这里因跟着上文述各家所主物因,列为第二。

③　指米利都自然学派泰勒斯(Thales,约公元前624—前547),阿那克西米尼(Anaximenes,约公元前585—前525)与赫拉克利特(Heraclitus,约公元前530—前470)。

④　指埃利亚学派(Eleatics)巴门尼德(Parmenides)等。

⑤　参看第尔士编"残篇"8。

⑥　似指恩培多克勒(Empedocles,约公元前490—前430)。

的作为元素;他们就认为火是能动的,而水、土等则列于被动类中。

即便在杂说繁兴的时代,人们就已觉得这些思想还未足阐明万物的创生,为了真理还得再探索我们上述的其次一项原因。事物在方生方存之际,或达其善,或成其美,总不能径指如火如土以及其它类此之元素为使那些事物成其善美之原因,宇宙也不曾照这些思想家的想法而演化;若说或善或美;并无所因,而只是些自发与偶然景象,这也不似真理。于是有人起来说,这由于"理性"①——在动物中是这样,在全宇宙也一样。万物的秩序与安排皆出于这个原因,这么,他比他前人的虚谈确乎较为明朗。我们知道这明朗的主张出于阿那克萨哥拉,但据说克拉左美奈的赫尔摩底谟②更早发表过这种主张。这主张说明了这一原理:事物所由成其善美的原因,正是事物所由始其动变的原因。

章四 人们或可推想希萧特,或其他如巴门尼德,是第一个找寻"情欲"这样一事物为现存万物的一个原理:因为希萧特在叙述宇宙创生时这样说:——

"爱神是她计划成功的第一个神祇"。③

希萧特又说:——

"最初是混沌

其次是宽胸的大地,……

---

① 指阿那克萨哥拉(Anaxagoras);参看"残篇"12。又参看柏拉图"斐多"(Phaedo)97B,98B。νοῦς之俗用字义,泛指心、意志、理、知等。阿那克萨哥拉所引用此字或译为"天心",或"自然之心"(mind of nature),兹译作"理性"。
② 赫尔摩底谟(Hermotimus)生卒年月不详,传为毕达哥拉斯(Pythagoras)师傅。
③ 见于"残篇"13。"她"当指亚芙洛第忒(Aphrodite,金星,据辛伯里丘[Simplicius],盛年约公元533年)。希萧特(Hesiod),盛年约公元前776年。

在诸神中爱神位在前列"。①

这暗示在现在万物中最先必须有一个引致动变的原因,而后事物得以结集。这些思想家们谁先提出这个道理,让我们以后再加考定②。但大家可以看到自然间种种形式往往包涵着相对的性质——不仅有齐整与美丽,还有杂乱与丑陋,而坏的事物常多于好的,不漂亮的常多于漂亮的,——于是另一个思想家引进了"友"与"斗"作为这两系列不同素质的各别原因。我们倘跟踪恩培多克勒③的观点,了彻其嗫嚅的词意,照他的实义来解释事物,则我们当可确言友〈爱〉为众善之因,而斗〈憎〉乃众恶之因。这样,我们若说恩培多克勒提出了(或是第一个提出了)"众善出于本善,众恶出于本恶"的善恶二因为世间第一原理,当不为误。

我们在"论自然"④中所曾辨明的四因之二,——物因与动因——这些思想家虽已有所领会,却还是阴晦而不透彻的;那些论辩像未经训练的拳术家之行动,他们绕转对手的周遭,有时出击,也表现了好身手,但总不能算高明的拳术,这些思想家也与此相似,于他们自己所说的道理未必湛熟;因为,他们一般并不引用,或者只在有限的范围内引用,自己所说的原因。阿那克萨哥拉引用了"理性"作为创世的机括⑤,可是他平常总不用理性而用别的原

---

① 见希萧特"原神"(Theogony)116—120。
② 后文未见此"考定"。
③ "物学"卷四中亦述及恩培多克勒的两仪思想。参看第尔士编"残篇"17,25。恩培多克勒之"友爱"(φιλία)异于上文希萧特所举"情爱"(ἔρως),而与柏拉图"会语"所畅论之"友爱"相同,兼有仁爱、情爱、友爱之意。
④ "论自然"即"物学",指卷二章三与七。
⑤ "劳伦丁 A 抄本"(Laurentian MSS.)多一短语,引悲剧中常出现天神以扭转剧情或解决艰难。具刻尔本未有此短语。

因来解答问题,只在辞穷语尽,无可奈何的时候,他才提示"理性"。[①] 恩培多克勒于自己所主张的原因,虽或引用稍广,亦不充分,而且在引用时也不能免于牴牾。至少,他曾在好些地方将"友"用作事物离散的原因,将"斗"用作事物结合的原因。如说宇宙万物由憎斗而解体,还原为各个元素,那么从另一方面看来,火即由此而重复集结在一起了,其它元素亦然;它们倘又因友爱而重聚为万物时,那几个元素集团该又分散到各物中去了。

与他的前人比较,恩培多克勒该是第一个将动因分为相异而相对的两个来源。他也是第一个主于物质元素有四;可是他实际上,往往将四元素当作两元素,把火列在一边,土、气、水作为同类性质,列在相反的一边。我们可以在研究他的诗句[②]时,看到他这些意绪。这一位哲学家所讲的原理就是这样,其数则或为四或为二。

留基伯与他的同门德谟克利特以"空"与"实"为元素,他们举"实"为"是",举"空"为"无是";他们并谓是既不离于无是,故当空不逾实,实不逾空;[③]他们以此为万有的物因。那些以万物出于同一底层物质的变化的人认为"疏"与"密"为变化之本,他们同样认为在元素上的诸差异[④]引致其它各种的质变。

---

① 参看柏拉图"斐多"98BC,"法律"967B—D。
② 参看"残篇"62。
③ 留基伯(Leucippus,盛年约公元前460)与德谟克利特(Democritus,约公元前460—前370)之空实论大意如此:如一立体六面,六面内为实,其外为空,然吾人试想其以空围实耶,以实围空耶,面内为空耶,面外为空耶,亚氏于留基伯及德谟克利特原子理论在"成坏论"卷一、"说天"卷一、卷三,"物学"卷八一再涉及。
④ "诸差异"(τὰς διαφορὰς)系指各元素中"原子"(ἄτομα)形状、秩序与位置之差异。

他们说这些差异有三：形状，秩序，位置。他们说一切"实是"只因韵律，接触，①与趋向三者之异遂成千差万别；韵律即形状，接触即秩序，趋向即位置；例如 A 与 N 形状相异，AN 与 NA 秩序相异，Z 与 N 位置相异。至于动变的问题——事物从何而生动变？如何以成动变？——这些思想家，和其他的人一样，疏懒地略去了。

关于这两因，早期哲学家的研究似乎就发展到这里。

章五 在这些哲学家以前及同时，素以数学领先的所谓毕达哥拉斯学派不但促进了数学研究，而且是沉浸在数学之中的，他们认为"数"乃万物之原。在自然诸原理中第一是"数"理，他们见到许多事物的生成与存在，与其归之于火，或土或水，毋宁归之于数。数值之变可以成"道义"，可以成"魂魄"，可以成"理性"，可以成"机会"——相似地，万物皆可以数来说明。② 他们又见到了音律的变化与比例可由数来计算，——因此，他们想到自然间万物似乎莫不可由数范成，数遂为自然间的第一义；他们认为数的要素即万物的要素，而全宇宙也是一数，并应是一个乐调。他们将事物之可以数与音律为表征者收集起来，加以编排，使宇宙的各部分符合于一个完整秩序；在那里发现有罅隙，他们就为之补缀，俾能自圆其说。例如 10 被认为是数之全终，宇宙的全数亦应为 10，天体之总数亦应为 10，但可见的天体却只有 9 个，于是他们造为"对地"——第

---

① $\delta\iota\alpha\theta\iota\gamma\eta$，亚斯克来比注释谓非雅典文，为德谟克利特的阿布德拉（Abdera）方言，义为"相互触及"。

② 亚历山大诠疏：毕达哥拉斯学派以四为二之乘方，取其方意为"道义"之值。灵魂或理性，其数为一。"机会"之数为七。又可参看第尔士编"残篇"，卷一，303，15—19。

十个天体——来凑足成数。① 我们曾在别篇②更详明地讨论过这些问题。

我们重温这些思想家的目的是想看一看他们所举诸原理与我们所说诸原因或有所符合。这些思想家,明显地,认为数就是宇宙万有之物质,其变化其常态皆出于数;而数的要素则为"奇""偶",奇数有限,偶数无限;"元一"衍于奇偶(元一可为奇,亦可成偶),③而列数出于元一;如前所述,全宇宙为数的一个系列。

这学派中另有些人④说原理有十,分成两系列⑤:

有限　奇　一　右　男　静　直　明　善　正
无限　偶　众　左　女　动　曲　暗　恶　斜

阿尔克迈恩⑥似乎也曾有同样的想法,或是他得之于那些人,或是那些人得之于他;总之他们的学说相似。他说人事辄不单行,

---

① "只有九个天体"谓日,月,五星,地球,及恒星天。"对地"($\dot{\alpha}\nu\tau\dot{\iota}\chi\theta o\nu a$)为毕达哥拉斯学派所想象之另一天体,绕宇宙中心之火而旋转,与地球相背向,以为地球之平衡。

② 除本书卷 N 末章等外,亚氏曾专论毕达哥拉斯数理者,有"说天"卷二,章十三。又亚氏"残篇"中 1513a 40—b20 亦为评论毕达哥拉斯学派之剩语。"别篇"或指失传之专篇"论毕达哥拉斯教义"($\Pi\epsilon\rho\dot{\iota}\ \tau\hat{\eta}s\ \tau\hat{\omega}\nu\ \Pi\upsilon\theta a\gamma o\rho\epsilon\iota\hat{\omega}\nu\ \delta\acute{o}\xi\eta s$)。

③ 亚历山大、色乌・斯米尔奴(Alexander, Theo Smyrnaeus)解为奇数加一则成偶,偶数加一则成奇。希司(Heath):"亚氏著作中之数理"解为单双者一与一一,皆出于一。

④ 蔡勒(Zeller)考证此对成行列出于菲洛赖乌(Philolaus)。

⑤ $\tau\dot{\alpha}s\ \sigma\upsilon\sigma\tau o\iota\chi\acute{\iota}a\nu\ \lambda\epsilon\gamma o\acute{\upsilon}\nu as$,"行列"或"配列",在本书屡见。(甲)卷 A,986a23 及卷 N,1093b12,用以指陈毕达哥拉斯学派之事物分类,配成两列,一善一恶。(乙)另见于卷 Γ,1004b27,卷 K,1066a15,卷 Λ,1072a 31,所指两列,一为可知物,一为阙失(不可知物)。(丙)另见卷 I,1054b35,1058a 13 者,盖以指科属同异之行列。1054b 29 $\sigma\chi\hat{\eta}\mu a$ $\tau\hat{\eta}s\ \kappa a\tau\eta\gamma o\rho\acute{\iota}as$,"云谓诸格",在卷 Δ,1016b 33 中曾谓与科属同外延者,似与 $\sigma\upsilon\sigma\tau o\iota\chi\acute{\iota}a$ $\tau\hat{\eta}s\ \kappa a\tau\eta\gamma o\rho\acute{\iota}as$ 范畴行列相符。卷 Δ,1024b 12—16 所述"科属"之一义盖与范畴相同。

⑥ 罗斯(W. D. Ross)校印本册去 $\dot{\epsilon}\pi\iota\ \gamma\dot{\epsilon}\rho o\nu\tau\iota\ \Pi\upsilon\theta a\gamma\acute{o}\rho a$(在毕达哥拉斯之晚年时代……)。阿尔克迈恩(Alcmaeon),克罗顿人,为毕达哥拉斯初从弟子。

世道时见双致,例如白与黑,甘与苦,善与恶,大与小。但他的"对成"与毕达哥拉斯学派又稍有不同,他的对成随手可以拈来,不像毕达哥拉斯学派有肯定的数目与内容。

从这两学派,我们得知"对成"为事物之原理;至于对成的节目则我们应向各个学派分别请教。可是这些原理怎样能与我们所述诸因相贯通,则他们并未说明;似乎他们将这些要素归属于物质;照他们所说,凭此类要素为内含成分就可以组合而范造本体。

从这些旧说,我们已可充分认取古人所云"自然为多元素所成"的真义;但也有些人把"宇宙拟为一个实是",[①]他们〈主一论者〉立说有高卑,而各家所说与自然实际现象相符合的程度也不同。我们在这里研究自然诸因时,当不能详论他们的观点,他们所说实是之为一,并不以"一"创造"实是",这与有些自然哲学家既以实是为一而又把一当作物质来创造实是者有异,他们立说不同于那些人;自然哲学家附加有"变",他们则说"宇宙不变"。我们现在的研究,只作简要的介绍就够了:巴门尼德之所谓一者似乎只是"一于定义"[②]而已;梅里苏则"一于物质",因此巴氏谓一有限,而梅氏谓一无限[③]齐诺芬尼(据说他是巴氏老师)原是一元论的创始人,于此并没有明确的论述,那后起两家的宗旨似乎他也并未深

---

① 埃利亚学派一元论,详看亚氏"齐诺芬尼,梅里苏,乔治亚三家学术论"。

② τὸν λόγος ἕνος 或译作"一于命意"。参看"物学"187a1 行,巴门尼德语为 πάντα ἐν, εἰ τὸ ὄν ἓν σημαίνει(倘实是之命意为一,则一切现存事物必为一)。可参看第尔士编"残篇"8。埃利亚之"一"常具有"全"之义。

③ 参看"物学"185a 32—b3;207a15—17。梅里苏(Melissus),萨摩岛人,著名海军将领,为一元论派。

知,可是论及全宇宙时,他说"一于神"①。我们现在于略嫌疏阔的齐诺芬尼与梅里苏两家存而不论;惟巴门尼德在好多方面颇有精义。他宣称"是以外便无非是",存在之为**存在者**必一,这就不会有**不存在者**存在(这些我们已在"物学"中说得较为详明);②但在见到我们官感世界非一的现象与他"自然之定义必一"的主张有所捍格时,他又提出了两因两理,名之曰热与冷,即火与地;于此两者,他把热归属于"是"冷归属于"非是"。

从现在与我们列座共论的这些古哲处,我们已获益匪浅了。这些古哲,一部分以物质为世间第一原理,如水如火,以及类此者皆属实体;这部分人或谓实体只一,或谓非止一种,至于其意专主物质则大家相同。另一部分人则于物因之外又举出了动因;这部分人或谓动因只一,或谓动因有二。

于是,直到③意大利学派以及此后的学派止,哲学家们对这些问题的讨论还是晦涩的,只是实际上他们也引用了两因——两因之一是动变的来源。这来源或一或二。但毕达哥拉斯学派也曾说到世间具有两理的意思,又辅加了他们所特有的道理,认为有限与无限④不是火或地或类此诸元素之属性,"无限"与"元一"正是他

---

① 埃利亚学派的神祇观念,托马斯·阿奎那(T. Aquinas 1225? —1274)诠疏言之特详。

② 见"物学"卷一,章二、三、四;卷三,章九,又参考本书卷 N,1089a 3。

③ μέχρι 一向联系时代作解:〈自古代各学派〉"直到"意大利学派,即毕达哥拉斯学派为止。阿微勒斯(Averroes)就是这样诠释的。但上文已讲到恩培多克勒,其年代后于毕达哥拉斯。毕达哥拉斯,萨摩斯人(约公元前 580—前 500),曾于意大利塔伦顿授徒;故近人或将 μέχρι 别作联系地点解,意即〈自希腊〉"直到"意大利为止。

④ τσ πιπερασμένον καὶ τὸ ἄπειρον,"有限与无限"亦为有定与未定之意。"无限与元一"亦即"无限与有限"。

们所谓事物之本体:这就是"数"成为万物之本体的根据。他们就这样说明这一问题;他们开始说明事物之怎是而为之制订定义,但将问题处理得太简单了。他们所制定义既每嫌肤浅,在思想上也未免草率;他们意谓诠释事物的定义中,其第一项目就可作为事物的本体,犹如人们因为"二"是用来指示"倍"的第一个数目,就将"二"当作"倍"。但"倍"与"二"实在不同;它们倘属相同,则一物便可成为多物了。——这样引申的结论,他们真也做了出来。① 从这些先哲与其后继者我们所能学到的有这么多。

章六 在上列学术诸体系之后,来了柏拉图的哲学,他虽则大体上步趋于这些思想家,却又与意大利学派颇有不同。② 在青年期,他最初与克拉底鲁相熟识,因此娴习了赫拉克利特诸教义(一切可感觉事物永远在流变之中,对于事物的认识是不可能的),在他晚年还执持着这些观点。苏格拉底正忙着谈论伦理问题,他遗忘了作一整体的自然世界,却想在伦理问题中求得普遍真理;他开始用心于为事物觅取定义。柏拉图接受了他的教诲,但他主张将问题从可感觉事物移到另一类实是上去——因为感性事物既然变动不居,就无可捉摸,哪能为之定义,一切通则也不会从这里制出。这另一类事物,他名之曰"意第亚"③〈意式〉ἰδέα 凡可感觉事物皆从于

---

① "一物可成为多物"谓4,6,8等均可算"2"了。其实例如数论派曾以"2"代表"条教",又以代表"勇敢"。参阅990b 30注。

② 五章与六章中毕达哥拉斯与柏拉图时代相隔颇远,不能相接。盖以两家均论及本体与怎是即事物之本因(或式因),而数与意式(理念)又多方面相似,遂连类相及。

③ 亚里士多德以 ἰδέα 为"意式"〈理念〉,ἐῖδος 为"通式";此两字在柏拉图书中可通互用,并无显著区别。ἰδέα 旧译"观念"、"概念"、"理型"或"理念"。其中"理型"颇切原义,"理念"已较为通用。陈康译柏拉图"巴曼尼得斯篇"(商务印书馆1946年版)改译作"相",并议论旧译诸失甚详。其改译根据是以 ἰδέα,ἐῖδος 出于动字 ἰδεῖν(观看),故由视

意式,亦复系于意式;许多事物凡同参一意式者,其名亦同。但这"参"字是新鲜的;毕达哥拉斯学派说:事物之存在,"效"于"数";柏拉图更其名而别为之说曰:事物之存在,"参"于"意式"。至于怎样能对通式或"参"或"效",他们留给大家去捉摸。

他说在可感觉事物与通式以外,还有数理对象①,数理对象具有中间性,它们异于可感觉事物者为常存而不变,异于通式者为每一通式各独成一体,而数理事物则往往许多相似。

通式既为其它一切事物之因,他因而认为通式之要素即一切事物之要素。"大与小"之参于一者,②由是产生了数,故数之物因为"大与小",其式因为"一"。他同意毕达哥拉斯学派所说元一是本体,不作其它实是的云谓,也同意他们所说数是一切事物所由成实的原因;但在涉及"无限"时,他不以无限〈无定〉为一个单纯原理,而用"大与小"为之构成,并举示有所谓"未定之两"——关于这一点他是特殊的。他认为数离开可感觉事物而独立存在,这也与他们相异,毕达哥拉斯学派认为事物即数。他将一与数从事物分离开来,又引入了通式,这些与毕达哥拉斯学派分歧之处大抵由于他对事物定义的研究引起的(早期思想家全不运用辩证

觉为联想而作"相"。但 ἰδέω 本义为"观看"亦为"认识";而柏拉图引用此字实已脱离官感而专重认识;故旧译实无大误。本书中因亚里士多德有时将 ἰδέα 与 εἶδος 两字分别引用而又具有相联关系,故将其一译为"意式",另一译为"通式"。所引"式"字取义于"老子""为天下式"一语中"式"字义。亚氏于 εἶδος 一字又有三种用法,其一为同于或类于"理型"之普遍"通式",其二为个别"形式",其三为起于差异而形成之类别形式,即"品种";本书分别以三不同名词译此一字。

① 数理对象或译数理事物,指算术数与几何图形。

② 原文 μέθεξιν "τοῦ ἑνὸς"或作"τὰ εἴδη"(依蔡勒的考证),这就应译为"参于意式者"。

法①);他将"一"以外的另一原理,作为"未定之两",是因为他相信除了素数②以外,各数均可由"两"作为可塑材料③,随意制成。

事实并不如此;这不是一个健全的理论。他们使通式只一次创成,而许多事物可由物质制出,然而我们所见到的则是一桌由一物质制成,那制桌的虽只一人,却为每桌各应用了桌式而制出许多桌来。牡牝的关系也类此;牝一次受精,一次怀孕,而牡则使许多牝受孕;这些可与那些原理相比拟。

柏拉图对于这些问题就这样主张;照上述各节,显然他只取两因,本因与物因④。通式为其它一切事物所由成其为事物之怎是,而元一则为通式所由成其为通式之怎是〈本因〉;这也明白了,通式之于可感觉事物以及元一之于通式,其所涵拟的底层物质〈物因〉是什么,这就是"大与小"这个"两"。还有,他也像他的前辈,如恩培多克勒与阿那克萨哥拉⑤一样,分别以善因与恶因配属于两项要理。

---

① 参看卷 Γ,章二,1004b17—27。又卷 M,章四,1078b22—27。

② τῶν πρώτων ο 大多作素数解,但全句不能尽通,故海因兹(Heinze)建议以πριττῶν 改正 τρώτων。亚历山大原曾诠释 πρώτων 可作奇数解。罗斯英译本注明此语未尽精确。一与"未定之二"所能制成的数只是二及二的连乘数;参看卷 N,1091a 9—12。柏拉图在"巴门尼德"143C—144A,说明三出于一与二,三以上各数可由二与三之乘积制成。柏拉图原文在"三以上各数"似乎包括了一切数在内,未言明"素数应为例外"。参看1084a 5 注。

③ ἐκμαγεῖον 译"可塑材料"亦可译"原模",原义有如字模以蜡为模而制成。柏拉图"蒂迈欧"50C 曾用此字。"未定之两"详见第十三、十四卷。数论或意式数论,以"一"(有取、有定、奇数)为制数之式因;以未定之两(即未定之"大与小"或某量,亦即无定、无限者)为制数之物因,即材料。譬如一线在未定时,两端可作无尽伸缩。迨制定"一"线段为之标准而在那未定线上划取若干线段,此"若干"即成为有定之列数。

④ 柏拉图"对话"中屡提及动因〈效因〉,例如"诡辩家"265B—D,"蒂迈欧"28C 以下全节;又屡提及极因,例如"菲拉菩"20D、53E,"蒂迈欧"29D 以下全节。但亚氏于这些未加重视。

⑤ 见上文 984b 15—19,985a 32—b4。

章七　我们简略地重叙了前人所说的原理与实是,以及他们的大旨;我们虽已获益良多,但他们所言原理或原因,在我们的"物学"中[①]都已指明,他们虽各有所涉及,内容还都是浮泛的。有些人以物质为基本原理,而对这些物质又各有不同的观点,有些人主张物质只有一种,有些人则认为不止一种,有些人认为物质具有实体,有些人则认为是非实体的;如各举其实例,这就是柏拉图所谓"大与小",意大利学派所谓"无限",恩培多克勒所谓"四元素"(火,地,水,气),阿那克萨哥拉所谓"相似微分"组成无尽事物。于这种原因,这些,皆各有所见;还有那些人以气为主,以火为主,或以水为主的,以及另一些人,应以某种较火为密,较气犹稀的物质为主(有些人曾说明基本元素应是这样[②]),他们也各有所领会。

这些思想家只把握了这一个原因;但另外一些人提到了动变的来源,例如有人以友与斗,或理性,或情爱[③]为基本原理。

于"怎是",或本体实是,没有人做过清楚的说明。相信通式的人于此有所暗示;他们不以通式为可感觉事物的物质,不以元一为通式的物质,也不以通式为动变的来源,他们认为一个通式如当它为动变之源,毋宁作为静持之源,这就使通式成为其它一切事物的怎是而元一则成为通式的怎是。

动作与变化以及运动之所缘起,他们虽则也推求其故,却并不明认到这应是自然本体中的一因。主于理性,主于友爱的人将这

---

①　见"物学"卷二,章三,章七。
②　参看第尔士"先苏格拉底"第三版,卷一,18.8—21,415.32—416.27。四大元素之外别有"基本元素",盖指阿那克西曼德(Anaximander,约公元前610—前546)所言"未定元素"(τὸ ἄπειρον)。阿为米利都人,泰勒斯弟子。
③　见上文984b 21—31。

些归之于善类;他们认取动变由此开始,可是他们没有认见事物之所由生成与存在正为此故。同样,那些人说元一或存在是善,说这是本体的原因,他们并不说本体正是为了善而生成与存在的。所以他们同时又像知道又像不知道善是事物的一个原因;他们只说事物具有善的属性,并未确认善正是那事物成实的极因。

那么,所有这些思想家既不能另出新因,这应该证知我们所陈四因为确当而且无可复加了。凡有所询求于事物之原因,宜必并求此四因,或于四因中偏取其某因。让我们接着考察各家议论的得失以及他们在有关第一原理这问题上各说所可引起的疑难。

章八 于是,那些人主张宇宙唯一,一唯物质,而物质又专指那些具有量度的实体,他们显然走入多歧的迷途了。尽管存在着非实体事物,他们却只讲实体事物的要素;在陈述事物一般物质现象与其生成灭坏原因时,他们遗弃了动因。又,他们不谈事物的本体,不问其怎是〈本因〉,也是错的;除了"地"〈土〉以外,轻率地就将单纯实体当作第一原理,不复追询它们——火,水,地,气——如何互相生成,这也是错的:因为事物或由并合而生成或由析离而生成,这于它们的先天性与后天性是大有区别的。

因为(甲)最基本的元素物质应该是由它们的并合来组成最初的事物的,这种质性应是属于实体中精细的微粒。以火为原理的人与这论点最为符合。其他各家所讲实体元素的秉赋也与此意相近。至少是这样,凡主张基本元素只一种的人没有谁曾举出"地"为这唯一元素,明显地这因为地的粒子太粗。其它三元素则各有人为之主张;作为基本元素,有人主于火,有人主于水,有人主于气。(何以他们不像普通人一样主于地土呢?俗语云,"万物皆土

〈生出于土,灭归于土〉。"希萧特①说一切实体之中,地最先生成;这意见久已成为最原始而通俗的意见了。)照这微分论点,那些主于地,水,气以及主于某种密于气而疏于水的元素的讲法,都不如主于火为正确。但(乙)若说先于本性的当后于生成,组合物于生成论虽在后,于本性论便应在先,则与我们上面所述的相反者才算正确——那么就应该水先于气,地先于水。

主于一元素为原因的就是这些问题。主于不止一元素者如恩培多克勒,以万物具有四实体的论点,也未能免于疑难;有些问题与我们上面所指的相同,另一些则是由他理论的特点所引出的。我们常见到实体互生互成,火并不常是火,地也并不常是地(这曾在我们的自然哲学论文中②讲过);关于动变的原因以及四元素可否归结于一元素或两元素这问题,他讲得既不明确也不漂亮。照他的论点冷不生热,热不生冷;这样质变是不可能产生的。如果认为变化是可以产生的,这就得承认还有某些事物来涵容这些"对成",还得有一个实是,它能成火亦能成水;这个恩培多克勒是不承认的。

至于阿那克萨哥拉,人们如果说他曾主张过两种元素,③这与他有些论点是完全符合的;他虽没有明言这种观念,若有人从他的言语中指证这种观念,他就必须承认。说宇宙玄始一切事物是混杂的,这实在荒谬,因为照此说来,在未混杂以前,事物当有他的单

---

① 见希萧特"原神"116,又见本书984b28。
② "说天"卷三,章七。
③ 阿那克萨哥拉的两元素即下文所云"一"与"别"两者,指"理性"(νοῦς)与"相似微分"(ὁμοιομέρος)。

净形式,而自然又何尝容许任何偶然的事物作偶然混杂;并且照这观念,诸秉赋与属性将可由本体析离(因为混杂了的事物应该能够析离);可是人们如果紧随着他,将他所有的示意都贯串起来,似乎这又将显见他的思想相当清新。假如一切真没有一些可离析的,那么现存的本体也真将无可为之申说了。试举例以明吾意,这应没有白,没有黑,没有灰色,也没有它色,这就必须是无色;苟谓有色,这必得有诸色之一色。依这论法,相似地,也必须是无味;也没有其它的属性;因为这不能有任何质,任何度量,也不能有任何情况明确的物类。如其不然,事物就成为有色,或有味,或有可举说的特殊形态,但因一切事物悉归混杂,这就不可能了;因为这特殊形态必须是已析离了的属性,但他说除了理性,一切皆混,惟有理性独净不混[①]。从这里,再跟上去,他就得说原理是"一"("一"是单净而未混杂的)与"别",(这"别"的性质就是某些尚未获得确定形式的"未定物"。)他并未明确表达出自己的思想,但他意向所指,后起的思想家似乎较他自己更清楚地捉摸到了。

总之,这些思想家所熟习的只是关于生灭与动变的理论;他们就只为这些找寻原理与原因。但人们若开其视野,遍看一切存在的事物,一切可眼见与不可眼见的事物,而明白地于这两类事物加以研究,当会得知我们正该用更多时间来考查什么符合于他们的观点,而什么又不符合我们目前的探索。

毕达哥拉斯学派对原理与元素的想法比之那些自然哲学家较为奇怪。他们不从可感觉事物追求原理,而他们所研究的数理对

[①] "残篇"12。

象除了天文事物以外,都是一类无运动的事物。可是他们所讨论与探索的却正是这物质宇宙的诸问题;他们记述"诸天"之创造并观察诸天的各部分与其活动和演变;他们使用各项原理与原因来解释这些现象时,恰又与自然哲学家们所言略同——他们所谓"诸天"所包涵的事物原也不殊于这物质宇宙的万物。但我们已说过①他们所提示的原理与原因本可以导向更高境界的实是,这些原理与原因在自然理论上也不如在那些更高境界中来得适用。可是他们并没有告诉我们世上倘只有"有限与无限"和"奇与偶",动变如何可能,而没有动变,生灭又如何可能,或是经行于天宇间的列宿又如何能照现在的轨迹而行动。

又,人们倘承认空间量度②由这些要素组成,或者就算这些已经得到证明,我们还得询问何以有些实体轻,有些则重?从他们所执的前提与所持的议论来判断,他们于可感觉事物与数理对象该是当作可相通转的;我推想他们所以不谈火或地或类此之实体,就因他们认为在数理对象之外,于可感觉事物已没有什么特殊的道理。

再者,我们怎样才能将这些信念结合起来,何以数与数的属性是一切存在事物的原因,是自古迄今一切天体现象的原因?何以世界只能按照他们所说的那些数目来组合,不能照其它数目?在某一特殊的区域中,他们安置了"条教"与"机运",在这稍上或稍下安置"不义"与"分离"或"混合"并"指证",这些庶事各都是一个数;

---

① 989b31—33。
② μέγεθος,空间量度或译几何量度。量度之于几何犹数之于算术。

可是这里各处先已安置有一套由数组成而具有量度的诸实体,——就是这样,抽象的众数与物质世界的众数是相同的数,抑或不相同的两类数呢?① 柏拉图说这是不相同的;可是他也认为数可以作事物之量度,也可以成为事物的原因,其分别恰是这样,事物本身的数是感觉数,为之原因之数则是理知数。让我们暂时离开毕达哥拉斯学派;我们所涉及于他们的已够多了。

章九 至于主张以意式为原因的人,他们为了掌握我们周围诸事物的原因,先引入了与诸事物为数一样多的形式,好像一个人要点数事物,觉得事物还少,不好点数,等到事物增加了,他才来点数。因为通式实际不少于事物,或是与事物一样多,这些思想家们在对事物试作说明时,从事物越入通式。对于每一事物必须另有一个脱离了本体的"同名实是",其它各组列也如此,各有一个"以一统多"〈意式〉,不管这些"多"是现世的或超现世的。

再者,我们②所用以证明通式存在的各个方法没有一个足以令人信服;因为有些论据并不必引出这样的结论,有些则于我们常认为无通式的事物上也引出了通式。依照这个原则一切事物归属多少门学术,这就将有多少类通式;依照这个"以一统多"的论点,③虽是否定,亦将有其通式;依照事物灭坏后,对于此事物的思念并不随之灭坏这原则,我们又将有已灭坏事物的通式,因为我们

---

① 毕达哥拉斯学派以"条教"为"三"(另一些残篇作"二")。"三"处于宇宙某一区域,这区域中之诸实体均属"三",如气亦属"三"(照叙利安诺[Syrianus]诠疏)。这样,在同一区域(数区)中有些是庶事抽象,有些是物质实体,而所系属的"数"则相同。

② 此章若干节与卷M,第四章若干节几尽相同。但在此卷中亚氏用第一人称"我们",自侪于柏拉图意式学派之列。卷M中,转以第三人指称意式论者。

③ 见于柏拉图"理想国"596A。

卷(A)一

留有这些事物的遗象。在某些比较精审的论辩中,有些人又把那些不成为独立级类的事物引到了"关系"的意式,①另有些论辩则引致了"第三人"②。

一般而论,通式诸论点,为了意式的存在消失了事物,实际上我们应更关心于那些事物的存在:因为从那些论点出发,应是数〈2〉为第一,而"两"却在后,亦即相关数先于绝对数。③ 此外,还有其它的结论,人们紧跟着意式思想的展开,总不免要与先所执持的诸原理发生冲突。

又,依据我们所由建立意式的诸假定,不但该有本体的通式,其它许多事物都该有(这些观念不独应用于诸本体,亦应用之于其它,不但有本体的学术,也有其它事物的学术;数以千计的相似诸疑难将跟着发生),但依据通式的主张与事例的要求,假如通式可以被"参与",这就只应该有本体的意式,因为它们的被"参与"并不是在属性上被"参与",而正是"参与"了不可云谓的本体。举例来说明我的意思,譬如一事物参加于"绝对之倍"也就参加了"永恒",但这是附带的;因为这"倍"只在属性上可用永恒作云谓。④ 所以通式将是本体;但这相同的名词通指着感觉世界与意式世界中的本体(如其不然,则那个别事物以外的,所谓"以一统多"的,意式世

---

① 见柏拉图"斐多"74A—77A,"理想国"497A—480A。
② 见于柏拉图"巴门尼德"131A,D—133A。其要义谓如果X符合于"人的意式"而确定它是"人",必须有一个"第三人",俾在它身上,两个人格可以合一。参阅本书卷Z1039a2,以及"诡辩纠谬"178b36—179a10。
③ 柏拉图以"未定之两"(αoριστos δυàs)为制数两原理之一。参看1079a18注释。
④ 可感觉的成倍之事物并无永恒性。绝对之倍(διπγασιos αυτò)是有永恒性的。事物之参加于"倍"自可获得倍的本体与其属性,但事物所以参与"倍"是参与倍的本性(即算术上的倍乘作用),并不为要得其属性如永恒者。

界中的本体,其真义究又如何①)。意式若和参于意式的个别事物形式相同,这将必有某些性质为它们所公有,"二"在可灭坏的"诸二"中或在永恒的诸"二"中均属相同。何以在绝对"二"与个别"二"中就不一样的相同? 但是,它们若没有相同的形式,那它们就只有名称相同而已,这好像人们称呼加里亚为"人",也称呼一木偶为"人",而并未注意两者之间的共通性一样。②

最后,大家可以讨论这问题,通式对于世上可感觉事物(无论是永恒的或随时生灭的)发生了什么作用;因为它们既不使事物动,也不使之变。它们对于认识事物也不曾有何帮助;③因为它们甚至于并不是这些事物的本体,它们若为事物的本体,就将存在于事物之中,它们倘不存在于所参与的个别事物之中,它们对这些事物的存在也就无可为助。它们若真存在于个别事物之中,这就可被认为是原因,如"白"进入于白物的组成中使一切白物得以成其"白性",但这种先是阿那克萨哥拉④,以后欧多克索及他人也应用过的论点,是很容易被攻破的;对于这观念不难提出好多无以辩解的疑问。

又说一切事物"由"通式演化,这"由"就不能是平常的字意。说通式是模型,其它事物参与其中,这不过是诗喻与虚文而已。试看意式〈理型〉,究属在制造什么?⑤ 没有意式作蓝本让事物照抄,

---

① 此节只能看作是一种直捷论法(或武断论法,$\dot{\iota}\nu\theta\acute{\upsilon}\mu\eta\mu\alpha$),亚氏所提论据与其结论只是这样:因为通式是本体,它们必需属于本体。
② 990b2至991a8各节又见于本书卷 M,1078b34—1079b3,仅在字句上稍有更动。
③ 此节亚氏反对柏拉图意式(理念)的超越性,可参看柏拉图"巴门尼德"134D。
④ 见"残篇"12。
⑤ "蒂迈欧"28C,29A,柏拉图曾言及以意式为"型"($\pi\alpha\rho\alpha\delta\iota\gamma\mu\alpha\tau\alpha$)范造万物。

事物也会有,也会生成,不管有无苏格拉底其人,像苏格拉底那样的一个人总会出现;即使苏格拉底是超世的,世上也会出现。同一事物又可以有几个模型,所以也得有几个通式;例如"动物",与"两脚"与"人"自身都是人的通式。通式不仅是可感觉事物的模型,而且也是通式自己的模型;好像科属,本是各品种所系的科属,却又成为科属所系的科属;这样,同一事物将又是蓝本又是抄本了。①

又,本体与本体的所在两离,似乎是不可能的;那么,意式既是事物之本体,怎能离事物而独立? 在"斐多"②中,问题这样陈述——通式为今"是"〈现成事物〉与"将是"〈生成事物〉的原因;可是通式虽存在,除了另有一些事物为之动变,参与通式的事物就不会生成;然而其它许多事物(例如一幢房屋或一个指环),我们可说它们并无通式,却也生成了。那么,明显地产生上述事物那样的原因也可能是其它事物存在与其生成的原因。③

又,若以通式为数,它们如何能成为原因? 因为现存事物是其它系列的数么? 例如人是一个数,苏格拉底是另一数,加里亚又是另一数? 那么,一系列的数又怎能成为另一系列数的原因? 即使前一列是永恒的,后一列是非永恒的,这仍不足为之证明。如果在这可感觉世界中的事物(例如音乐)是数的比例,那么凡属数比就另成一级事物。假如这——物质——是一些确定的事物,④数本

---

① 品种为个体之模型,科属为品种之模型,故品种为科属之抄本,又为个体之蓝本。

② 见"斐多"100C—E。

③ 991a8-991b9各节论旨后又见于卷M,1099b12-1080a8。

④ 991b15 εἰ δή τι τοῦτο, ἡ ὕλη, 此子句中"物质"一字在全句中辞旨似不符,却又似与下文相联属,姑仍其旧。

身显然也将是某些对某些的比例。例如,假定加里亚是火,地,水,气间的一个比例,他的意志也将涵存若干底层物质;而人本身,不管他是否确是一个数或不是一个数,却总该是某些事物间的一个数比,而不是数本身;不应该因为这是〈某些底层物质的〉数比,就以意式为数。①

又,众数可成一数,但怎能由众通式成为一通式?若说一个数,如一万,并不由众数组成而是由诸单位〈诸一〉组成,那些单位又何如?无论说它们在品种上是相似的或不相似的,都将引出许多荒谬的后果(无论是说一个定数中的诸单位相异,或说一个定数与另一定数中的诸单位相异);②它们既各无特质,将凭何物以成其相异?这不是一个可赞美的观念,而且也与我们对单位的想法不符。

又,他们必须建立第二类的数,(在算术上运用这些,)并建立被某些思想家所引称的"间体";这些又如何存在,从何发生?又或要问,在现世事物与理想数之间为何须要有间体?

又,说是二中的两单位,每一个都应从一个先天之二③中得来;但这是不可能的。

又,为什么一个数由若干单位合成之后就必须作为一个整体?

再者,除了上述诸疑难外,单位倘有多种,则柏拉图学派就该像那些讲元素有四或有二的人一样,各各予以明析;但那些思想家

---

① 本节若干句原文造语累赘而有所未达,可能有抄本错误。991b19-20行"数比"非"数"之论点也未必能令数论派折服。可参看1092b20-22。

② 此节大意可于卷M章六、七,窥见一斑。诸单位之相通或不相通,可参看1081a5-12。

③ 先天之二即未定之"两"。

将火与地称为元素,并不曾先阐明它们有何相同的底质——如都有实体——而是分别赋予"元素"这一通名。事实上柏拉图学派所讲单位也像火或水一样,是全体匀和而同质的;若然,数便不是本体。① 明显地,如果有一个"绝对一"而以此为第一原理,则"一"当须具有双关命意以适应不同作用;如其不然,这就不能成立〈为类乎"元素"之单位〉②。

当我们希望将实物抽象为原理时,我们将线叙述为"长与短"("大与小"诸品种之一),面为阔狭,体为深浅。可是如何又面能含线,而体能含面或线呢?因为阔狭与深浅是不同类的。在这里并不包含有数,因为"多少"〈数〉与"长短","阔狭","深浅"〈量度〉也各非同类;明显地高级类不存现于低级类中。"阔"也不是一个可以包容深的科属,如果是这样,体将成为面属中的一个品种了。③

又,图中所涵的点将由什么原理演化?柏拉图尝否定这一级事物,谓之几何寓言〈几何教条〉。他将线原理名为"不可分割线"——这个他时常论及。④ 可是这些必得有一限止;所以论证线如何存在,就跟着会说明点的存在。⑤

一般说来,虽则哲学旨在寻求可见事物的原因,我们曾忽视了这旨趣(因为关于变化所由发动的原因我们从未谈到),而正当我

---

① 这就只该是计算用的数学之数。参阅卷 M,1081a5—12。
② 由 992a9—10 一句显明亚里士多德所指柏拉图学派的'一'(ἑνός)主要的意义是"单位"(μονάδος)。
③ 992a10—19,参阅卷 M,1085a9—19。
④ 柏拉图曾否定点的存在。至于"不可分割线"之说应是齐诺克拉底(Xenocrates)学说,"亚氏全集"中有"不可分割线"一篇为之驳辩。齐为柏拉图弟子,公元前335 年继斯泮雪浦为柏拉图学院主持人。
⑤ 亚里士多德,如当代几何学家一样,以点为线之末限,线为面之末限。

们幻想自己是在陈述可见事物的本体时,我们执持了本体的次级存在,我们主张它们作为可见事物的本体之缘由都是空谈;我们先前已说过,①所谓"参与"实际是假托的。

通式对于我们所见艺术上的原因也没关系,对于艺术,整个自然与人类的理性是在作用着的,②——这一种作用,我们认为是世界第一原理;但近代思想家③虽说是为了其它事物而作数学研究,④却把数学充当哲学。

又,人们可以照他们的讲法推想,作为本体的底层物质,作为本体的云谓与差异者,也属于数,亦即是说这些底层拟于物质而本身并非物质。这里我所指的是"大与小",如同自然哲学家所说"密与疏"一样,为底层的初级差别;因为这些也就是"超越与缺损"的诸品种之一。至于动变,"大与小"若作为动变,则通式显然将被动变;它们若不作为动变,动变又将从何产生?自然的全部研究就此被取消了。

说事物悉归于一——想来这是容易为之作证的,实际还没有证明;因为所有例引的方法⑤只证明有"绝对之一"〈本一〉存

---

① 见991a20—22。
② 亚氏意指极因,即善因。
③ 指斯泮雪浦,另看本书卷Z,章二。斯泮雪浦(Speusippus,? —前336)柏拉图侄,公元前347年继其叔为学院主持人。
④ 参看柏拉图"理想国"卷七,531D,533B—E。992a30—34指责斯泮雪浦等以数学笼盖一切,造句说理是不充分的。其大意是在陈述艺术上有"美善"为极因,而数与通式照数论派与意式论派的讲法,均属式因,没有极因的学术不应充当哲学。
⑤ "例引":由实事设例而引向抽象结论,可参阅本书卷Z,1031b21;卷N,1090a17。ἔκθεσις可译作"例引法",或"解释法"。亚历山大注疏说明其法大略如此:举若干个人而求其共同之处,以定人之通例,再举人、马、猴等而求其间之通例,最后万物必通于一。

在，即便我们承认所有的假设——也未证明所有事物悉归于一。假如我们不承认通例〈普遍〉是一个科属，则"绝对之一"那样的结论也不可能引致；而且这在有些事例上原来也是行不通的。①

在数之后，线与面与体怎样发生而能存在，以及它们具有哪些意义，这也未能予以说明；因为这些既不能是通式（因为它们不是数）也不是"间体"（因为间体是一些数学对象），也不是可灭坏事物。这明显地是一个〈与上三类〉不同的第四类。②

事物之存在涵融着许多不同命意，不辨明其复杂性而要觅取所有存在的要素，一般是不可能的，用这样含混的方式研究事物组成要素之性质是无益的。因为所能发现的要素只是本体的要素，至于什么是"作用"或"被作用"，或"深固"不可及处的要素，实际是不一定能发现的；所以说要统研一切现存事物的底蕴，或自意谓已掌握了一切要素，都是未必确到的。

我们怎能习知一切事物的要素？明显地我们不能先知而后学。开始学习几何的人，即使他娴于其它事物的知识，可是于所拟修习的几何这门学术当是全无知识的；其它类此。那么，若像有些人所主张的，世人有一门统括一切事物的学术，则修习这门学术的人该是先前一无所知的了。可是一切学习无论是用"实证法"或用"界说法"进行，必须先知道某些"前提"（知道一些或全部前提）以为依凭；界说〈定义〉的要素必须先已知道而熟习；用"归纳法"来学

---

① 盖指"关系"与"否定"词项。
② 见本书卷 M，1080b23—30；1085a7—9。

习也相似。① 若说知识真的基于宿慧②,这很奇怪我们不知道自己具有这样伟大的知识。

又,人怎样得知一切事物用什么构成,知道以后又怎样能将自己所知向人表明,这也是一个疑难;因为意见可以互相抵触;例如关于某些字母,有人说 ζ(za) 是 σ 与 δ 与 α 三音注的拼合,另有些人则说这是另一个音注,③与我们其它已熟识的音注没有一个相切。

又,如没有具备相应的官感,我们怎能认识各种不同感觉的各类事物?可是,如果像复杂的声调可由适当的通用字母〈音注〉组成一样,一切事物所由组成的要素苟为各官感都能相通的要素,那么我们应该就能〈看音乐或听图画〉。

章十 从以上所述,于是这明白了,人们似乎都在寻求我们在"物学"中所指明的诸原因,我们再没有找到过其它原因。但他们的研索是模糊的;他们有些像是说到了,又像全没说到。因为古代哲学正当青年,知识方开,尚在发言嗫嚅的初学时期。虽是恩培多克勒也只会说骨的存在由于其中的比例,④比例就是事物的怎是,亦即定义。相似地,肌肉与其它组织也应是元素的比例,否则就该都不是比例,照他这论点,肉与骨及其它不是因他所曾列举的——

---

① ἀποδείξις(实证)出于动字"摊开来",或译"证明"。ὁρσμός(定义)出于动字"划定界限"故又译"界说"。ἐπαγωγή(归纳)出于动字"引致"(或"引导");柏拉图"政治家"278A,用此字作"引诱"意。προοίμια 为导言,译作"前提",指论证或定义上之要素。

② τυγχάνοι συμφύτος οὖσα,知识"出于自身",或知识"真属内在";其意所指在柏拉图的"宿慧"(ἀνάμηνσις)。见于柏拉图"美诺"(Meno)81C,"斐多"72E。

③ ζ为一独立的希腊字母,但音与 σδα 三拼音相似。

④ 参看第尔士编"先苏格拉底"第三版,卷一,214.22—215.6。另见本书1092b20。

火,地,水,气——物质而存在,只因其间的比例而存在。这些引申了的意思他自己并未明白说出,但我们今日为之引申了,他是必得同意的。

关于这些问题,我们已表示了我们的想法;但让我们重复列举在这些论点上所可引起的疑难;① 这些于我们以后的辨析也许有所帮助。②

---

① 此句所示,以后见于卷B。
② "贝刻尔本"第九章直至993a25止,第杜(Didot)巴黎校印本最先将993a11以下分为第十章。

卷（α）二①

章一　对于自然真理的探索，正不容易，但也可说并不困难。世人固未尝有直入真理之堂奥，然人各有所见，汇集思广益，常能得其旨归，个别的微旨，似若有裨而终嫌渺小，或且茫然若失，但既久既众而验之，自古迄今，智慧之累积可也正不少了。因为真理像谚语的门户，没有人会错入，②以此为喻，则学问不难。然人们往往获致一大堆的知识，而他所实际追求的那一部分确真摸不着头绪，这又显得探索非易了。

迷难本起于两类，也许现在的迷难，其咎不在事例而正在我们自己。好像蝙蝠的眼睛为日光所闪耀，我们灵性中的理智对于事物也如此炫惑，实际上宇宙万物，固皆皎然可见。

我们受益于前人，不但应该感荷那些与我们观点相合的人，对于那些较浮泛的思想家，也不要忘记他们的好处；因为他们的片言

---

① 此卷尚论本体与四因，自然真理与一般学术研究；其内容与卷一卷三上下均不衔接。奥古斯丁尼夫（Augustine Niphus）认为此卷原从某卷或某章中删出，而后人复为之编存于 A 卷之后。亚历山大与亚斯克来比均谓此卷开章语及物理，不宜以之入"哲学"。依托马斯·阿奎那意见，此卷论题亦与卷 A 有关，故世传各本均仍旧编。近代译文或标为"卷 A 附篇"，以后各卷依次挨下，全书作十三卷。兹照多数译本列为卷二，全书作十四卷。旧注曾述及此卷为巴雪克里（Pasicles）所作。"哲学"一书之近代诠疏家耶格尔估量为巴雪克里听讲笔记。

② "希腊古谚"卷二，678。

剩语确正是人们思绪①的先启,这于后世已有所贡献了。诚然,若无提摩太,我们将不会有多少抒情诗;可是若无弗里尼,就不会有提摩太。② 这于真理也一样;我们从若干思想家承袭了某些观念,而这些观念的出现却又得依靠前一辈思想家。

哲学被称为真理的知识自属确当。因为理论知识的目的在于真理,实用知识的目的则在其功用。从事于实用之学的人,总只在当前的问题以及与之相关的事物上寻思,务以致其实用,于事物的究竟他们不予置意。现在我们论一真理必问其故,如一事物之素质能感染另一些事物,而使之具有相似素质,则必较另一事物为高尚(例如火最热,这是一切事物发热的原因);这样,凡能使其它事物产生真实后果者,其自身必最为真实。永恒事物的原理常为最真实原理(它们不仅是有时真实),它们无所赖于别的事物以成其实是,反之,它们却是别的事物所由成为实是的原因。所以每一事物之真理与各事物之实是必相符合。

章二 显然,世上必有第一原理,而事物既不能有无尽列的原因,原因也不能有无尽数的种类。因为(甲)一事物不能追溯其物质来由〈物因〉至于无尽底蕴,例如肌肉出于地土,土出于气,气出于火,历溯而终无休止。也不能根究其动变来源〈动因〉成为无尽系列,例如人因气而动,气因太阳而动,太阳因斗争而动,③类推而

---

① ἕξις 出于动字"持有",参看卷 Δ 第二十章注。在此句中,应作别解。亚历山大解作"能力",以后各家,或解作"研究的习惯",或解作"思想的能力",或解作"心理的经验";兹译为"思绪"。

② 提摩太(Timotheus,约公元前 446[?]－前 357)与弗里尼(Phrynis)均希腊抒情诗人。弗里尼略早,约与戏剧家亚里斯托芬(约公元前 448－前 380)同时。

③ 此例出于恩培多克勒宇宙学。

竟无休止。相似地极因也不能无尽已的进行——散步为了健康,健康为了快乐,快乐为了其它,其它又为了其它,这样无尽已的"为了"。怎是〈本因〉的问题亦复如此。因为在"间体"问题上,"间体"必有前后两个名词,前名必为后名的原因。如果人们询问三者之中谁是本因,我们当以第一名为答;末一名不是原因而是成果,间体又只是它后一名的原因〈那么本因自应求之于最先一名了〉。(间体之为一或为多,这里并没有关系,其数有尽或无尽也没关系。)如果间体的系列是无尽的或种类是无尽的,一直下去到任何一个间体为止仍还都是间体;如没有那个"第一"这就没有本因。

在上面建立了一个起点以后,也不能向下面无尽地进行,如云水由火故,地由水故,不能是一有"所由"便产生无尽后果。"由"($\dot{\epsilon}\kappa$)之为义有二——这里,"由"不作"在后"解,例如我们说,"在"伊斯米赛会以"后",来了奥林匹克赛会;[①]其一义如"由"儿童以至成人,儿童变则为人;或另一义如气"由"于水。我们说"人由童来",其意所指是"一物变而另一物成,一物终而另一物始"(创变本在"现是"与"非现是"之间;因为学徒是一个在创造中的大师,所以我们说一个大师是"由"学徒变成的);另一方面,"气由于水"则其意所指是一物毁而另一物成。所以前一类变易是不可回复的,成人不能复还于儿童(因为这是由于变易遂成现是,并不是出于"此是"而转为"彼是";又如说天曙而成白昼,就因为白昼跟在天曙以后;类乎如此,我们也不能倒转说白昼成为天曙);但另一类的变易

[①] $\dot{\epsilon}\kappa$,前置词有"由于"与"后于"两义;这里亚里士多德专用其前一义而再析为二解。希腊人每两次奥林匹克节间举行一次伊斯米节。凡遇此节年,伊斯米会排在春季,奥林匹克会排在夏季(参阅卷Δ章二十四)。

则是可回复的。在这两类事例上,都不能有无尽数的项目。因为前一类项目就是间体,必须有所休止,而后一类则互为变化;它们之间的成坏是相通的。

同时,第一原因既是永恒的,就不该被毁灭;因为创变过程向上行时不是无尽的〈必然得有一个最初原因〉,后继的事物须由这第一原因的毁灭而次第生成,那么这第一原因将不是永恒的。[1]

又,极因是一个"终点",这终点不为其它什么事物,而其它一切事物却就为了这个目的;有了这末项,过程就不至于无尽地进行;要是没有这末项,这将没有极因,但这样主张无尽系列的人是在不自觉中抹掉了"善"性(可是任何人在未有定限以前他是无可措手的);世上也将失去理性;有理性的人总是符合于一个目的而后有所作为,这就是定限;终极也就是"定限"。

"怎是"也不能引致另一个更充实的定义。[2] 原定义比之衍生定义总是较切近的一个定义;在这样的系列中,如果第一项定义没有做对,以后的步趋也不会走准。还有,这样说的人实际毁坏了学术;因为要想达到无可再解析词项,这是不可能的。依照这些想法,知识也成为不可能;事物如真具有如此无尽的含意,人将从何认取事物?因为这并不像一条线那样,可能作无尽分割,可是实际上,于线而论那个无尽微分还是不可想象的,所能想象的只是一些假设为有定限而颇短的线段而已(人们如欲追寻一条无尽可分割

---

[1] 这一节原文晦涩而论旨不明。上文 994a11—19 既列举四因,又言明第一因必须是永恒的。此节末一子句与上文相矛盾(参看罗斯注释)。

[2] 此语简略,可以人的定义为示例而加以说明:怎样是人?"人是理性的动物。""怎样是理性动物?""这是理性的有官感的活体"这样一定义引致另一定义,总不能无尽地进行。

的线,他就没法计算多少线段)。——凭可变事物来想象物质之无尽也不可能。若说无尽事物能存在,则这个无尽观念便非无尽。

但是(乙)原因的种类若为数无尽,则知识也将成为不可能;因为我们只有肯定了若干种类原因以后,才可以研究知识,若说原因是一个又一个的增加,则在有尽的时间内人们就没法列举。

章三 对于一群听众,学术课程的效果须看听众的习性;我们乐于听到自己所熟悉的言语,不熟悉的言语违异我们的惯常,就好像难以理解,又好像是外邦人语。可理解的言语就是习惯的言语。习惯的力量可以律法为证,因积习而逐渐造成的律法,其中神话①以及幼稚的成分常常比理知成分占优势。有些人,除非讲演者以数学语言说教,他们就不倾听,有些人则要求他举实例,还有些人则但愿他以诗为证。有些人要求一切都说得精密,另有些人则以精密为厌忌,因为他们自身粗疏,精密的言语于他们的思想联系不上,或则因为他们拿精密当作烦琐。精密是具有一些烦琐性质的,因此在商业上和辩论上都被轻视。

所以人们必须先已懂得而且习知各式辩论的方法,因为各门知识与修学方法两者均需要艰巨的功夫,这不能在研究各种专门学术中,同时又教授以修学的方法。并不是所有的问题都要求高度的教学精密,②精密只是超物质问题上有此需要。全自然既假定着具有物质,自然科学便不需要过度精密的方法。我们必需先

---

① 神话之入律法者,其例,如坤母神话以大地女神为人类之祖母,雅典与斯巴达均以之订入法律。柏拉图亦尝论及以坤母神话订入法律可以增进人民对于乡土国家之患忧。

② 参看"尼哥马可伦理学"卷一章三;"解析后篇"卷一,章十三、十四。

研究自然是什么,再进而考察自然科学所讨论的是些什么。[以及 20 研究事物的原因与原理是否属于一门或几门学术。]①

---

① 末一子句与995b5-6那一子句相似,盖被重复传抄而误植于此。

卷（B）三[1]

₂₅**章一** 我们于所习学术应列举所拟最先讨论的主题。这些包括各家哲学诸原理以及前人所未省察到的任何观点。凡愿解惑的人宜先好好地怀疑；由怀疑而发为思考，这引向问题的解答。人们若₃₀不见有"结"，也无从进而解脱那"结"。但思想的困难正是问题的症结所在；我们在思想上感到不通，就像被锁链缚住了；捆结着的思想，也像缚住了的人，难再前进。所以我们应将疑难预为估量；₃₅因为欲作研究而不先提出疑难，正像要想旅行而不知向何处去的人一样。若不先作说明，各人也无从揣测自己能否在一定时间内_{995b}找得所寻求的解答；问题的究竟虽则对先已研究过的人是清楚的，对于起疑的人则并不清楚。又，对于一个事例，已得闻两方面论辩的人当然就较善于辨别其是非。

₅ 第一个问题曾在我们的"导论"中有所涉及。这是——（一）原因的探索属于一门抑或数门学术，（二）这样一门学术只要研究本体的第一原理抑或也该研究人们所凭依为论理基础的其它原理（例如可否同时承认而又否定同一事物以及其它类此诸通则）；

---

[1] 卷(B)三与卷(A)一相衔接。参看卷A末句。所列举之疑难问题以后分别在E-I，MN各卷中论及。Γ1004a33，I 1053b 10，M 1076a 39，1076b 39，1086a 34，b15均提及此卷，称为"诸疑难篇"($\dot{\epsilon}\nu\ \tau o\hat{\iota}s\ \delta\iota a\pi o\rho\dot{\eta}\mu a\sigma\iota\nu$)。

(三)如果这门学术专研本体,是否所有本体可由一门学术来总括或需数门共商;若为数门,则各门是否相关极密,而其中是否有的就该称为智慧,其它的则给予别的名称。(四)这也是必须讨论的一题——是否只有可感觉本体才算实际存在,或另有其它与之一同存在;而其它这些〈非感觉本体〉只有一类,抑有数类,如相信通式与数学对象的人所揣想者,在可感觉事物与这些本体之间还有本体。对于上述这问题,又必须详察,(五)是否我们的研究限于本体,或亦旁及本体的主要属性。还有"相同"与"有别","相似"与"不相似""对反",以及"先于"〈先天〉与"后于"〈后天〉和其它[1]——辩证家们以通俗前提作辩论开始时,常试为查考的这些名词——这将是谁的业务对于这些悉予详察?又,我们必须讨论这些名词的主要属性,不仅要问它们各是些什么,更须查询每一事物是否必有一个"对成"。又,(六)事物的原理与要素就是科属抑为其部分,即事物所由组成而亦可析出的各个部分;若为科属,则是否应为每一个别事物所归隶的最高科属,例如"动物"或"人",亦即以离品种愈远而统属愈广之级类为原理。(七)我们更必须研究而且讨论在物质之外,是否别有"由己"因果,而且这类因果是否只有一种,或可有多种;又在综合实体以外是否另有事物(我所谓综合实体就指物质连同凭物质为之表明的事物),或是在某些情况中,综合实体[2]以外可以另有事物,而在另一些情况中就没有,而这些情况又究属如何。又,(八)我们请问原理在定义上和在底层

---

[1] 这些名词见于本书卷 Δ。又见于"命题"。
[2] "综合实体"(σύνολον)参看卷 H,章八。

上其为数或为类是否有定限;(九)可灭坏事物与不灭坏事物之原理是否相同;这些原理是两不灭坏,或是可灭坏事物的原理也是可灭坏的。又,(十)最难决最迷惑的问题:"元一"与"实是"是否并无分别,正如毕达哥拉斯学派及柏拉图所主张,确为现存事物的本体;抑或这些并非事物之本体,而恩培多克勒所说的"友",又或另一些人①的"火",又一些人②说的"水"与"气"才是事物的底层?又,(十一)我们请问第一原理是普遍性的,抑有类于个别事物,以及(十二)它们是"潜能"抑为"实现",还有它们的所谓潜能与实现是对动变来说的呢,抑另有含义;这些问题也将显示许多迷惑。又(十三)"数"与"线"与"点"与"面"是否具有本体的含义?若为本体,它们又是否结合于可感觉事物之中,抑与之分离?关于上述各端不仅难得真实的结论,即欲将所有疑难一一明白列叙也不很容易。③

章二 （一）我们最先提到的问题是研究所有各项原因属于一门抑或数门学术?如果各项原理并非对成,怎能由一门学术来认取各项原理?

还有许多事物,它们并不全备四因。一个动变原理或性善原理怎能应用于不变事物?每一事物,如其自身或其自性是善的,则

---

① 指希巴索(Hippasus)与赫拉克利特主以火为万物原始。希巴索略迟于赫氏。
② 指泰勒斯主水,阿那克西米尼与第欧根尼(Diogenes)主气。
③ 第一章13项问题均在下文重提:(一)见于本卷996a 18—b26;(二)996b 26—997a 15;(三)997a 15—25;(四)997a 34—998a 19;(五)997a 25—34;卷Γ,1003b 22—1005a 18;(六)本卷998a 20—b14;998b14—999a 23;(七)999a 24—b24;(八)999b 24—1000a 4;(九)1000a 5—1001a 3;(十)1001a 4—b25;(十一)1003a 5—17;(十二)1002b 32—1003a5;卷Θ,章六;(十三)1001b 26—1002b 11。罗斯译本分为十四主题,第六题分成两题。

自己就是一个终极,而成为其它事物所由生成而存在的原因;为了某一终极或宗旨,这就将有所作为;有所作为方可见其动变;这样,在不变的或具有本善的事物上,动变无可作为,动变原理也不能应用。所以,数学绝不应用这一类原因来作证明,也没有人用——"因为这个较善或那个较恶"——这样一类理由来解答数学问题;实际上没有人在数学中提到这类问题。为此之故,诡辩派,如亚里斯底浦,常常讥讽数学,他认为以艺术而论,卑微莫如木工与鞋匠,犹必以"做得好"或"做得坏"为评比,可是数学家就不知道宇宙内何物为善,何物为恶。

但,各类原因若须有几门学术,一类原因归于一门学术,则我们将试问哪一门最是我们所当研求,或哪一门的学者最为高尚?同一事物可以全备诸因,例如一幢房屋,其动因为建筑术或建筑师,其极因是房屋所实现的作用,其物因是土与石,基本因是房屋的定义。从我们以前对于这问题的讨论①来判断,四因都可以称为智慧的学术。至于其中最高尚最具权威的,应推极因与善因之学,终极与本善具有慧性,——万物同归于终极而复于本善,其它学术只是它的婢女,必须为之附从而不能与相违忤。但照先前关于本体的讨论②则事物之怎是为最可知的原理,而式因便应最接近于智慧。因为人们可以从许多方面认知同一个事物,凡是以事物的"如此如此"而认取一事物的人,较之以其"不如此不如此"而认取事物者,其为认识宜较充分;以事物之如此如此来认取事物的

---

① 参考卷 A,982a 8—19。
② 参考同卷 982a30—b2。

一类人，又须有所分别，凡获知事物之"怎是"者于认识事物最为充分，至于那些凭量，或质，或自然所加或所受于此事物之其它事项来认取事物的人不会有最充分的认识。又，于一切其它诸例，我们意为对于每一事物，即便这是可得为之证明的事物，也必须得知其怎是而后才能认识其存在，例如说何谓"使〈长方形〉成方"，答复是，"在〈长方形的〉长短边上求得一个适当中数〈作为正方的边〉"；其它一切情况也相似。我们知道了动变来源也就知道动作与变化及每一动变的发展；而这有异于终极，也相反于终极。那么，这些似乎该得有几门学术来分别研究几类原因[1]。

（二）但说到实证之原理和原因，它们是否属于一门或数门学术原为可争论的问题。我所指实证原理就是大家都据以进行证明的一些通则，例如"每一事物必须肯定或否定"以及"事物不能同时存在而又不存在"；以及类此的前提。问题是，实证之学与本体之学应属同一门学术，或不同的学术，如果两者不是同一门学术，则我们应追求哪一门学术。这些主题说是应属于一门学术未必合理；为要阐明这些内容，有何理由使之专属于几何或其它任何一门学术？若说不能属之于一切学术，而又可以属之于任何一门，那么对于这些主题在本体之学上之所认识者便与在其它学术中所认识的并不相殊了。同时这又怎样才能有一门研究第一原理的学术？我们现在固然知道这些通则实际是什么（至少在各门学术中正把它们当作熟识的定理在运用着）；但是如果真要成立一门实证之学

---

[1] 996a 18—b20 可参考卷 K，1059a 20—23（其中 996a 21—b1 可参考 1059a 34—38）。

专研这些,这就将有某些底层级类,有些是可证明的,有些则是无可证明的通则(因为一切通则均须先得证明是不可能的);实证须先有某些已定前提凭作起点,以为某一主题证明某些事物。所以,凡由此得到证明的一切事物将必归属于可证明的一个级别;因为一切实证之学是凭通则来求证的。

假如本体之学与通则之学有所不同,两门学术应以何者为先,何者为主?通则是一切事物中最普遍的公理。如果说这不是哲学家的业务,又将有谁来询问它们的真伪呢?①

(三)一般说来,是否一切本体归于一门学术或分属数门?如须分属数门,则哪一类本体该属之于哲学?另一方面来说,要一门学术管到一切事物又不是确乎可能的;因为这样,一门实证之学就得处理一切属性。每一门学术的业务各依据某些公认通则,考察某些事物的主要属性。所以,有各级类的事物与属性就有各级类的通则与学术。主题属于一类知识,前提也是一类,无论两者可以归一或只能分开;属性也是一类知识,无论它们是由各门学术分别研究或联系各门作综合研究。②

(五)③又,我们是否只研究本体抑应并及它们的属性?试举例以明吾意,倘一立体是一个本体,线与面亦然,同一门学术的业务是否应该知道这些并及其各级属性(数理之学就是为这些属性提出证明的),抑或让后者分属于另一门学术?如果属于同一门学

---

① 996b 26—997a15,参看1059a 23—26,答案见于卷Γ,章三。
② 997a 15—25,参考1059a 26—29,答案见于卷Γ,1004a 2—9 及卷E,章一。
③ 第二章及以下各章中各节号码是译者对照第一章所提各问题次序编列的。希腊文本无此号码。全书其他各节括弧内号码均译者所加。

术,本体之学也将是实证之学;但事物的怎是照说是无可实证的。若为另一门,则研究本体诸属性者,将是一门什么学术?这是一个很难决的疑问①。

(四)又,是否只有可感觉事物存在抑或另有其它事物?本体只有一类,或可有若干类,如有些人认为数理所研究的通式及间体也是本体?通式是原因也是独立的本体,这含义我们曾在初提及这名词时说过;②通式论的疑难甚多,其中最不可解的一点是说物质世界以外,另有某些事物,它们与可感觉事物相同,但它们是永在的,而可感觉事物则要灭坏。他们不加诠释地说有一个"人本",一个"马本",一个"健康之本",——这样的手续犹如人们说有神,其状是人。或谓神的实际就是一个永恒的人,而柏拉图学派所说的通式实际也就是一些永恒的可感觉事物。

又,在通式与可感觉事物之外若涉及两者的间体,我们又将碰到许多疑难。明显地,依照同样的道理,将在"线本"与"可感觉线"以外,又有"间体线"了,它类事物亦复如此;这样,因为天文学既是数学中的一门,这将在可感觉的天地以外别有天地,可感觉的日月以外(以及其它天体)别有日月了。可是我们怎能相信这些事物?假想这样的一种物体为不动殊不合理,但要假想它正在活动也不可能。——光学与乐律所研究的事物相似;由于同样的理由,这些都不能离可感觉事物而独立。如果在通式与个别事物之间还有可感觉事物与感觉间体,则在动物之本与可灭亡动物之间显然地当

---

① 997a 25—34,1059a29—34,其答案参看 1003b22—1005a 18。
② "我们说过"(λέγομεν),亚里士多德以柏拉图学派身份发言。又本卷第六章 1002b 15,参看卷 A,章六,章九。

另有动物。也可以提出这样的问题——我们必须在现在事物的哪一类中,寻找间体之学? 倘几何之同于地形测量的只有这一点,后者所量为可见事物,前者所量为不可见事物,那么医药学以外显然也得另有一门学术为"医药之本"与"个别医药知识"之间的间体;其它各门学术依此类推。可是怎能如此? 这样,在可见的"健康事物"与"健康之本"间另有"健康"。同时,地形测量是在计量可见而亦是可灭坏的量度,那么在可灭坏事物灭坏时,学术也得跟着灭坏。这个也不能是确实的。

但,从另一方面说,天文学既不能研究可见量度,也不能研究我们头上的苍穹。一切可见线都不能正像几何上的线(可见直线或可见圆形,都不能像几何学上的"直"与"圆");普罗塔哥拉常说"圆与直线只能在一点接触",而一般圆圈与一直杆不可能只是一点接触的,他常以此否定测量家。① 天体的运动与其轨道②也不会正像天文学所拟的那样,星辰也不会正像星辰学家所制的符号③那样性质。现在有人这样说,所谓通式与可见事物两者之间体就存在于可见事物中,并不分离而独立。④这论点是多方面不可能的,但列举以下一些就足够了:说只有间体在可见事物之中而不说通式也在其中,这是不合理的,通式与间体实际是同一理论的两部

---

① 此节所引普罗塔哥拉(Protagoras)语可能见于"论数理对象"(Περὶ τῶν Μαθημάτων),此书失传;书名见于第欧根尼"拉尔修"(Diogenes, L.)"列传"卷九,"亚里士多德本传"所附"书目"。

② ἕλικες字根出于滚动,可作圆轨道解;亦可作螺旋运动解。

③ "符号"(σημεῖα):巴比伦所传星象学,黄道十二宫星座均以符号代表之,如白羊♈春分(3月21),巨蟹♋夏至(6月21),天平秋分♎(9月22),摩羯冬至♑(12月21)。

④ 这论点出于一个半毕达哥拉斯、半柏拉图学派。

分。又照这理论来讲,在同一地位就该有两个立体,若说间体就在那个动变的可见立体之中,这就不能说间体为不动变的了。究属为什么目的,人们必须假定有间体存在于可见事物之中,像我们前已述及的同类悖理将跟着出现;天地之外将别有天地,只是这一天地还与原天地在同一位置,而并不分离;这是更不可能的。[①]

章三　　(六)关于这些论题作确当的陈述是很难的,此外是否应以一事物的科属抑或不如以其原始组成为事物的要素与原理,这样的问题也是很难说的。例如各种言语均由字母组成,通常都不以"言语"这科属通名,而以字母为要素与原理。在几何上有些命题不证而明,而其它的一切命题或多数命题的证明却有赖于这些命题,我们称这些命题为几何的要素。还有,那些人说物体为几种元素或一种元素组成,其意也在以组成部分为物体的原理;例如恩培多克勒说火与水与其它为组成事物的元素时,他并不以这些为现存事物的科属。此外,我们若要考察任何事物的素质,我们就考查其各部分,例如一张床,我们懂得了它的各个部分及其合成,就懂得这床的性质了。从这些论点来判断,事物之原理不应在科属。

可是,若说我们要凭定义认识每一事物,则科属既是定义的基本,亦必是一切可界说事物的原理。事物依品种而题名,人能认知此品种即便认识了这事物,而认识品种必以认识科属为起点。至于那些人以"一"与"是"[②],或"大与小"[③]为事物之要素,其意就在

[①]　997a 34—998a 19,参看1059a 38—b 21,其答案可参考卷 Λ,章六至十,及卷 M,N。

[②]　指学派与柏拉图(参看996a6)。

[③]　指柏拉图(参看卷 A987b 20)。

将原理看作科属。

但原理不能用两个不同的方式来说明。因为本体只能是一个公式;而以科属来取定义就不同于以其组成部分来说明事物。①

再者,如以科属为原理,则应以最高的科属,抑应以最低的品种为之原理？这也是可以引起争论的。如果认为愈普遍的总是愈近于原理,则明显地,最高科属应为原理;因为这些可以作一切事物的云谓。于是,全部事物如可分多少基本科属,世上就将有多少原理。这样,实是与元一均将是原理与本体,因为这些是一切事物的最基本云谓。但无论"一"或"是"又都不可能成为事物的一个独立科属;因为科属中各个差异必须各自成"一"并成"是";但科属脱离其所涵有的各个品种,就不应该涵有其间差异的云谓;那么如果"一"或"是"作为一个科属,其中所有差异均不会成"一"而为"是"。可是若把原理作为科属,则一与是倘不是科属,也就不能成为原理。又诸间体包括其差异一直到最后不可复为区分者为止,在理论上应为科属;但实际上,这个,有些或被认为是科属,有些则未必是。此外差异之可称为原理,也并不减于科属,甚至可说更接近于原理;如果差异也称为原理,则原理的数目实际将成为无尽,尤其是我们所假定为原理的科属愈高则所涵的差异也愈多。

但是,如以元一为更近于原理,而以"不可再分割者"为一,所谓不可分割者就指每一事物在数量与品种上为不可分割而言,于是凡不可再分割的品种就应先于科属,而科属则可以区分为若干品种("人"不是个别诸人的科属),那么,这应是作为最低品种的不

---

① 998a 20—b 14 答案见于卷 Z,章十、十三。

可分割物，为更近于元一。又，凡有先天与后天分别的事物，必与其所先所后的事物相联系（例如"二"若为列数中的第一个"数"，各个品种数以外便不能别有一个科属数；相似地各样品种"图形"以外也不会别有一个科属"图形"；这些事物的科属倘不脱离其品种而存在，其它事物的科属也应如此；要是有可分离而独立的科属，想来就该是"数"与"图形"）。但在各个个体之间其一既不是先于，另一也未必是后于。又，凡一事物较优，而另一事物较劣，则较优者常为先于；所以在这些事例上也没有科属能够存在。

考虑了这些问题以后，似乎那些说明个别事物的品种才应是原理，不宜以科属为原理。但这仍难说，品种是在怎样的命意上作为原理。原理与原因必须能与其所指的那些事物一同存在，而又能脱离它们而独立存在；但除了统概一切的普遍原理之外，我们又能假设什么原理能与不可再分割物一同存在？假如这理由是充分的，那么，毋宁以较普遍的为合于原理；这样，原理还该是最高科属。[①]

章四　（七）与这些相联的，有一个疑难等着我们加以讨论，这是最不易解决而又是最应该考查的一个疑难。在一方面讲，脱离个别，事物就没什么可以存在，而个别事物则为数无尽，那么这又怎能于无尽数的个别事物获得认识？实际上总是因为事物有某些相同而普遍的性质，我们才得以认识一切事物。

若说这有必要让某些事物超脱于个体之外，那么科属——无

---

① 998b 14—999a 23 答案参看卷 Z，章十二，1038a 19 与章十三。这一节与上节的问题参看 1059b 21—1060a 1。

论是最低或最高科属——就该脱离个体而存在;但我们方才讨论过,这是不可能的。① 又当我们讲到以物质为云谓的事物时,假如充分承认综合实体之外存在另一些抽象事物,那么在一系列的个体之外,就必须是(乙)这一系列中每一个体皆存在有另一事物,或一部分存在着有而另一部分没有,或(甲)全没有。② (甲)倘在各个个体以外,全都没有另一抽象事物存在,那么所有事物就只是感觉对象而世上就不会有理知对象,所谓知识就只是感觉,感觉之外便无知识。③ 又,永恒与不动变的事物就也不可能有;因为一切可感觉事物皆在动变而悉归灭坏。但,如果全无永恒事物,创造过程也不会有;一物必由另一物生成,在这生生不息的创造系列上,必须存在有一原始的非创造事物;万物总不能由无生有,因此这创造与动变的发展也必须有一个初限。每一动变必有一目的,没有无尽止的动变。凡创造之不能达到一个目的,完成一个事物者,这种创造就不会发生;一个动变达到之顷正是一个事物完成的时候。又,因为"物质"总是不经创变便已存在,物质所由以成就为本体者,即"怎是",也就存在,这可算是合理的;"怎是"与"物质"若两不存在,则一切事物将全不存在,而这是不可能的;所以综合实体之外,必须另有事物,即"形状或通式"。④

但是,(乙)假定了我们承认综合实体之外另有抽象事物,这还难决定,哪些事物可有,哪些没有,因为明显地,这不会一切事物都

---

① 见本卷第三章。
② 此句末一短语原文与全句开始时"假如"子句的辞旨不符。
③ 这里所提是普罗塔哥拉学说(柏拉图"色埃德托"152E—153A)。
④ 999b 5—15一节可参看"物学"卷六章五。

可有抽象存在;我们不能说在若干幢个别房屋以外,另有一幢房屋。

此外,所有个体,例如全人类中的各个人,是否只有一个怎是?这也是悖解的,因为一切事物,如其怎是相同,它们将成为一。那么该有许多的怎是么? 这也不合理。此外,物质怎样成为每个个体? 综合实体又怎样能并包〈物质与通式〉两个要素?[①]

(八)再者,关于第一原理,人们可以提出以下一问题。如果诸原理只于种类为一则其数便不得为一,虽是本一与本是也不得为一。在全系列的诸个体中,若全没有一些共通的事物,这将怎样认识?

然而若说有一个共通要素,在数量上为一,诸原理也各自为一,不像可见事物那样,相异事物各有相异原理(例如一个音节在种类上到处都是一样,拼成这个音节的字母在种类上也是到处一样;但在各个书卷中音节与字母的数量就不同了),若说原理在数量上为一,不是在种类上为一,则诸要素以外就再没有别的原理(因为在数量上成为一与我们所称个体的意义正相同,而我们所称"普遍"则用为诸个体的共通云谓)。那么原理倘如拼音字母一样,为数有定限;世上的言语将被限于$AB\Gamma$,因为同种类的更多的字母与音节是不能有的。[②]

(九)有一个与其它任何问题一样重大的疑难常为古今哲学

[①] 999a 24—b 24,参看 1060a 3—23, b23—28。其答案见于卷 Z 章八、十三、十四;卷 Λ 章六至八;卷 M 章十。

[②] 999b 24—1000a 4,参看 1060b 28—30。其答案见于卷 Z 章十四;卷 Λ 章四、五;卷 M 章十。此节末,特来屯尼克(Tredennick)英译本添入如下一句,"其它现存事物与其原理也将如此。"

家所忽视,——可灭坏事物与不可灭坏事物原理相同或有异?若说相同,何以有些事物归于灭坏,有些则否,其故何在?希萧特学派和一切神学家的思想颇有自得之意,而未必切中我们的疑难。他们将第一原理寄之于诸神,诞衍于诸神,他们说,万物初创时,凡得饮神酒,尝神膏①者,均得长生不死;他们所用的言语在他们神学家之间诚已互相娴习,默契于心,可是如欲凭彼等所递传之神话为我们阐述宇宙因果,我们总难聆会其旨。倘诸神欢欣鼓舞而酣饮取食于神酒神膏,酒食之供应固非诸神所由得其生存之源,若诸神还须靠酒食以维持其生存,则这样的神祇何得谓之永生?对于神话学家的机智我们无须认真加以研究。可是对于那些用实证来讲话的人,就必须加以严格考查而最后提出这样的询问,何以由同样要素组成的事物,有些灭坏,有些却得到永存的性质。这些思想家于此既未能有所说明,照他们所说,也无以解释事物的常理;万物的原理与原因显然不全相同。虽是大家公认为说得最周到的恩培多克勒,也不免于此误;他主张毁灭的原因在于斗,然而"斗",除了不能产生"一"以外,似乎也能产生任何事物;除主神而外所有事物都从斗发生。至少,他说过:——

一切过去、现在和将来的万物都从此始②。——

由以孕育了男女,和开花的草树,

---

① τοῦ νέκταρος καὶ τῆς ἀμβροσίας,"涅克泰"为神酒,"安勃洛西"为神食。
② 此节亚氏所云宇宙原始之"一"(ἑνός)与"神"(θεός)在恩培多克勒为"球"(σφαῖρας)。亚斯克来比旧注谓恩培多克勒诗句含混,亚里士多德固执而说之,未必悉如原旨。

以及鸟兽和水中的鱼,

还有长生的神祇。①

即便在字里行间,道理也很明白;照他说来,"斗"若不见于事物,事物便归一致;事物正在结集,斗就站到外边。② 跟着他的理论说来,最有福的神还当是较不聪明的;他不曾尽知所有要素;他自身没有斗;而知识却是同类事物的感应。③ 他说:

因为我们具有土,所以能见土,因水见水,

因清明的气见气,因火而见炽烈的火,

因爱见爱,因阴暗的斗也见到了斗。④

但——这就算是我们的起点——照他所说,斗争是分裂而毁灭的原因,同样也是生存的原因。相似地,友爱也并不专是生存的原因;因为将事物结集于元一,这也毁灭其它一切事物。同时,恩培多克勒没提到动变身身的原因,他只说过事物的所以如此,出于自然。

然而当斗争最后在斯法拉〈球〉的肢体中长大了。

他站起来要求应得的光荣,时间已经来到,

这曾由一个严肃的誓言,规定了他轮值的次序。⑤

这诗末行暗示了动变是必然的;但他没有说出所以必然动变的原因。可是,在这里只有他说得最周到了;因为他并不说有些事物可

---

① "残篇"9—12,21,23。
② "残篇"36。
③ 同声相应同气相感意,可参看柏拉图"蒂迈欧"。又恩比里可"反数学"(Sextus Empiricus, Contra Mathmatica)第 113 章。
④ "残篇"109。
⑤ "残篇"30。

灭坏，有些事物永不灭坏，他只说除了元素以外，其它一切事物均可灭坏。① 而我们现在的疑难则是，事物苟由同一原理支配，何以有些可灭坏，有些不灭坏。关于可灭坏与不灭坏事物必须有两种不同原理，我们的说明暂止于此。

但若说原理真是两别，问题又来了，灭坏原理也跟着事物灭坏，不灭坏原理也跟着不灭坏？假如它们是可灭坏的，它们仍还是由元素组成的事物，因为一切事物之灭坏就是那物体解消而复归于组成它们的各个元素；这样说来，在这些可灭坏原理之先必然还另有其它原理。但又是不可能的。是否这样的追溯将以达到某一定限为止，抑将是进行至于无穷？ 又，可灭坏原理若归消失，则可灭坏事物如何还能存在？若说原理永不灭坏，何以有些依此原理组成的事物却仍归灭坏，反之依别的原理组成的事物却并不灭坏？ 这些或不尽然，但是其然或不然，总得费很大的劲来进行证明。实际并没有人真的坚持"可灭坏与不可灭坏事物出于各别的原理"这样的主张；大家都认为同样的原理可以应用于一切事物。他们将我们上面所提的②疑难当作一些碎悄，囫囵咽了下去。③

（十）最难解而又是最需要研究的真理还在"是与一"是否即事物的本体，是否各极其本，一为一，是为是，而并无别义，抑或"一与是"另还涵有其它相依的性质。有些主于前说，有些主于后说。柏拉图与毕达哥拉斯学派认为"是与一"并无别义，这就是它们的本性，它们就只是"是与一"而已。但自然哲学家们引向另一线的思

---

① 参看第尔士编"先苏格拉底"第三版，卷一，209，11—21。
② 见于 1000a5—b21。
③ 1000a 5—1001a 3 参看 1060a 27—36。其答案见于卷 Z 章七至十。

绪;例如恩培多克勒——似乎他是想使人们对于"一"更易明了——或问一是什么？他答复说一是友〈爱〉；一切事物只是为了友〈爱〉的原因才合成为一。其他的人又说一切事物所由以组成的这个"一与是"为火①，另有些人说是气②。还有那些人说明元素不止一种；这些人的观点仍还相似，亦即说"一与是"恰真与他们所说的诸原理相符。

（甲）如果我们不以"元一与实是"为本体，其它普遍将没有一个是本体；因为两者都是一切普遍中最普遍的。若无"本一"与"本是"则在其它任何情况下都不可能有脱离个体的任何事物了。又，"一"若非本体，"数"也显然不能作为具有独立性质的事物；因为数是若干单位，"单位"就是某种类的"一"。

（乙）若承认有本一与本是，则元一与实是必然为它们的本体；因为普遍地说明事物之所以成是与成一者，不是别的，就是元一与实是。但假定有了一个"本是"与"本一"以后，要提出其它的种种事物又有很大的困难。——事物之为数怎么又能超过一。照巴门尼德的论点，万物皆一，一即天下之实是，因此事物之异于实是，亦即异于一者，不会存在。

这两论点都有谬误。无论说元一不是一个本体，或者说确有所谓"本一"，数总归不是一个本体。假定元一不是本体，应有的结论，我们已经说过；③若说是本体，则与实是论上相同的困难又将引起。④

---

① 谓希巴索与赫拉克利特。
② 谓阿那克西米及与第欧根尼。
③ 1001a 24—27。
④ 1001a 31—1001b 1。

"本一"之外将何来"另一"？这必然是一个"非一"了；但一切事物只能是"一"或"多"，而"多"却是积"一"所成，〈不是"非一"〉。

又，照芝诺的定理，[1]本一若为不可分，则将成为无是。他认为凡增之而不加大，损之而不减小的事物，均非实是，这样，他所谓实是显然都得有量度。如有量度，这又将是物体；实是之具有物体者，具有各个量向〈长短，阔狭，深浅〉；其它数学对象，例如一个面或一条线则在某两个或某一个量向可以增损，在其它量向是不能增损的；[2]而一个点或一个单位则是全没有量向的。但他的理论不算健全，（不可分的事物相并时，虽不增益其量度，却可增益其数）而且不可分物这样的存在就在否定他的理论，——一个量度怎能由这样一个或多个不可分物来组成？这就像是说一条线是由点制成的一样。

即便作出这样的假定，依照有些人的说法，数出于"本一"与"另个非一的某物"，我们还得提出这样的疑问：如这"非一"就是"不等"，[3]与"本一"同为数和量度之原理，何以"本一与不等"之产物，有时为数，有时又为量度。这可不明白，怎么量度可以由"一"与"这个原理"得来，也可以由某些"数与这个"原理得来。[4]

章五 （十三）与此相联的一个问题是"数"与"体与面与点"是否为本体一类。若说不是，这使我们迷惑于事物的本体究是什么，实

---

① 参看第尔士编"先苏格拉底"第三版卷一，170，16—38。埃利亚人芝诺（Zeno，约公元前461），巴门尼德弟子。
② 例如线与线相接则其线引长；然线与线相并则并不加阔。
③ 指柏拉图的数理哲学，参看卷M1081a 24。
④ 1001a 4—b 25 答案见于卷Z1040b 16—24；卷I，章二。"一与这个"即"一与不等"，"数与这个"即"数与不等"。

是又是什么。演变,运动,关系,趋向,比例似都不足以指示任何事物的本体;因为这些都可为主词的说明,却都不是"这个"〈事物之所成为实是者〉。事物之最能指示本体者宜莫过于水与火与地与气了,四者万物之所由组成,而热与冷以及类此者则是它们的演变,不是它们的本体;只有那在如此演变着的物体才是一些常存而实在的事物,也就是本体。但在另一方面来说,体较之于面,面较之于线,线较之于点与单位确然更逊于本体,因为体由面来包持,无面不能成体,而无体时面却还自成立〈面于线,线于点亦然〉。所以大多数哲学家,其中尤以早期诸先哲为甚,认为本体与实是应即为事物之实体而其它只是实体的演变,因此实是的基本原理就是物体的基本原理;而较近代,也是一般认为较聪明的哲学家[1],却想到了应以数为基本原理。我们已说过,这些若不是本体,世上将绝无本体亦绝无实是;至于这些本体的属性就不该冒称为实是。

但是,如果承认线点较之体更为本体,我们看不到它们将属之于何种实体(它们不能存在于可见体中),这就无处可觅本体了。又,这些显然是体的分解,——其一为阔狭,另一为深浅,另一为长短。此外,立体之中并无形状;石块里是找不到赫尔梅〈艺神〉像的,正方立体中没有半立方体;所以面也不在体内;若说面在体内,半正方立体的面也将是在正方立体内了。于线与点与单位也如此。所以,一方面讲来,立体是最高级的本体,另一方面讲来〈面线点与单位〉这些既有胜于立体,却不能举作本体的实例;这真令人迷惑,究属何谓实是,又何谓事物的本体。

---

[1] 意当指毕达哥拉斯学派与柏拉图。

除上述各节外,生成与灭坏问题也使我们面对着好些疑难。如本体先未存在而现时存在,或是先曾存在而以后不存在,这样的变化就被认为是经历了一个生灭过程;但点线面的一时存在,一时不存在并不能说也已经历了一个生灭过程。因为当各体相接触或被分割,它们的界面在合时则两界成一界,在分时则一界成两界;这样,在合并时一界不复存在,归于消失,而当分离时则先所不存在的一界却出现了(这不能说那不可分的点被区分成为两)。如果界面生成或消失了,这从何生成〈或消失〉? 相似的讲法也可用之于时间的当前一瞬;这也不能说时间是在一个生灭过程之中,却又似乎没有一刻它不在变异;这显示时间不是一个本体。明显地这在点线面也是如此;因为它们的定限或区分都与时间相同,可以应用同样的论点。[①]

章六　(十四)我们最后可以提出这一问题,在可感觉事物与间体之间,[②]何以我们必得觅取另一级事物,即我们所谓通式。数理对象与可感觉事物虽有些方面不同,至于同级事物可以为数甚多,这于两者却是一样的,所以它们的基本原理为数不能有定限(正如世上全部言语的字母,其种类虽有定限,为数则无可为之定限,除非你指定了某一个音节,或一句言语,那为之拼音的字母才有定数;间体也如此;同类间体为数是无定限的)。若说可感觉事物与数理对象之外,并没有像所主张的一套通式存在,则其数为一而其类亦为一的本体将不存在,而事物之基本原

---

① 答案见于卷 M,章一至三(1090b5—13 尤重要),章六至九;卷 N,章一至三,章五至六。第(11)和(14)问题参考 1060a36—b 19。
② 参看卷 A987b 14—18。

理也就只有定类,不能有定数了:若然如此,这也就必须让通式存在。支持这样论点的人往往执持其旨而不能明晰其义,他们总是说通式之为本体就因为每一个通式都是本体,没有哪一个通式是由属性来成立的。

但,我们若进而假定通式存在,并假定原理为数则一,为类不一,我们又得接触①到那些必然引致的不可能的结论。②

(十二)与此密切相联的问题,元素是潜在,抑以其它状态存在? 如果以其它状态存在,那么世界应还有先于第一原理〈诸元素〉的事物。作为原因而论,潜能先于实现,而每一潜在事物并不必须都成现实事物。但,若以元素为潜在,则现存各事物就可能全不实现。有实现可能的也许现时尚未存在,但,现未存在的却可能在后实现其存在,至于原无实现可能的,那你就不能望其出现。③

(十一)我们不应仅以提出第一原理为已足,还得询问原理的"普遍性与特殊性"。它们倘是普通的,便不该是本体;凡是共通的云谓只指说"如此",不能指示"这个",但本体是"这个"。倘以其共通云谓来指示"这个",指示某一个体,则苏格拉底将是几种动物——"他自己","人","动物",这些都各指一体,各自为一"这个"了。若以原理为"普遍",所得结果就该是这样。

若说原理的性质不是"普遍"而是"个别的",它们将是不可知

---

① 见 999b 27—1000a 4。
② 第(14)题 1002b 11—31,与(4)(7)及(13)(次序依第一章所列编排)各题相近。本卷第一章未列此第(14)题。第(14)题亦可并于(13)。
③ 1002b 32—1003a 5 答案见于卷 Θ 章八,卷 Λ 章六、七。

的;任何事物的认识均凭其普遍性。那么,若说有诸原理的知识,必将有其它原理先于这些个别性原理为它们作普遍的说明。①

---

① 1003a 5—17,参看 1060b 19—23,其答案见于卷 Z 章十三、十五,卷 M 章十。

卷（Γ）四[1]

章一 有一门学术，它研究"实是之所以为实是"，以及"实是[2]由于本性所应有的秉赋"。这与任何所谓专门学术[3]不同；那些专门学术没有一门普遍地研究实是之所以为实是。它们把实是切下一段来，研究这一段的质性；例如数学就在这样做。现在因为我们是在寻取最高原因的基本原理，明白地，这些必须是禀于本性的事物。若说那些搜索现存事物诸要素的人们也就在搜索基本原理，这些要素就必须是所以成其为实是的要素，而不是由以得其属性的要素。所以我们必须认清，第一原因也应当求之于实是之所以

---

[1] 卷四论哲学主题，而为之范围，于本体及卷三提出的若干问题始作解释。托马斯·阿奎那尝称卷Β为"辩难篇"，卷Γ为"释疑篇"。第三章以下反复详论相反律（矛盾律），第七章兼及排中律，此两律在"解析后篇"中称"一级通则"。

[2] ὄν，出于动字 εἰμί，意谓"是"或"存在"。凡"物"各为其"是"，各"有"其所"是"。故"是"为物之"本体"（οὐσία）。或问"这是何物"？答曰"这是某物"。又问"这怎么是某物"？答"这因这么而是某物"。故"怎是"（τὸ τι ἦν εἶναι）为某物之所以成其本体者，包括某物全部的要素。卷Μ τὸ τί ἐστι ἀρχὴ δὲ τῶν συλλογισμῶν (1078b 25) 谓"怎是"为综合论法（三段论法）之起点。本体之学出于柏拉图"巴门尼德篇"与亚里士多德"哲学"两书，本书译 τὸ ὄν 为"是"或"实是"。"是"通于"有"，"非是"通于"无"。"是"通用于"事"与"物"及"行为"（πρᾶγμα, χρῆμα, ἔργον）。非是通用于"无事""无物"及"无为"。旧译或以"是"为"有"，以"万物"为〈众是〉"万有"，义皆可通。本书均译"是"。"是"之语尾变化甚繁，近代西方语文多渊源于拉丁与希腊者，其语尾可得为相近似之变化。汉文无语尾诸变化，故译文中于此特为费劲而仍不免有疣赘之处。

[3] 照原文 ἐν μέρει λεγομένων 亦可译"所谓局部知识"。

为实是。

章二　一事物被称为"是",含义甚多,但所有"正是"就关涉到一个中心点,一个确定的事物,这所谓"是"全不模糊,一切属于健康的事物,关涉到健康,其一说是保持健康,又一说是产生健康,又一说是健康的征象,又一说是具有健康的潜能。一切属于医疗的事物,关涉到医学,一事物因具有医疗知识而被称为医学事物,另一个因天然适应于医疗,又一事物则因受到了医学方面的运用。我们当可检出其它相似的应用名词。这样,一事物在许多含义上统是关涉着一个原理〈起点〉;有些事物被称为"是"者,因为它们**是**本体,有的因为**是**本体的演变,有的因为**是**完成本体的过程,或是本体的灭坏或阙失或**是**质,或是本体的制造或创生,或**是**与本体相关系的事物,又或**是**对这些事物的**否**定,以及对本体自身的否定。(为此故,我们即便说"非是"也得"是"一个"非是"。)于是,这既可以有一门学术专管一切有关健康的事物,同样其它事物也可以有其它各个专门学术。不但事物之属于一名称者其研究应归之一门学术,凡事物之涉及一性质者亦可归之一门;性质相通的事物名称当相通。那么这就明白了,研究事物之所以成为事物者也该是学术工作的一门。——学术总是在寻求事物所依据的基本,事物也凭这些基本性质题取它们的名词。所以既说这是本体之学,哲学家们就得去捉摸本体的原理与原因。

每一级事物出于一类感觉,为之建立一门学术,例如语法这一门学术研究所有言语。因此,研究所有实是诸品种,在科属上论其所以为实是的原因与原理这任务,归之一门综合性学术,而各个专门性学术的任务则分别研究实是的各个品种。

"实是"与"元一",作为原理与原因倘〈假如〉本属相通,实际它们原也是相同而合一的事物,虽则并不用同一公式来说明(它们设定为不同公式,实际没有分别——而且这是可以互相加强其说明的);例如"一人"与"人"是同一物,"现存的〈正是〉人"与"人"也同,倍加其语为"一现存的人"与"一人"也没有什么分别①(因为所加于原事物的"一",在生灭动变上均不影响原事物);相似地"一现存的人"实际于"现存的人"并未增益任何事物;所以这是明白的,所加之"一"与"现存的人"相同,"元一"不异于"实是";又,每一事物之本体倘〈假如〉不是偶然而为一,相似地亦确由于本性而为是:——若然如此,〈倘上所假定都是对的〉则有多少元一也就有多少实是。研究这些要义的,在科属上为同一门学术——举例而言,像讨论"相同""相似"以及类此的观念者便是;而几乎所有的"对成"也可以溯源于此义;这些我们已在"对成选录"②中研究过了,不再详言。

再者,有多少类别的本体,哲学也就有多少分支,所以在这门学术中必然有第一义与其相从的各义。实是与元一径归于诸科属;所以各门学术也归于相应的各科属。"哲学家"这字的习用上本类于"数学家";数学分为若干部分,有主〈第一级数学〉有从〈次级数学〉,以及在数学范围内循序而进的其它级别。③

现在,因为每一门学术的任务应须研究"对反",而"众多"相反

---

① 27—30行如简括其意即"是"与"一"不异,"一"与"是"亦不异。罗斯诠注,谓凡人称道某物曰,"此'是'某物",或曰"此'是'某物",其意无殊;故"一"与"是"无殊。

② "对成选录"(ἐκλογὴ τῶν ἐναντίων)此书失传。亚氏"残篇"1478b35—1479a5,1497a32—1498b43,可见其内容之一斑。"对成"取义于"相对相成"与"相反相成"意。

③ 1004a2—9可参看卷B995b10—13,997a15—25;又卷E章一。

于"元一",所以研究元一之"否定"与"阙失",也属于同一门学术,我们对元一与其否定或阙失一同加以研究。(我们或说某事物没有,或说于某类特殊事物中没有某事物;前一说法是专指某一事物被否定,否定元一就指元一并不存在,至于阙失则只因其所阙失的部分而立论[①]:)看到了这些事实,我们这一门学术的范围也就该包括上述的"对成"诸观念,"有别"与"不似"与"不等"以及从这些或从"众多与元一"衍生的其它各项。"对反"是这些观念之一;因为对反为差异的一类,差异为"有别"的一类。因为事物之称为一者,涵有许多命意,这些词项也将有许多命意,但所有这些词项,仍归一门学术来研究;——名词之分属于不同学术者不仅因为它有不同命意,而是因为它既命意非一而他的诸定义又不能归属于一个中心命意,所以才不能归属于一门学术。一切事物当以其基本含义为依据,例如我们称为一的事物,必然比照于基本之一,这个我们于"相同"、"有别"及"对成"等也当如是;所以,在辨明了每一事物所述及的各个云谓以后,我们必须确定其中哪一命意是基本的,而其它则如何与此基本命意相关联;譬如有些事物取名于其所持有,有些则取名于其所制造,有些又取名于其它途径,〈但所指则必须符合于事物的基本含义〉。

于是,这明显了,同一门学术应该阐明本体,也应阐明列举的这些观念,(这也是我们在"辩难卷"中诸疑问之一[②])而哲学家的事业原也该能考察一切事物。如果这不是哲学家的事业,将

[①] 若以否定为某一属性的否定,则阙失就只指在一类事物中某个缺少它同类所共有的某属性。参看卷 Δ 章十"对反",章廿二"阙失"释义。

[②] 见卷 B 章一,995b18—27,章二 997a25—34。

有谁来研究这些问题:苏格拉底与坐着的苏格拉底是否同为一物?或者各事物是否各有一个对成?或者何谓对成,或者这有多少命意?以及类似的其它问题。这些观念不同于元一与实是之为数或线或火之类的演变,而真是元一之为元一和实是之为实是的主要秉赋,因此这门学术就应该考察这些观念的要义和它们的质性。研究这类问题不算离开哲学范围,只是对于本体缺乏正确观念的人,忘记了本体应该先于这些事物,这才是错了。数之所以为数具有特殊属性,如"奇与偶","可计量性"与"相等","超过与缺损",这些或是直属于数,或具有相互关系。相似地,实体,不动体与动体,无重量体与有重量体,各具有特殊的属性。实是之各具有上列哪些特殊质性者,哲学家也得研究其中所存的真理。可以提起这一例示:辩证家与诡辩派穿着与哲学家相同的服装;对于诡辩术,智慧只是貌似而已,辩证家则将一切事物囊括于他们的辩证法中,而"实是"也是他们所共有的一个论题;因而辩证法也包含了原属于哲学的这些主题。诡辩术和辩证法谈论与哲学上同类的事物,但哲学毕竟异于辩证法者由于才调不同,哲学毕竟异于诡辩术者则由学术生活的目的不同。哲学在切求真知时,辩证法专务批评;至于诡辩术尽管貌似哲学,终非哲学。

又,在对成序列中,两行之一[①]为"阙失",一切对成可以简化为"实是与非是",和"一与众",例如静属一,动属多。实是和本体为对成所组合,这是几乎所有思想家都同意的;至少他们都曾提起

---

① 参看卷A986a23脚注。

过各自的对成作为第一原理——有些举出奇偶①,有些举出冷热,②,有些举出定限与无定限③,有些举出友与斗④。所有这些以及其它诸对成明显地都可简化为"一与众"(这简化我们可以承认⑤),其它思想家所述原理也完全可以此为科属而为之归综。经过这些考虑,这就明显了,研究实是之所以为实是者应属之于一门学术。因为一切事物或即对成或为对成所组合,而"一与众"实为一切对成之起点。不管这些命意是否单纯,它们总得归属于一门学术。也许它们实际不止一个命意;可是即使"一"有多种命意,这多种命意必然相联于一个基本命意(诸对成的例也相似),即使实是或元一不作为一个普遍通例,在各例上也并不全同,或是仍各结合于个别事物(实际上"一"有时是公共的参考标准,有时是一一相续的串联),这还得相通于一个起点。为此故,作一个几何学家就不研究什么是"对成"或完全与"元一"或"实是",以及"相同"或"有别"这类问题,他径是承认这些为理所当然,凭此假设为起点,推演他自己的论题。

于是明显地,这一门学术〈哲学〉的任务是在考察实是之所以为实是和作为实是所应有的诸质性,而这同一门学术除了应考察本体与其属性外,也将考察上列各项⑥以及下述诸观念,如"先于","后于","科属","品种","全体部分"以及其它类此

---

① 毕达哥拉斯学派。
② 巴门尼德。
③ 柏拉图学派。
④ 恩培多克勒。
⑤ 参看亚氏"残篇"1478b36—1479a5。
⑥ 即1005a12,所举数项。

各项。

章三　我们必须提出这一问题,研究本体和研究数学中所称公理〈通则〉是否属于一门学术。显然,对于通则的探索,该属于一门哲学家的学术;因为这些真理为一切事物所同然,并不专主于某些独立科属。每一科属咸各有其实是,而这些真理于实是之为实是确切无误,由是遂为世人所公认而通用。但世人应用它们却各为满足自己的要求;因此凡是适宜于为他们所研究诸科属作证的,他们就照顾这些通则。这些通则既于一切实是皆显然无误,那么于一切事物如欲问其实是,则研究那实是之为实是的人们,自然也将研究这些通则。凡进行专门研究的人——如几何学家或算术家——均不问这些通则是真是假。有些自然哲学家〈物理学家〉就是这样在进行研究,其研究过程也能够为大家理解,他们还意谓惟有他们正是在研究整个自然以及实是。但另有一类思想家,超乎自然哲学家之上("自然"只是"实是"的一个特殊科属),他们所考察的都是普遍真理与原始本体,因此这些真理的研究也将归属于他们。物理学也是一种智慧,但这不是第一级智慧。[①] 还有些人于应该承认的真理也试作论辩,这些人[②]往往缺乏"分析能力"[③],他们应该在进行专门研究之前先熟习这些通则,不应在倾听学术讲授的时候才来过问。

[①] 1005a19—b2,参看卷 K 章四。

[②] 可能是指安蒂瑞尼(Antisthenes,约公元前 440[?]—前 366,雅典人,世称犬儒宗)。

[③] "分析能力"(ἀναλυτικῶν)或译"名学训练"。亚里士多德所称"分析"即后世所称"名学"(Logica),或译"逻辑"。但 Logica 一字为专门之学,推原其始,出于西塞罗,此字未尝显见于希腊著作。

因此，明显地，研究一切本体的哲学家也得研究综合论法〈三段论法〉①。谁最精习于一科属的事物，谁就必然能够陈明有关这一门的最确实原理，所以谁最精习于现存事物〈现是〉者也必然能够陈述一切事物的最确实原理。惟有哲学家能如此，最确实的原理是万无一误的原理（因为常人每误于其所不知）。这样的原理宜非虚语，而且应该为众所周知。凡为每一个有些理解的人所理解的原理必不是一个假设；凡为有些知识的人所必知的原理当是在进行专门研究前所该预知的原理。

现在，让我们进而说明什么是这样一个最确实原理。这原理是："同样属性在同一情况下不能同时属于又不属于同一主题"；我们必须预想到各项附加条件，以堵住辩证家乘机吹求的罅隙。因为这符合于上述的界说，他就是一切原理中最确实的原理。传闻赫拉克利特曾说"同样的事物可以为是亦可以为非是"，这是任何人所不能置信的。一个人的说话当然不是必须置信；假如相反属性不该在同时属之于同一主题（常有的条件必须循例予以附加），假如一条规律反驳另一条规律便与之相反〈矛盾〉②，那么这就显然是不可能的："同一人，在同一时间，于同一事物，既信为是又信为不是"；如果有人发生这样的错误，他就同时执持了两相对反的意见。为此之故，凡是逐节追求证明的人，总是逼到最后一条规

---

① συλλογιστικῶν 即旧译"三段论法"，兹依字义译"综合论法"。
② ἀντιφάσεως(ἀντιλογία) 直译为"反驳"，作为名学辞类译"相反〈矛盾〉"。"矛盾"出于"韩非子""势难"："人有鬻矛与盾者，誉其盾之坚，物莫能陷也，俄而又誉其矛，曰：'吾矛之利，物无不陷也。'人应之曰：'以子之矛陷子之盾，何如？'其人弗能应也"。希腊无此典故。可参考梅厄(Maier)"亚氏综合论法"($Syl.\ of\ A.$)卷一，41—101，评论亚氏矛盾律与排中律。

律为止；终极规律自然地成为其它一切原理的起点。[①]

章四　　我们曾说起有些人不但自己主张"同一事物可以既是而又非是"，还说这可让世人公论，事理确乎如此。[②]　其他如自然科学的作家，也常用这样的言语。但我们现在认为任何事物不可能在同时既是而又非是，并且认为这原理能自明为一切原理中最是无可争论的原理。有些人甚至要求将这原理也加以证明，[③]实在这是因为他们缺乏教育；凡不能分别何者应求实证，何者不必求证就是因为失教，故而好辩。一切事物悉加证明是不可能的（因为这样将作无尽的追溯，而最后还是有所未证明的）；假如承认不必求证的原理应该是有的，那么人们当不能另举出别的原理比现在这一原理〈矛盾律〉更是不证自明了。

可是关于这个论点〈同一事物既是而又不是〉只要对方提出一些条理，我们当用反证法来为之说明这不可能成立；如果他一点条理都不提出，我们也无法向一个不能作任何发言的人作答。这样的人，基本上不比草本聪明。现在我来辨明反证与实证，实证中若将某一假定当作既定论据就被认为是丐理，但如果另有人提出一论据；则这论据就由他负责，我们所做的不是为之证明而是为之反证[④]。所有这里的辩论，其起点并不要求对方说出某些事物之或

[①] 本卷第三章可回看卷 B995b6－10,996b26－997a15。1005b8－34 可参看卷 K1061b34－1062a2。1005b23－26 可参看 1062a31－35。1005b22－32 全节要点：**甲不能同时是"乙"与"非乙"**，所以没有人该认为**甲是"乙又是非乙"**（注意1012a14脚注）。

[②] 指上一章 1005b23－25 所涉及赫拉克利特，似并及麦加拉学派。欧几里得（Euclid，公元前 450－前 374）崇奉苏格拉底，于苏氏亡后，回故乡，创为麦加拉学派。

[③] 似指安蒂瑞尼。

[④] 1006a5－18 参看卷 K1062a2－5。

是或不是（因为这个也许就被看作为丐理），我们所要求于对方的只是将某些事物说得两方都能明白其辞旨；如果他正想发言，这就应该如此。若他辞不达意，于自己和别人两不明白，这样的人理解能力不够。要是有人承认这些，我们就由此既具有一些明确的事物，证明就可得进行；可是该负责的并不是提出实证的人，却正是听受证明的人；因为正在他解明一个理论时，他又听受着另一理论。又，要是人们承认这个，也就已承认了有些事物可以不经证明而显见为真理[因此每一事物就不该如是而又不如是]①。

这里，明显地是真确的，"是"或"不是"应各是一个限定的命意，这样每一事物将不是"如是而又不如是"②。又，假定"人"只有一个命意，我们就称之为"两足动物"；限定一个命意以后：——假如"人"的命意是"X"，而 A 是一个人，则 X 就将是 A 之"所以为人"的命意。（若有人说一个名词有几个命意，只要它的命意为数有限，道理还是一样；因为每一个定义还得提出一个异字。例如，我们可以说"人"不止一个而有几个命意，则每一命意总得有一个像"两足动物"一类的定义，有几个命意也只是有几个定义，其为数是已有定限的了；对每一个定义都得系之以一特殊名称。可是若说命意不必有定限，一字可有无尽数的命意，这显然不可能理解；因为不确定一个命意等于没有什么命意，若字无命意，人们也无从相互理解，这样，理知就被取消了。我们只能着想于一件事物，不将思想属之于一件事物而要思想任何事物，这等于什么都没想到。

---

① ［　］内文照 A^b 抄本增入，E,J 抄本均无。
② "如是与不如是"参看柏拉图："色埃德托"。

凡是可能着想的任何事物,就会有一个名称系之于这事物。)于是,如上所述及,[1]让这名称有一个命意,而专指一个事物;如果"人"不但对于其主题有所表白,而且只限于表白一个含义,那么谁要说"是一个人"恰无异于"不是一个人",这是不可能的。(这里应分明,"限于表白一个含义"与"对于其主题有所表白"不全相同,如果这里含混了,误解就可以引起,如说"有文化的"与"白的"与"人",三者虽同指某一事物,并非一个含义。)

同一事物既是而又不是,除了同义异词而处,必不可能,同义异词之例有如我们称之为"人"的,别人称之为"非人";但问题不在于它的称谓之是"人"或"非人",而在它实际上究竟是什么。现在,假如"人"与"非人",其字义并无分别,则明显地指一物而称之谓这"是人"与称之谓这"不是人"也无分别,因为它们虽属异词,同指一物。譬如穿在我们身上的或称为"衣"或称为"服",衣与服所指的只是具有一个定义的一件事物。假如"是一个人",与"是一个非人"要成为同义,它们就得同指一件事物。但这已经说过,[2]这样的名称应指不同事物。所以任何事物凡称为人的必须是一个"两足动物";因为这就是为"人"所拟订的命意。所谓"必须是"的涵义就是说它不可能成为"不是",必须是人就不能不是一个"两脚动物"。所以在同一时间,指同一事物"是人又是非人",不能是真确的。

同样的道理于"不是一个人"也可适用,"是一个非人"与"是一

---

[1] 见 1006a31。
[2] 见上节 1006b11—15。

个人"不同,"是白的"与"是一个人"其旨亦复不同;〈"非人"与"人"〉前者其旨相反,比之于后者,具有更强烈的差别,这必然另指不同的生物。如果有人说"白"与"人"是同一物,这我们在上面曾已说过,[①]若对同一事物的不同表白混淆为同一涵义则不仅相反的事物将混一,一切事物皆将混一。如果承认这样是不可能的,只要对方一一答复我们的问题,结论就会因这些问答而显明。

当我们提出一个简单的问题,苟在答复中包含了一些相反〈矛盾〉,他就不是在答复问题。他若对此同一事物作答,说它既是人又是白的以及又是其它种种,大家都不会予以拦阻;但假如主题是这样:这"是一个人",请问这是对的或是不对? 我们的对方应得在"是人"与"不是人"中,择一以答,而不应加上说这"又是白的","又是大的"。事物之偶然属性为数无尽,不胜枚举;让他悉举或让他不举吧。相似地,即便这同一事物曾一千次做过"人",又一千次做过"非人",但当我们的对方被请问到这是否为一个人的问题时,他决不能说这是一个人而同时又是非人,这样他还得将这事物前前后后所曾经为"是"与曾经为"不是"的一切偶然属性,悉数列举出来;他若是这样作答,他就违反了辩论的规矩。[②]

一般讲来,这样作答,实际是将本体与其怎是都取消了。因为他列举所有出于偶然的属性,这样凡所以成其为"人"或"动物"的主要质性就没有了。如果具有了所以成其为人的主要质性,这个就决不是"非人"或"不是人"(这些都是所以成其为人的否定);因

---

① 见上文 1006b17。
② 1006a18—1007a20,参看卷 K1062a5—20。1006b28—34 参看 1062a20—23。

为事物的"怎是"〈所以成其为事物者〉其意只指一点,这就是事物的"本体"。举出事物的怎是,而为本体题以名称后,其命意已有所专指,不能再妄指其它的事物。但,若说"所以成其为一个人者"与"所以成其为一个非人者"或"所以成其为一个不是人者",三者主要地相同,那么我们就只能向别处去找"怎是"了。那么,我们的对方将必说,任何事物均不能有定义,而一切属性均出偶然;然而,本体与偶然属性是有所区别的——"白"之于"人"是偶然的,因为他虽是白色,但白非其怎是。一切说明若都取之于属性,一个主题悉以偶然者为之云谓,事物将完全没有基本成因;于是这样的云谓必须无尽已地累加。但这是不可能的;因为在属性云谓中,诸属性名词只要超过两项就不便于复合。① 因为(一)一个偶然不是另一个偶然的偶然,这两偶然只因是同属一个主题,才能作连续的云谓。例如我们可以说那个"白的"是"有文化的",与"那个有文化的是白的"就因为两者都属于人。但是,(二)若说苏格拉底是"有文化的",这两词就并不同为另一事物之属性。这里的云谓分明有两类用法,(甲)"有文化的"像"白的"一样是苏格拉底的属性,这一类云谓是不可以无尽已地向上说去的;例如"白苏格拉底"就不能再加另一属性;因为要另找一个字来表明两字所指的事物是找不到的。〈如"有文化的"可与苏格拉底合一就不能与"白苏格拉底"合一。〉又,(乙)这也不能别用一个名词,例如"有文化",来做"白"的云谓。因为两者之各为属性,哪个都不能说包含了或胜过了那一个;两者

---

① (1)亚历山大举例:"希朴克拉底是一个最精明的医师"并非一个主题有两个属性,因为"最精明的"只是"医师"的属性,(2)亚蒙尼(Ammonius)解此支句为"一词不能有二定义"。参考"解析前篇"卷一章一。

即便因主题相同而联在一起,似若相属而实不相属。以"有文化的"作为苏格拉底的〈"那个白的"〉属性,这类①云谓不同于前一类②,在这类云谓系列中这个偶然是偶然的偶然,但这不能所有云谓全属偶然。其中必然有某些云谓表明着本体。若然,这就昭示了相反〈矛盾〉不可以同时作为一事物之云谓。

又,假如对于同一主题,在同一时间内所有相反说明都是对的,显然,一切事物必将混一。假如对任何事物可以任意肯定或否定,同一事物将是一艘楼船,一堵墙与一个人,这理论凡是同意于普罗塔哥拉思想的都得接受。人们倘认为人不是一艘楼船,他就明明白白的不是楼船;苟谓相反说明两皆真实,那么他也是一艘楼船。这样我们就落入了阿那克萨哥拉万物混合③的教义;这么,纯一的实体将全不存在。他们似乎在讲一些"无定物",当他们想着"实是"的时候,却在口说着"非是";"无定物"就只是那些潜在而并未实现的事物。但他们必须容许任何主题的任何云谓均可加以肯定或否定。因为这是荒谬的:若说每一主题其自身可予以否定,而其它云谓苟有某些不容否定的,就不作否定。譬如"一个人"却说他"不是一个人",他认为这没有说错,那么明显地,你说他"是一艘楼船"或"不是一艘楼船"也都不算错。照样,若正面的肯定〈是楼船〉可以作为他的云谓,反面的否定〈不是楼船〉必然也可以作为他的云谓;如果不能以肯定为云谓,则主题的云谓之否定较之主题本

---

① ② 两类云谓,其一类如苏格拉底是有文化的,以属性明本体。另一类那"白的"是"有文化的",因本体已有所指明而附加其义。所有附加云谓虽似增广主题,亦复使之所限愈狭,不能无限地发展。

③ 见第尔士编"残篇"。

身的否定更可随便作为云谓。这样,你可以否定"人"这主题为"不是一个人",则"楼船"的被否定为"不是一艘楼船"当然也可以;这些否定,既可以随便,那么肯定的话该也可以随便的说。①

于是,那些坚持这个观点的人逼得还须做出这样的结论,对一事物不必肯定,也不必否定。假如一事物"既是**人**而又是**非人**",两属真实,显然这事物也就可以"既**不是人**而也**不是非人**"。两个正面相应于两个反面。正反两词合成的前一命题确相应于另组正反合成的后一命题,而前后两命题又恰正相反。②

又,(甲)或则是这理论完全都真确,一事物可以"既白又不白","既存在又不存在",其它正与反也都可以,(乙)或则是这理论只有一部分真确,其它不真确。假使不完全真确,(乙)则矛盾终只有一面真,另一面就必然是假的。但是,假如这理论完全都真确,(甲)则(子)其正面真确时,反面也就该真确,反面真确时,正面也就该真确;(丑)或者是正面真确处,反面必然真确,而反面真确处,正面不必然真确。在后一情况,(丑)一个反面已确定,这将是不可争议的信条;"无是"既然可知而且不可争议,则其反面的"正是"应更为可知了。但是,若说(子)一切凡可否定的均可予以肯定,那么是否可将"是又不是"那两个云谓分开来,让他作确切的答复呢(例如不说"白又不白"而说"此物为白",再说"此物为不白")。如要(1)说是那两个云谓不可分开,足见我们的对方想假借"可是可不是"的"未定物"来搪塞,这些未定物当没有一件是现实存在的;但

---

① 1007b18—1008a2 参看卷 K1062a23—30。
② 1008a6—7 可参看卷 K1062a36—b7。

非现实存在的事物，怎能像他一样说话或走路呢？照这论点，如上已言及，[①]一切事物悉成混一，如人与神与楼船以及它们的相反都将成为同一事物。相反既可同作每一主题的云谓，一事物与另一事物就无从分别；因为它们之间若有所分别，则这差异正将是某些事实而相殊的质性。（2）假如将那两个相反云谓分开来作答，除了引致上述各样事物的混一外，也得引致这样的结论，一切事物可以是〈真〉对的，也可以是〈假〉错的；而我们的对方承认自己是在错的一边。——我们和他的质疑问难显属徒劳；因为说了许多等于什么都没说。他既不说"是"亦不说"不是"，他老是说"是又不是"；而且他进而又否定这些，说"也无是也无不是"；因为除了这最后一语以外，别的措词还包含着些可捉摸的"有定事物"。

倘把这条理订定："当正面是真实时，反面应是虚假，而反面是真实时，正面应是虚假"这样要同时肯定而又否定同一事物将成为不可能。然而他们也许竟会说问题就在这里。

又，有人判断一事物，或云"如是"，或云"不如是"，另有人判断一事物谓这"既如是而又不如是"；是谁的判断对，谁的判断错了呢？若说那两可的人对，那么具有这样一类性质的现存事物他们究向何处去指寻？若说他并不对，可是比较那一位将事物既分明之为"是"又分明之而为"不是"的人，他仍然较为妥当，即便他不能算对，你也不能算他错。然而一切都无分别，真假混在一起，落在这样境界的人实际不能说出也不会说出任何可以令人明了的事物；因为他同时说"是"与"不是"，对于一切事物不作判断，只是混

[①] 见 1006b17，1007a6。

混沌沌的,若有所思若无所思,这样的人与草木何异?

这样,该是十分明白了,凡主张这样理论〈矛盾两可〉的人以及任何其他的人实际都没有真的站住这一立场。为何一个人当他想到要去麦加拉的时候,他就不再留在家里而走向麦加拉呢?他在某个早晨上路的时候,他为什么不走入一口渊井,或走上一个悬崖?我们看到他步步留心,当然可以知道他并不意谓堕入深渊或坠于悬崖,是"又好又不好"或"无可无不可"。显然他判断着怎么走比较好些,怎么走比较不好。大家如不以此类判断为妄,则他也必将某一事物确定之为"人"而另一事物确定之为"非人",某一事物谓之甜,另一事物谓之不甜。因为他不将一切事物等量齐观,所以当他在要喝水时,就进向水边,当他要访人时就进到人前。假定同一事物既可是人而又可不是人,那么他就得将一切等量齐观了。但是,如上所述,每一个人的行动没有不是在趋吉〈向于某些事物〉而避凶的〈免于另一些事物〉。似乎举世的人,即使不能判明举世一切事物,他总是会断定若干事物的利害善恶的。[①] 如果说这些不算知识,只是意见〈猜忖〉,他们还应是切求真理的人,犹如一个病人之切求健康较之一个无病的人更为急迫;于认取真理而论,只会猜忖的人较之于真有所识知的人,当然他尚不算健全。

又,一切事物尽可以"如是与不如是",在事物的性质上,仍还有过与不及的差别存在,我们决不该说二与三同样地是偶数,也不能说一个误四为五的人,与一个误八为千的人,其误相等。若说他们所误不等,则那个误差较小的,应是离真实也稍近些。假如一事

[①] 1008b12—27 参看卷 K1063a28—35。

物于某一事物的性质多具备一些,这总该是较接近于那事物。若说这类差别未足为真理之征,可是认明这些差别,我们总找到了较肯定而更接近真理的事物,我们毋宁抛弃那拖泥带水的教义①,免得妨碍大家思想上常有的判断能力。

章五　普罗塔哥拉的教义也是从同一意见发展出来的,要是正确就两②皆正确,要是谬误就两皆谬误。一方面,假如承认一切意见与现象均属真实,所有言论将同时又真确而又虚假。因为许多人的信念是互相冲突的,人们常认为与他不同的意见是错的;所以同一事物必须又是而又不是。另一方面这样说,所谓"有人认为对,有人认为错",相反的只是各人的意见;同一事物确定可以"又是又不是";那么所谓实是倘真为这样,一切就都无不是了。明显地,这教义也出于同一思想方式。

但是,对于不同的对手不宜用同样的辩难方式;有些人需要与之讲理,有些人只能予以强迫。因为有些人接受辩论,旨在贯通自己的思想,所以只要将困惑各点予以启发,引导他逐步进入明亮的地方,他就豁然开朗,治愈了他的愚昧。然而对于那些仰仗着言语与名词,专为辩论而辩论的人,除了否定他的辩论,就没法为之诊治了。③

那些确实感觉到有所疑难而发生这样意见的人,大抵是由于对可感觉事物的观察所引起。(一)他们想诸相反或诸相对应同时

---

①　λσγουάπηλλαγμένοι 或译"滥用了的理论",指"是非两可论"。
②　其一为前章之意见两可论,另一是普罗塔哥拉之现象两可论。普罗塔哥拉教义之一,以现象为实,如甲之现示为乙者,便为乙。
③　1009a16—22 参看卷 K1063b7—16。

都属真实,因为他们见到了相对事物从同一事物中出现。假如事物之非是者便不能由事物变现,那么苟有所变现,必为事物的对成中原已具备着的事物,如阿那克萨哥拉所说"万物混于万物";德谟克利特立说亦复如是,因为他说空与实随处都相等而并存,其一为是其一为非是。① 对于这些由此引起其信念的人,我们将认为他们在某一意义上说得对,在某一意义上说错了。成为实是可有两义,其一昔者无"是",今日有"是",其另一为"无是"不能成"是",而同一事物则可以成为实是与不成为实是——但其道不同。因同一事物在潜能中可以同时涵有一个对成的两端,但在实现时,就不能再涵有两端了。② 此外,我们还要请他们相信在一切现存事物中,别有一级本体,对于这本体,动变与生灭均不相属。

(二)相似地,还有些人是从可感觉事物的现象之真实性这类观察引起了这些意见。因为他们想到真理并不由持有信念的人数之多寡来决定;同一物,有些人尝之为甜,另有些人尝之为苦;由此推广而循思之,若世人皆病,或世人皆狂,其间二三子独健或独醒,世人必以二三子为病为狂,而不自谓其病与狂。

又,他们说许多动物由感觉所得印象与我们人类不同;即便同是人类,各人的官感也不全同。谁的印象真实,谁的印象虚假,这并不明白;这一组人或动物的印象未必胜于另一组,然而两者同属某一事物之印象。为此故,德谟克利特要这样说,或者真理是没有的,或者至少我们于真理还没有明白。

---

① 1009a6—16,22—30 参看卷 K1062b12—24。
② 1009a30—36 参看卷 K1062b12—24。普罗塔哥拉另一教义即"无不成有",故事物之能演变者必先涵有两对成。

这些思想家一般假定知识就是感觉，感觉的差异则出于身体的差异，一切出现在我们感觉中的事物必然是真实的；这样，恩培多克勒与德谟克利特，几乎也可以说所有其他的思想家，都成了这一类意见的俘虏。恩培多克勒曾说人的思想随人身体而为变：

人之于智度因滋养而日增，①

在别篇中，他又说：

他们的体质怎样的改变，

思想也常发生怎样的改变。②

巴门尼德也有同样的讲法：

许多关节巧妙地组成人体。

也这样组成人的思心；

各人的思想皆由此多关节的肢体发生。

而思想竟是那么繁富。③

阿那克萨哥拉致其友人的一句箴言也与此攸关——"事物就有如所意想那样的事物"。而且他们说荷马也有这样的讲法，因为他叙述赫克笃被打失了知觉以后躺着胡思乱想④——照这讲法一个受伤而失去思想力的身体仍还有所思想，只是他那伤体的思想已异

---

① ἐναύξεται（动字 ἐναυξίνω）原义"滋养"或"增益"。亚氏取其用字浑朴处作双关解，其义类于"体胖则心广"。原语见"残篇"106。

② "残篇"108。

③ "残篇"16。色乌弗拉斯托（Theophrastus，公元前322－前268）为吕克昂学院亚氏之继任主持人。他在"论感觉"第三章中所引此节，文句略异。

④ 参看伊里埃第二十八章698行；但原书此节不是说的赫克笃而是在叙述欧里耶罗（Ερταλύs）。

于先前未伤体的思想了。于是明显地,倘这两类都算是思想,而此刻的胡思乱想与先前的思想所寄,恰又同属某一实物,则此实物该可说"既如是而又不如是"了。① 就在这一方向,开展讨论最为困难。假如那些见到了这些事例的人认为这样的真理是可能的,而且认为这样的真理正是他们所最喜爱而乐于追求的,——假如那些具有这样意见的人来宣扬这样的真理,初进于哲学研究的人不将自然地失望吗?因为这样的寻求真理何异于追逐空中的飞鸟。②

思想家们所以要执持这样意见,其缘由就在实是中求其所是的时候,他们将感觉当作了实是;可是在可感觉世界中,存在有许多未定性质——那些未定物所存在的特殊意义,我们上已述及;③所以他们说得相当高明,但所说并不真实——与其像爱比卡尔谟那样的批评齐诺芬尼④,毋宁作这样的批评。因为在动变中的事物无可为之作成真实的叙述,他们看到了自然界全在动变之中,就说"既然没一时刻没一角落不在动变,所以没一事物可得确实地予以肯定"。就是这一信念发展成上面提及的理论,如那个闻名已久的赫拉克利特学派克拉底鲁所执持的学说,可算其中最极端的代表,他认为事物既如此动变不已,瞬息已逝,吾人才一出言,便已事过境迁,失之幻消,所以他最后,凡意

---

① 1009a38—b33 参看卷 K1063a35—b7。
② 参看"希腊古谚"卷二,677。
③ 见于 1009a32。
④ 参看凯伊培尔(Kaibel)编"残篇"252。大约爱比卡尔谟(Epicharmus)曾对齐诺芬尼(Xenophanes)思想做过这样的批评:"这既不高明也不确实"或"这是确实的但并不高明"。

有所诣，只能微扣手指，以示其踪迹而已；他评议赫拉克利特所云"人没有可能再度涉足同一条河流"①一语说："在他想来，人们就是涉足一次也未成功"。

可是，我们将答复这辩论说，他们关于动变的想法是有些道理在内的，然而总是可訾议的，虽说在变动中的事物尚非实在的事物，可是事物之有所消失者必先有此可消失者在，事物之今兹变现者，必先有某些事物在。一般说来，一物灭坏，必将因此而变现有某物；一物生成，必有所从而生成之物在前，亦必有为彼而有此生成之物在后，而这一过程不能无尽已的进行。——但暂且不管这些问题，让我们坚持这一点，同一事物，所变的不在量与质。即便事物在量上并非恒等；我们总是凭它的形式认识每一事物。②——又，我们这样批评执持那些意见的人应可算是公正的：他们就是对可感觉事物也仅见极小部分，却要将自己的意见应用于全宇宙；因为这只有紧绕于我们周遭的可感觉世界才是常在生灭的不息过程之中；但这世界——就这么说吧——只是全宇宙中的一个小小的分数而已，③所以这才较为公正，应该为着那另一部分而放弃这世界小小的可感觉部分，不宜凭这一部分去评判那另一部分。④

---

① "残篇"91。
② 1010a22—25 参看卷 K1063a22—28。
③ 亚里士多德以天宇及星辰（星辰即神或神之所居）为永存而不变不坏；可参看卷Θ，章八。我们在这里用"宇宙"或"世界"译ὀρανὸs与κόσμοs。旧诠，"世"为迁流，即过去、未来、现在；"界"为方位，即东南西北上下。又云，上下四方为"宇"，古往今来为"宙"。"世界"与"宇宙"两义相同，均为抽象名字；两希腊字有时为实指"天空"与"地球"之名词。（κόσμοs原义"秩序"。）
④ 1010a25—32 参看卷 K1063a10—17。

于是,我们正要将我们所早已有的结论①告知他们;我们必须向他们证明,要他们认识:宇宙间必有全无动变性质的事物存在。实际那些主张事物同时"既是而又不是"的人,如欲由此而有所引申,则与其说一切均在动变,毋宁说一切皆归安定;因为一切属性均已备于一切主题,天地万物,各如位育,殊已无所需于动变了。

关于真实的性质,我们必须认定每一呈现的物象,并不都属真实;第一即使感觉不错,——至少感觉与感觉对象互相符合——印象也并不一定与感觉符合。又,这应当是公正的,我们于对方提出那些问题表示诧异;事物在远距离与在近处所呈现于人眼前时是否尺度相同,是否颜色相同;其所呈现于病人与健康人眼前时是否相同;事物的重量呈现于强壮的人与衰弱的人手中时是否相同;事物的虚实呈现于入睡的人与醒着的人是否相同。明显地,他们并未想到这些都是问题。至少没有人当他身在里比亚时,却幻想自己在雅典,正出门去参加奥第雄②的晚会。又,关于未来的事物,如柏拉图所说,③例如一个病人是否会得痊愈,一个医师的意见与一个普通人的意见,分量不是一样的。再者,对于一个陌生对象与相当熟悉的对象,或是对于一个亲近的对象与官感相应的对象之间,④各官感本身就不是同等可靠的;对于色,只有视觉可靠,味觉就不可靠;对于味,只有味觉可靠,视觉就不可靠;每一种官感永不会在同时说同一对象这"既如是又不如是"。就是不在同时,这一

---

① 参看 1009a36—38。
② 奥第雄(ὀδεῖον)大厦为贝里克勒(Pericles,公元前495—前429)仿照波斯阁幕形式建筑之音乐厅;希腊诗艺与乐艺大会均于此厅诵奏。
③ 见于"色埃德托"178B—179A。
④ 参看"论感觉"440b29。

官感有时前后不符,其所示异,也不是事物之性质,而只是那同一性质的异感。试举例以明吾意,同样的酒,或因酒变了质,似乎可以一时为美酒一时为不美;但是至少当酒之为美酒时,彼所为美固确乎存在,这酒美是不变的,饮酒的人对那一刻的酒美也是领会得不错的,于那一刻之所以为酒美,其性质必然是"如是而又如是"〈"如彼而又如彼"〉。① 可是那些观点〈错觉〉破坏了这个必然,他们舍弃了任何事物的怎是,也使世上不再有必然的事物;因为所谓必然就不能又是这样又是那样,所以任何事物若有所必然,就不会"又如是又不如是"了。

一般说来,假如只有可感觉事物存在,那么若无动物〈活物〉②就没有这世界,因为没有动物,也就没有感觉器官。现在说是可感觉性与感觉两不存在,这样的论点无疑是真实的,因为两者都只是在感觉者身上所产生的感应。但是,若说那感觉所由发生的原因,那个底层也不应存在,这就不可能。因为感觉决不只是感觉自身,而必有某些外于感觉者先感觉而存在;主动的总是先于被动的,这两个相关名词也可适用于感觉问题。

章六 在笃信这观点的人以及仅是侈谈这些理论的人之间,有人提出这样一个难题,将是谁来断定人的健康与否,又将是谁来断定每一类问题的虚实。但这一类问题与考查我们现在是睡眠抑是醒着一样。所有这些问题都属同一性质。这些人们为每一事情举

---

① 1010b1—24 可参看卷 K1062b33—1063a10。
② ἔμψυχων,"有灵魂物"即动物及一般生物。希腊人之"灵魂"(ψυχή)(拉丁译为 anima)观念多本于毕达哥拉斯灵魂即生命之义。灵魂分三类:(1)植物灵魂仅有生命;(2)动物灵魂兼有生命与感觉;(3)人的灵魂兼有生命、感觉与精神三者。(参看 1017b16,1046a36,1070a29。)

一理由；①因为他们要找一个起点，由这起点来作别的证明，而他们又想要用证明来找起点，从他们的方法上看来，能否找到，他们也并无自信；但他们的情调恰如我们以前曾说过的：实证的起点原本不是另一个实证，他们却要为说不出理由的事物找寻理由。

这些，要旨并不难于领会；然而那些专求辩论必胜的人老是寻找那些不可能的事物；他们主张容许大家互反〈自相矛盾〉——这种要求本身一开始就是一个矛盾。② 但事物若并不尽属"关系"范畴，有些事物可以自在而独存，这就不必是每一呈现于感觉者都属真实；惟有见此事物之呈现的某些人明白这些现象；所以谁若以现象为尽属真实，他就使一切事物均成"关系"。所以依照他们的论点，同时要求在辩论中可以有所必胜，那么他们就必须时时检点自己，不要说真实存在于其所呈现，只是说真理存在于向他呈现的，在那时候，在那官感上，与那情况中呈现的现象。他们提出任何论题若不是这样讲法，他们很快就会发现自己在否定自己了。因为这可能，同样一物看来是蜜，尝来却不是。又因为我们具有两眼，如果两眼视觉不一，一事物就可以呈显两现象。对于那些执持着我们先前说过的③那些理由的人们以现象为真实，也认为一切事物无须以真假相诤，因为事物之呈现于各人，所得现象原不一致，即便呈现于同一人时，前后也不一致，甚且常常同时发生相反的现象，（当一物置于我们交叉的两手指间，触觉则谓二，视觉则为

---

① 似指安蒂瑞尼。
② 1011a3—16 参看卷 K1063b7—16。
③ 参看 1009a38—1010a15。

一)①——对于这些人们,我们将说是的,但这不在同一官感上,不在同一时间内,不在同一情况下,如果这些条件具备,所呈现的将属真实。但彼不为决疑解惑、仅为辩论而辩论的人,于此又将说,依你所论,也只是于那一感受的人是真实,并不能说这于一切人均属真实。如上曾述及,②他必使一切尽成"关系"——使一切相关于意见与感觉而后已,这样就没有一个已存在或将生成的事物能脱离某些人的意想之如是或如彼而自行存立。但事物之已存在或将生成者,显然并不一律有赖于人们的意想。

又,事物之为一者,应与一事物或与某些决定性事物为关系;如一事物成为两半而相等,其为"等",与为"倍"并无直接关系。③于是,思想于事物的人与被思想着的事物如果相同,人将不是那思想者而将合一于那被思想着的事物。每一事物如果必须相关于思想此事物的人,则此思想的人将累累地相关于无尽相关的各别事物。

这些当已足够说明(一)一切信条中最无可争议的就是"相反叙述不能同时两都真实",(二)如认为两都真实,这引出什么些后果,以及(三)为什么人们会得误认**相反者**两都真实。"**相反**"既不应在同时,于同一事物两都真实,"**相对**"亦应是这样。相对④的两端之一是另一端的对成,也是它的"阙失",而且阙失了的必是主要

---

① 1011a31—34 参看卷 K1062b33—1063a10。
② 参看 1011a19 及以下。
③ 意谓"等"只与"等"相关,"半"只与"倍"相关;不应作一切皆互为关系的看法。1010b1—1011b12 的辞旨是这样:若事物因别人的感觉而为存在,则人只是存在于他人的思想中,将为一"被思想物",而世上便无"能思想物"。
④ 对反四式:相反,相对,阙失,相关。参看卷 Δ 章十。

的质性；阙失是对于一个确定了的科属取消其应有的云谓。于是，假如不可能同时肯定与否定，相对的两端也不可能同时属之于一个主题（除了两端都以变称关系，或一端为原称，一端以变称关系来属之于那一主题）。①

章七　　另一方面，在相反叙述之间也不能有间体，于一个主题我们必须肯定或否定一个云谓。首先我们若将"真与假"解释清楚，这就可明白，凡以不是为是、是为不是者这就是假的，凡以实为实、以假为假者，这就是真的；所以人们以任何事物为是或为不是，就得说这是真的或是假的；若说这"既非是又非不是"，则事物将在真假之间。——又，相反之间的间体将类似黑与白之间的灰色，或如人与马之间的"非人非马"。（甲）如果间体是像后一类的，那么它是不能变向相对两端的（因为"变"，是从不好变好，或从好变不好），而间体总得变向两端，或两端变向间体。至于相反〈矛盾〉这就无可互变。（乙）如果〈像前一类〉这确实是一间体，②这也就会得变白，但这不是从非白变出来的；这是从灰色中未为人见的白变出来的。——又，理知亦得肯定或否定每一个理知或思想的对象，——这由定义上看来③就该明白了。定义总是说怎么是真实，怎么是虚假。事物以肯定或否定之一式为联结则成真实，以另一式为联结便成虚假。

又，如果人不仅为辩论而辩论，这就必须在一切相反之间，都设立一个间体，惟有这样他才能说世上毕竟有了"既非真实又非虚

---

① 1011b17—22 参看卷 K1063b17—19。
② 灰为黑白的间体，因为灰色中有一部分黑一部分白在内。
③ 见 1011b25—26。

假"的事物,而在那些"是与不是"的事物之间将可得成立一"中性"事物,在生成灭坏之间也造为一类变化间体。

又,有些事物,凡否定一个属性就等于肯定其相对的另一端,竟说是在这样一类事物中也有一个间体;例如,在数理范围内据称有既非"奇"又非"非奇"的一种数。但这从定义①上看来显然是不可能的。

又,这过程将无尽地进行,实是的数目不仅将增加总数一半,而且将增加得更多。这也将可能有人再否定这间体为正反两端的比照,②因而别立新间体,这些新间体既另有其怎是,也就将另成一套事物。

又,当一个人被询问一物是否为"白"时,他说"不",他所否定就只在"是"〈白〉;它的"不是白"是一个负反。

有些人获得这些观念同他们获得其它悖理一样;当他们不能否定一个诡辩谲词③时,就承认那个论点,同意那些结论为真确。有些人就因此表现这些想法;另有些人因为要求每一事物必须举一理由,也表现这样的想法。应付所有这些人们就当以建立"定义"为起点。定义之所以为人所重就在于它必有所指明;由名词组成的公式将所解释的事物划出了界限。④ 赫拉克利特学说以一切事物为既是而又不是,似乎使一切事物悉成真实;而阿那克萨哥拉

---

① 亚里士多德所云定义未知是何定义。也许是说每一数必须是或奇或偶。
② 假如甲与非甲之间,可有乙为非甲与非非甲,这也将可以另立一个新间体丙,使这丙既为非乙又非非乙。
③ λόγους ἐριστικούς,埃里斯底克兹译"谲词",义为好辩与吵嘴;好辩者大抵用捉白字法或用双关语取胜,其论点都无实义而必求胜人。
④ 1011b23—1012a24 参看卷 K1063b19—24。

在两项相反之间设立间体,又似乎使一切事物悉成虚假;因为当事物全是混合物时,混合既不是好也非不好,这样谁都不能明确指出一件真实的事物。

章八 经过这些分析,这该明白,有些人所宣扬的那些片面理论是站不住的。——理论的一方面说没有一样事物是真实的(因为,他们说世上并无规律限止人们不使所有的陈述都作为"正方形的对角线可以用它的边为计量"这样一类的叙述),另一方面的理论则说一切事物尽属真实。这些观念实际与赫拉克利特的观念相同;他说"一切皆真,一切尽伪"这一句话的两节应是可以分开来说的,分成单条,其所说既属不可能,合成双联后其说也必不可能。两个相反显然不能同时都真,——另一方面,也不能一切叙述都是假的,虽则照我们以前所曾说过的道理,这似乎比较的可能。但,为要撇清所有这些议论,我们必须要求,如前所述及,①不说某事物"是或不是",应明确某事物有何含义,这样,我们就必须依据一个定义来进行论辩,例如所谓真假就得先确定什么是真,什么是假。所要肯定是真的若与所要否定是假的事物并无异致,这就不可能一切叙述都是假的;因为照这情形,那两相反中必有一个是真的。又,假如关于每一事物必须承认或否定它,这就不可能都是错的;这两相反中,只有一个是错的。所有这些观念常是自相刺谬,戳破自己的理论。因为他在说"一切皆实"这一叙述时,他已对反了自己下联的叙述(因为它的相对叙述就在否定这真实),所以他自己这叙述就成为不真实

---

① 参看 1006a18—22。

的了。他在说一切皆虚,引出的结论也相似,使他自己也成为一个撒谎者。[①] 如果前一位〈说"一切皆实"的〉除外了那相对的一个条例〈一切皆虚〉,说世上惟有那一条不实;而后一位〈说一切皆虚的〉则除外了他自己,说世上只有他不虚;这样,他们已经被逼到替真实与虚假作出无限止的假设了。若要为他的真实理论注明所由称为真实的境界,这过程将无休止地进行。

又,那些人说"一切皆在静定"显然是不正确的,那些人说"一切皆在动变"也不正确。假如一切皆在静定,则同一叙述将永是真的,同一叙述也将永是虚的——但这明显地在动变;因为那作此叙述的人〈自己就在动变〉,先前他未在世上,过一会儿他又将不在世上了。假如一切皆在动变,世上又将没有一件实在的事物;于是一切尽假。但我们曾已说明这是不可能的。又,凡是变化的必须原是一事物,因为变化是由某些事物变为某些事物。再者,若说"一切事物咸有时而静定或咸有时而动变",没有一样事物是"永静"或"永动",这样说法也不切实;宇宙间总该有一原动者,自己不动,而使一切动变事物入于动变。[②]

---

① 1012a24—1012b18 参看卷 K1063b24—35。(1012b13—18 参看 1062b7—9。)

② τὸ πρῶτον κινοῦν ἀκίνητον αὐτὸ,"自己不动的原动者"一向被基督教神学家引证为亚里士多德对于主神(天主或上帝)的认识。亚氏此项观念实由宇宙论与物理学引出,并不着重于神学或宗教教义(参看卷 Λ)。

卷(Δ)五[①]

1013a **章一**　"原"[②]的命意(一)〈原始〉事物之从所发始,如一条线或一条路,无论从哪端看,都得有一起点。(二)〈原始〉是事物之从所开头,如我们学习,并不必须从第一章学起,有时就从最好入手的
5 一节[③]学起。(三)〈原本〉是事物内在的基本部分,如船先有船梁,屋先有基础,而有些动物有心,[④]有些有脑,另有些则另有性质相似于心或脑的部分。(四)〈原由〉不是内在的部分,而是事物最初
10 的生成以及所从动变的来源,如小孩出于父母;打架由于吵嘴。(五)〈原意〉是事物动变的缘由,动变的事物因他的意旨从而发生

---

① 上数卷论定哲学思辨的范围。此卷集释有关本体论中常用的重要名词。但其中有数词与此书无关。似原为另一专篇。著录时间或早于此书。所传公元前希茜溪(Hesychius)"亚氏书目"中有"词类集释"一卷,即指此作。以后被夹入此书中。本书卷(E)六末句与卷(Z)七开始句均提及 περὶ τοῦ πολλάκως "名词集释"(关于名词诸涵义)亦当是指这卷。希腊诠疏家亚历山大将此卷编为第四卷,与Γ卷对换。拉丁学者,如托马斯·阿奎那则编为第五卷。

② 各民族言语文字发生时,若干原始字根,均出于人生基本活动,故多相似。然其日久孳乳则因生活、环境与思想变化而颇相异致。凡一字数义,即双关或数关之字,各民族必难得相同的一字,其所关数义均属一致。因此本书各卷译文中(例如 ἀρχή)往往不能不以两个或三个以上(例如"原始"、"原理"、"渊源")的中文名词来译取一个希腊名词。

③ 参看"范畴"章八。

④ 亚里士多德以心脏为动物发生之起点,见"动物发生"738b16。亚氏在生物学上有许多成就,而这却是一个错误。

动变,如城市政府,寡头政体,王制以及暴君都叫做"原"($\dot{\alpha}\rho\chi\alpha\iota$)〈主〉。技艺亦然,尤其显明的是大匠师的精于设计者。(六)〈原理〉是事物所由明示其初义的,如假设是实证的起点。(因为"原因"与"原始"之义相通,所以"原"有六义,因也该有六义。)这样,所谓"原"就是事物的所由成,或所从来,或所由以说明的第一点;这些,有的是内含于事物之中,亦有的在于事物之外;所以"原"是一事物的本性,如此也是一事物之元素,以及思想与意旨,与怎是和极因——因为善与美①正是许多事物所由以认识并由以动变的本原。②

章二 "因"③的命意(一)是事物所由形成的原料,如造像因于青铜,杯碟因于白银,以及包括类此的各级物料。(二)事物的通式或模型,亦即事物的基本定义,(如2∶1比例与一般的数是八度音程的原因)以及包涵在内的各级通式和定义的各个部分。(三)变化或停止变化最初所由以开始者,如建议人是某一举动的原因,父母是子女的原因,一般说来,造物者就是所造物的原因,致变者是所变化的原因。(四)事物之所以成为事物的目的;例如为了健康,所以散步。"人何为散步?"我们说:"这使人健康;"我们认为这样说,就算解答了散步的原因。为了达到目的而引入的各种方法或

---

① 有的版本此一字作 κακόν(恶)即以"善"与"恶"一个对成为事物之极因。此与亚氏理论不符。

② ἀρχή一字与汉文"原"字颇相切合。这里亚氏述"原"有六义;有的译本将君主与匠师两句分开,成为七义。在中古以前"哲学"并无定名。奥里根(Origen)自题其通论神学与物学的著作曰"关于原理"(Περὶ Ἀρχῶν)。

③ αἰτία 通俗用为"关系"、"原因"、"因果"、"罪过"、"责任"等义。本书译"因"。如1013a16所云,"因"与"原"相通。全书中常见原理与原因并举,或两词互代。

工具,凡是推动别一事物之进程的,也可与此同论,譬如人要获得健康就引用消瘦法,或清泻法,或药物或医疗器具;虽则方式各异,或为工具,或为动作,其目的却都是为了健康。

这些,就是所谓原因的全部要义。原因常有几种讲法,同一事物可有几个原因,几个不相符属的各别原因。例如造像之因是雕塑艺术与青铜,两者都不为别的,只是为造像;可是两者并不一样,其一为物因,另一则是动变的来源。而事物也可相互为因,如体操为健康之因,也可以说健康为体操之因;其一为极因,另一为动因。又,同一事物可以是相对反事物的原因;有了这个,发生某一事物,没有这个,却发生相对反的事物,例如我们认定船只遇险是没有舵手之故,那么船只平安就应是有了舵手之故;这样舵手之"在船上"与"不在船上"就成为船的动因。

现在,所叙诸原因,很明显地,归于四类。音节出于字母,制成品出于原料,物体出于火、土及类此的元素,全体出于部分,结论出于假设;这些都是各样事物所由造成的原因。这些,有的是底层(例如部分)〈物因〉,有的则为怎是(如全体、综合与通式)〈本因〉。一般的作者,如种子、医师、建议人,当是一切致动或致静的原因〈动因〉。末一类原因是一切事物所企向的终极与本善[①];为有此故,世间万物都有了目的而各各努力以自致于至善〈极因〉;至于我们说这是本善,或只是表面的善,那并不是重要的差别。这些就是原因的四项类别。

---

① ἀγαθὸν(善)作为事物之决定原因,则哲学论点与伦理〈道德〉论点合一:此为亚氏哲学的基征。

虽则归综起来为类不多,但诸因的个别品种是为数繁多的。"因"的含义说起来颇为分歧;即使是一类之因,有些就说是"先于",有些则说是"后于";如体育教师和医师都是健康之因;又如2∶1比例和数都是八度音程之因;以及某些包括各别事例的普遍原因就是各个事例的通因。还有在某一属性或某一级属性上论原因的,例如一个讲法是雕塑家造了这像,另一讲法是帕里克力图造这像,因为那雕塑家恰巧是帕里克力图;推而广之,凡包括各级属性的普遍词项也都可连带成为原因,如说"人"或广泛地说"动物",也是这造像的原因;因为帕里克力图是人,而人是动物。属性原因中有些从属关系较远,有些较近(例如,说那位"白的"与"那位有文化的"是这造像的原因,而不说"帕里克力图"或"人")。除了这些类别之外,原因无论是由于本性或由于属性,又分为能作用的与在作用两种;例如说房屋的被造成由于建筑师,或说一个瓦匠正在造屋。由因而及果,也有各样差别说法;例如某一事物可说是这个雕像之因,或说是一个雕像之因,或说是一般造像之因,又可说这像出于这块青铜,或说出于青铜,或说出于一般物料;①属性因果也与此相似。又,属性与本性诸因可以并合起来说;我们可以既不说"帕里克力图"也不说"雕塑家",却说"雕塑家帕里克力图"。

但所有这些可以别为六级②,而每级则归于两列;(甲)一列是出于个别的或科属的或属性的原因或以其科属包括了属性原因,这些又可以合取,也可以单举;(乙)另一列是"正在作用"或是"能

---

① 参考"物学"卷二 194a33,有相似语句。
② 六级举例:一个造像的原因:(1)雕塑家,(2)艺术家,(3)帕里克力图,(4)人,(5)雕塑家帕里克力图,(6)有文化〈艺术〉的人。(5)与(6)由(1)(3)与(2)(4)所组成。

作用"的原因。在作用上来分别原因,就可见到某些个别的人或事物与他们所作用着的人或事物应同时存在或不同时存在,例如这一诊病者与这一受诊者,又如这一建筑师与这一正在被建筑物,两者均同时存在;至于能作用〈潜在〉原因就不尽然了;房屋并不与建筑师同时死亡或毁灭。[1]

章三 "元素"〈要素〉[2]的命意是(一)(子)事物内在的基本组成,于物类而论是不能再分析为别的物类的;如言语的元素是字母〈音注〉,字母组成为言语,言语分解为字母后就无可再分解了。事物于既分解后,若要再分解,那么它们再分出来的部分还是同类的,如水加以分划,每一部分仍然是水。至于一个音节分开来却并不是音节〈而是一些不同的字母〉。(丑)相似地,凡人们说物体的元素就指那将物体分析到无可再分的种类;这样分析出来的事物,无论只有一种或有多种,大家就称之为"元素"。(寅)所谓几何证明的要素〈元素〉与一般证明的要素,性质也相似;凡在实证中都得引用到的基本条例都叫做实证要素;"综合论法"以一个中项来联系前后两项,进行证明,就有这样的性质。

(二)(卯)人们也将"元素"这字移用于那些单一而微小的物质,这样的命意在好多方面是有用的。这样,凡是微小单纯与不可再分割的事物就称为一种"元素"。因此(辰)事实上"元素"就成为

---

[1] 此章可参考"物学"194b23—195b21。
[2] 泰勒斯等早期学者以 ἀρκή(原)作"原素"(物原)义用。亚里士多德别取 στοιχεῖον(原义为字母)为"元素"新词,盖得之柏拉图;参阅"命题"。又参阅第尔士:"元素"(Elementum)29页。
亚氏广义引用 στοιχεῖον 一字,近代化学上之"元素"狭义地引用此字,符合于本章六义中第四义,(二)(卯)。

普遍事物。这些元素以其"单纯"〈一〉存现于万物的"复杂"〈众〉之中,每一事物或包含所有各种元素或包含若干种元素。有些人因此认为"单位"与"点"是事物的第一义。(已)于是所谓"科属"〈族类〉既是普遍而不可分割的(关于这些不能再有所说明,或为之界释①),有些人就说科属是元素;科属较之品种确实更为普遍,因为凡是品种所存,必具有科属的性质;而科属所在,品种却以差异出现。元素的通义就是每一事物内在的基本组成。

章四 本性〈自然〉的命意,(一)若将 φύσις 这字的 υ 读长音,②这就应是生物的创造。(二)一生物的内在部分,其生长由此发动而进行。(三)每一自然事物由彼所得于自然者,开始其最初活动。那些事物由于与某些其它事物接触,或由有机结合,(或由有机吸附,如胚胎③)因而获得增益者,此之谓生长。有机结合有异于接触;有机结合的各个部分不仅相接触,并在量和延展上一起生长(虽则质不必相同);至于接触只是两者碰在一起而已。(四)"本性"的命意又指任何自然物所赖以组成的原始材料,这些材料是未成形的,不能由自己的潜能进行动变;如青铜就说是造像的"本性"也是青铜器的本性,木器的"本性"就是木,余者以此类推;这些物料被制成产品以后,它们的原始物质仍然保存着在。就是这样,人们对组成万物的自然元素也称为"本性",有些人举出这元素是

---

① 这当指最高科属,其所涵存者为所有一切品种的通性。
② φύσις 原义是"生长"其动字 φύσθαι 中 υ 字母常作长音读。其所孳衍的各义为"性"、"族"、"生理"、"特质"等。广义上,此字包括生物与非生物之本性而言,因此又作"自然万物"或"自然"解。近代文中"本性"、"自然"、"万物"、"生物"、"物质"、"本质"等不同字义,在希腊文中统可以此一字来表达。
③ ἔμβρυον 谓雌性生殖,上一句则指种籽、精子等雄性生殖。

"火",有些人则举"地",有些人举"气",有些人举"水",又有些人举其它类此者;又有些人举其中的几种,又有些人悉举四元素。(五)"本性"的命意又是自然事物的本质,有些人就说本性是万物的原始组合,有如恩培多克勒说①:——

现存的万物无所谓本性,

只是〈四元素〉一回儿聚一回儿散,

本性就是人们所赐予这些混合物的名称。

因此自然所生的——事物,或现已在,或即将出现,除了已获有它们的通式或形状者之外,我们就说它们还欠本性。惟有两者②都具备了的事物,才算具有本性,譬如动物和它的各个部分;这么"本性"就不仅是那原始物质,亦需是那"通式"或"怎是",那是创生过程的终极目的。关于那些原始物质可有两种含义,一是指这一个别事物所关的原始物质,另一是指一般的原始物质;譬如就青铜器而论,青铜是原始物质,但就广义而论,也许应说水是原始物质,因为凡是可熔性物质〈包括青铜〉都是水。(六)引申本性在这方面的命意,则每一怎是都可称为本性,每一事物的本性均属某一级类的怎是〈事物之所由成为事物者〉。

从以上所说的看来,这已明白,"本性"的基本含义与其严格解释是具有这类动变渊源的事物所固有的"怎是";物质之被称为本性〈自然〉者就因为动变凭之得以进行;生长过程之被称为本性,就因为动变正由此发展。在这意义上,或则潜存于物内或则实现于

---

① 恩培多克勒语见"残篇"8。

② 两者,指万物的生成必需具备"通式"与"物质"。这样"本性"便与"综合实体"相符合(参看卷Z,章十七)。

物中,本性就是自然万物的动变渊源。

章五 我们说"必需"〈必然〉(一)(甲)一事物,若无此条件,就不能生存;例如动物必需呼吸与食品;因为没有这些,它是不能生存的;(乙)若无此条件,善不能生存,恶不能免去;例如我们要疗疾就必需服药,人欲经商获利[1]就必需航行爱琴海中。(二)凡阻碍或抑止自然脉动与要求的强迫行动与强迫力量我们也说这是"必需的";这样的必需是痛苦的,欧维诺[2]说:"一切必需品常是可厌的"。而强迫就是"必需"的一种形式,索福克里[3]说:"可是强力迫得我做了这样的事"。这样的"必需"既相反于自然要求与人类理性,遂又被认为是无法避免的事情。(三)我们说,除了这样,别无它途,这就是"必需",必需的其它一切含义都由兹衍生:一事物在接受或在做着它所必需做的事情,只是因为某些强迫力量迫得它不能照自己的脉搏来活动;因为有所必然,事物就不得不然。关于"生"与"善"也与此相似;如果没有某些条件,这就不能有"生"与"善";这些条件是"必需的",而凡是这一类原因就说是一种必需。

(四)又,实证也是一种"必需",因为有充分的证明,结论就不能不是这样的结论了;这个"必需"的原因就是第一前提,凭着那些前提,综合论法的进行就非如此不可了。

有些事物以别事物为它们所必需;而另一些事物则自己成为

---

[1] ἐν ἀπολάβῃ(为了牟利),旧本作 μὴ ἀποβαλῇ或 μὴ ἐπιλαβῇ,诠释家解谓"免得财物被劫",系指在公元前480年雅典因东方有警,居民相率携带财物上船入海避难事。
[2] 见希勒编"残篇"8。欧维诺(Evenus)为朴罗诗人,约与苏格拉底同时。亚斯克来比谓欧为诡辩学派。
[3] 语见索福克里诗剧"埃来克特拉"(Electra)256行(剧本原文微异)。

别事物所必需,自己却全无所需。在本义与狭义上讲,"必需〈必然〉者"应是单纯事物,这样的事物只在一个状态存在。不能说它既在这个状态,又在那个状态存在;要是这样,它就实际上不止一个状态了。所以,凡是不变而永恒的事物,就由于单纯之故,无可加以强迫,也没有什么抑止自己的本性。

章六　"一"〈元一〉的命意,(一)是由于属性而为一,(二)是由于本性〈由己〉而为一。(一)属性之为一者:例如哥里斯可与"文明的"以及"文明的哥里斯可"(这么说都指同一事物);又如文明的人与正直的人和文明的哥里斯可与正直的哥里斯可。所有这些都在属性上成为一;文明与正直都是同一本体的属性,文明与哥里斯可则一个是另一个的属性。相似地,"文明的哥里斯可"与"哥里斯可"也是一,因那短语中"文明的"一字正是另一字哥里斯可的属性;而"文明的哥里斯可"与"正直的哥里斯可"也该是一,因为这两短语的一部分都是同一主题的属性。说明一科属或任何普遍名词的属性者,亦与此相似,例如说"人"与"文明人"相合一;因为"文明"可以是一般人的属性,也可以是某个人(如"哥里斯可")的属性。可是这两属性虽则同归于人,其间却又有所不同,文明之属于人类者,合一于包括科属之本体,文明之属于哥里斯可者合一于个别本体的状态或其秉赋。事物之由于属性而为"一"的,就是这样。

(二)事物之由于本性而为一的,(甲)有些为了它们是延续的,因而称之为"一",例如棒用绳捆成一束,木片用胶粘成一块;一条线,即使是弯曲的,因为它是延续的,所以仍被称为"一",又如身上的各部,臂与腿亦称为一体。关于这些凡是自然延续的应较之于用技术使之延续的更富于一性。① 事物之具有延续性者只能有一个运动,不能有分歧的运动;一个运动当是在时间上讲来为不可区分的运动。自然延续的事物,不以接触而为一;将木片放在一起,互相接触,你不能说这已合成为一木,或一物或一个延续体。事物若因延续而称为一者,即使弯曲的也仍应是一,不弯曲的更应是一,例如胫与腿较之股更应是一。直线较之曲线更应是一。曲线之成折角者我们说它是一,也说它非一,因为它全体的各个部分可以在同时动作,也可以不在同时活动;直线是同时的,折线则可以一段静时,一段在动。

(乙)(子)在另一意义上,事物之被称为"一"是因为它们的底层相同;这些底层在官感上是同一而不可区分的种类。所谓底层是指事物终极状态的最里层或最外层。从一方面看,酒是一,水亦是一,两者各不能再作分析;从另一方面看,则油与酒均为液体,作为液体,两者可合为"一";推而广之,可以包括一切可融解的物质,因为它们的底层是相同的;都是水或气。

(丑)那些事物,虽以相反的差异作为区别,若它们都在同一科属,则仍称之为一,因为它们的科属底层是统一的,例如马、人、狗都是动物,就归于一[类];这与上节所举物质底层归一的道理相似。有时这统一性当求之于更上一层的科属,②(假如它们是科属中的最低品种)——例如等角三角形与等边三角形,因为都是三

---

① 在这一节中亚氏的"一"屡作比较格用。应这样来分别"一":绝对的一是没有比较格的,另一个"一"是与"多"相对的;这既可以有"更多",亦就可以有"更一"这类措辞。

② 例如马、人、狗均为一动物。但我们若真要称之为"一"是,只能说这些是一样的生物,不能说是一样的动物,它们于动物论并非一个科目。

角,作为图形是同一的;但它们于三角而论却并不是相同的。

(丙)若为求其"怎是"而所得定义无异者,这样两件事物也称之为一。这样,不管事物或增或减,只求其不离于定义,仍还是一,例如平面图凡符合于图式定义的就应为一。一般说来,那些事物,尤其是实物,其本体在时间上,在空间上,或在定义上不可区分的,总说是一。那些不容区分的事物,只要尚未被区分,总得被称为一;例如两件事物,若作为人而论无可区别,那就同称为人的一类;于动物就同为动物一类;于计量,就同为计量一类。

现在我们可以辨明有些事物是由于与其它成一的事物相并类或相比附而称一;但有些则因其本义而称一,如本体之为一,就是其中的一类。这个"一"可以出于延续,或出于形式,或出于定义;凡延续或形式,或定义非一的,我们也就不可以"一"计,而以"多"来计算它们了。任何事物若有量而延续,但除非它已是一个整体,具备统一性的型式,我们不称之为一;例如见到各小块的皮已凑集在一起,还不能说这是"一"[鞋];我们只有在这些小块已缝成为鞋,具备了某鞋的型式,方得称之为"一"。正由此故,在所有的线中,圆是最真实的"一",因为它"完全。"

(三)一之所以为"一"是数的起点;我们最先认知每一级事物必始于第一计量;所以"一"是各级可知事物的开端。但每个一〈单位〉在各级事物中不尽相同。这里是一个四分音符[①],那里是一个母音〈元音〉或一个子音〈辅音〉;那里又是另一个重量单位或另一

---

① δίεσις(音译:第埃雪斯)西方旧译本多用原文(音译)。另见于"动物之发生"卷一章十五,"解析后篇"卷一章二十三。此字用作音乐术语,近似今之"四分音府"(demi-demi-quaver);奥温(Owen)译"解析"一书中有详细说明。

个运动单位。但所有各"一"总在量与数上为不可区分。现在将那个在量上不可区分,而没有一个位置的,称之为一"单位";在任何向度上不可区分,而有位置的称之为"一点";在一个量向上能区分的称之为"一线";两量向的为"一面";三量向均可区分的为"一体"。颠倒了次序来解释体、面、线、点、单位亦如此。

又,有些事物是以数为一,有些以品种为一,有些以科属为一,有些以比为一;从数的,一于物质;从品种的,一于定义;从科属的,一于范畴(同科属的用同样云谓作说明);从比的,如以第三与第四事物相类衡。后者的合一常连及于前者;例如一于数者亦一于种,然彼于种为一,则未必于数亦为一;一于品种者亦一于科属,然彼于科属为一,则未必于品种亦为一;一于科属者亦一于比,然彼于比为一,则未必于科属亦为一。①

显然,"多"的命意相对于"一";事物之称为多者有些因为它们不是延续的,有些因为它们的物质——内层或外层,——是可以区分为不同种类的,另有些因为叙述它们本体的定义不止一个。

章七　事物被称为"是"〈实是〉②分为(一)属性之"是"(二)与本性〈绝对〉之"是"。

(一)由于属性的,例如我们说"这正直的作者是文明的","这人是文明的"以及"这文明的是人",正如我们说"这文明人在造屋",因为这造屋者恰正"是"文明的,或文明人正"是"造屋者;这里说"一物是另一物"的含义就表明"一物正是另一物的属性"。我们

---

① 元一同于实是,可参看卷 Γ,章二;卷 Ι,章一。
② 参看卷 Γ,1003a22 注。

前曾提及各例也如此；当我们说"人是文明的"与"这文明的是人"或说"那个白的人是文明的"，又或"这文明的人是白的"，最后两语所举出的属性两都属于同一物；第一语的"本是"为白的人，而以文明为属性之"是"；至于说"这文明的是人"则以"文明"为人的一个属性。（同样的意义，"不白"之成"是"也像"白"的所以为"是"。）这样，当一事物在属性上被说成是另一物，这可以因为它们原属于同一物，所以同成其所是，或则因为那属性所属而成其所以为"是"或则因为那具有一属性的主词本身以此为云谓而为之"是"。

（二）主要诸"是"的分类略同于云谓的分类〈范畴〉①，云谓有多少类，"是"也就该有多少类。云谓说明主题是何物，有些说明它的质，有些说量，有些说关系，有些说动或被动，有些说何地，有些说何时，实是总得有一义符合于这些说明之一。至于说这人正在恢复健康或说这人恢复健康，以及说这人正在步行，或正在切削，或说"这人步行或切削"，〈正是与是〉其间有何分别，这里暂不予以置意；余者类此。

（三）又，"是"与"现是"表明一个记载为真确，"非是"就表明一个记载不实，是假的，——这与是非格相似；例如"苏格拉底'是'文明的"，表明这是确实的，或如"苏格拉底'是'不白的"，也表明这是确实的，如果说"一个正方的对角线'不是'可以用它的边来计量的"，这里表明了谁若说"是"就成为假的了。

（四）又，"当是"与"实是"表明我们所提及的事物有些潜在地

---

① σχήματα τῆs κατηγορίαs，"云谓分类"或"云谓诸格"其中 κατηγορία 一字在文法上译为"云谓"，在名学上译为"范畴"。

"是",有些则为完全实现的是。我们于见到尚潜在的事物与已实现的事物,总是都已见着;我们于认识那能实现的事物,与认识那正在实现着的事物总是都认识了;我们于已安定了的与可得安定的事物,也都算它是安定。同样也可与共论本体;我们说赫尔梅〈艺神〉是在大理石中,或说半线是在全线中,还没有成熟的颗粒也说这是谷。至于一事物何时可谓潜在,何时尚未为潜在,当于别处另述①。

章八 我们称为"本体"②的(一)是单纯物体,如土、火、水之类,和一般由此类单纯物体组成的事物,包括动物与鬼神③,和它们的各个部分。所有这些都被称为本体,因为它们不为别的主题作云谓,而别的事物却为它们作云谓。(二)是那些内在的事物,虽不标指着主题,却是使事物所由能成为"实是"的原因,例如魂是动物所由成为"实是"的原因。(三)是那些事物中所存在的部分,凭这些部分作范限与标记而后事物才得成为独立个体,而这些部分若毁灭,那些事物也全毁灭,例如有些人说④,失其面则体不立,失其线则面不成;那些人于"数"也认为有类此的本性;因为他们说,失其数则万物不存,万物皆因数以成其范限。(四)"怎是",其公式即定义,这也被称为各事物的本体。

这么,"本体"可有二义:(甲)凡属于最底层而无由再以别一

---

① 见于卷 Θ 章七。
② οὐσία 与 ὄν 同出一字根,即动字"是",已见卷 Γ 章一注②。十九世纪初泰劳英译本用拉丁语译作 essentia(怎是,所是)。近代英译大都用 substance(本体)或 essence 来译此字。essence 译义等于"怎是",即此章所举本体之第四义。
③ δαίμων 一字亚氏书中极少见,或译"神物",或译"鬼神"。
④ 指毕达哥拉斯学派与柏拉图。

事物来为之说明的,(乙)那些既然成为一个"这个",也就可以分离而独立①的——这里第二义并以指说各个可独立的形状或形式。

章九 "同"的命意(一)是从属性上说的,例如"白"与"文明的"其所同在于都作为某物的属性;"人"同于"文明的"是因为一物是另一物的属性;"文明的"同于"人"则因"文明"为"人"的属性。"实是"的同体复合应相同于各单体,各单体的实是应互同并相同于实是的复合,"这人"与"这文明的"相同于"这文明的人";"这个"亦与那些相同。所以这些叙述是没有普遍性的;你如说"所有的人全都文明"这就不确实了;(因为普遍性出于事物的本性,而属性仅偶然从属于事物;)这些叙述只能各别应用于个别事物。"苏格拉底"与"文明的苏格拉底"可以被认为相同;但苏格拉底不能作为苏格拉底以外别个人的主词,所以我们不能像说"每个人"那样说"每个苏格拉底"。

除了上述命意外,"同"的别一命意是(二)从本性上说的,这里"一"有几项含义,②"同"的含义也就可有几项,物质可以类为一,或以数为一,或因其怎是而为一者,凡事物之由此而为"一"者亦即为"同"。所以同就是多于一的事物之"合一",或是一事物而被当作多于一事物之合一;有时我们说一物与它本身相同,因先前我们拿它当作了两物。

事物被称为"别",如果它们的种类,或物质,或其怎是的定义

---

① 参看卷 H,1042a29。
② 参看本卷第六章 1015b36。

超过了一;一般讲来,"别"之各义与"同"相反。

"异"应用于(一)那些事物虽各有别而在某些方面仍有所同的,如于科属,或于品种,或于比拟,各有所同而不是悉数相同,(二)那些科属有别以至相对反的事物,并适用于一切在本体上有别的事物。

在各方面有相同属性的事物被称为"似",那些事物,其性质是相同的,以及其相同的属性多于相异的属性者也被称为"似";一事物与另一事物,大多数的属性,或属性中较重要的能变属性(每一对成属性的两端之一)①为两相共通者,这两事物亦相"似"。"不似"的含义,反于"相似"。

章十 "相反"〈对反〉一词应用于相反〈矛盾〉,与对成,与相关,与阙失和持有,以及生成和消解所从发生和所向演进的两端;凡一切事物的质性,其两极可涵融于同一事物中而不能同时出现的——无论是它们的本身或其组成——被称为相反。一物不能同时是灰与白;所以灰与白的原色②是"相反"的。

"相对"③〈对成〉一词应用(一)于科属相异的属性,这些属性

---

① 这类属性指冷热、燥湿、粗细、软硬、黑白、甜苦。亚里士多德于这六对成中认为冷暖、燥湿(即近代气象学上的温度与湿度两者)最为重要。

② 灰与白的原色是黑与白,灰色由黑产生;黑白相反,在同一物中只可先后出现。

③ τὰ ἐναντία 或 τἀναντία 译"相对"取敌对义;事物之相反者,于高一级或深一层看皆是以相合成,故又译作对成。作者于此词,在实指各项相对相成之事物时,常偏取"对成"义,举以论述相对之性质(ἐναντιότης "对性")时,常偏取"对反"义(参看索引三 Contrary 条)。ἀντίκειται 依本义译"相反",作者屡以此字为各式相反、相对、相关之总名,故又译作"对反"(或"对反式")(参看索引 Opposition 条)。逻辑上或言论上之"相反"(ἀντίφασις)常附加〈矛盾〉,以为识别。

中国现行译文如"相对论"中之相对,本书译作"相关"(τὰ πρὸς τι)(参看索引 the Relatives 条)。

不能同时归属于一个主题的,(二)在同科属中其间差异最大的两事物;(三)在同一广涵事物中所可涵有差别最大的属性;(四)在同一职能中所管辖的最相异之事物,(五)事物之间,在科属而论,或品种①而论,或就其自身而论,其差别最大的也可应用这一词。除了上述数类外,凡事物持有上述各类的对成,与容受或产生,或可能容受与产生,或正在容受与产生,或是接受与拒绝,或是在持有与褫夺着上述那些对成的,也被称为相对。因为"一"与"是"含义甚多,其它诸名词从此衍生,所以"同"、"别"、"相对"等词亦必相符而有甚多命意,所以它们在各范畴中亦必有各别的含义。

"品种有别"应用于同一科属而互不相从的事物,或在同一科属而有所差异的事物,或事物在它们本体上含有一些相对性,以及含有所以各自成为独立品种的相对性(包括所有的相对性或所谓基本上的相对性);②这样,那些事物在同一科属〈门类〉中,其品种可得各自制成定义的(例如人与马同为动物类,而它们各自的定义则不同),以及那些事物本体相同而仍有所异的,③这些也称为"品种有别"。"品种相同"的各个命意与上述的"有别"却正相反。

---

① γένος(科属)原为种族之意。在近代生物分类学中此字为"属",用以统括品种;另在属以上置"科"、"门"、"类"等为之逐级统辖。亚里士多德用此字包括"科"、"属"、"门"、"类"之意,故译科属,亦可译"纲目"或"科目"。与此并举之εἶδος指事物的本身或其形态,西方译本作分类学名词译为"品种"。如下文"品种有别"一词,若依普通字义直译亦可作"形态有别"。

② 参考1018a25—31,与31—35中所析出的分别。

③ 这一分句辞意模糊,一向没有满意的解释。亚历山大认为亚里士多德意指实物如土与水之为别并非相反,而火与水之别则为相反;这两种分别本身就有所不同。亚斯克来比认为这分句所指的可以人为例,人与人本性相同,而冷暖有异。罗斯认为可以同一事物在不同时间中前后的变异为例。

章十一　"先于"与"后于"①应用于(一)(甲)事物之较近于某些起点(假定每一级事物各有其起点,即准始),这起点或出自然,以绝对事物为准,或以某事物或某地点或某人为准;如说某物在空间位置上先于某物,即较近于某处,这某处或为自然体系所确定(如说在中间或在最末位置),或是以某一偶然事物为准;说某事物为"后于",即较远于那个为准的某事物。(乙)其它事物在时间上说"先于";有些是因为较远于现在,即过去事件,特罗亚战争"先于"波斯战争,因为那是去今较远;有些则因为较近于现在,即将来事件,例如说尼米亚赛会"先于"比色亚赛会,②我们将现在作为一个起点,凡较近于这起点的就说是"先于"。(丙)其它事物,因较近于原动者,在动变上说"先于",例如小孩"先于"成人;至于原动者的动变则由自己开始而是绝对的。(丁)其它事物,因为它权能超越,就在权能上说"先于",亦即是以权能较大的为"先于";这样凡是"后于"的必须跟从"先于"的意旨;"先于"〈先天〉令动,"后于"〈后天〉就动;在这里,意旨就是起点。(戊)其它事物,又有在"序列"上说是"先于"的;这些是依照某些规律,以某一特定事物为准来安排各个事物,例如在合唱中,第二歌者③先于第三,在竖琴上邻末弦先于末弦;因为在合唱

---

① πρότερα(先于),ὑστερα(后于)两前置词在逻辑上用作名词时,即被译成"先天"与"后天"。照麦洪(M'Mahon)英译本作 priority and subsequent,则可译为"先因"与"后果"。

② 希腊赛会可参考卜德:"希腊掌故"(Potters, Gr. Antiquities),卷二,21—25章。

③ "阿斯克来比抄本"(Asclepian MSS.)作 πρωτωστάτης,亚历山大(A. A.)注释此字是军事术语,指"两翼领队者"。其它抄本有作 παραστάτης 者,指一集体中右手第一人;在乐队即第二人(指挥是第一人)。

中，是以第一歌者为领导，而在竖琴上则以中弦为音准①。

除了上述的意义称为"先于"外，(二)另一意义是凡"先于"认识的也绝对地作为"先于"；这些定义上"先于"的并不在感觉上也相应是"先于"。在定义上以普遍为"先于"；关于感觉，则以个别为"先于"。又，在定义上，属性"先于"整体，例如"文明的"应"先于""文明人"，因为定义不能没有各个部分以成其整体；可是"文明性"又必须有一个文明人才能示现。(三)凡"先于"事物，其属性也被称为"先于"，例如直"先于"平；因为直是线的属性，平是面的属性，〈线应先于面，所以直也应先于平〉。有些事物被称为"先于"与"后于"就是这样。

又，(四)事物有由于本性与本体而作先后之别，物有可不依它物而自存在的，而它物则必须依之而后能存在，——这个区别，柏拉图曾讲过。② 我们若考虑到"实是"③的各个命意，那么，第一，主题应是"先于"，亦即本体应是"先于"；第二，有些事物可因潜在而成为先于；有些则因其完全实现而成为"先于"；例如以潜能论，则未完成之线"先于"全线，部分"先于"完全，物质"先于"其综合实体；但以其完全实现论，则这些是"后于"；因为只在整体解散后，那些组成部分才能独立存在。所以有时一切事物就因为适应于这第四义而被称为"先于"与"后于"。有些事物，在创生上说，可以不依

---

① 希腊竖琴八弦：E首弦，F邻首弦，G食指弦，A中弦，B邻中弦，C末三弦，D邻末弦，E末弦。亚氏所言竖琴弦数为偶数，实无中弦，而沿用七弦琴之第四弦（EFG'A'BCD）称"中弦"。参看本书卷N，章六。又"集题"919b20。

② 此节似指柏拉图所言"离合"（διαίρεσις καὶ συναίρεσις），可参考谟次曼"亚氏析理"（Mutchman, Divisiones Aristoteleae），27—28页。

③ 参看本卷第七章。

它事物而存在,其全体不赖部分〈来构造〉,有些事物,在解消上说亦然,其部分不待全体〈的解散〉。其它情况亦复相似。

章十二 潜能①〈能〉,〈潜在〉的命意是(一)动变之源,这能力不存在于被动变的事物,而存在另一物之中,或存在于那动变事物但不在被动变的状态;例如建筑技术是一能力,这并不存在于哪一幢被建筑物中,至于治病也是一能力,这就能在病人身上找到,但当这病人发生自疗能力时,他一方面虽是病人,另一方面却又是自己的医师。一般说来,"能"是使它物动变之源(或是将自己当作它物而使之动变),(二)亦可说是一事物被另一事物动变之源(或被自己动变如被另一事物动变)。这样,一病人忍受某些痛苦,我们就说他有忍耐能力;这个我们有时对他忍受了任何一些痛苦就这样说,有时则专指他的忍耐能力有益于使病痊愈的这部分而言。(三)做好一项工作的才干,(或是能做得称心如意)可说是"能",我们有时对那些只能走路而不能好好走的,只能说话而不能称心如意地说话的人,说他们"不能"走路,"不能"说话。(四)在被动变而论,亦然。②(五)事物若由于某些品德而达成绝对不受动,不变化,或不易变坏的,这也被称为"能";因为事物之被打碎、压破或弯曲,或一般的被毁灭,并不是由于它们有"能"而正是由于它们缺乏某"能",或缺乏某物之故;对于这些破坏过程,事物倘能不受影响,或虽受影响而几乎无所动变,这就表现它具有一种"能",因此它达

---

① δύναμις(能),其动词 δύναμαι 在希腊字义上包括主动与被动两方面作用,汉文"能"字不能当"被能"用。δύναμις(能)有两涵义(可参看 1045b35—1046a11,1048a25—1048b4);其一义为一事物使另一事物变化之能力;另一义为一事物内在之潜能俾自身由某一状态变向另一状态。前一义为"能",后一义为"潜能"。

② (四)与(二)同,未列例示。

到了某种积极境界,而于被动变中能有所自见。

"能"既有这些不同的命意,"能者"的一义(甲)就指某一事物能使其它事物,或将自己当作另一事物开始一个动变(凡能使一运动中的事物归于静止的,也是能者之一义);(乙)另一义是对于这事物,另一些事物具有这些"能"〈即被动变的能〉;(丙)另一义是,事物之有变化为另一事物的"能",亦称"能者",不管是变好或变坏(即使是由变化而至于灭亡,我们也称之为"能"变,苟无此"能",它就无以自就于灭亡;实际上,这该是它具有某一趋向与原因与原理才使它能忍受灭亡;有时也可以这样来理解,它或是获得了些什么,或是褫夺了些什么,〈所以趋于灭亡;〉但"褫夺"可作为获得了某一个"阙失"解,失去某物等于获得某物的"褫夺";这样,事物就在两方均可有所"能"了,包括正面的有〈某物〉与反面的有,〈即有某物之褫夺〉;如果"阙失"不从反面来看作"有","能者"便得应用两个不同的含义);(丁)又一义是事物之称"能者",因为没有其它事物,(或自己作为其它事物)具有可以毁灭它的"能力"与原理。又(戊)所谓"能者",只是偶然发生的,可有可没有,可遇可不遇的某种"能"。在非生物中这也可碰着,例如乐器倘音色良好,我们称这支竖琴"能说话",另一支音色不好,我们就讲它"不能说话"。

"无能"是能的阙失,亦即是将上述有关"能"的各义取消——这"能"可以指一般的能或某些方面应具备的能,或在某时期有关的能;由于这些意义我们就懂得,于一孩子,一成人与一阉人没有子女时,该说谁于生殖"无能"。又于上述各种的"能"就各该有一相反的"无能"——包括产生动变的"能"和将这些动变做好的"能"

在内。

由于这样的"无能",有些事物就被称为"不可能",其它事物则在别的含义上被称为"不可能"。"可能与不可能"①两词被应用如下:"不可能"者,凡所相反的必确,例如一个正方形的对角线可以用它的边来计量应称为"不可能",因为这一叙述是一个谎话,相反的论题不但真确而且是必然的;若说这是可计量的,那就不但是假的,更必须是假的。与此相反,"可能"的相反并非必假,例如说人应得有座位,这是可能的;可是说他并未得有座位,却不是必然假的。如上所述,"可能"的一义就是那个并非必假的。另一义就是那个真的;又一义是那个可能是真的。

在几何中,"能"〈方〉的含义②是变更了的。这里的"能"或"可能",没有力的含义。

力能是"能"的基本类型;这就是使别一事物动变之源(或使自身动变如使别一事物一样)。其它事物之被称为"能者",有些是因别事物对它保持有某"能",或则因为对它没有某"能",或则只在某一特殊方式上,对它有此"能"。关于事物之"无能者"亦然。所以基本类型的"能"〈潜能〉之正当定义就是使别一事物动变之源(或使自身动变如使别一事物)。

章十三 量③〈量元〉的命意是凡事物可区分为二或更多的组成

---

① 这里 δυνατὸν καὶ ἀδύνατον "能者"与"无能者"两词,另作"可能"与"不可能"解,词同而义变。
② 在几何中"方"亦名为 δύναμις(能)(参看柏拉图"理想国"587D,"蒂迈欧"31C)。近代数学中乘方、立方、自乘指数亦称"能"(power),即出于"方"与能双关之义。
③ ποσὸν 译"量",亦可译"量元",拉丁本译为 quantum,即今物理学"量子"一词所从来。"名学""范畴"第六章亦论"量"。

部分,已区分的每一部分,在本性上各是一些个体。——量,如属可计数的,则是一个众〈多少〉,如属可计量的,则是一个度〈大小〉。对那些可能区分为非延续部分的事物而言的为众;对那些区分为延续部分的事物而言为度。关于大小,那些延续于一向度空间的是长,二向的是阔,三向的是深。这些如众有定限即为数,如长有定限则为线,阔为面,深为立体。

又,有些事物因其本性而称为"量",有些则因其属性;例如线之为量由于本性,而文明之为量则由于属性。由于本性而为"量"的,有些得之于本体,例如线(某些本体的定义就含有量元〈每一段线的定义与全线的定义是一样的〉);有些则得之于本体的某些秉赋与状态,例如多少、长短、阔狭、深浅、重轻以及其它。"大与小"和"较大与较小",在它们本身和相互间,原本是量性事物的特质,但这些名词也移用到其它事物。由于属性而为"量"的,如"文明"与"白",因为那具有文明的事物与白色的事物本身具有量性,因而它们也得了量性;有些则是在运动与时间上得其量性,因为运动与时间一类的事物原应是一类量元,凡以运动与时间为属性的总是延续而可区分的。这里我不是指那被运动的事物,而是指那在其中运动的空间;因为空间是一个量元,所以运动亦当是一"量元";又因为空间是一量元所以时间亦当是一量元。

章十四 "质"〈素质〉①的命意(一)是本体的差异,例如人是具有某些素质的动物,因为他是两脚的,马也是具有某些素质的动物,因为它是四脚的;圆是一个具有特质的图形,因为这是没有角

---

① "范畴"第八章亦论"质"。

的，——这些显示主要差异的就是质。这是质的一义。(二)其第二义应用于数理上的不动变对象,列数各有某些素质,例如不止一向度的组合数,若平面〈两向〉与立体〈三向〉就是二次与三次数[①]的抄本;一般地说数的本体,除其所固有的量性外,还各有素质;每一本体是指那事物之一成不变者,例如六是二的倍数、三的倍数等,这不是六的本体,六之一成为六,而不复变为非六者,才是六的本体。

(三)能动变本体之一切秉赋有所变化(例如冷与热,黑与白,重与轻和其它类此的)而物体也跟着演变者,这些秉赋亦称素质。

(四)各种品德之称为"素质"者,通常就指善与恶。

这样,"质"实际有两类含义,其中之一应为本义。"质"的第一义就是本体的差异,列数的素质就具有这类基本差异,这些差异有关事物的怎是,但这些限于不在动变中,或不作动变论的事物。第二义是事物在动变中所起的质变与动变差异。品德的善恶属于这类;质变为这些动变表明了差异,有些活动良好,有些活动卑劣;在一方向的活动可以成德达善的,在另一相对的方向活动,就堕德济恶了。以善恶为素质的,尤以生物为然,于生物中,尤以有意旨的生物为然。

章十五 事物之"关系"〈相关〉,[②](一)如倍与半,三倍与三分之一,一般说来,就是那些相互以倍数或分数为函受的事物以及那些

[①] οἱ ποσάκις ποσοί ἤ οἱ ποσάκις ποσοί ποσάκις 直译"这么多的这么多"与"这么多这么多的这么多";意译为"数×数"与"数×数×数"。自亚历山大诠疏中即确定此语为平方数与立方数,故译二次与三次数。

[②] "关系"论题另见于"范畴"章七与命题卷四章四。

相互为超过或被超过的事物;(二)如那些能热的与能受热的事物,那些能剪切的与能被剪切的事物,一般说来,就是主动者与被动者;(三)如计量与可计量的事物,认识与可认识的事物,感觉与可感觉的事物。

(一)第一类的关系词有因"数与数"及"数与一"的有定或未定的关系而言者,如"倍与一"是已定的数关系,至于说"若干倍大",虽则也是一个数关系而它与一的关系则未定。说这是某物的一半大,这是一个已定的数关系;说这是某物的 $\frac{n+1}{n}$ 倍①则对另一物是未定的数关系,犹如若干倍大与一的数关系未定一样。那些超过与那些被超过的,在数关系上是未定的;因为数总是可计算的,数不能用来说明不可计算的事物,可是那些超过与被超过的关系只是多了些,或少了些;这多些或少些是未定数;因为从那另一事物的相等数起,凡以上或以下所有不等数都可以说是超过与被超过。所有这些关系,用数来说明,又用数来决定。这些在另一路径上想就是"相等"、"相似"以及"相同"。因为所有的数都以一为比照,凡本体是一的即相同;凡素质是一的即相似;在量上是一的即相等。一者数之始,数之准,所有这些关系虽路径不同,而必有数存于其间。

(二)凡活动的事物相应有一主动或被动的潜能与这些潜能的实现;例如能热与能被热的相关,因为这个"能"使那个热;而这个

---

① τὸ δίπιμόριον πρὸς τὸ ὑπεπιμόριον καιά ἀόριστον 直译为"那个未定数在上的与一"和"在下的未定数"之关系;用数学公式表明为

$$\frac{那个未定数+1}{那个未定数} 或 \frac{n+1}{n} 倍。$$

热与那个被热的相关,以及这个剪切与那个被剪切的相关,是因为它们正在实现着这些事情。但数关系的实现只见于某一特殊意义,这已在别处讲起;①在动变的意义上,数并无实现。能的关系,有些是相应于某一段时间的,例如曾经制造的与已被制造的事物,以及将要制造与将被制造的事物之间是有所相关的。一父亲被称为是这一小孩的父亲,就是曾经主动与受动的关系〈即过去的关系〉。又,有些相关词的涵义指能的褫夺,即"无能"一类的名词,例如"不能见"。

所以包含"数"与"能"的关系词,都是因为它们的本体包含着别事物的关系,并不是别事物联系上它们的怎是。可是(三)涉及可计量或可认识或可思想的事物之被称为"相关",则是因为别事物联系到它的怎是。我们说那些可想到的就指有一个思想想到那事物,但这思想与那个因彼而成其为所思想的原物则不必相关;要是那样,我们就得一事物作两回说了。思想是想到某些事物;相似地,视觉是视见某些事物,这并不指那个"因彼而成其为所视见的"(虽则这样说也是真确的);实际上,这只是与颜色或类此的〈引起视觉的〉关系。若照另一方式来讲,同一事物就得作两回说了,——"视觉是视见那个被视见的"②〈颜色〉。

事物之因它们的本性而被称为"相关"的,有时就如上述这些含义,有时是因为包括它们的科属是一个关系词,所以它们也

---

① 这里指亚氏"论意式"(Περὶ ἰδῶν)与"论毕达哥拉斯教义"(Περὶ τῆς τῶν Πυθαγορίων δοξης)两专篇。卷 Δ 章十二 1019b35,卷 Θ 章九论及数之实现不如其它事物之有赖于力能,盖与此句语意相通。
② "关系"之第(三)节主观思想与客观事物之关系素为经院学派所重视。(三)节末句 1021b2"视觉"例或译为"思想是思想那个被思想的"。

成为相关；例如学术是关系词，因此学术中的一门，医学也成为一个关系名词。还有些事物因为它们所具有的品质而被称为"相关"，例如相等性是相关的，因为"等"是两事物间的关系，相似性也如此，因为"似"是两事物的关系。另有些事物因属性而"相关"，例如一人与某物相关，只因他碰巧是某物的一倍，而倍是一个关系词；又或白之成为一关系词，只因碰巧那一物既是某物的倍而又是白的。

章十六 凡被称为"完全"①的（一）是在这以外，再找不到它的部分，一个零件也找不到；例如每一个事物的"全期"就是说在这时期以外，你再也找不到旁的时间属于此期。（二）是这事物的优越没有可被超过的；例如说我们有一个"完全的"医师，或一个"完全的"笛师，他们精湛于各自的本行，是无以复加的了。转到坏的一方面，我们说一个"完全的"流氓或一个完全的窃贼；有时我们竟也说他们"好"，如"好一个窃贼"，"好一个流氓"。优越是完全；每一事物，每一实质，所擅的形式苟已无复任何自然的缺陷，它们就是"完全的"了。（三）是事物之已臻至善者，被称为完全，善终即是完全。如将以终为极的意义转到坏的方面说，一事物已被"完全"搞坏了，"完全"毁灭了，就意味着已毁到一点也不剩。因此辞藻上就以死为终；死与终均为事物的结束。最后目的也是一个终点。——这样，事物在它们的本性上被称为"完全"就是这些含义；有些是因为它们已属全善而无复缺陷，无复

---

① τέλειον（完全）出于 τέλος（"终点"或"极"）。1021b20 以"优越为完全"为亚氏道德论（以善美为人生目的亦为宇宙目的）之格言。

遗漏,亦莫能超越;另一些是因为它们优于品级,一切齐备,不待外求;再有些是依于上述两项的"完全",或持有其义,或分沾其旨,或附丽其事①或联类相及,也因而被称为"完全"。

章十七 限〈定限〉②的命意(一)是每一事物的末点,在这一点以外,再不能找到这事物的任何部分,在这一点以内,能找到这事物的每一部分;(二)是占有空间量度各物的外形;(三)是每一事物之终极(极是事物活动之所指向,不是活动之所出发;但有时也可包括两者,〈以始点为初限,终点为末限〉);(四)是每一事物的本体与其怎是;因为这是认识之定限,既是认识之定限,亦即事物之定限。所以,明显地,"限"有"始"的各义而更有其它含义;"始"是"限"的一端,而每个"限"并不都是"始"。

章十八 "由彼"〈由何〉③有几种命意:(一)是每一事物的通式或本体,例如说"人之善也由彼",这"彼"就是"善"性,(二)是由以找到物性所在的近层,例如颜色由表面上找到。这样"由彼"的基本含义是事物的通式,次级含义是物质与其切身底层。一般说来"由彼"与"原因"有一样多的含义。我们常不经意地说,(三)"他何所为而来",或说他"由何"目的而来? 以及(四)他"由何"而相涉,或"由何"而误涉? 或其相涉或误涉的"原因"何在? 又(五)"由彼"应用于位置,例如说他"由彼"而立〈他"为了"那个立场站住〉或他

---

① 亚斯克来比诠释以荷马"伊里埃"中所叙亚基里(Achilles)全美,其手中所持长枪亦全美,为附丽之实例。
② πέρας 或译为"界",其要义为"定限"。
③ καθ᾽ ὅ,"由何"或"由彼"(或"由此")或译"由彼之故"、"由彼性故"。καθ᾽ αὑτὸ,"由己"或译"由于自性",或译"由自性故"。汉文"由"字应用的范围不如 καθ᾽ 那么广泛,因此译本有时用"为了"或"缘于"等代替"由"。καθ᾽ αὑτὸ 作副词用常译为"绝对地"。

"由彼"而行〈他"缘着"那个走〉,所有这些短语都指位置与地点。

因此"由己"也应有相似的几种命意。事物之属于"由己"者如下:(一)每一事物的怎是,例如今日加里亚之为加里亚者"由己",昔之加里亚亦然;(二)凡"什么"之中,都有"由己"者存在,例如,加里亚之为一动物者必"由己",因为动物就存在于他自己的定义;加里亚是动物中的一个。(三)凡事物之任何质性直接得之于己,或部分受之于己皆称"由己";例如一个表面的白色是"由于自性"发白;一个人活着是"由己"而活着,因为生命所直接寄托的灵魂是人的一个部分。(四)那些事物除了于它自身外,找不到其它缘因的亦称"由己";一人有多种缘因,——如动物,如两脚动物——但人总是"由己"而为人。(五)一切质性之专属于一事物者,或分离于自性之外而可当作是专属的质性也可称"由己"。①

章十九　　"安排"②的命意是指那些从部分合成的事物,各因其地位、能力、种类而加以安置;各个部分自有其应处的部位,"第亚色茜"(διάθεσις)这字的原义就是使事物各得其所。

章二十　　"有"③(持有过程)的命意(一)是持有者与其所有物的一种活动,类如一个动作或动变。因为一个制造与一个被制造之间,应有一个"制造过程";这样在那个有一衣服,与他所有的衣服

---

① 此节末句以独立质性论"由己",辞未畅达。原文经过各家诠疏造成各种不同解释,均难通晓。似原文有失漏。

② διάθεσις(安排,音译:第亚色茜)由动字διατίθημι(安定与部序之意)孳生,或译"志趣"。

③ ἕξις(音译:希克雪斯),名词由动字ἔχω("持"、"有"、"得"诸义)孳生。此字除了"持有"(持有状态或过程)之本义外,在各方面转出若干实义,如"习惯"(行为)、"态"(生理与心理)、"方式"(生活)等。此类由训诂说事理的文章,因汉文和希文构造相异,难得贴切。

之间应有一个"希克雪斯"("ἕξις")〈持有过程〉。实际上,这一类的"有"显然是不能有的;因为,如果容许这样的"有","有"将累进至于无尽。(二)"有"或"固有"〈习惯或常态〉的含义就是安排,从安排来解释,有的安排得好,有的安排得不好,有的作内部安排,有的是依外物为参考而安排;例如健康是一个"常态",也是如此的一个安排。(三)假如只是如此安排的一部分,我们也说是一个"希克雪斯"〈常态〉;因为部分的好处亦必为整体所"固有"。

章二十一 秉赋〈感受〉[①]的含义(一)是一些素质,对于这些素质,一事物能被变改,例如白与黑,甜与苦,重与轻,以及其它类此者。(二)是这些变改的实现——已实现了的上述诸变改。(三)以之专指有害的变改与活动,尤其是惨痛的损伤。(四)不幸的遭遇与惨痛的经验,其巨大者被称为"巴淑斯"(πάθος)。

章二十二 我们说"阙失"〈褫夺〉[②],(一)倘一事物原应有的属性,它却没有(生来就没有;或以后失去);例如一植物说是"阙失"眼睛。[③](二)倘一事物,本身或其同族〈科属〉原应有的质性,它却没有;例如一个盲人与一鼹鼠虽同为失明而其义两异;以鼹鼠而论,动物皆能视而彼独失明,以盲人而论,则他原本有眼能视,以后失明。(三)倘一事物原应有的质性,在那原应有这质性的时间内,

---

① πάθος 音译:"巴淑斯",本义指引起痛苦的情事,即感情所由以激动者。古人以为感情冲动则致乐致哀,均为病态。"巴淑斯"并见于"范畴"第八章,义为"被动",与"主动"相对。本书中此字或译"秉赋",或译"演变",或译"感受"时,均与被动意有关。

② στέρησις 出于动字 στερέω(剥夺、折服、失利、贫乏等义)。亚氏用此字与"希克雪斯"("有")一字相对(例如 1055a34)。此字引用于法律即为"褫夺"。论"阙失"另见于"范畴"第十章"相反"论题内;"释文"第七章亦涉及此题。

③ 说植物缺眼睛并非"阙失"之正例。

它却没有;例如盲是一个"阙失",可是人不一定一生全盲,他只应在能见的年龄内而不能见才被称为失明。① 相似地,有盲于介体的,有盲于机能的,有盲于对象的,有盲于环境的,②相应于这些,只在他原应能见的情况中而不能见时,才谓之"失"明。(四)用强力取去任何事物被称为〈阙失〉"褫夺"。

实际,我们有多少个"不"(ἀ-)〈或"无"〉的字头③就该有多少种"阙失";例如一事物说是"不等"就因失去了相等性,而那相等性它原应是有的;又如说"不可见",当是因为它全没有色,或只有不明显的色,又如说"无脚"当是因为它全没有脚,或是只有不健全的脚。一个"阙失"词可应用于虽有其属性而不良好的,例如"无核";或应用于虽有其属性而不顺适的,例如一事物缺乏可切削性,这可以说它全切不动,也可以说它很难切削。"阙失"词也可应用于全无此物的;这样,我们所称为盲人应指那双目失明的,不是指那独眼的人。所以,这不是每个人非"善"即"恶",或"义"或"不义",人也有在中间状态的。

章二十三 "有"〈"持有"〉〈爱希音〉④的含义甚多:(一)依自己的性情或意向来处理一事物;这么,疾病"有"其身,暴君"有"其城,人民"有"他所穿的衣。(二)事物之能接受而持存之者亦称"有",如青铜"有"雕像的形状,以及身"有"疾病。(三)事物之能容受而

---

① 动物婴儿期无视觉,未为失明。
② 人在暗夜不能见;不能以耳为视;不能看见声音;不能见背后或远处;在以上四情况,即介体、机能、对象与环境不相应者,均不应指为失明。
③ 以下所举"不等"、"不可见"、"无脚"(ἄνισον, ἀόρατος, ἄποδα)希文均有 ἀ-字头。
④ ἔχειν 为动字 ἔχω(持有)之无定式。或译"有",或译"持"。此论题另见"范畴"第十五章。

持存之者；例如我们说瓶"有"水，城"有"人，船"有"水手；全体之"持有"其部分也如此。(四)阻止别一事物依自己的意向而活动亦称为"持有"，如柱持有屋顶的重压；又如诗人有亚特拉斯"持"〈有〉天①之说，否则天就要塌落，有些自然哲学家也这样说的。② 推广"持有"的含义，凡使事物结合而不致因各自的冲动而分散者也称为"持有"那个所结合的事物。

"存在于某事物"具有相似与相符于"持有"的命意。

章二十四　"从所来"的含义(一)是从某些事物来，如从物质来，可有两类，或从于最高科属或从于最低品种；其前一义有如可融之物均从水来，而另一义则如雕像从青铜来。(二)是从第一动因来；例如打架从何来？从吵嘴来，因为吵嘴是打架的起源。(三)从物与形的综合体来，如部分从全体来，诗句从"伊里埃"来，石块从房屋来(所有这些，其整体总是物与形的综合；因为形是终极，凡物能达其终极者方为完全)。(四)从部分来的通式，例如人从"两脚"动物来，音节从音注来，这与雕像从青铜来的含义有别；因综合实体从可感觉物质来，而通式则是从通式材料来的。有些事物从别的事物来，就是这样。(五)另有一些事物是从其它事物中的一部分来的；例如小孩从父与母来，植物从大地来，它们只是"从"父母与大地中的一部分"来"的。(六)另有些"从所来"是时间上在一事物

---

① 希萧特"原神"517 行 'Ατλας δ'οὐρανὸν ὦρον ἔχει 谓亚特拉斯支持〈持有〉昊天。神话解释：亚特拉斯为古天文学家，常在山顶观天象，后世故神其能，称被力能持天体(星辰)。

② "自然哲学家"，据亚斯克来比注释谓指阿那克萨哥拉，参看"说天"284a20－26。又本书卷Θ亦有忧天之说，似指恩培多克勒等。

之后，例如黑夜从白日来，风暴从晴朗来，因为一事物跟在别一事物之后。关于这些，有的像上所引两例指示先后的变化；有些则仅是时间相衔接而已，例如"从"春分开航，意即航程始于春分之后；"从"第雄尼西〈酒神〉节日"来"了柴琪里〈初果〉节日[①]，因为初果节是在酒神节之后。

章二十五 "部分"的命意是（一）（甲）一量元所可以成为区分的；例如二是三的一部分，在一量元中作为量而取出的，就称为这量元的一个"部分"。（乙）这只在第一义上被称为部分；因此，二称为三的一"部分"，这只能以三作为一个全体看，方能成立，倘三不作为一整体，二就不算三的"部分"。（二）一类事物不在量上作成区分，而在形式上作成若干区分，也被称为它的"部分"；因此我们说品种〈宗姓〉是科属〈种族〉的"部分"。（三）一个全体分成若干要素；或是若干要素组成一个全体，这全体就是具有通式的事物；例如对于铜球或铜立方，它们所赖以表达通式的物质，铜和圆弧或正方角，——这些要素都是这些全体的部分。（四）在定义中所赖以阐释这一事物的诸要素也是全体的部分；因此科属也可称为品种的一个部分，虽则在另一含义上，品种正是科属的一部分。

章二十六 "全"〈全体〉的命意（一）是说这个作为一个天然的整体，不缺少应有的任何部分，（二）这个包容了成为一个整体所必须包容的事物；这所包容的各事物可以本各是一而合成为整一，亦可并非各一而合成整一。（甲）以类为"全"，同类诸物原是各成一物

[①] 第雄尼西节（Διονύρια）（亦称巴沽节）庆祝酒神，在三月间。柴琪里节（θαργήλια）庆祝初果（收获节），祭日神亚浦罗与月神亚尔特密，在五月末，葡萄新熟时，为雅典嘉节。参看卜德"希腊掌故"卷二第二十章。

的,但总持起来,以全类作一整体说也是真确的,例如人、马、神等本各是一生物,因此用一个普遍名词为之作成统称。但(乙)以各个不同的部分组成为一全体,延续而有外限,其部分只是潜存而未实现的事物(已实现的事物作为部分而包含于全体之中也是可以的)。关于这些事物,其天生为"全"的较人造的"全"为高,这是我们在上面释"一"时①已说过了,"全体性"实际上就是"统一性"之别格。

又,诸量元之有始、中、末者,凡在各段落内没有差别的,这些量元被称为"共"。凡在各段落内位置有差异的称为"全"。两方面都具备的则既称"共"亦称"全"②。这些事物在其各个部分的位置移动后,形状虽变而本性不变,例如蜡或涂料。它们就既为"共"又为"全";因为它们具备两种特性,水及所有的液体与数是以"共"计的,人们不说"全水"或"全数",(除了将"全"字含义予以推广。)事物作为整一而集在一起时称"共";作为分离而独立的个体集在一起时称"总"。"共计"就是"这些单位的总数"。

章二十七 量性的事物没有任何境况可被说在"剪裁";这必须是一个"全"〈整体〉而又能区分的事物方可应用这名词。两个被取去一个时,我们不说是"剪裁"(因为剪裁所移去的部分总是不等于剩下部分的),一般的"数"不说"剪裁";凡说"剪裁",怎是〈要素〉必须仍留存在剩余的部分;倘一杯被剪裁,仍必不失其为杯;但于数而论就大不同了。又,即便事物由不同部分组成,也不能说这些都

---

① 见 1016a4。
② ὅλος译为"全体",ὁλότητος照字义译应为"全体性",与第六章释一,1016b13"统一性"(ἑνότητι)相符。但在此处文义上须有所分别,故译为"共"。

可剪裁;于某一含义上讲,数可以作为相同部分组成,也可以作不同部分组成的(如三可以说是三个一组成,也可以说是一与二组成);一般说来,凡事物其中的位置无关的,如水,都是不能被剪裁的;凡事物可加剪裁的,必须其中要素有位置关系。而且它们必须是延续的;因为一句乐谱由不同音节组成,各音节是有一定位置的,可是这就不容许"剪裁"。此外,对一个整体的事物施以剪裁,并不是任何部分均可截去;截去的部分,不应是那个含决定因素的部分,也不是不管其位置而截去其任何部分;例如一个杯,倘穿透一个洞,这不是"剪裁";只有杯柄或其突出的部分被截去,方可称为剪裁;一个人被"剪裁"〈截肢〉[1]不是说他的肌肉或脾脏割掉,这是说他的手足或指被肢解,而那一经解去的部分还须是不能再生。所以发秃不算"剪裁"。

章二十八　　"科属"〈种族〉一词应用于(一)事物的生殖,同型而延续的,例如说"族类长存"就是"生命延续"而不绝的意思。(二)这名词应用于生物的始祖;因此在"种族"上,有的称希腊人,为他们是希伦的子孙,有的称伊雄人,就为了伊雄是他们的始祖。这字用于生殖者总以父系为主,虽则有时也用于供应生殖物质的母系,[2]人们也有由母系取得其族姓者。例如我们说是"妣拉"[3]的后

---

[1]　κολοβὸs(剪裁)出于动字 κολούω(剪裁,割裁)。作为技术名词,可为"裁衣",及外科手术之"截肢"等。

[2]　亚里士多德于生殖观念上以男性为式因(或动因)女性为物因(供应子体以营养物质)。

[3]　妣拉(Πύρρα)在希腊传说中为洪水后再传人类的王母。希腊种姓始于杜加里雄与妣拉夫妇。二人生希伦。希伦王于铁撒利南部弗茜乌部落,其后裔遂称"希腊人"(希伦子孙)。希伦生埃乌卢,其裔为"埃乌族"。又生杜罗,其裔为"杜哩族"。又有孙伊雄,其裔为"伊雄族"。(格洛忒[Grotē]"希腊史"卷一 100 页,卷二 315 页)

裔。(三)科属的含义之一是以平面为一切平面形的类型,立体是一切立体形的类型;每个平面与立体图虽为形不一,而为类于平面与立体者则一:这就是异形间所可求得的类同。又,(四)凡在定义中"什么"所包括的基本组成要素即是"属",属内的差异就成为品种之别。这样,"属"就应用于(一)同类的生殖延续,(二)同类事物动变中的作始者,(三)凡差异或质别所从产生的底层称为物质,因此我们也将"属"作为物质。

那些事物称为"于属有别"者,(一)其切身底层不同,一事物的底层不能析为别一事物的底层,亦不能将两事物的底层析成同一事物,例如通式与物质"于属有别";以及(二)事物隶于实是之不同范畴者;事物之所以成其为事物者,或由怎是,或由素质,或由上所曾分别述及的①其它范畴;这些也不能互为析换,不能析为同一事物〈所以范畴有别即是"于属有别"〉。

章二十九 "假"②的命意是(一)作为一事物,这是假的,(甲)因为这些不能拼合在一起,或则并没有拼合在一起,例如"正方形的对角线可以其边来计量"或"你是坐着";因为前一句在任何时候是假的,而后一句则有时是假的;如上两义,它们都是"无此事物"。(乙)有些事物虽然存在,而其所示现的事物实不存在,或似有而实无,例如一个梦或一张草图;这些虽也是一些事物,但凭它们所示现的景象,我们无处可求得其着落。于是我们就说这些是"假"的,——或则它们实不存在,或则它们所示现者实不存在。

---

① 见上 1017b24—27。
② 此论题并见"诡辩纠谬"章三。

(二)一个"假"记录〈一句"假"话〉是那并不存在的事物之记录,事物既假,关于它的记录亦必为假记录。凡你所记录,并非你所实指的,这也是假记录;例如,一个"三角",你却做成"圆"的记录,这是"假"的。在某一意义上讲,一事物只有一个记录,就是它的本体之记录;但在另一意义上讲,一事物可有许多记录,因事物与事物本身而加之以其属性仍为同一事物,例如"苏格拉底"与"文明的苏格拉底"是同一个人(一个假记录则除了别有解释之外,并不是任何事物的记录),所以安蒂瑞尼认为一个主题只有一个云谓,除了对本身记录以外,事物不能有其它的说明——这样,他是太简单了;照他的说法,世间将不可能有矛盾,而且也不可能有错误了。[①] 但我们可凭事物本身来叙述每一事物,也可以用另些事物来说明它。这么,有时可能全搅成假话,可是有时也能作出真确的说明;例如八可以凭二的定义作为倍数来说明。这些事物的被称为"假"就是这样。

至于(三)一个"假"人〈说谎者〉是指这样的人,他喜欢并且做"假"记录,他就是习惯于作假而作假,并无旁的理由,他善于用这样的记录使人产生假印象,确如一些假事物造成假印象一样。所以"希比亚"篇中证明同一人"既假又真"是引人入于错误的。篇中假定谁能谎骗他人(亦即是谁有知识,聪明而能作谎骗的人)谁就是假人;[②]引申起来,谁是自愿作恶的谁当较好,[③]因为人之自愿跛

---

① "不可能有矛盾"参阅"命题"104b21;伊苏克拉底"希伦那"(Isocrates, Helena)10,1;以及柏拉图"欧色第漠"285E—286B。"不可能有错误"参看伊苏克拉底著作上述一节,及"欧色第漠"283E—284C 286C—D。
② 见柏拉图对话"希比亚短篇"365—9。
③ 见"希比亚短篇"371—6。

行者较之非自愿跛行者为佳。这是归纳法的一个错误结论。这里柏拉图用跛行一字作效拟跛行的意思,〈自愿效拟的当然较非自愿的学得好些〉,可是这些,若例之于道德行为,则自愿学坏的人不应是较好,而应是更坏的人。

章三十 "属性"〈偶然〉①的命意是(一)凡附隶于某些事物,可以确定判明为附隶,但其所以为之附隶者既非必须,②亦非经常,例如有人为植树而挖土,寻得了窖金。"寻得窖金"对于"这位挖土的人"是一个"属性"〈偶然〉;因为寻得窖金不是必须植树,植树也不是必然寻得窖金;而且植树的人也不是常常寻得窖金的。一个文明人也许是白的;但这不是必须的,也不是经常的,因此我们就称它为一个属性。凡属性都是附隶于主题的,但它们有些只是在某一时与某一地附隶于某一主题,以成其为一属性,并不是必此主题,也不是必此时或必此地而后为之属性。所以,对于一个属性只有偶然原因,没有确定原因。倘有人被风暴所飘荡或为海盗所劫持而航行入爱琴海,这非由预定的航行就是一个"偶然";这偶然是遭遇了,——但这不是由于主人的本意而是出于别的缘由——风暴是他来到此地的原因,此地是爱琴海,那并不是他原想去航行的。

"属性"有(二)另一个命意,凡出于事物自身而并非事物之怎

---

① 名词 συμβ(βηκòs(属性)出于动词"行"的过去分词,添字头后成为"同行者",引申为"从属"及"偶然"等义。拉丁译 accidens,英译作 attribute,或作 accident。在汉文中双关着"偶然"与"从属"两义的字是难找的。此字在本章包括一般属性;但全书中有时以此指偶然属性,另以 ύπάρχοντα(所系属物)指较永久的属性,本书译"质性"。

② 参阅本卷第五章,释"必须"(即必然)(άναγκαîον),其义与"偶然"相反。

是者,这类也称为"属性",所有三内角的总和等于两直角是附隶于三角形的一个属性。这类属性可以是永久的,别类属性均非永久。这我们在别处解释①②。

---

① 见亚氏"名学""解析后篇"第十卷 75a18—22,39—41,76b11—16。又"命题"卷四,章一,亦论及"属性"。
② 旧有"五不译"例中,四例均因汉文中没有与外文同样含义或双关含义而应用音译。本书于名物度数之异于中国者(例如货币)多用音译。学术名词,虽汉希字义不能完全相符,仍用汉文意译,在脚注中附有若干音译。少数音译名词见于本文中者多附有意译(例如 1047a30"隐得来希")。

卷（E）六[①]

章一 我们是在寻求现存事物，以及事物之所以成为事物的诸原理与原因。健康与身体良好各有其原因；数学对象有基本原理与要素与原因；一般运用理知的学术，或精或粗，均在研究诸原因与原理。所有这些学术各自划定一些特殊〈专门〉实是，或某些科属，而加以探索，但它们所探索的却不是这些实是的全称，亦不是这些实是之所以成为实是者，或哪一门类事物之"怎是"；它们以事物之本体为起点——有些将怎是作为假设，有些将怎是作为不问自明的常识——于是它们或强或弱的，进而证明它们所研究的这门类中各事物之主要质性。这样的归纳，显然不会对本体或怎是作出任何实证，只能由某些路径稍使暴露而已。相似地，各门学术都删略了这一问题：它们所研究的这门类是否存在；这问题与阐明事物之究竟和事物之实是，属于同一级的思想活动。

因为物理之学和其它学术一样，专研一个门类的事物，这类本

[①] 卷（E）六与（Γ）四相衔接，重论其中题旨，商略哲学之范围，并及学术的分类，说明在理论学术中本体之学超于自然之学，而研究高一级的对象。此卷若干论题并见卷（K）九。第二第三章说明偶然之是，第四章说明真伪之是，均应由名学〈解析〉为之研究；哲学范围中所当研究的为各范畴之是和潜在与实现之是，即以下 ZHΘ 三卷之论题。

体,其动静皆出于己,①故物理之学既非实用之学,亦非制造之学。凡物之被制造,其原理皆出于制造者——这是理知或技术,或某些机能;凡事物之被作成者,其原理皆出于作者,——这是意旨,意旨之所表达,亦即事物之完成。如谓一切思想必为实用、制造与理论三者之一,则物学应是一门理论学术,但它所理论的事物,都是那些容受动变的事物,其本体已被界说为不能脱离物质而独立。现在,我们必须注意到事物的怎是与其定义;若无定义,研究是徒劳的。至于在被界说之事物中其"什么"〈怎是〉应予说明者,可以"凹鼻"与"凹"②为例。两者的分别就在"凹鼻"必须与鼻的物质相结合,而凹则能离感觉物质而独立存在。假如一切自然事物的本性皆可比拟于凹鼻——例如,鼻、目、脸、肌、肉、骨、与一般的动物;叶、根、杆、与一般的植物(因为这些都常具有物质,必须与动变相涉而后能为之定义);这是明显的,我们对于自然诸对象必须如何探索并解释其"什么"〈怎是〉,而关于灵魂〈作为一自然对象〉的研究也应属之自然学家,灵魂在某一意义上讲,它不能脱离物质。

由于这些考虑,这该已明白,物学是一门理论学术。数学也是理论的;但其研究对象是否不动变而可脱离物质,此刻还不清楚;可是有些数学定理是先假定了数理对象为不动变而可离物质,然后建立起来的。但世间倘有一些永恒,不动变而可脱离物质的事物,关于这一类事物的知识显然应属于一门理论学术——可是这并不属之物学,也不属于数学,而应属之一门先于两者的学术。因

---

① 自然万物动静可参看"物学"卷一,三,七。
② 凹鼻或扁鼻($\sigma\iota\mu\grave{o}s$)与"凹"($\kappa o\ddot{\iota}\lambda o s$)之例屡见本书,参看"索引" Snub 凹鼻喻条。

为物学研究可独立而非不动变的事物,数学的某些部门研究不动变而包含于物质之中不能脱离物质的事物;至于这门第一学术则研究既是独立又不动变的事物。一切原因均须具有永恒性,而于此为特重;这一门学术所探求的原因,于我们看来就很像是神①的作用。这样,理论学术就该有三门,数学、物学以及我们可称之为神学的这一门学术,因为这是明显的,如果神存在于某处,那就该是在这些事物中了。最高学术必然研究最高科属。理论学术既优于其它学术而为人们所企求,则这一门就应优于其它理论学术而更为人们所企求。人们可以提出这样的问题,这门第一哲学是统究万类的普遍性学术抑或专研实是这一科属;在这方面,即便是数理各门也并不全然相似——几何与天文各研究某些特殊事物,而数理则普遍地应用于这些专门学术。我们答复说,假如自然所成各物以外别无本体,则自然科学〈物学〉将是第一学术;然而,世间若有一个不动变本体,则这一门必然优先,而成为第一哲学,既然这里所研究的是最基本的事物,正在这意义上,这门学术就应是普遍性的。而研究实是之所以为实是——包括其怎是以及作为实是而具有的诸性质者,便将属之于这一门学术。②

章二 实是这全称名词前曾说过③有几种命意,其一为属性偶然之是,另一为真是(非是为假),还有各范畴(例如怎是、质、量、

---

① "神"或"神圣事物"(θεῖον)指引致天体(日、月、星、辰)运动的事物,参看卷Λ,章七,章八,亚氏详论天体运动的原因。
② 本卷第一章参考卷B,995b10—13,997a15—25;卷K,章七。此卷所论原题为哲学研究普遍性抑研究专门实是,其结论则为哲学能研究普遍性亦研究不变本体这一类专门实是。
③ 见卷Δ,章七。

地、时，以及实是所有相似的命意），此外，则为潜在之是与实现之是。在实是的这许多命意中我们先须说明，关于偶然属性不能作成科学研究。事实上也没有一门学术——实用之学，制造之学，或理论之学——自投于这种研究。一方面，建造一幢房屋，当初并没有建造那些与之俱来的许多属性，这些属性不胜列举；已造成的房屋对于有些人很洽意，于另一些人则受到了损害，另有些人又觉很合实用，总之，这些都是无关这一实是的题外事物；①建筑术的目的全不在这些事物。同样，几何学家并不研究诸图形的偶然属性，求得三角形诸角之和等于两直角的通理以后，就不问各三角形间的偶然差异。属性，实际仅是一个名词；这是自然间的遭遇。在这里柏拉图②正不错，他说诡辩派是专讨论"无事物"的。因为诡辩派的论题老是纠缠于事物之属性；例如"文明的"与"读书的"为同抑异，③以及"文明的哥里斯可"与"哥里斯可"是否相同？④ 以及每一事物并不常是而今是者，是否便当成是，由兹而引致〈悖解〉的结论，说假如文明人而成为读书的，读书人就必然成为文明的，⑤——以及一切类此的辩论；属性显然切近于"无是"。从下面

---

① 此句应注意下文(12—21行)事物同异之辩，以题外事物混乱本题，此类诡辩当时盛行于希腊。
② 见柏拉图"诡辩家"237A，254A。
③ 亚历山大诠释诡辩难题之一：甲是读书的，∴读书的甲＝甲；∴甲是文明的，∴文明的甲＝甲；∴读书的＝文明的。但乙虽读书而不文明，∴读书的≠文明的。两结论相冲突。
④ 假如"哥里斯可"与"文明的哥里斯可"相同，则亦当与"文明的'文明的哥里斯可'"相同，如此重沓至于无穷。见"诡辩爱伦基"175a 34。
⑤ 此亦为诡辩一题：有读书而文明的，故读书的即文明。又有不常读书而文明的，则不读书亦即文明。因此不常是者亦能成是。更加推演，则凡文明者将必先已成读书的，而读书将必先已文明。凡此类引致荒谬结论者，大抵强以不必然者为必然，遂使是非错乱。

的论题看来这也是明显的:凡现存的事物其生成与消失必有一个过程,而属性事物则不然。然而,我们还得尽可能的追踪偶然属性之本质与其来由;也许因此可得明白何以不能成立有关属性的学术。

在现存事物中,有些保持着常态而且是出于必然(不是强迫意义的必需;我们肯定某一事物,只是因为它不能成为其它事物),① 有些则并非必然,也非经常,却也随时可得而见其出现,这就是偶然属性的原理与原因。这些不是常在也非经常的,我们称之为偶然。例如,在犬日〈伏天〉② 而起风寒,我们就说这是偶然,若逢酷暑则不谓之偶然,就因为犬日季节自古以来常热而不常冷。人之色白为偶然(因为人脸不必常白,亦不必众人皆白),但人之为动物则非偶然属性。建筑者使人健康为事出偶然,因为使人健康乃医师的本性,不是建筑师的本性,——这只是碰巧,那个建筑师也是医师。又,一个厨司③,为了使人高兴,将所煮菜肴加以装点,但这不是厨司的正务;所以我们说"这是一个'偶然'事件〈附带事件〉",在某一意义上讲,这可以说是那厨司做的,在单纯的厨司本义上讲,这不是他做的。于其它事物总可以找到产生这事物的机能,但对于偶然事物是找不着这样相应的决定性机能或其制造技术的;因为凡是"偶然"属性所由存在或产生的事物,其原因也是偶然的。所有事物并不都是必然与经常的存在或发生,世间大部分的事物

---

① 见于卷 Δ,章五。
② κυνί(音译"可尼")为犬。天狼星座(天狗)即名"可尼",其主星称"闪流"(sirius),为冬夜最明亮之恒星。巴比仑及希腊天文学,七月三日至八月十一日间(当中国节令小暑大暑)太阳宿天狼座;希腊习俗称为"狗日",其时当酷暑。
③ ὁ φοποιὸς 或译"盐渍物制造者"。

只是大多数如此而已,所以,偶然必定是存在的;例如一个白人,并不常是也非大多数是文明的,只是有时遭遇着一个文明的白人,这就应是偶然属性(若说这个不对,那么世间一切将尽成必然)。所以,这必定是出乎常然的物质才得成为偶然属性的原因。①

再有一个问题,或许所谓既非经常又非大多数如此的事物实际是没有的。我们必须以这问题为讨论的起点。确定地,这是不会没有的。那么,在这些以外,世上当另有或然的与偶然的事物。然而事物倘只是大多数如此而已,那么,世间又究竟有无经常事物,与永存事物呢? 这些当俟以后再行讨论。② 但因一切学术都只研究那些经常的或是大多数如此的事物,研究"偶然"这一门学术是明显地没有的。(因为除了经常与大多数如此的事物以外,人们怎能互相教授与学习? 例如,水、蜜溶浆于一伤寒病人有益,这是大多数如此的。)至于那些反乎常例的事物,学术上是无法陈述的;譬如说在新月初生的一晚,可遭遇什么些事情,我们所能陈述的总只是经常在或大多数在新月初生之晚所遭遇的事情,假如请问在哪一个新月初生之晚不遭遇这事情,这就无法陈述;偶然就是反乎这样的常例的。这里我们已说明了什么是偶然属性与其发生的原因,也说明了这是没有哪一门学术加以研究的。

章三 明显地,没有生灭过程而生灭的原理与原因该是有的。假如没有,那么一切事物均将尽成必然,因为一切进入了生灭过程的,其生灭就成为势所必然。甲事是否发生? 倘有乙事,甲事会发

---

① 此句论发生偶然的原因必是一个"非常然",盖出于名学论证;神学家每据此指称亚里士多德将由此进而承认神的权威为一切不可测事物之总因。

② 参看卷 Λ,章六至八。

生;不发生乙事,甲事亦不发生。而乙事是否发生,则须问丙事。这样从头历溯,节节逼近,无论多么悠远的事,总可追踪到现今。于是这人将暴死,或因病而死,若他出门;他将出门,若口渴;他将口渴,若遭遇某事;这样追溯着到现在这一事情,又继续追溯到更远的事情,出门由于口渴,口渴由于喝酒;酒是可喝可不喝的;因此他或是必然死或必然不死。相似地,假如再往前追溯,这一类记录也同样好用;总之过去的条件存现于此刻的事情。每一将来的事情都将是"必然的";活着的人必然有一天他将死亡;因为在他有生之日,某些条件,如与生活为对成的死亡因素已进入他的生体之中。① 但他将死于疾病,或忽然暴卒,则尚未确定,这还得看其它遭遇的事情。这该清楚了,一切追溯将有时而碰到一件未定的事情。这样追溯就得停止,而事情之所必然的原因,也无可更为远求了,这未定之事就将是"偶然"的基点。然而关于或然〈机会〉事件,对其起点与原因,这样的追溯终将何以为之系属——属之于物质,〈物因〉,抑作用〈极因〉,抑动能〈动因〉——这必须谨慎地予以考虑。

章四② 我们已充分说明了属性〈偶然〉之是的性质。现在不复赘叙。实是各类中有以"真"为"是",以"假"为"非是"者,其"真假"应依"组合与析离"为断,复合词之真假应依其各部分的对反搭配为断,凡主题与其云谓相合的为之组合而予以肯定,苟两者相离则不为之组合而予以否定者,这些就是真实;至于虚假判断便与此相

---

① 1027a 32—1027b 10所引事例虽简略,但已可意会。本卷此章为自由意志与定命论问题的基础论点,旧有诠释甚详。

② 莱比锡本,本卷分三章。第杜巴黎印本分为四章。

反(这里引到另一问题,我们如何于事物发生离合之想;所谓合,我的意思不是串联而是成为合一的整体);这里真与假不在事物,——这不像那善之为真与恶之为假,存在于事物本身——而只存在于思想之中;至于单纯的诸怎是,则其为真为假("是"与"非是")便不在思想之中。——在这里所涉的问题,我们须俟以后再考虑。① 但凭组合与析离所成的真假既只在思想而不在事物,因为思想可以将主题的怎是或其某一素质,量,或其它范畴加之于主题或从主题取去,依照这样的意义,真与假已是原事物以外的另一类"是非",那么属性之"是"与真假之"是"均毋庸置论了。前者原为未必之"是"而后者亦仅为思想的演变,两者都是"实是"的支族,并不能作为诸实是中独立的一类。于是让我们搁开这些,而研究实是之所以为实是的原理与原因。②〔实是有几种命意,这在讨论各种名词含义的时候已说清楚了。〕

---

① 看卷 Θ,章十。柏拉图学派以真假为是非一类,漫步派以真假在主题与云谓之离合,出于主观判断,而是非有无则为客观存在,故两不同论。
② 章二至四可参看 1064b 15—1065a 26。

卷（Z）七[1]

章一 在先前集释名词时，我们已指陈过事物之称"是"者有几种含义。[2] "是"之一义为一事物是"什么"，是"这个"；另一义是质或量或其它的云谓之一。在"是"的诸义中，"什么"明显地应为"是"的基本命意，"什么"指示着事物之本体。因为，当我们举出一事物的素质时，我们举其是善是恶，不举其为三肘[3]长或为一个人；但若说这是"什么"时，我们不说是"白"或"热"，亦不说"三肘长"，而说这是"人"或"神"。其它的所谓"是"就因为那是这"基本之是"的量或质，或其变化，或对这事物有所厘定的其它云谓。这样，人们又可以请问"行"、"坐"、"健康"以及相似的其它词语是否也各自存在？这些没有一件能脱离本体而独自存在。假如有所存在，则存在的实际是那个或行、或坐、或健康的事物〈人〉。这些所以看来比较的实在，正因为在它们的底层存有某一确定的事物（即本体或个体）为主题，而它们则为之云谓；假如没有"这个"，我们就无从使用"好"或"坐着"这一类词语。明显地，这是由于这一范畴之为"是"，而后其它范畴也得以为"是"。所以取消一切附

---

[1] 卷七起句与卷六末句意重复，为两卷相衔接之明证。此卷详论本体，为全书中极重要的一卷，与后两卷相贯联。学者每合称这三卷为"本体论"，或简称为"ZHΘ"。

[2] 见于卷 Δ 章七，又参看"范畴"第二至四章。

[3] πῆχυς(肘)为希腊古度量。古匠人折肱而为量，自肱弯至中指尖为一"肘"，约当今日十七英寸半，建筑工人之曲尺亦作折肱状。参看 1087b 36 脚注。

加的含义,而后见到单纯的原称,则本体才是"原始实是"。

事物之称为第一〈原始〉者有数义——(一)于定义为始,(二)于认识之序次为始,(三)于时间为始。——本体于此三者皆为始。其它范畴均不能独立存在,则本体自必先于时间。每一事物之公式其中必有本体的公式在内;故本体亦先于定义。于认识而论,我们对每一事物之充分认识必自本体始,例如,人是"什么"? 火是"什么"? 然后再进而及其质、量或处,我们必须先认识其怎是,而后可得认识质或量等每一云谓之所以为是。

所以从古到今,大家所常质疑问难的主题,就在"何谓实是"亦即"何谓本体"。也就是这个问题,有些人[①]主于本体只一,另有些人谓这不止一,有些人[②]主张其为数有定限,另有些人[③]谓其数无定限。因此,我们必须基本地概括地探求义属本体的实是之本性。

章二 最明显地,一般人辄以实物为本体;所以我们不但于动植物及其部分均称本体,于火、水、地一类自然实物以及所有由此组成的实物(整体或其部分),例如,天宇与其各部分,星月与日也称本体。但,是否就只这些是本体,抑另有其它? 或所有这些,只有其中一部分是本体抑另一部分也是;或这些全不是本体,别有其它事物才是本体? 这些必须予以考虑。有些人[④]就认为实物之外限,即面、线、点、单位是本体,而且这些较之实物或立体更应是本体。

又有些人认为除了可感觉事物以外别无可为本体,但另有些

---

① 指米利都与埃利亚学派。
② 指毕达哥拉斯学派与恩培多克勒。
③ 指阿那克萨哥拉与原子学派。
④ 指毕达哥拉斯学派。

人则想到了永恒本体较之可感觉事物其数既更多,而且也更为实在;例如柏拉图阐明了两类本体——通式与数理对象——与那第三类可感觉实物的本体并存。而斯泮雪浦制作了更多种类的本体,以元一为始,为各类本体假定了许多原理,其一为数之原理,又一为空间度量原理,另一为灵魂原理;照这样发展着,他增加了本体的种类。又有些人[①]说通式与数本性相同,其它事物由此衍生——如线与面等——一直到宇宙本体和可感觉事物。[②]

关于这些,我们必须考察哪一个论点真确,哪一个错误,以及本体究竟是些什么,可感觉事物以外有无本体,以及可感觉事物如何存在,是否有脱离可感觉事物而自存的本体,或绝无或可有(如可有,则何以能存在,怎样存在)。我们必须先简叙本体的性质。

章三 "本体"一词,如不增加其命意,至少可应用于四项主要对象;"怎是"与"普遍"与"科属"三者固常被认为每一事物的本体,加之第四项"底层"。这里我所说"底层"〈主题〉,是这样的事物,其它一切事物皆为之云谓,而它自己则不为其它事物的云谓。作为事物的原始底层,这就被认为是最真切的本体,这样,我们应得先决定底层的本性。一个想法是以物质为底层,另一为形状,而第三个想法则是两者的组合。(举例以明吾意:物质是青铜,形状是模型,两者组合是雕像,那完全的整体。)假如认为形式先于物质而更为切实,同样理由,这也将先于两者的组合。

---

① 指齐诺克拉底学派。
② 第二章关于各家本体诸说盖为卷A章三至六中若干节的撮要。本章所提示诸本体,大别为两类:(甲)柏拉图、斯泮雪浦、齐诺克拉底等,重于超物质本体;(乙)希波、伊壁鸠鲁等,重于可感觉本体。

现在我们已概括了本体的性质，显示了它可以底层为主词而其它一切即便为之云谓。但问题还没有明白；这说明不充分，而且有些模糊。照这说法物质将成为本体。要是不照这样说，我们又难于别为之措辞。一切都剥除了以后剩下的就只是物质。因为其余的既是实物的演变，产品，与潜能；而长，阔，深又是度量而不是本体；这些毋宁是本体的基本演变而已。然而作为实体外限的长，阔，深被取去以后，形状就不能存在；〈度量不是本体，那么这以度量为主的形状也非本体。〉照这样来研究这问题似乎只有物质是本体。这里我所指物质，它自身既不是个别事物也不是某一定量，也不是已归属于其它说明实是的范畴。这些范畴都各有所云谓，其所云谓的实是亦各异。因为一切其它事物用来说明本体，而这里所标指的是物质；所以终极底层自身既不是个别事物，也不是某一定量，也不是具有其它正面特性的事物；并且也不是这些的反面，因为反面特性也只有时偶尔附随于物质。

于是，我们倘接受这观点，物质就应是本体。但这是不可能的；因为本体主要地是具有独立性与个别性。所谓本体，与其认之为物质，毋宁是通式与通式和物质的组合。而通式与物质的组合是可以暂予搁置的，它的本性分明后于通式。物质在这一含义上也显然为"后于"。我们又必须考察第三种本体〈通式〉，因为这是最迷惑的。

有些可感觉事物一般是被当作本体的，我们必须先予顾视。[①]

[①] 1029a33 与 1929b1 可相承接，1029a34 这一句与上下文不相联贯。照贝刻尔本章节，第三章至 1029b10 为止；罗斯校本将 1029b1－2 两行移在 12－13 之间，作第四章开始，较为合适。但 1029b 第三行起仍与上文 1029a 末行文义不贯。似全节均为错简。全节原文造句颇为晦涩，仅可识其大意。

章四　　大众修学的程序,宜必如此——经由个别的感觉经验所易识的小节进向在本性上难知的通理。如同我们的行事应始于个别之小善,而后进于所有个别尽为称善的绝对之大善,我们的研究也当始于各自所能知,而后进求自然之深密。这里于某些人所能知而且认为是基本的道理,世人往往不易尽晓,而且其中也往往颇不切于实际。但我们必须在这些不甚了了的知识中,各就其少有所知以为始,进而试求那宇宙绝对不易的大义。

开头[①]我们就说明了决定本体的各个项目,其中之一即所谓"怎是",我们现在必须研究这个。[②]让我们先做些言语上的诠释。每一事物的怎是均属"由己"。[③]"由于什么"而成为"你"?这不是因为你文明。文明的性质不能使你成为你。那么"什么"是你?这**由于你自己而成为你,这就是你的怎是**。但这于"怎是",还没有说得完全明确;所以为"面"与所以为"白"是不同的,因此,白性之由于表面就不能作为"由己怎是",但若复合起来说"由于这是一白面",这也不是面的怎是,因为以"面"说"面"是不能解释原事物的。说明一名词不应该用原名词,应该用别的字来表示它的含义;怎是的公式也得如此。因此释一"白面"就说这是一"平滑的面",[④]以平滑释白,白与平滑因相同而成一。[⑤]

---

① 1028b33—36。
② 释"怎是"见于本卷四至六章。此题亦见于"解析后编"卷二章十一。
③ 参看卷Δ,章十八。
④ 此节例示盖出于德谟克利特的色论,其要义为:色起于物面的组织状态对于人眼的感应,如一个平滑的表面可感觉为白色。可参看"感觉论"442b11与"成坏论"316a10;又色乌弗拉斯托"感觉论"73—75。
⑤ 此节末句所释为"白",并未释面;上句"所以为面"者,下文未有着落。

但因为说明其它范畴的复合词是有的(每一范畴例如质、量、时、处与动作均有一底层),我们必须研究是否每一范畴各有怎是公式,例如"白人"这样的复合名词亦有其怎是。试以 X[①] 代表复合名词。什么是 X 的怎是? 但,这可以说仍不是一个"由己"的说明:作为一个主词的由己云谓有两例是不合格的,其一为增加一个决定性名词,另一为缺少一个决定性名词。前一类的例就像要解释"白"的怎是,却陈述了那白"人"的公式,这就多了一个决定性名词。后一类的例,譬如以 X 代表"白人"而解释 X 为"白",主词中另一个决定性名词被删除了;白人诚然是白的,但他的怎是却不在其成为白。

然而所由为 X 者,是否确为一个怎是? 不是的。怎是应为某一事物确切的所是;当一个主题附加了另一个属性时,这复合词便不再确切地是那原来的"这是"〈个体〉,例如"白人"就不能确切地作为那个"这是",因为这些"这是"〈个别性〉只能属之确切的本体。[②] 那么只有那些事物,其说明可成为一个定义的,方得有其怎是。但,这并非每字与其说明相同就算定义(若然如此,则任何一组的字都将成为定义;这像伊里埃[③]也可以说是某一物的定义

---

① 此处原文 ἱμάτιον 原义为外套,西方旧译本均直译。近代译本依其文义在举任何一物为之代表,故用 X 为代。

② 这里行文简略,亚氏的辞旨须加诠释:ἄνθρωπος-δίπουν-ζῶον(人—两脚—动物)是一类合乎"怎是"的复合名词,因为人是两脚动物,也是动物,义无二旨。ἄνθρωπος-ἄνθρωπσς λευκός(人—白人),由单纯名词进于复合名词,就无由得其怎是,因为"白"非怎是范畴,这不能说人人都是"白人";对于一个"白人"(脸白的人)不能作出通用定义。λευκός 为白,此处作"人"的形容字时,其义为脸白,或肤色较浅的人,非人种之别。(此例另见卷 Δ,章七、九,卷 H,1044a25,卷 I,1058b34,卷 K,1068a17,均同。)

③ "伊里埃"('Ιλιάς)荷马史诗名,此处用其原字义为"一堆"(意即"一堆的字就算一个定义")。

了）。这必须对一事物于基本上有所说明才可以。基本事物均不能以另一物来说明某一物。凡不是科属中的品种之一,就不会有〈科属之〉怎是——只有各个品种才能具此怎是,因为这些不仅由于参与〈科属〉而获得〈科属的〉偶然属性或秉赋,〈而是具备了科属的怎是的〉。① 至于其它一切事物,若得有一名称便也得各有一个如其名称的公式——即"某主题具有某属性"②——或不用这简单公式,另用更精确的公式,可是这些总不是定义,亦非怎是。

或者,如某物是什么,其定义可以有几种命意？某物是什么,其一义为本体与"这个",此外各义就是量、质等诸云谓。一切事物都各有其"是",但其为是各有不同,或为之基本之"是",或为之次级之是;某物是什么？其原义所指为本体,其狭义则指其它范畴。如我们常问其质若何？所以质也是一个"什么是"——可是这"是"就不是单纯的原义,而却像"无是"的例,有些人③假借言语的机巧以"无是"为**是**——这非复单纯的本是,而只用以**是其所是**如"无是"者而已;质也如是。

无疑地,我们必须研究怎样使问题的每一方面都说明白,而不超过这问题的实际。现在这该明白了,不管我们用什么言语,"怎是"像"某物是什么？"一样,其初级原义总得隶属于本体,其次级命意则属于其它范畴,如一个质或一个量。我们说这些"都是",那就必须是双关语〈同语异义〉,或则于"都是"的命意上有所损益（例如

---

① 参看1037b14—21,解释此意。
② τόδε τῷδε ἱπαρχει 直译为"这个属于这个"即"某属性属于某主题"。照特来屯尼克译本为"X 属于 Y"。
③ 见于柏拉图"诡辩家"237,256全节。

我们说,凡所不知也是知)①,——事实应是这样;我们用这"是"字该既不含混也不取双关,但确像我们应用"医务的"一字,其义相关于同一类事物,而所指的事物则没一件相同,然而却毫不含混;因为一位病人,一次手术,与一件医疗器具同称为"医务的",其所示固非同一事物,却相关于一个共同目的而毫不含混。

在两个叙事方式中,你用哪一方式并无限制;这是明显的,定义与怎是均在基本上以单纯含义隶属于本体。它们亦可属之其它范畴,只是在那里的含义就不是基本的了。可是这样说,每字之定义并不必然就相同于其任何公式;这只能相同于某一特殊公式;假如这是某一成为"元一"的事物,就只有那作为元一的主要公式才能满足那成为元一的定义之必要条件,像"伊里埃"那样的一堆字,或扎拢的一捆棍棒,都不满足元一的要义。现在所称为"是"的事物,其本义是指"这个",其别义则指量,又指质。即便是"白人"〈这样的复合词〉可有一公式或定义,然其含义与"白的"定义或"本体"的定义迥然不同。

章五　　假如有人否定附加一个决定词②的公式可以成为一个定义,这样的疑问就来了,两合而不单纯的名词如何能加以界说?因为我们若要说明复合词就得增加一个决定性词语。例如鼻与凹与凹鼻,鼻与凹两者互相结合而成为凹鼻,凹鼻成为鼻之本性,不是凹性所偶然赋予的属性;③这不像加里亚的白脸或人的白脸之出

---

① τὸ μὴ ἐπιστητὸν ἐπιστητόν,其语义为"知其所不知者也是知"。这一括弧内支句似为后人因原文"损益"语不易索解,而为之添人的注释,用"不知之可以为知"来比拟"无是之也可为是"。

② 见于1029b30。

③ 这里应注意到成为秉赋的只是"凹鼻性"($σιμότης$)而不是"凹性"($κοιλότης$),与下文出于白性($λευκότης$)之不出于白脸性者有异。

于白性（只是加里亚是人而碰巧又是脸白），却像是"雄性"之属于动物和"等性"之属于量，以及所有这些"由己属性"之已成为主题的秉赋一样。① 这样的秉赋已包含在那个主题的公式或名称之中，没有这个，我们就无法说明那个主题；例如白可以脱离人来加以说明，我们无法脱离动物来说明雌性。因此，对于这些事物或是没有怎是与定义；若是有的，这些就得出于以前所举的怎是之别义。②

但关于这些，又有第二个疑问。假如我们说凹鼻就是塌鼻，则"凹"将与"塌"成为相同；但是凹与塌并非相同（因为"塌鼻性"是一个由己属性，不能离事物而独存，它实际是"凹性在于鼻"），所以要就不说塌鼻，要说塌鼻的话，塌鼻的解释当是一个凹鼻性的鼻，就得说两回的鼻。这样一类的事物欲求得其怎是是荒谬的；假如要问什么是塌鼻性的鼻，解释又得加一个"鼻"，这样就得无休止的重叠。

于是，清楚地，只有本体可作定义。假如其它范畴也可界说，这就必须包含有一个决定性词，例如质就得这样来作界说；奇〈数〉不能离开了数而为之界说；雌〈动物〉也不能离开动物而为之界说。在以上各例（当我说"为之附加一决定性名词"实际就是沓语③），若然，两合名词，如"奇数"也是不能予以界说的（因为我们的名词〈公式〉就是不真确的，只是大家不注意而已），假如这些也是可界

---

① "由己属性"之为秉赋，见于"解析后篇"卷一，73a37—73b3。
② 1030a17—1030b13。
③ 1030b22，1031a5 ἢ δὶς τὸ αὐτὸ λἐγαιν "一事重说两回"，或简译"沓语"(tautaulogy)。

说的,那就得别有界说方法,或是像我们前已说过的道理,定义与怎是有本义与别义而不止一个含义。所以在一方面说,除了本体之外,不能有定义,也不能有怎是,在另一方面讲,其它事物也可有定义与怎是。于是,清楚地,定义是怎是的公式,而怎之属于本体,或是惟一的或是主要地与基本地和单纯地属之于本体。

章六　我们必须研究每个事物与其怎是之同异。这于研究本体是有益的;因为一般认为每一事物不异本体,而怎是即各事物之本体。现在,在属性复词上,事物与其怎是一般认为是相异的,例如白人异于白人的怎是。若说它们相同,人的怎是与白人的怎是也得相同;人们既说人就是白人,那么白人的怎是与人的怎是该相同。然而,属性复词的怎是,也许并不必相同于单词的怎是。外项与中项的成为相同并不是这样的。也许,两个属性外项应可成为相同,例如白的怎是与文明的怎是;可是事实上情况并不是这样。①

但在本性名词〈由己事物〉上是否一事物必与其怎是相同呢?例如有些本体,再没有其它本体或实是先于它们(有些人认定意式就是先于一切的本体),于这样的事物而论又如何?——假如善的怎是异于善的本身,动物的怎是异于动物自身,实是的怎是异于实是本身,则第一,在那些已肯定的本体与实是与意式之外,将另有本

---

① 这里的辨析可为说明如下:(1)21—24行:一假如(甲)白人的怎是＝白人;因为(乙)白人＝人,而(丙)人＝人的怎是;∴(丁)白人的怎是＝人的怎是。这是荒谬的。亚氏认为"白人的怎是"≠"白人"。

(2)24—25行:指明(甲)(丙)两公式在本体上为之是,而(乙)公式则是属性偶然之为是。所以上项推演未能为之归谬。

(3)25—27行:假如(戊)文明人＝文明人的怎是,(己)人＝文明人,(乙)人＝人,(甲)白人的怎是＝白人;∴(庚)白的怎是＝文明的怎是。这两个属性外项相等是荒谬的。谬误出于(己)(乙)两假定,以属性复词同于单词。

体与实是与意式,第二,这些若也作为实物,它们将先于本体。倘使先本体与后本体互相分离,则(甲)那个先本体将无以得其认识〈意式或物本〉,而(乙)后本体则没有实是。(分离的意思,我就指本善若脱离怎是,善的怎是,也没有成善的本质。)因为(甲)我们只有认识其怎是才能认识每一事物。(乙)若说善的怎是不复是善,其它的事物情况也将像善一样,实是的怎是不复是实是,元一的怎是也不复是元一。一切怎是都是这样;那么实是倘不成为是,其它也没有一个可以成立。又,凡不包含善的怎是①的就不善。善必与善的怎是合一,美合于美的怎是;凡一切由己事物,基本上自足于己,无所依赖于其它事物者,都该如是。若然如此,则即使它们都不是通式,就这个便已足够了;也许毋宁说它们正都是通式,这也就足够了。(同时,这也是明白的,有些人所说的意式,苟确乎存在,底层便不会成本体;因为意式必须是本体而它不涵有底层;意式若包含底层,它们就会因参加于个别事物而存在于个别事物之中。)

那么,每一事物的本身与其怎是并非偶然相同而是实际合一的,这从上节的辨析以及"认识事物必须认识其怎是"这理论,两方面看来,都是清楚的。经过这些例引,应可知道两者确实必须合一。

(但是,于一个属性名词例如"文明"或"白",因为这有两义,这就不能说它本身与怎是完全相同;因为属性与其所属两者都是白的,在这一含义上属性与其怎是相同,另一义便不相同;白之所以自为白〈怎是〉与其为属性之白是相同的,但与那个人或白人是不相同的。)

---

① 即善的意式(或本善),见 1031b5。

假如对于各个怎是另给与名称,两离的谬误也可显见,因为这样除了原怎是而外,又得再来一个怎是,例如对于马的怎是,又得有第二个怎是。[1] 因为怎是就是本体,这不该从开始就认定某些是它们的怎是么?但实际上,不仅一事物与其怎是应合一,像以前所曾述及,它们的公式也相同;例如元一的怎是并非由于偶然属性之一而与元一为相合一。又,它们如不相同,则其〈求是的〉过程将进至于无穷;因为我们既将(一)"元一的怎是"与(二)"元一"两名词作为异词,则在相续的询问中,元一之怎是的系列就得跟着发展。[2]

于是清楚地,每个基本的与由己事物确乎与其怎是合一而相同。诡辩派对于这论题的各种忮词[3]以及"苏格拉底与其所以成为苏格拉底者是否相同",这类问题,都可以同样的解释予以答复,这从提出问题和答复问题所该有的立场看来,都无二致。这里,我们已说明了每一事物,在什么意义上与其怎是相同,又在什么意义上与之不相同。

章七 关于创生的事物,有些是自然所成,有些是技术所成,有些是自发所成。每一事物之创生必有创之者,必有所由来,又必有所成就。我所指创生所成就的事物可在任何一个范畴中见到;这可以是一"这个"或是一些量,或是一些质,或是某些处所。

自然事物为自然所创造;其所由来为物质;其所成就即自然间

---

[1] 假如事物与其怎是相同:则例如"何谓马?"〈怎是马?〉"马是四足兽;""何谓四足兽?""四足兽者如马即是"。假如不相同:则"何谓四足兽"就得另说"四足兽"的怎是;如是问答将无尽已。亚里士多德认为无尽已问答是荒谬的,不应进入那无尽已的第一步。

[2] 这样"一的怎是"又复异于"一的怎是的怎是"以至于无尽。

[3] ἔλεγχος 兹译"忮词","忮"作"以辞害意"解。此字原义"混乱",诡辩法辄使通常的是非颠倒,故以此名之。

现存万物。或为一人或为一草一木，或为类此之物，凡自然所创造而有所成就者，我们均称之为本体——自然或人工〈技术〉所造一切事物都有物质；这些事物各都可能成是或成非是，而这潜能就是每一事物中之物质。一般说来，万物所由生成者为自然，万物所依以生成之范型亦为自然，其所生成者如一草一木，或一动物皆具有自然本性。故万物所凭以创造之自然本性同于通式，自然个体前后相生成，虽物质各别，而所凭自然形式皆相同；人递传为人。

自然产物是这样生成的，其它产物则称为"制品"。一切制品或出于技术，或出于机能，或出于思想。① 有些事物自发地出现，或者由偶然的机遇而生成，正像自然产物的生成一样；同样的事物有时由种籽产生，有时不由种籽也产生了。关于这些我们稍后再说。② 从技术造成的制品，其形式出于艺术家的灵魂。（形式的命意，我指每一事物的怎是与其原始本体。）即便是对成事物在某一含义上其形式亦复相同；一个阙失之本体即是一个相反本体；例如健康是疾病的本体（因为疾病就是失去健康）；而健康是在灵魂中的公式或是某些认识。健康主题由下列思想历程产生：——健康是这样：主人若须健康，他必须具备这个，例如全身生理调匀；若要生理调匀，他又必须有这个，例如热；医师继续这样推想，直至他将最后的某一"这个"，化成他所能制造的某些事物。于是由此倒转，

---

① 参看卷 E，1025b22。
② 参看 1032b23—30，1034a9—21，1034b4—7。低级生物之自发生成理论可参看"物学"卷二第五第六章以及"动物志"卷五第一章。古希腊于自发生物或推其因于太阳热能，此与印度经典述生物除胎生卵生外有湿生等相似。此类谬误的生物理论一直流传。至近代芮第(Redi)、巴斯德(Pasteur)等才相继阐明低级生物（如古希腊人所指"自发生物"）以至霉菌，均由卵或苞子生殖。

从而获得的健康,就称为一个"制品"。所以结论是这样的,健康由于健康〈通式〉,房屋由于房屋〈通式〉;有物质的由于非物质的;(因为造成健康与房屋的技术就是健康与房屋的通式。)当我举出没有物质的本体,我意指"怎是"。

关于制造过程,一部分称为"思想",一部分称为"制作"——起点与形式是由思想进行的,从思想的末一步再进行的工夫为制作。每个间体制品也是这样产生的。例如,主人若要健康,应使生理调匀。怎样能使生理调匀?或由此法或由那法。这需要使他温暖。怎样能得温暖?又得有另一些事物。这些在制造健康过程中的诸事物都潜寄于健康之中,也都得之于医师的能力。

于是,造成健康的有效原理与其起点,如为技术,则应出于医师灵魂中的通式,①如为自发,②则为此偶然所发始的任何一点。凭技术以致健康的起点可能是温暖,这个医师用按摩来产生。体中温暖为健康的一部分,或是经此而直接或者间接的逐步引致使人健康的各个部分,这就成为健康的切身事物——一幢房屋也如此(石块是房屋的切身事物),其它各例亦然。③

所以老话说得对,假如先无事物,就不能产生任何事物。明显地,现存各物必出于先在各物;物质就是先在的部分;物质既见于创生的过程,也由此创成为某些事物。然而,物质是否可算公式内的一个要素?什么是铜球?我们当然从两方面叙述:我们说它的

---

① 参看 1032b 1。
② 参看 1032a12,又 1032b15—17。
③ 房屋健康两例并列,其中稍有参差:由温暖以致健康,温暖为物因亦为动因〈效因〉;由石块以成房屋,石块仅为物因。τοῦτο δ'ἔσχατον "切身事物",或译"限点",或译"极",但这里的用意则同于"起点"。

物质是铜，又说它的形式是如此如此的图状；而图状就是它所归隶的切身科属。这样铜球的公式中是包含有物质的。

至于由某物质〈那个〉制造的事物，在制成之后则不再说"某物"〈那个〉而说是"某物〈那个〉制的"；例如雕像不是"石"而是"石制的"。一个健康的人则不是以彼所由来而为之称呼。理由是，一个失去健康的病人复获健康，同时那病人原亦是人，那健康的人仍是从人这底层物质制造起来的；但健康的由来与其说是出于人〈底层〉，毋宁说是出于"阙失"，即"失健的人"〈病人〉，所以健康的主题便不是"病人"而仍是"人"，这还是那"人"现在成为健康的了。至于事物如铜或木材和砖的形式或秩序原是隐晦而无名的，当它们制成铜球与房屋，大家看不出它们被褫夺了什么原形式，因此不像健康主题那样着重于"阙失"〈健康的人常被当作病愈的人看〉，而就称铜球为铜制品，房屋为砖木制品。这里在言语上凡由物质制成的，就不以原物质称，而加以语尾变化，如雕像非石而为石制的，房屋非砖木，而为砖木制的。① （虽则我们仔细地考察这些情况，可知石之于雕像，砖木之于房屋，在制造过程中所改变的却并非持久性的物质而也是石与砖木的原秩序或形式。）这就是我们运用这样言语的理由。

章八 因为任何创制的事物，必有创之者（这个我称之为制造的

---

① 此节借希腊文语尾上的运用说明对于制造过程中一个环节与其分别，译文不能贴切。西方各译文也因语尾变化方式不一，而难作完全符合的翻译。所用字例如下：ἐκεῖνο-ἐκείνινον，那个—那个制的；χαλκός-χάλκεον 铜—铜制的；ξύλον-ξύλινος，木—木制的；λίθος-λίθινος，石—石制的；πλίνθοι-πλινθίνη，砖—砖制的。关于"健康"虽其底层物质为"人"，而不说"人制的"；这就说明病人为"失健康的人"，健康人为病瘥的人，乃从"阙失"着想，不从物质材料着想。

起点),又必有所由来(这个我姑取物质,不取阙失,其用意已在上节说明),亦必有所成就(或为一铜球或为一铜圈或为其它);而这所制成的既为一铜球,那么我们就不是制铜,虽则铜球的形式相应而为球,我们在这里亦不是制球。制作"这个"就得由底层物质十足地制成一个个体。[①](我的意思是这样,使铜成圆不是为制圆或制球,而是将这形状制于某些物质。因为如上所预拟,欲制一形式必须假用着某些先在的事物[②]。例如我们制一铜球,就是以铜制成球形的一个铜球。)如果我们也得制造事物的底层,则其制造过程将追溯至于无尽。于是,明显地,我们也不是创制通式(或是在可感觉物中所体现的形状之任何其它称号)。这既不是通式的产品,也不是通式的怎是;因为"这个"是由某些其它事物,被技术或被自然或被机能所制作而成就的。这里是"一个铜球",这个就是我们所制作的。我们由铜料与球形来制成"这个";我们将形式赋予这个特殊物质,其结果为一个铜球。若说要制作的是一般球形的怎是,那么球形又由什么来制作?制造物必须有某物为它的前身。每一制品均将成为可区分的两部分,其一必然是物质,另一必然是通式。假如球形是"每一点与其中心的距离均相等"这样一个图形,以此通式为中介,一以现其为球形,一以成其球于某些物质之中,而其综合体则为一铜球。从上面这些说明,这可以懂得所制造的不是通式或怎是,而是一个由此取名为铜球的综合[③]实体。

---

① 参看1029a 3,个体为形式与物质之组合。
② 即物质,参看1032a25。
③ 贝刻尔本 σύνολος,旧本作 σύνοδος,拉丁译本作 concursus,为天文名词"交会"。交会之意,于此句亦符合,但不如译"综合"为切。

卷(Z)七

在每一被创制的事物中，物质总是在内的。这综合实体一部分为物质，另一部分为通式。

于是，在个别的球体以外是否有一球式，在砖木之外另有一房屋通式呢？要是这样，"这个"就永不会生成，通式的含义是"如此"，不是"这个"——不是一个确定了的事物；但艺术家由"这个"制作一个"如此"，或父亲由"这个"生育一个"如此"；在既诞育之后，这是一个"这个如此"。[1] "这个"整体，加里亚或苏格拉底，相当于"这个铜球"，而人与动物则相当于"一般铜球"。于是，明显地支持通式的原因（依照有些人的想法，通式是存在于个体以外的事物）是空虚的，至少在创造问题与本体问题上是不充分的；通式不需成为自存本体。在有些自然产物的实例上，如生父与嫡子总是品种相同，（他们形式相同，但并非同一物体，）只是有时也会遭遇反乎本性的情况，例如一匹马产生了一匹骡（即便是这些特例，事情也仍相似，因为马与驴所共有的性质，可以成立一个马驴之间的科属，虽则现在尚无这名称，而要是有这名称当然就是骡属了）。明显地，所以，这不需要成立一个通式作为典型[2]（我们若要找通式，就可以在这些实例中找；因为生物正是最确当的本体）；父亲能制造产品，也正当是在物质中造成形式的原因。如此如此的一个形式，体现于这些肌肉与骨骼之中，当我们已得有此综合实体，这就是加里亚或苏格拉底；他们因物质各别亦遂各成为一"这个"，但

---

① "如此"(τοιόνδε)即通式，"这个"(τόδε τι)作物质，"这个如此"(τόδε τοιόνδε)为综合实体，如苏格拉底或铜球。

② 通式作典型，参看卷A章七、卷Λ章四。卷Z章八为漫步派通式，异于柏拉图学派意式之基本理论。

其形式却相同；他们的形式是不可区分的。

章九　可以提出这样的问题，何以有些事物，如健康，可以由技术制造或由自发；其它如房屋则不然。理由是这样，任何制品或制品的一部分所由以造成的物质，有些具有自动能力，有些没有；在具有自动能力的物质之中，有些能自动向某一特定的途径发展，有些则不能；例如人皆能自发的跳动，而并不是都能跳一个某式的舞。物质如石块，是不会向房屋这一特殊形式自动去排列起来的；这必须有别的事物去动它；像火就会自动燃烧。所以有些事物，如无人为之制作，就不会发生，有些却不必依靠别人；动作可以自动进行，或由其它并无技术的事物或由事物之中先已潜在的某部分予以触发，而自动进行。①

依上所述，这是明白的，每一技术制品总是由于与它同名称的事物制造出来（如自然产物的产生一样），或由它本身的一部分同名称事物制造出来（如房屋由房屋制造出来是指造屋的意想；因为意想就是技术也就是形式），②或由某些包含着它的部分之事物制造出来——偶然产生的事物除外。凡一物直接从本身生产一物的原因，就成为那产品的一部分。按摩者的手使病人身体发热，这就是健康，或健康的一部分，或是由此而得以引致健康，或健康的一部分。这样就说热是健康的原因，由这原因所得的结果正是健康。

所以在综合论法中，"怎是"为一切事物的起点（综合论法的起

---

① 事物内含有自动发展要素者于1032b26—1033a1及1034a12，均有所涉及。
② ή τέχνη τὸ εἶδος(2οδος技术)即"形式"，如中国旧谓"营造法式"，即"建筑技术"。εἶδος一字在个别事物上用指"形式"，在一般事物用即"通式"或"法式"。

点,"这是什么?")。我们也在此找到了创造的起点。①

自然所成事物与技术制品也相同。种籽的生产作用正像技术工作;因为这潜存有形式,而种籽所由来与其所发生的事物,都取同一名称——只是我们也不能盼望父子完全同称,如说"人"之所生必为"人",因为"男人"有时生了一个"女人"。天然生殖有时获得畸形的后裔,那么名称也就相异,所以骡的父母不是骡。②(像上述人造事物那样,)③自然事物中有能自发的,大抵其所具物质内含有自动性能如种籽一样;不具备这种自动性能的物质,除了父母生产外,那就不能自为生产。

我们的理论不但证明了在本体上形式不产生形式,而且也适用于所有基本级类,即量与质等其它范畴。如以铜球而论,所产生的既不是铜亦不是球。就以铜而论,在未成为铜球以前那铜块也得是一个综合实体,因物质与形式必须皆先在。在本体上如此,在质与量与其它范畴上也如此;质不能离开材料而独成其为质,量也不能离一支木料或一个动物而示其长短大小之量度。所不同的是本体之特性在于必须先有一已经完全实现的另一本体为之父母,如一动物之产生必先有另一动物;但质量等则不须先有另一质量,只要先有所潜在就够了。

章十④ 因为一个"定义"就是一个"公式"而每个公式有若干部

---

① 指上页 24 行"形式"。

② ἡμίονος(骡)原义为"半驴"。骡出于马驴杂交,为畸形后裔。(亚氏"动物志"卷六,第二十三、二十四章)

③ 参看 1034a9—32。

④ 章十以下与章六以上,各章相承,论述(章三首句所提)那些应用于本体之主要对象。七、八、九章另成"创造各式"一论题。

分；公式之于事物若是者，公式的一部分之于事物的一部分也该如是；这样，问题也就来了：各部分的公式是否存在于那全体的公式之内？有些全体公式内存在有部分公式，有些则并不存在。圆公式中不包括断弧公式，但音节公式却包括了字母〈音注〉公式；然而圆可以分为若干弧，音节可以分为若干字母。又，部分若先于全体，而锐角为直角的部分，指〈趾〉为动物的部分，则锐角应先于直角而指应先于人。但是后者却被认为先于前者；因为在公式中，部分是从全体上来索解；又在各自能够独立存在的观点看来，全体应先于部分。①

也许，我们该说"部分"是在几个不同的命意上引用的。其中的一义是用部分来作别一事物的计量，这一命意暂予搁置。让我们先研究组成本体的各部分。假如物质为一事，另一为形式，而两者之综合又作为另一本体，那么物质就可说是这一事物的部分；在另一情况，物质就不是其中的部分，这里只有形式公式所由组成的诸要素。例如，肌肉，对于凹不是其部分，而于凹鼻则肌肉为其一部分（因为肌肉是产生凹鼻的物质）；铜是整个铜像的一部分，但不是那像的一个部分。（事物常凭其形式取名，而不凭其物质原料取名。）这样，圆公式不包括弧公式，但音节公式包括字母公式；因为字母是形式公式的一个部分，不是物质公式的一个部分，而弧则在物质的含义上作为圆的一个部分，其形式则由这些物质导成，可是弧与铜相比拟，弧之成圆形与铜之为铜球相比拟，则弧较为接近形

---

① 章十至十二，研究"以怎是为定义"而引起部分与全体孰先孰后的问题。此章分析定义之全公式与其各部分公式。凡名学定义，"全体先于部分"；但于物质组成而论，"部分先于全体"。

式。但在某一意义上讲,也不是各种字母均存在音节公式之中,例如,特殊的蜡字母或空中所画字母;因为这些在作为音节的一个部分,我们只取它的可感觉物质。① 因为即便是线分割为两半,人破坏为骨与肉,这还不能说线由半线组成,人由骨肉组成而得有半线与骨肉的怎是,线与人所得于这些部分的还只是其物质;这些确是综合体的各个部分,而不是公式所拟的形式之各个部分;因此它们并不存在于公式之中。有些部分公式并不依照那综合整体公式而拟定,有一类定义就必然包括这样的部分公式,有一类则必不包括。因此,有些事物坏死〈消失〉时拆为它们原来组成的各个部分,有些则不然。那些以物质与形式相结合而成的事物,例如凹鼻或铜球,坏消时还为这些原料,而其中的一部分就是物质。(那些不包括物质的事物,或非物质事物,其公式只是形式公式,不会坏消,——或是全不坏消,至少不以如此方式坏消。)所以这些原料是综合实体的部分与原理,不是形式的部分与原理。泥像消失于泥,铜球消失于铜,加里亚消失于骨肉,还有圆消失于断弧。(这里圆是作为具有物质的事物看的。"圆"字双关,可用以指一个净圆,亦可以指某个个别圆,因为对于个别圆物体,我们就称之为一个"圆"。)

真相已陈述了,但再做一番讨论,问题可以更明白。公式可以区分为若干部分公式,这些部分都可以先于全公式,也可以其中一部分先于全公式。可是直角的公式不包括锐角的公式,而锐角的

---

① 以字母的音注为物质而组成音节。蜡制字母与空中书写字母有形状,而不会发声,在音节上均不必管它们。"可感觉物质"这里只指"可听到的声音"。

公式依凭于直角;因为人们用直角来界说锐角,说"锐角是一个小于直角的角"。圆与半圆的关系亦然,因为半圆用圆来界说;照样,指也用全身来解释,说:指是人身上如此如此的一个部分。所以,凡事物的各个部分之属于物质者后于全体,全体消失时就分解为这些物质。但那公式与依公式为本体的各个部分则先于全体,或其中某些部分先于全体。动物之灵魂(即有灵生物的本体)依公式就是某科属躯体的形式与其怎是(至少我们若要明白地解释动物,就不能不照顾到各部分的机能,这些如不提到感觉〈与灵魂〉就说不明白了),所以灵魂必是全部或其中某些部分先于动物这综合实体,于每一个别动物也如此。躯体与其部分后于灵魂这主要本体;综合实体分解于物质的各个部分,这个本体不分解为物质,在这意义上它是先于全体。在另一意义上灵魂就不先于全体,因为它不能离整个动物而存在;因为在一个活动物身上时是一个指,但一只死指就只名称是"指",而实际已无复"指"的真义了。灵魂也相似。有些部分对全体而论既不先于,也不后于,这些是个体的主要部分与公式(亦即其本体的怎是)紧接地出现于个体之中,例如心或脑;①(究竟是心是脑为动物主体则无关要旨。)至于人与马以及此类以普遍性应用于个别事物的名词则并非本体,这些只是这个个别公式与这个个别物质所组成的个别事物被当作普遍性事物来处理或讲述而已。作为个体,苏格拉底已经将切身的个别物质包括在他躯体之中。其它的例也相似。

一个部分,可以是形式(怎是),或是形式与物质的结合体,或

---

① 参看卷 Δ,章一。

是物质的部分。但只有形式的各个部分才能是公式的各个部分，公式是具有普遍性的；因为一个圆与其"所以为之圆"，即怎是相同，灵魂也与其"所以为灵魂"者一样。然而当我们接触到那综合实体，例如"这圆"，一个个别的圆，无论是可感觉或可理知的，（我所说理知的圆即数理上的圆，所说可感觉的圆即铜或木材所制的圆，）关于这些个别事物，定义是没有的；它们只凭思想或感觉来认识；当它们从完全的现实消失以后就不知其或存或亡；但"圆"却总是由普遍公式来为之说明并得以认识。至于物质本身是无由自知的。有些物质是可感觉的，有些可理知的。可感觉物质，例如铜与木材与一切可变化的物质都是的；可理知物质为存在于可感觉物质之中的不可感觉事物，例如数理对象。①

于此我们已讲明了关于全体与部分以及它们"先于"与"后于"的问题。然而当有人询问究属直角、圆、动物是"先于"抑或那些组成它们的与可以由它们分解出来的各个部分是"先于"呢？我们不能简单地答复这问题。如果以灵魂为动物或一切生物之本，每个个别灵魂即为个别生物之本，所以为圆即圆，所以为直角即直角，而直角的怎是即直角，那么全体就得被认为后于部分，即其公式内所包括的各部分与个别直角的各部分（因为铜所制的物质直角与线所成的直角两皆后于其部分）；同时则那非物质直角是后于公式所包括的直角之部分，而先于任何个别实例所包括的部分。所以问题不能作成简单的答复。可是，灵魂与动物若不是合一而是相异的事物，那么如前所曾述及各个部分中将有些称为先于，有些不

---

① 参看卷 M,章二、三。

称为先于动物。

章十一　另一问题可以自然地提出,哪一类的部分属于形式,哪一类不属于形式而属于综合实体。假如这问题不先弄明白,事物就难为之定义;因为定义是属于形式而具有普遍性的。倘不明白哪一类部分属于物质,哪一类不属于物质,事物之定义也不能明白。一个圆可以存在于铜或石或木,凡由各种不同材料所表现的事物,其材料如铜,或木石,不是圆的怎是之部分,因为圆的怎是,可以脱离某一材料而在另一材料上表现。倘人们所见的圆都是铜的,铜实际上仍不是形式的部分;然人们便不易将铜在圆的意念中消除。例如人的形式常表现于骨肉以及类此的部分;这些是否人的公式与形式的部分呢? 不是的,那些都是物质;然而我们从未由别种物质找到人,因此我们就难分离它们,以取得真确的抽象。

因为抽象被认为可能而常是不很清楚的,所以有些人①就提出圆与三角等不能以线与延续体为界说,有如人不能以骨肉,雕像不能以铜或大理石为界说一样;于是他们将一切事物简化为数,而指称线的公式即"二"的公式。而那些提出"意式"这主张的人们中,有些②认为二即"线本",有些则认为二是"线的公式";因为他们说"通式与通式所示现者同",例如"二"与"二的形式"应相同;但他们在线这问题上又不说什么了。③

跟着将是这样的结论,许多形式不同的事物,却属于一个通式

---

① 指毕达哥拉斯学派。
② 指柏拉图学派,可能是连柏拉图亦包括在内。
③ 参看卷 H 章三第一节。有些人认为"线本"即"二",有些人认为线是"长度上的二"。

（毕达哥拉斯学派也得面对着这样的结论），这也可能建立一个绝对通式以统概一切而否认其它诸通式为尚非真通式；然而这样，一切事物均将归于一体。

我们曾经指出，在定义问题上有些疑难，以及这些疑难的来由。欲将一切是事物简化为通式而消除物质是无益的工作；有些事物确乎是某一特殊形式见于某一特殊物质或某些特殊事物见于某些特殊状态。小苏格拉底[①]所常引的"动物"[②]之例是不健全的；因为这引人离开真理，使人误信，像圆可以脱离铜而存在一样，人也可以脱离其部分〈骨肉〉而存在。但这两件事物是不相似的；动物是具有感觉的，不能摒弃了活动来界说动物，因此也不能不联系到他在某种状态中的各个部分。在任何状态中或在某一个状态中的一只手不能统算是人的一个部分，只有那只活着的能工作的手才算是人的一个部分；假如是一只死手，那就不算是人的一个部分。

关于数理对象，何以部分公式不能成为全体公式的一部分；例如半圆公式并不包括在圆公式之内？这不能说"因为这些部分是感性事物"；它们并无感性。然而这些也许并无关系；因为有些不可见事物还是有物质的，实际上，每一事物，凡不仅为独立的怎是与形式，而却正是一个体，这就总得具有一些物质。于是半圆虽不是一般圆的部分，却如上所曾言及，[③]正应是个别圆的部分；因为

---

① 小苏格拉底（Socrates Junior）生卒不详。其人屡见于柏拉图诸对话中，盖与色埃德托为弟兄，并非老苏格拉底的亲属。参考柏拉图"色埃德托"147D；"诡辩家"218B，"政治家"275C；"埃比诺米"358D。
② 参看1036a 34—1036b 7，所举"人"例，以人为动物之一种。
③ 见于1035a30—b4。1035b 1 的"净圆"即 1037a 3 的"一般圆"。

物质有两类,一类是可感觉的,另一是可理知的。

这是清楚的,灵魂是原始本体,身躯是物质,人或动物是两者的结合而被当作了普遍名词。即便是苏格拉底的灵魂可以被称为苏格拉底,①苏格拉底或哥里斯可应有两个含义,(有些人用这名词来代表灵魂,有些人用这名词代表综合实体;)但"苏格拉底"或"哥里斯可"若单纯地指称某一个别灵魂或某一个别身躯,则综合个体便相似于普遍性的结合。②

是否在这些本体物质以外另有一级物质,我们可否在这些本体以外另找到一级本体,例如数及类此的事物,这须在后再研究。③在某一含义上研究可感觉本体原是物学,即第二哲学的工作,我们为了这一问题也得试着为可感觉本体的性质作一决定;自然学家不但应该阐明物质,也该懂得公式所表现的本体,而且应更重视公式。至于公式中诸要素如何成为定义的各部分以及何以定义为一公式,(因为明显地事物合于整一,但这既有各个部分,又如何成为一体?)关于这问题,必须在后再研究。④

何为怎是与何以怎是能独立自存,先已作成通例而为之普遍说明。⑤又,何以有些事物其怎是的公式包含其定义的部分,有些则不包含?我们说过物质部分并不存在本体的公式之中(因为它们是综合实体的部分,不是那本体公式的部分;但是这里,公式或

---

① 参看 1036a16—17,卷 H 1043b2—4。
② 这里的语意是:普遍性的人是普遍性灵魂与身躯之结合,苏格拉底是这个灵魂与这个身躯之结合。
③ 参看卷 M,N。
④ 见于本卷章十二及卷 H 章六。
⑤ 见本卷,章四。

有或无,以物质论,则物质无定型,就没有公式,以原始本体论就有一本体公式——例如人,有灵魂为公式——因为本体是形式所寄,形式与物质两者就结合为综合实体。① 例如"凹性"就是这类形式之一,凹性与鼻结合就成为一个"凹鼻",而见其"凹鼻性");物质部分只存在于综合实体,例如一个凹鼻或加里亚则其中存在有物质。② 我们说过事物本体与其怎是有时是一样的;这在原始本体中确乎是这样,例如在原始曲线上,曲率即曲线的怎是。(所谓"原始"本体我的意思就指那些不再包含物质为之底层的本体。)但是,凡具有物质本性的,或其整体包含有物质的事物,则其怎是与它们本身就并不相同;偶然的综合如"苏格拉底"与"文明的",其怎是与他本身也不相同;因为这些只是偶然的会合于同一事物。③

章十二 现在让我们先讨论在"解析"中没有讨论到的有关定义各事项;④其中所列问题⑤对于我们研究本体时是有益的。我指这问题:——例如人,说以"两脚动物"为其公式,而以"人为两脚动物"作定义,这些从何获致其结合?"动物"与"两脚的"何以合成为一,而不为多? 在"人"与"白"的例,当一词与另一词不相属时,两词是被当作"多"看待的;当它们两相结合,人这主词就具有某一属性;这样就合成为一,而我们就有了"白人"。另一方面,如"人与两脚"之例,一词与另一词并不互相容受;科属并未被认为已参加于差异(因为科属所由区分的诸差异具有对反的性质,科属参加差

---
① 见此章及前章。
② 见本卷,章五。
③ 见本卷,章六。
④ 参考"解析后编"卷二,章三——十、十三。
⑤ 同上,97a 29。

异就将是同一事物参加于诸对反中)。而且即便算作这科属参加于诸差异,同样的辩论还得应用上去,因为人在动物科属中有许多差异,例如,"有足"、"两脚"、"无羽"。何以这些不成为多而还归于一? 这不是为了这些统都于一事物身上出现;照这原则,一事物将因所有的属性之归一而成一。这许多项属性必须在定义上归一;因为定义是单独的公式,并是本体的公式,所以这必然是某一个别事物的公式;因为按照我们的主张,本体是"一",并是"这个"。

我们必须考察由于分类法所造成的定义。除了基本科属与其差异而外,定义中就再不用别的了。其它诸科属只是那基本科属,次第附加,继续区分出来的诸差异而已,例如其先为"动物",其次"两脚动物",再次"无羽两脚动物";依次类推,可以包括更多的项目。一般说来,包括多项或少项,并没分别,——少项或只两项也无分别;倘为两项,则其一为科属,另一为差异〈品种〉;例如"两脚动物","动物"为科属,"两脚"为差异。

假如科属绝对不能脱离"属内品种"而独立存在,或是它只能作为物质而得其存在(例如声韵是科属,是物质,其差异则为品种,为音注),定义就显然是包含了差异的公式。

然而,这还需在差异中再区分出差异;例如"有脚"是动物科属的一个差异,而"有脚动物"还得当作一科属,再进而求其差异。假如要说得真确,我们不能说有脚类的一部分有羽毛,另一部分无羽毛(假如我们这样说这就显见缺乏才识);我们应该再把脚区分为有蹄与无蹄;因为蹄式之别才是脚式的差异。这种分类过程继续进行直至无可再分为止。这样有多少差异就有多少脚种,而有脚动物的分类数目也相等于这种差异的数目。若然如此,最后的差异就该是事物的本体与其定义;我们在定义中说明一事物,所用词语总不可以重复,达到了最后差异就无可添附了。重复实际是常遇到的;当我们说"动物有脚,而是两脚的",也就是说"有脚,有两脚的动物",这样跟着分类的进行,我们的说明也一再重复——差异有多少级,重复也就得有多少回。

于是,假如逐级进求差异中的差异,达到了最后一级差异——这就是形式与本体;然而我们若用偶然素质来作区分,例如将有脚类分别为白的与黑的,那么,差异将是跟这样的偶然分别那么繁多了。所以定义是包含诸差异的公式,或者按照真确的分类方法,即是最末一差异。我们倘把这分类法所得定义的次序逐级颠倒过来,就可以明白什么是多余的重复了,例如说人是"一个两脚动物而有脚的",这里既说两脚,那么"有脚"便成多余。但在本体中,这就说不上次序,一要素与另一要素彼此间那有先后之别?关于分类法所制定义,我们在第一次陈述其性质时就此为止。①

章十三　让我们回到原来研究着的本体问题。有如底层与怎是与两者之综合实体原来均称本体,普遍性事物也称为本体。我们已讲过其中之二,怎是②与底层;③关于底层之所以为本体者,其义有二:或为(一)个体,如动物为彼诸属性所凭依之底层,或为(二)物质,即完全实现所凭依的底层。有些人认为普遍性事物的十足含义,也就是原因与原理;因此让我们也将这一点作一番讨论。似乎任何"普遍性名词"皆不可能称为一个本体。每一事物的本体其

---

① 亚斯克来比谓此章订正柏拉图学派于"定义"问题上未尽通达之处。
② 见本卷,章四至六,十至十二。
③ 见本卷,章三。

第一义就在它的个别性,——属于个别事物的就不属于其它事物;而普遍则是共通的,所谓普遍就不止一事物所独有。那么这普遍性将在其所共通的诸事物中,专举那一个个别事物指为其本体,或是所有共通各事物都作为普遍性的本体,或是全都不算;但这总不能成为所有各事物的本体。它若作为某一个别事物的本体,则别个事物也将取以为本体;因为事物之本体与其怎是为一者,它们本身亦必合一。

又,本体是不作为一个主题的云谓的,可是普遍质性则常用为某些主题的云谓。

但,普遍性虽不能像怎是一样成为本体,也许可以试作这样看法:例如"动物"可以示现于"人"与"马"。于是人马间的共通性就明显地是一个怎是的公式。而且这个即便不包含本体中所有一切的公式,这总也可算是一个公式;像"人"是示现于个人中的本体一样,普遍性也总得是某些事物的本体;例如"动物"这普遍性,就该是一切适宜于示现这动物性者为之本体。

又,这是荒谬而不可能的:例如个体或本体可由若干部分来组成,却认为它不可以由几个本体,或几个个体来组成,只可由一些素质来组成;于是素质原非本体,却因此就将先于个体亦即先于本体了。那是不可能的;因为事物之秉赋无论是在公式上,或在时间上,或在成坏上均不能先于本体;如果先于本体,它们就都可以脱离本体了。又,苏格拉底将包含一个本体中的本体①了,这样,这

---

① "本体中的本体"(οὐσία οὐσία)所指两个本体,一为普遍性的人,一为苏格拉底这个人;于是这将是"人中的苏格拉底"或"苏格拉底中的人"。

将成为两事物的本体。一般说来,假如人和这样的普遍性事物作为本体,而它们公式中的诸要素都不是任何事物的本体,这也就不能离个别品种或任何其它事物而独立;试举例以明吾意,没有"动物"可脱离某种类的动物而存在,动物公式中任何其它要素也不能独立自存。

于是,假定我们从这样的立场来看问题,这就明白了,没有一个普遍质性可称为本体;原来是这样的,没有一个共通云谓可以指示一个"这个"〈个别〉,共通云谓只能指示一个"如此"〈普遍〉。

如其不然,许多疑难将跟着发生,尤其是"第三人"。①

以下的考虑也可使结论明白。一个本体不能由若干完全实现的本体来组合;"两个实是"永不能成为"一个实是",虽则"潜存的两是"可以成为"一是"(例如"双"是潜在地两半所组成;完全实现时各半就各自作为"一"而合成独立的"双")。所以假如本体为一,这不能是若干本体所组成;德谟克利特说得对,一物不能由两物制出来,两物也不能由一物制出;因为他认为本体与它的"不可分割物"〈原子〉相同。② 这就明白了,假如真像有些人所说,③数是诸一的综合,那么这道理于数也可适用;因为"两"既非"一",其中每一单位也都不是完全实现的"一"。

---

① 见于卷A,章九 990b 17。叙利安诺谓亚氏此节并未详列充足理由以否定柏拉图学派之说。

② 原子(ἄτομα)参看"说天"303a 6;"成坏论"325a 35。德谟克利特此语与普罗塔哥拉名言"无不生有"及亚氏物学变化通则"物必有所由来,亦必有所达成"等语综合起来,由近代科学术语来作表白,就成为"物恒等(或'物常住')律"与"能恒等律"或"物能恒等律"。

③ 泰勒斯曾谓"数出于一"。

然而我们的结论包含有一个疑难,因为一个普遍性只能指示一个"如此",不能指示一个"这个",我们就假定本体不能由普遍性事物组成,而且我们又假定了本体不能由各已完全实现了的诸本体为之组成,则所有本体将均非组合,以至于本体将不能有任何公式。我们前曾说过,①惟有本体可作单纯的定义,这本为大家所周知的;可是照现在的看法,甚至于本体也不可能有定义。于是,任何事物都不可能有定义;或是照某种讲法可有定义,而在这里的讲法,定义就不可能成立。关于这些,以后可以讲得更明白些。②

章十四 从这些事实看来这也明白了,那些人主张意式为能够独立自存的本体,而同时又以通式为科属与其差异所组成,应该遭遇什么些后果。因为,假如通式存在,"人"与"马"中均有"动物"存在,这两"动物"或即为一动物,或其数非一。在公式而论,则两者明显地是同一个公式;因为你在这一动物上所用这公式,也可适用于那另一个。于是,假如有一个人本〈绝对人〉,那是一个独立的"这个",其组成部分如"动物"与"两脚"就必然也是若干都能独立自存的"这个",并且也各自成为本体。于是动物就和人一样〈也得有一个"绝对动物"〉。

现在(一)假如"马"和"人"中的"动物"是同一个动物,好像你和你自己一样,那么(甲)这一动物如何能分别存在于许多动物种类之中,这"动物"〈通式〉怎能避免其本身之被切开?

---

① 参看 1031a 11—14。
② 以后见于本卷,章十五;卷 H,章六。

又(乙)若说这是动物通式参与于"两脚"与"多足"类中,则有一不可能的结论将跟着发生;通式本是整一而且是"这个",但这里它就必须同时包含相对以至于相反的秉赋〈如"两脚"与"多足"〉。若不参与于其中,则所谓动物之"有足"或"两脚"之间将是怎样的关系? 也许这两事物是"安置在一起"或"相接触",或是"被混合"了的? 然而所有这些说法都是谬误的。

但,(二)试假定"每一品种的通式是各别的"。于是,这就实际上将有无尽数的事物,其本体为"动物";因为"人"以"动物"为彼所具诸要素之一,非由偶然。又"绝对动物"将成为"众多"(子)在每一品种中,"动物"将成为这品种的本体;因为这品种就跟着"动物"而取名;如其不然,说是另有别的要素为之本体,"人"将出于这另一要素,亦即另一科属了。又(丑)所有组成为"人"的诸要素均将成为诸意式。因为意式不能成为一事物的意式而又作另一事物的本体(这是不可能的);于是示现于每一动物品种中的"动物"将是"绝对动物"。又,每品种中之动物通式由何衍生,怎样可由"绝对动物"衍生这一"动物"? 这一"动物"的怎是就是它的动物性,又如何能存在于"绝对动物"之外?

又,(三)在可感觉物事例上这样的结论以及更荒诞的结论都得跟着出现。假如这些后果是不可能的,那么有些人所主张的可感觉事物之通式显然不应独立存在。

章十五　　本体有"综合实体"与"公式"两类(我意指一类为包括物质的公式,另一类为一般性的公式),前一类本体能够灭坏(因为它们也能生成),但公式并无灭坏过程也无灭坏,因为这也没有生成过程(所创造的只是这幢个别房屋,"一般房屋"并无生成)。公式的成立与否并不依傍生灭过程;因为上面已说过,[①]没有一人生育公式,也没有一事物制造公式。为此故,可感觉的个别本体既不能有定义,也不会有证明,因为它们所具有的物质,其本性可以成"是",也可以不成为是。为此故,它们所成就的个体都是可灭坏的。于是,若说真理的证明与认识必须是一致的认识(认识不能有时是认识有时是不识,这样不一致的认识只能算是意见,意见可以认为"这是如此",也可以认为"这不如此";至于证明就不能随意变更),那么个别可感觉本体应是既无定义也无证明的。因为正在灭坏的事物,当它在我们的感觉中消失之后,有关的认识也就模糊了;虽则灵魂中所保持的公式未变,定义与证明也跟着消失。这样,当一个定义制造者来界说任何个体,他将自认他的定义必然常被推翻;因为要界说这样的事物是不可能的。

也不可能界说任何意式。因为,照意式论者所持,意式是一个体,可以独立自存;而公式必得用些名词来组成;为事物制作成定义的人必不可以擅创一个新字(因为这样的字大家不认识),然一切已公认的字都是代表一类事物的类词;这些字所能界说的实际不止一个个体,而是与其它个体所共通的事物。例如有人为你作一定义说"你是一个白的或瘦的动物",或其它类似的词语,实际上都是别人也可通用的定义。如果有人说,所有属性分而言之应得属于许多主题者,合而言之却就专属这一主题,我们的回答:第一,它们也得公属于诸要素;例如"两脚动物"既属于"动物"也属于"两

---

① 人所生育的人或制造的事物均为综合实体〈个体〉而非公式,见本卷章八。这里重复说明通式不能离物质而独立,通式定事物之形而无创造性;生灭成坏须在综合实体上表现。

脚"。(至于永存要素①,这更属必要,因为要素是组合体的部分,也是先于组合体的;假如"人"能独立自存,"动物"与"两脚"也应能独立自存。或两都能够,或两都不能。若两都不能,则科属不能离各个品种而存在;若两都能够,则诸差异也将独立存在。)第二,我们又必回答,"动物"与"两脚"在实是上先于"两脚动物";而事物之先于其它者,在其它灭坏时,并不灭坏。

又,假如诸意式是由诸意式组合的(因为组合要素必然较组合体为简单),意式的组合要素(例如"动物"与"两脚")应该可以成为许多个体的云谓。如其不然,它们如何能被认识? 这样,一个意式就只能表征一个事物。然而这又被认为是不对的——每一意式可以参与于许多个体。

于是如上所述,②个体之不能制成定义,在永存事物上,常是被忽略了,尤其是像日月一类的实体。因为人们常以某些属性附加于太阳〈以为太阳的定义〉,例如说太阳"旋绕于地球",或说太阳"不见于夜晚"(照他们的说法,如"悬空而不动",或"入夜而犹见"就不是太阳了。实际上,太阳自有其本体在),可是他们错了,假如他们取消那些属性,太阳还将存在为太阳;而且这些人们又常误以另一事物的属性赋之于某一事物,例如某物若具备了上述两属性,他们就明白地指为这是一个太阳;于是这公式成为通用公式。然而太阳却像克来翁或苏格拉底一样是一个个体。最后,主张意式的人何以谁都没有为意式制作一个定义? 假如他们试为意式求其

---

① 永存要素指"意式"。
② 见 1040a 17。

定义,这就会明白,这里所说各节是确实不虚的了。

章十六 明显地,被当作本体的事物大部分还只是潜在物,①——如动物之各个部分〈肢体〉(因为将动物各个部分分离,各个部分便不能独立自存;分离后所有各部分只是物质),以及〈肢体的组成物质〉土,水,火,都只是潜在物;因为在它们未成为一个整体以前,各只是一个堆垛,没有一个是自成为一整体的。人们常易假想生物的各部分与灵魂的各部分相符,每一部分均可作为潜在,也可作为现实,因为它们各部分的关节各自具有活动的能源;所以有些动物若被分离,分离了的各个部分可以各自生活。② 可是,当它们合成为一个自然地延续的整体时,所有它各部分之存在总只能算是潜在而已,——至于那些被强凑或被联结而合生的生物不能为例,因为这样的现象是反常的。

因为"元一"这名词与"实是"这名词用法相似,凡成一之实是,其本体为元一;至于事物之本体其数为一者,就只于数目上为一。明显地,元一与实是本身并非事物之本体,恰如为事物之"要素"或为之"原理"者并非为之本体一样;但我们要问,凭什么原理,我们可使事物简化为较易知的事物。在这些观点上,"实是"与"元一"较之于"原理"、"要素"或"原因"为切于本体,然而仍还不是本体,因为一般说来,凡是共通性的均非本体;本体只属于自己,不属于任何其它事物,只属于它的所有者,而这所有者原来就是本体。

---

① 此章论意式学派之错误:(1)不明本体为物质在形式中的实现,不明本体与潜在之分,(2)不明"实是"与"元一"非本体。参看卷 B,章四。

② 分离其身体而还能各自活着的动物可参考"自然短篇",其中举例有蜜蜂、黄蜂、龟等。

又，凡事物之成为一者，便不能同时存在于多处，共通性事物则可以同时存在于各处；所以，普遍性显然不能离其个体而自存。

假如意式确是本体，在这一方面看来，那些人主张"意式"能够独立存在是对的；然而他们又说，意式者"以一统多"，在这一方面讲，他们是错了。他们这样做是因为他们不能在可感觉个别本体以外明识那些独立自存的不灭坏本体究为何类本体。他们将不灭坏事物与灭坏事物归于同一种类（灭坏事物之本体，我们是知道的）——"意式人"与"意式马"仅是可感觉事物加以"意式"一字而已。可是，即便我们没有见过星辰，我们也应会假想它们是一类永存本体，与我们所知的可灭坏事物不同；我们即便不知道无感觉本体是什么，无疑地世上该应有一些无感觉本体。于是，普遍性名词显然均非本体，而一切本体均不由多数本体组成。

章十七 让我们从另一起点来陈述本体究属是怎样一类事物；也许从这里我们对于脱离可感觉事物而独立存在的本体可以得一明确观念。因为本体类乎原理与原因，让我们从这起点上追索。所谓"怎么"？当取这样的形式为问——"此物何以属之彼物？"这个文明人何以谓之一个文明人？照我们以上所说，就是询问——这人何以文明，或者不是一个文明人而是另一样的人。现在要是问一事物何以谓之"自身"，这是一个无意义的问题；因为提出一个"怎么"，事物的存在与其真相就已够明显的暴露了——例如说"月被蚀"，真相便已具在。一事物的真相就是这事物的本身；对于"这人何以为人"，"这文明人何以为文明人"这类问题的答复只有一个简单理由，一个简单原因，你硬要我们解释，我们就说"因为这事物不能从自身分离，它所以成为**一个这个**正就为他**是这个**"。对付这类问题,这样的通例恰正是一个简易办法。① 但我们可以询问"人何以是如此如此性质的一个动物?"这很清楚,我们不是在问"人何以为人?"我们现在问的是某物何以可为某物的说明(所指的说明必须清楚;若妄举不能说明某物之云谓以为询问,就等于没有询问)。例如"何为打雷?"这与"云中何为有声音?"相同。这样的询问就是以一物为另一物的说明。又,何以这些事物,即砖石,成为一幢房屋? 明白地,我们是在探寻原因。抽象地讲,询问即求其怎是,有些事物如一房屋或一床铺,其怎是为目的,有些则为原动者;原动者也是一个原因。在生灭成坏的事例上,所求当为动因;而于事物存在的问题上则应并求其极因。

凡一词不能清楚地作为另一词的说明,询问的对象往往就没着落(例如我们问人是什么),因为我们并没有在某一整体中确定地分析出某些要素来。我们在发问之先必须揭示我们的命意;如其不然,则询问仅是在有此物与无此物的边境中摸索而已。因为我们必然是从某些已知事物肯定了某一事物之存在,所以才提出某一问题,这就该提出某些明确的内容;例如"何以这些材料成为房屋";因为这些材料具有了房屋的怎是。"何以这一个体,或这身体,具此形式就成为人?"所以我们所探求的就是原因,即形式〈式因〉,由于形式,故物质得以成为某些确定的事物;而这就是事物的本体。明白地,于是,一切单词是无可询问的,也无可作答;对于这样的事物我们应另觅询问的方式。

---

① 如果发问"文明人何以为文明人"? 这等于询问这事物何以为一事物? 这只能如此作答:"这个就是它自己,"因为这真是"它自己"。正确的发问,应是"这人何以文明"?

因为①从某些事物结合起来的,其整体既然是一,就应像一个完整的音节,而不是像一堆字母——音节有异于字母,βα 不同于 β 与 α,肌肉也不是火与土,(因为当它们分开时,整体如肌肉与音节就不复存在,而字母却存在,火与土也存在;)于是音节不仅是一元音与辅音的两个字母而又成为另一事物了,肌肉不仅是火与土,或热与冷,而也已成为另一事物:——于是,假如这所合成的另一事物,本身必须是一要素或为要素所组成,(一)倘本身作为要素,同样的论辩仍将适用;肌肉将以这另一事物与火与土来组成,而继续引申这论辩,此过程将进行至无尽已。(二)倘这是一综合物,则明显地它所综合的必不止一物(如为一物,则综合只能一物与其自己来结合了),这些我们在肌肉与音节两例上又可应用同样的辩论。然而这"另一事物"殊应异乎原事物,这不是"要素"而是"原因",正是原因使"这个"成为肌肉,而"那个"则成为音节;其它各例也相似。这些就是每一事物之本体,因为这是事物所由成为实是的基本原因。又,虽则有些事物不是本体,好些本体却由自然过程凭它们本性形成的,因此这些本体就近乎是这样的性质,这就不是一个要素而是一个原理。② 一个要素是作为物质存现于一事物之中的,这事物若被分析就析为要素;例如 α 与 β 是音节的要素。

---

① 此节起句(1041b 11)与上文承接不明,读者不易明其端绪。第十三行"音节"起 ἡ δὲ συλλαβή……延续得太长,作者在后忘记了全句的原结构,全节至 1041b 33,实际未有结束。全章似可在 1041b 11 行作为结束。

② 指式因〈本因〉,参看卷 Δ,1014b 36,原始组成方式比照 1014b 27。

卷（H）八

1042a 章一　　我们必须认取从上述各节所引起的后果而为之总结，以完成我们的研究。我们说过，原因、原理与本体的要素是我们研究的对象。① 有些本体是大家所公认的，有些只有某些学派承认为本体。那些为一般所公认的是自然本体，即火，地，水，气等单纯物体；其次是植物与其各个部分，和动物与其各个部分；最后是宇宙与其各个部分。至于某些学派则说通式与数学对象为本体。② 在论辩中另有提出其它本体，如怎是与底层。另一看法，似乎科属较之各个品种更应作为本体，普遍〈共相〉较之个别〈特殊〉更应作为本体。③ 再由普遍性与科属又联系到意式；由于同样的论点，这些也被认作本体。又因怎是为本体，而定义为怎是的公式，为此之故，我们又讨论了定义与主要范畴。④ 因为定义是一公式，一公式有部分，我们也得考虑有关"部分"的事项，什么是本体的部分，什么不是它的部分，以及本体的部分是否为定义的部分。⑤ 我们也

---

① 参看卷Z,章一。
② 参看卷Z,章二。
③ 参看卷Z,章三,1028b 33—36。
④ 参看卷Z,章四至六,章十二、十五。
⑤ 参看卷Z,章十、十一。

曾讲到普遍性与科属均非本体。① 我们以后必须继续研究意式与数理对象;②因为有些人说这与可感觉事物一样,也是本体。

现在让我们再来讨论一般公认的诸本体。这些就是可感觉本体,一切可感觉本体均有物质。底层是本体,本体之一义即物质(物质的本意我用以指明这潜在地是一"这个"而并非已实现的"这个"),其另一义则为公式或形状(那是一个可以单独地用公式来表明的"这个")。第三义则为两者的复合,只有这复合物才有成坏而全然能够独立自存——在可用公式为之表白的诸本体中,有些能独立,有些则不能。③

物质显然也是本体;因为对于所遭遇的一切相反变化中自有一些事物为此变化之底层,变化在这底层上可得进行,变化的实例则有如一刻在这里一刻又在别处的"位变",现在是这样的尺度,以后却或增或减的"量变",以及一刻是健康一刻又抱病的"质变";相似地在本体上则有生灭成坏的变化,其底层一会儿因变化而成为一"这个",又一会儿却因变化而褫夺了那所由成为"这个"的因素。在"本体之变"中,其它变化也包含在内。但在其它变化中,本体并不必然跟着变化,因为事物如具有位变物质的,并不必然也具有生灭物质。

全称生成〈生成通义〉与偏称生成〈生成别义〉之分,在我们的物学论文中曾经讲过。④

---

① 参看卷Z,章十三、十四、十六。1040b 16—1041a 5。
② 参看卷M,N。
③ 参考卷A,章七、章九。
④ 参看"物学"225a 12—20,"成坏论"317a 17—31。

章二　　本体之作为底层与物质而存在者,亦即潜在本体,一般均能认取,尚待我们来说明的应是可感觉事物的现实本体。德谟克利特似乎想到了具有同一底层物质的事物之间有三类差异,它们或不同于规律即形状,或不同于趋向即位置,或不同于接触即秩序。[①] 但是大家显然看到了更多差别,例如有些事物,它们的物质组合方法是不同的,蜜水等由混合而成,束薪等由捆扎而成,书等由胶合而成,箱等由搭钉而成,其它种种有由数方式共合而成;又有些事物因位置而不同,门楣与门槛所处有上下之别,又有些因时间而不同,如午餐与早餐;又有些因地方而不同如风;又有些因可感觉事物之秉赋而不同,如软硬,稀密,干湿;有些事物于这些性质有某几种不同,有些则全都不同,有些则于这些性质或有余或不足。

于是,清楚地,"是"这一字为义就该有那么多;某事物"是"一门槛,因为它放在如此如此的位置,它的所"是"实为位置,而别一事物为一块冰则其所"是"实为如此如此而凝结成的固体。某些事物之实是将用尽所有这些不同性质来说明,因为那事物可以一部分是混合的,一部分是掺杂的,一部分是捆扎的,一部分是凝固的,其它部分还得应用其它差异;例如手或足就需要这样繁复的定义。所以我们必须捉摸到各类别的差异(这些就是事物成为实是的原理),例如事物之所由差异者或为多少,或为稀密,或为其它类此之性质;这些都是有余或不足的各种形式。而任何事物之以形状或平滑或粗糙为主者,其分别要在直与曲。其它事物如以掺杂为实

---

① 参看卷 A,985b 13—19。

是者,将以其相反者为非是。

由于这些事实,于是这清楚了,事物的实是既皆得之于其本体,我们就当在这些分别上觅取这些事物成为实是之原因。现在这些分别,单独或配合着的,虽还都不是本体,但各已包含了可比拟于本体的事物。有如在本体上,实现本身便凭物质为之说明,在其它定义上,物质也是切近于完全实现。举例,假如我们要界说一门槛,就该说"木或石在如此如此的位置",一房屋就该说"木与砖在如此如此的位置",或是在某些例上,还得在形式以外涉及其作用,假如我们要界说冰,就该说"水以如此如此的方式冻结或凝固";以及音乐就该说"如此如此调和了的高低音";其它一切也相似。

于是,明显地,物质相异时,实现或公式也相异;因为有些实现依于组合,有些则在混合,又有些则依照着我们上面所说其它不同情况。这样,凡从事于制作定义的人,如果说房屋"为砖与木石"则所指为潜存房屋;而那些人,建议[1]以"安顿生物与器具的一个荫蔽"为之界说的,则所指为房屋的实现。那些人合并了两项来界说,这就指形式与物质组成的第三项本体。(说明差异的公式似乎是对形式或实现而言,说明组成部分的毋宁是指物质;)亚尔巨太[2]所常接受的定义就正是这一类;它们所陈述的是形式与物质之结合。举例:何谓无风〈风静〉?"大范围内的空气不活动",空气是物质,不活动是实现也是本体。何谓无浪〈浪平〉?"海洋平顺",

---

[1] προσθέντες 不可解,拟为 προτίθεντες,解作"建议"(依罗斯诠释)。
[2] 亚尔巨太(Archytas)泰伦顿人,与柏拉图同时,在意大利学派中以擅天文著称,为柏拉图数理导师。

物质底层是海洋而其形状或实现是平顺。于是,从上面所说看来这就明显了,可感觉本体是什么,这怎样存在——其一为物质,另一为形式或实现,而第三则是那两项的结合。

章三 我们必不可忽略,有时一名称,所指者为组合本体,抑为形式与实现,是不明的;例如"房屋"作为一个记号,它所标记的是"由砖石如此如此地组成的一个荫蔽"(组合事物)抑仅是"一个荫蔽"(实现或形式);线是"二的长度"抑只是"二";动物是"魂在身上"抑只是"魂"(因为魂是本体或某一身体的实现)。"动物"这名称原不是一个公式所能说明,这应是两者都可适用,而那两个公式所指的还是同一事物。但这问题〈名称究属指综合实体抑形式〉在另一观点上殊为重要,在可感觉本体的研究上并不重要;因为怎是确乎在于形式或实现。"魂"与"成为魂"是相同的,但"成为人"与"人"却不同,除非那个无躯之"魂"就称为人;其一,事物就是它的怎是,而另一则事物非其怎是。

我们若考察一下,①这会见到,音节不仅是字母加之以组合,房屋也不仅是砖块加之以组合。这是对的;因为组合或混合并不得之于那所组合或所混合的事物,其它各例也如此;譬如门槛凭位置为之定义,但位置不是门槛造成的,门槛却正是位置造成的。人也不仅是动物加之以两脚,这必须在这些物质以外另有一些事物,这另一些事物不是元素之类也不是综合物体,而是形式本体;可是人们常常漏忘这个而只举物质。假如这正是事物存在的原因,而

---

① 亚里士多德又重回到第二章的论题。

这原因亦为事物之本体,那么,人们就没有能把这一本体说明。①

于是,这个必须是永恒的,或是可灭坏而永未参加于灭坏过程,可生成而永未参加于生成过程之中。这已在别处②说过而且证明,没有谁制造或生殖形式,所制造的只是"个体",或所生成的只是"形式与物质的复合体"。至于可灭坏事物的本体可否分离尚未完全明了;所已明了的情况只是某些个别事例,如房屋与家具③〈的形式〉是不能离开个体而独立存在的。也许事实上这些事物本身,以及任何其它不是自然所造成的事物都全不是本体;因为人们可以说在可灭坏事物中,只有它们的自然本性才是本体。

因此安蒂瑞尼学派以及其他未经教导的人们所常引起的疑难有时也颇趋合风尚,他们说"什么"是不能为之制作定义的(所谓定义只是一漫长的公式④),所能为之界说的只是物之所近似而已;例如银,他们认为谁都不能答复"什么是银",所能答复的只是说"这像锡"。所以,可得为之界说或制作公式的应只是那一项组合本体,包括可感觉或可理知的组合;而组成这本体的原始部分则不能为之界说,一个作为定义的公式以某些事物来指示某些事物,这定义的一部分必然要举出物质,另一部分举出形式。⑤

这也是明显的,假如本体的某一义就是数,则这些本体就应是这样意义的数,而并不像有些人所说是诸单位的集体。因为一个数就类于一个定义,(一)定义是可区分的,可区分为不再可区分的

---

① 参看卷 Δ,1017b 14—15 灵魂为人的本体。
②③ 均见卷 Z,第八章。
④ λσγον μακρσν 或译"长句",意谓絮絮不休而不中肯的闲话。另见卷 N,1091a 7。
⑤ 指毕达哥拉斯与柏拉图学派,参看卷 M,章六、七。

部分(凡定义的公式都不是无尽的),而数也具有同样性质。(二)数或增或减了一个部分,即便所增减者甚微,也就不再是那个原数而是另一不同数了。照样,定义与怎是若有所增减也就不是原定义了。(三)数必须是由以成为一个整数的事物,假如这是整一。这些思想家们说不上凭什么使列数各为整一。假若这不是整一,那就像一堆事物;或者这是整一,我们该说明何以能因多为一。相似地定义是整一,而他们也说不上定义何以能成整一。这是一个自然的结果;因为同样的理由可以应用,照我们已说明的意义,本体之为一,这并不像有些人所说的是一些单位或点;每一本体各是一个完全的实现,各有确定的本性。(四)数不容许增减,本体也如此,只有包括物质的本体才容许增减。这里对于所谓本体的生成与灭坏——怎样才可能生灭,怎样又不能——以及把事物简化为数的论述,到此暂止。

章四　　关于物质本体我们必不可忘记,即便一切事物均出于相同的第一原因或以相同的事物为它们的第一原因,即便是相同的物质作为它们生成的起点,每一事物仍还得各有它的切身物质,例如粘液,有甜质或脂肪,胆液有苦质或其它物质,虽则这些实际也许出于相同的原始物质。又,当一物质是另一事物的物质时,那一事物就可以出于几种物质;例如脂肪若出于甜质,粘液就出于脂肪或甜质;经将胆液分析为原始物质时这也将见到胆液所由来的几种物质。一物为另一物所由来,其义有二,或因为在事物发展过程中此物在先一阶段,或因为将另一物分析时得知此物为其组合的原始成分。

物质虽只一种,如动因有异就可产生不同事物;例如木材可以为箱亦可为床。但有些不同事物,其物质必须不同;例如锯不能用木材来制成,这也不是动因所能为之措手;动因无法造成一把羊毛或木材的锯。但不同物质若在事实上,造出了相同的事物,则这制造技术,即动因,必然相同;物质与动因倘两都不同,则产品必然相异。

原因本有几项不同命意,当有人研究事物之原因,他就得说明所有各种可能的原因。例如什么是人的物因?我们该说是月经。什么是他的动因?该是种子。本因〈式因〉呢?他的怎是。极因呢?他的终身。但是末两因也许相同。——这就是我们所必须陈述的诸近因。什么是物因?我们不可列举火或土,应该举出的是这事物最切身的物质。

假如我们所要考询的原因,就是那么四项,那么于自然间可生成本体,若作正确研究,我们就可照这样进行。但对于自然间那些永存本体,这就应作别论。因为,有些也许没有物质,或者不像大地上那一类的物质,而只是像能在宇宙空间运动的那样一类物质。那些存在于自然间而并非本体的事物也没有物质;它们的底层则是本体。例如什么是月蚀的原因?什么是蚀的物质?没有物质;受蚀的是月亮。① 什么是掩灭光的动因?地球。极因也许是没有的。本因便是定义的公式,定义公式若不包含原因,这就只是一个模糊的公式。例如,何谓月蚀?"褫夺了光"。但我们若再加上"被

---

① 月蚀是一个演变,并非本体,其底层为一个决定性的本体,即月。亚氏天文学认为日月星辰诸天体之为物,异于地上诸物之以土水气火四元素为组成,它们由不生不灭的第五元素组成,是在空间运动着的永存事物;故云"没有物质"。"没有物质"亦可这样作解:月蚀只是一个"演变",这一演变虽有一本体为之底层而没有物质的生灭。

地球在中间遮住",这就成为包含了原因的公式。睡眠的例就不清楚是怎样的本原招致这样的演变,我们该说是这动物在睡眠?是的,但这动物的睡眠起始于哪部分?心脏[①]或其它部分?其次,什么能使它产生睡眠?其所感受又何如——这是那某一部分机能入睡,而不是整个动物入睡么?我们该说"睡眠是如此如此的失去动作能力"?是的,但这又由何种作用致使这一部分睡眠机能如此如此地失去动作能力呢?

章五 因为有些事物如"点",假使它们也算作存在,它们的在或不在是没有来踪去迹的;形式亦然(假使现存一切事物必是从某事物来而成为某事物,则所成为存在的并不是"白"而是那木材成为"白的"),不是一切对反[②]都能互变互生,而"一个黑脸变为一个白脸"与"黑变白"其实义不同。也不是一切事物都具有物质,只有那些生成而互变的事物具有物质。那些从未参加于变化过程的事物,或存或亡,它们都不具有物质。

问题的一个疑难是在每一事物之物质与其对反状态如何相关。例如一个身体假使潜在地健康,而疾病为健康的对反,那么是否这身体是潜在地又有健康而又有病呢?又水是否潜在地是酒而又是醋呢?我们答复这都是物质,其一本于正面状态与正面形式则为健康,另一则褫夺而灭坏了正面状态就成为与健康本性相反的疾病。这可有些费解,何以酒不算是醋的物质,也不是潜在的醋(虽则醋是由酒制成的)。一个活人又何以不说是一个潜在的死

[①] 亚历山大注谓睡眠起于心脏之说出于柏拉图。白朗狄斯(Brandis)谓柏拉图书中未见此语,似为亚历山大杜撰。

[②] 黑白是色性相反,黑白脸则是脸之具有相反色性者。

人。事实上，它们都不是的。这里，酒的腐坏是偶然的；而那成为一个尸体的物质原本潜在于动物的物质之中，由于那物质的腐坏这才变为死人，而醋的物质实在是水。所以像由昼得夜一样，由动物得尸体，由酒得醋。一切事物如果互变若此者，必须还归于它们的物质；例如若要从尸体产生一动物，尸体必须还原为它的物质，只有那样才能变出一个动物；醋必先还归为水，只有那样才能再制成酒。

章六 回到前曾讲起过的^①疑难问题，关于诸定义与列数之各成为一个整体，其原因是什么？一切具有若干部分的事物，其全体并非一个乱堆，而是包括了各部分以另成某一事物者，这些自当各有其合一之原因；即以实物而言，或以接触为合一之原因，或以粘稠，或另由类此的其它原因。一个定义是一组的字，这些字并不像"伊里埃"那样联接在一起，而是因为专指于一个对象故而联接在一起的。那么，什么使人成为一；他何以是"一"而不是"多"，例如又是"动物"又是"两脚"，照有些人的想法，他既应是一个动物通式，又该是一个两脚通式？这些通式何不本身就作为人，让人们直接而分别的参加这些通式；这样，人就不是一个通式一个个体，而成为动物与两脚，一般的人将可以不止是一事物而成为"动物"与"两脚"两事物？

于是，清楚地，人们若循其常习来讲述并制作定义，他们就不能阐明问题而为之解答。但照我们所说，以一项为物质另一项为形式，其一为潜在，另一为实现，则疑难就消释了。因为这疑难与

---

① 参看卷Z，章十二；又本卷1044a 2—6。

铜圆为"X"的定义①所引起的疑难是一样的；以 X 为一定义公式之符号，则 X 问题就在"铜"与"圆"合一的原因是什么？疑难可以解答；这因为一项是物质，另一项是形式。什么原因使潜在之是成为现实？——（动因除外）使一个潜在球变成一个实在球的原因无它，这就由于两者的怎是。②

于物质有可理知与可感觉之别，于公式常有一项物质和一项实现的要素；例如"圆"是一个"平面图"。③ 但事物之既无可理知物质，也无可感觉物质者，自身原就是某种元一与某种存在，——有如个别本体，如质或量（这样在它们的定义中就不表现存在，也不表现元一），它们的怎是在本性上就是存在亦即元一；所以这些就别无为之合一和使之存在的原因；它们所由各成为"一"和"存在"者，既不为是它们各被包含于"一"与"是"的科属之内，也不能说这些"一"与"是"可得脱离诸个体而独立存在，它们直接就是某种元一和实是。

为解释合一这个疑难，有些人主于"参加"，而将问题转到参加的原因又是什么，和所参加的又是什么；别的人又有主于"会通"④者，如吕哥弗隆说知识是灵魂的"会通"；另又有人说生命是魂与身的"综合"或"联结"。可是这些异名，引用之于实例还是一样的；如

---

① 参看卷 Z，1029b 28。又"释文"18a 19。
② 两者：(1)有此潜在球的怎是，可成为此实在球。(2)因实在球的怎是，可得由潜在球变成此实在球。
③ 这里亚里士多德并未陈明圆的完全定义，只举出了科属要素或物质要素。亚氏的圆公式，所举物质即为可理知物质。
④ συνουσίαν 直译可作"体会"，但此为性灵。英译 communion 可作"通神"解。吕哥弗隆(Lycophron)约与亚里士多德同时，生卒不详。注疏家指为乔治亚弟子，诡辩名家之一。希腊另有大诗人吕哥弗隆，非此节所引。

健康状态,这就将说成是魂与健康的一个"会通"或"联结",或"综合",像铜是三角形这样一回事,则将是铜与三角的"综合",而像物有白色这样一回事,也须说成表面与白色的"综合"。理由是人们在寻找合一的公式,以及潜在与现实之间的差异。但如上所述,[①]切身物质与形式本合一于相同的事物,其一潜在地是一,另一现实地是一。所以这样询问它们合一的原因,正与询问一般事物何由而合一相似;每一事物本然而为一,潜在与实现则若然而为一。所以,别的原因是没有的,原因就在某些事物为之动因,遂使潜在成为现实。至于一切非物质事物则原都是全称元一。

---

① 见1045a 23—33。

卷（Θ）九

章一 我们已经讲过了[1]那些原始之"是"，为其它范畴所依凭的事物——即本体。由于本体的存在，其它范畴如量与质等类因而得其存在；我们在这书开端[2]说过，一切都得关涉到本体观念。因为"实是"一方面分为个体，质与量，另一方面以潜能与实现与功用为分别，让我们现在试于潜能与实现求取更深切的理解。潜能的最严格解释当限于有关动变的范围，可是在目前的讨论中，这种解释并非最合实用，因为潜能与实现引申起来，总是超过动作事例的。但在我们讲明了这一类潜能之后，我们将在讨论"实现"[3]时，再说其它各类。

我们在别处[4]已指陈了"潜能"与"能"字可有几种命意。在诸命意中所有那些由于字义双关而被引称的诸潜能，我们均不予置议。有些"潜能"出于比附，如在几何中，我们因事物间存在或不存在某些关系方式，就说某些事物是"可能"或"不可能"。但是，凡潜能之符合于这同一类型者，总是指某些动变渊源，若说某一物成为

---

[1] 参看卷 H。
[2] 卷 Z 章一。
[3] 见本卷，1048a27－1048b6。
[4] 参看卷 Δ，章十二。

另一物,或成为它自身(将自身当作另一物)的动能,这总关涉到某一种原始潜能。其一类是受作用的被动潜能,即接受别一事物的作用(或将自己当作别一事物所发生的作用),而被动变的性能;另一类是不受动变性能,亦即是不因别事物的作用(或将自己当作别一事物)而变坏以致毁灭的动变渊源。原称潜能的公式,就包括在这些定义中。又,这些所谓"潜能",或则仅是作用与被作用,或则是良好地作用与被作用,这在后一语中,前一语已包括在内了。

于是,明显地,作用与被作用的潜能在某一意义上是合一的(因为事物之所谓"能"就是自己能被作用或作用于它事物),而在另一意义上则又属相异。因为一类潜能存于受作用事物;这些物质内含有动变渊源,各因其所作用的事物而发生相应的动变;油脂物质能被燃烧,松脆物质能被压碎;①其它事例类此。但另一类潜能则存在于作用事物,例如热出于具有热能的事物,而建筑术存在于能建筑的人。这样,凡一事物正当为一自然单体时,这不能由自身来为之作用;因为它是一事物,并非两个不同事物。

"无能"与"无能者"相对反于这些"潜能",代表着"阙失";每一种类潜能的主题与过程,相应有同种类的无能。"阙失"有数命意;(一)阙少某一素质;(二)(甲)一般地皆应有而此则独无,(乙)(子)特殊的应有,而此则未有,(丑)部分的或有而此则全无。在某些事例中,倘事物因遇强暴而失却某一素质,我们就说它受到了"褫夺"。

----

① 此句语意的另一面,是作用因素若与受作用因素(即"能")不同,动变就不能发生:油脂不能被压碎,松脆物质也不能被燃烧。

章二 这种动变渊源有些存在于无灵魂事物①,有些则存在于有灵魂事物②,存在于灵魂之中,于灵魂的理知部分中,因此潜能明显地,将分作无理知与有理知之别。所以一切制造技术均称潜能;它们于被制造物(或于技术家自身作为另一事物时)就成为动变渊源。

具有理知公式的各种能力可起相对反作用,而每一无理知能力只会起一种作用;例如热只作热,而医疗技术则能致人疾病,也能致人健康。缘由就在于学术是一种理知公式,可以解释事物及其阙失,只是方法不同。这两者都可应用同一公式,只是有时专用于正面情况而已。所以这类学艺必须处理相对反的情况,理知公式或应用于由自性而为对反的事物,也应用于不由自性(即由于属性)而起的对反事物。事物由于否定与去除其对反遂以呈显;因为对反是一个原始阙失,③除去那相对反的正项就出现负项。因为同一事物中不会遭遇两个相反情况,而学艺却是具有理知公式的潜能,灵魂则又具有动变渊源;所以健康事物只能产生健康,热物只能产生热,冷物只能产生冷,而技术家却能制出相对反的效果。灵魂中既具有动变渊源,理知公式两方面都可以应用,虽则应用的方法不同;因为灵魂会得从同一渊源,凭理知公式,发展两相异的过程。于是凡事物具有理知公式之潜能者,其行为就不同于那些具有无理知公式潜能之事物;④前者的各种不同产物包括在一个动变渊源,即理知公式之中。

---

① ② 如用近代语译,即"非生物"和"生物"。
③ 参看卷Ι,章四,1055a 33—37。
④ 见上文1046b 16。

这也是明显的,潜能或仅施展其作用,或则施展了良好作用,仅施展作用并不必定成为良好作用,良好作用则当然包括作用。

章三 有些人如麦加拉学派说事物只有当它正在用其所能时方可谓之"能",它不在发生作用,就无所谓"能"①,例如只有正在造屋的人可算他能建筑,不在造屋的人就都不能建筑;它例皆相似。这观念的谬误处不难见到。

照此观念,除了正在造屋的时候,人都不能称为建筑师,其它技术亦然。可是,假如一人没有在某些时候学习而获得某些技术,他就不可能有这些技术,而且这人倘没有失掉这已习得的技术,(因为遗忘,或变化,或岁月久隔之故;至于制品的毁灭却并不是失掉学艺的缘由,知识依存于常在的〈形式〉②,)他也不能没有这些技术。现在却说人在停止使用其技术时就不再有此技术,而在要用到的时候又立刻可以从事建筑。那么他是怎样习得这门技术的呢?③

关于无生命的事物也相似;假如没有人的感觉,就没有冷,没有暖,没有甜,而一切可感觉事物也就全都没有;持有这观念的人将皈依到普罗塔哥拉的教义。④ 确然,人若不用他的感觉,一切就悉无感觉。于是,若说人不用其视觉时就称为盲〈不能视〉,在用

---

① 麦加拉学派为苏格拉底支派见 1005b 36 注。此节所举实义为潜能与事功之合一,故有能力者必能成其功。

② 知识的对象常是形式而非物质,形式是常在的。房屋已毁,造屋技术并不随之而失掉。

③ 1046b 35—1047a 4 原文一句,兹拆为三句。第一句陈明事实,第二句为依照麦加拉学派观念所应有的结论,第三句由此观念所引起的困惑。

④ 参看卷 Γ,章五、六。

其视觉时又称之为明〈能视〉,这样一个人一日间将是百回的明,百回的盲了。聋聪之例亦然。

再者,凡褫夺了潜能的若便作为不能,则凡未发生的事情也将被认为不能发生;但他所说不能发生就该指这样的意义,若说现在有此事情或将来有此事情,这必定是假的;因为这才是不可能的命意。于是这些观念就取消了动变与创造。照这观念,站的将常是站着,坐的常坐着;因为他们说过,坐着的不能站起,那就只有常坐在那里了。然而我们不这样说,我们看来潜能与实现有别,他们的观念则两者无异;这样他们所要取消的事物正不小亦不少。事物之未"是"者每可能成"是",事物之"是"者,以后亦可能成为"非是",其它范畴亦相似;这可能步行而并不步行,这在步行,亦可能停止步行。凡事物之"能"有所作为者,就当完全具有实现其作为的能力,在这一方面一切不可能的因素就没有。例如一事物说是能坐,它就可坐,在实现其坐时,并无不能坐的因素;这于立或使之立,于动或被动,于"是"之或变或不变于"非是",也相似。

我们将"埃奴季亚"(ἐνέργεια)〈实现〉一字,联系到"隐得来希"(ἐντελέχεια)〈完全实现〉[①],主要是将动变延伸向其它事物;因为实现的严格解释限于"动作"。人们于非现存的事物,虽予以其它云谓,不予以动作云谓。他们说非现存事物是思想与愿望的对象,但对于动作中的事物这就不如此说;这些事物虽未实际存在,但它们既被动变就会得实际存在。在非现存事物中,有些是潜在的;可

---

① 此节所用 ἐνέργεια〈实现〉一字作"实行"或"实施"解;与它章所用字义略异。ἐντελέχεια 音译"隐得来希",出于 τέλος〈终极〉,直译即为达到终点,与"成实"词义相符,亦与近代汉语"实现"一词切近,兹加重之为"完全实现",以别于"埃奴季亚"。

是,它们既非完全实现地存在,这就不算现存。

章四 假如照我们前面所说,[1]凡是可能的就不包含不可能因素,那么若说"这样是可能的,可是不会实现",这就得是虚伪的了;照那样的观念,凡是未能实现的事物我们就不可想象。举例,假使有人——他不管那是不可能实现的——说正方的对角线可能计量,但量不成,因为事物确有可以成是〈实现〉而现在与将来均不成是〈不实现〉的。但从这前提必须导致这样的论断,我们实际上假定了非是可以成是,会得成是,世上就再无不可能的事物了;可是计量对角线是不可能的,他所拟的结果将是不可能的。虚假的与不可能的并不一样;然而你却将"虚假的"当作"非不可能的"来自申其主张了。

同时,这是明显的,若当 A 是真实时,B 亦必真实,则当 A 是可能的,B 亦必可能;因为 B 虽不必要成为可能,这里却没什么事物可来阻止它成为可能。现在试使 A 为可能。于是,如果 A 已是真实的,这就并无不可能因素在内,而 B 也必须为真实。但,B 曾假定为不可能。就让 B 算是不可能。于是,如果 B 是不可能的,A 亦必如此。但 A 先已拟定为可能,所以 B 亦必如此。于是假如 A 是可能的,B 亦将是可能的;如果它们原有这样的关系:假如 A 是真实的,B 亦必真实。那么,承认了 A 与 B 的上述关系后,若说 A 是可能而 B 是不可能,则 A 与 B 的关系就不符合于原来的假定。假如 A 是可能的,B 亦必可能,那么假如 A 是真实的,B 亦必真实。所谓 A 若可能时,B 亦必可能,这里相关的实义是这样,A

---

[1] 见于上章 1047a 24—26。

若在某时候与某方式上为真实，B 亦必在某时候某方式上为真实。

章五 一切潜能〈能〉或如感觉，秉于内涵，或如吹笛得之于实习，或如艺术得之于研究；凡由实习与理知所得的潜能，必先经操练。非理知潜能之内涵于蕴受者，不假操练而自备。

因为"能"者是能在某时候，由某方式（以及在定义上所应有的其它条件）作为某事情，又因为有些事物能依理知公式造成动变，它们的潜能包含理知，而另一些无理知事物，它们的潜能是无理知的，前者必然是生物，后者则可以是生物，也可以是无生物。关于后一类潜能，当作用者与受作用者两相值时，必然就起作用，但在前一类潜能则并不必然就起作用。因为每一种无理知潜能，只会起一种作用，而理知潜能则可以产生相对反的诸作用，这样要是它们发生作用，相对反的事情就得同时造成；但这是不可能的。于是，这必另有理在：这个，我认为就是"意志"或"愿望"①。当一动物于两个事情必须有所抉择时，意愿就成为决定因素而选取适合于受作用的对象与适合其潜能的方式。每一具有理知潜能的事物，于彼潜能所可及的事物，在适宜于彼潜能的境况中，它就会施展其潜能。如果受作用的事物不存在，或境况不符其潜能，则事物虽具此潜能而无可求其实现；如果这些都适合，潜能就必实现。（再加这样的条件，"如果没有外物阻挠"，是不必要的；因为上一语中所云"境况适宜"就表明某些正面条件，由于这些正面条件，反面条件就已被排除了。）这样，假如有人企图要同时做两件事情或做

---

① "愿望或意志"（ὄρεξιν ἢ προαίρεσιν）亚氏用意在指明对是非、利害、善恶之选择，与"良知"、"良能"相近（各近代译本于此两字译文颇为分歧）。

做相对反的事情,均所不能;因为他的潜能既施之于一事就不得施之另一相对反的事,而一个潜能同时做两件事,也是不成的,他只能在适合的条件下做那适应于其潜能的一件事。

章六 我们讲过[①]与动变相关的那种潜能之后,让我们来讨论实现〈实行〉——何谓实现与实现属于何类事物。在我们的分析过程中,这也将明白,除了那些无条件地或是专以某种方式被动变或使它事物动变者称为潜能外,潜能还有其它命意。因为要研究其它命意,所以我们先讲明上述诸含义。

这里,"实现"所指明一事物的存在,其存在方式与前所说的潜在不同;我们说一块硬木中潜存着赫尔梅的雕像,全线中潜存着半线,因为这是可以雕刻或分离出来的;而且我们甚至于可以称呼一个并不在研究的人为学者,假如他是能研究的;这样相应于每一潜在事物,就有各个实现的存在。这些命意可以由归纳某些情况时见到,我们不必为每一事物觅一定义,我们可领会这些比拟:这就类似能建筑的与正在建筑的,睡着的与醒着的,有眼能看而闭着眼睛的与睁开了眼正在瞧着的,仅是一块材料与由此材料而雕刻成形的,以及一切未制物转为制成品之间的诸对照。这些配对中,一项可释为潜能,另一项就可释为实现。但一切事物的实现存在,其为义不相同,也只是相似而已——有如甲在乙中或甲属于乙,这样相似地说丙在丁中或丙属于丁;因为在许多比拟中,有些是像动变与潜能之比,有些是像本体与某种物质之比。

但"无限"与"空"以及类此诸事物,若说它们潜在地与实现地

---

① 本卷章一至五。

存在着,其为义,就与它例不同,譬如说"观看者"或"散步者"或"被看到者"。因为在后一类例中,这些有时便确然在看或在被看见,这些云谓,就可以完全妥帖地按上。至于"无限"虽在潜能上有此存在,然而这类潜能的命意并不指望其实现;这只在意识上有此潜在而已。实际是这样,分割一条线永不能分割完毕,①在分割过程中,潜在的"无限"是有的,但这"无限"毕竟不得实现为独立的存在。

因为有限度的动作虽指向于终极而并非终极,例如人在旅行消瘦法时,天天除去一些脂肪,这每天消瘦的活动并不即时达到消瘦的目的,消瘦法也不是在这一天完全实现;这样不完成目的的活动就不是实践。实践是包括了完成目的在内的活动;例如,在同时,我们看着也见到了,求知也懂得了,思索也想到了(至于学习同时就说是已学会了,治病同时就说病好了,那是错误的)。同时我们好好地活着,也曾经好好地活过来,我们快乐也曾已快乐到今朝。如其不然,这过程就得有时而中辍,像消瘦法就是有时而中辍的;但现存之事物并不中止;我们曾已活到如今,如今还是活着。对于这些过程,我们必需分别举称其一系列为活动,另一系列为实现。因为每个动作——消脂,学习,步行,建筑,——并未达到终极;这些在做着的时刻,并未做完,就称为"活动",正在步行而说到了,正在建筑而说造好了,正在变化而说变完全了,正在活动而说活动成功,这些都是不对的;在活动与被动之中和活动与被动完毕是不同的。但看与见,想与想到,恰是同时的。后一类的过程我名

---

① "庄子"所引惠施语"一尺之棰,日取其半,万世不竭",与此义相同。

之为实现,前一类为活动。①

经过这些讨论与相似的考虑,何谓实现与实现属于何类可算已说明了。

章七 但我们必须阐明一事物何时是潜在,何时又不潜在;因为事情并非任何时候与每一时刻均属潜在。例如土是否潜在地是一个人呢?不——只有在已变为一颗种籽时,才能这样说;也许这还不能这样说。这有如医疗好了的事物;并非每一事物均可用医疗技术或由幸运治愈,只有那能治愈的事物才可说是潜在地健康的事物。又,(一)一个潜在事物由思想的效果而成为完全实现的存在者,其分际在于那作用者与被作用者,若别无外因为之阻碍,则作用者意欲如此,这就实现;另一方面,如以那被治愈的病人为例,则倘无内因为之阻碍,这就实现为健康。于一幢潜在的房屋,情况相似;如果在它用为建筑的物质之中并无内在的阻挠因素,没有必须增加或去除或变更的事物,这些物质就潜在地是一幢房屋;于需要外因为创造渊源的其它事物与此相似。(二)由于内在的本能而创生的事物,如无外因为之阻挠,它就潜在地是一切将可实现的事物。种籽尚未实现为一个人;这因为它还需要进入另外某些事物中经过一番变化〈发育〉。至于它自己的动变渊源〈内因〉,确已具备了必要的性能,按这情况来说,它已潜在地是一个人;按前面一情况来说,它还需要另一动变原理,恰像土〈矿石〉还不能潜在地算作一个雕像(因为先得从土中冶炼出铜来,铜才潜在地是一个雕像)。②

---

① "贝刻尔本"第六章终于此行,以下一句作第七章首句。
② 这里所为类分之(一)与(二),为制造品与自然物之别,但在(二)类之末说自然物的潜能与实现时,却举出了(一)类,即制造品的例。

似乎是这样,我们不称呼由"那个"另一某物所成的事物为"那个"而称之为"那个的"——例如木制的——箱,不说是木,而说"木的";①土生的木,也不说是土,而说是"土的";土若亦由另一某物所成,则也可以在这成物系列中作我们的例示。——"那个"另一某物在这系列中常常是它挨次所成的某物之潜在(在全称字义上)事物。例如一只箱不称为土的,亦不称为土,只称为木的;因为木既是箱的材料,就潜在地是一只箱,一般的木潜在地是一般的箱,这块木潜在地是这只箱。

假如世上有第一种事物,它无所赖于另一些称为"那个"的事物;这就是原始物质;例如土虽非气,却是由气而成,气虽非火,却是由火而成,至于火则是原始物质,它只是一般的"那个"而不自为一"这个"〈个体〉。底层加以区分可成为个体与非个体两类属性演变的底层。底层为一个"人"(即身与魂的综合个体),而属性则为"文明的"或"白的"。在人具有文明时不说这是"文明"而说"文明的",脸是"白的",不说这是"白";而"正在散步或动作的",不说这是"散步或动作"——这些相似于"那个的"〈而不是那个体的物质〉。于是,若然如此,则其最后底层为一本体;如其不然,倘其云谓为一形式或一个体,则最后底层当为物质或材料本体。由此,这就确知"那个的"该可应用于物质底层,也可援用于属性方面;以指示个体底层;因为材料与属性两者均非决定性事物。②

---

① 参看卷Z,章七。
② 亚里士多德指陈了两类次要云谓:(1)由主题的物质(如"木制的"一类)所得之云谓。(2)由主题的属性(如"文明的"一类)所得之云谓。两者都不是主要云谓(都不是事物之所由成其怎是者)。他又同时指陈了两类底层:(1)物质(如土)为形式之底层,(2)完全个体(如人)为属性之底层。参看卷Z,1038b5。

这里,我们已说明了一事物何时可称为潜在,又何时则不是潜在。

章八 照我们所述"先于"〈先天〉各义,① 这是清楚的,实现"先于"潜能。我所指潜能不仅是对于某一事物或对自己(当作另一事物)的动变原理,而且也是一般的动变或静止原理。本性也是与潜能同科属的;因为本性是动变原理——可是,本性不是使其它事物动变而是使自己动变。实现对于所有这类潜能,在公式和本体上均属先于;在时间上,某一义可说"先于",另一义则非"先于";

(一)清楚地,实现先于公式;事物之所以称为潜能,其本义就为是它能实行;例如说具有"建筑技能",我就指那建筑者,说"具有视能"就指那能视者,"可见"就指那能被视见者。它例亦然,所以在认识潜能之前必先已认识实现的公式。

(二)在时间上,实现为先的命意是这样:实现与潜能相同于品种者(于数不必相同),实现先于相应的潜在事物。我的意思是这实现地存在的某人先于种籽,② 即潜在的人,谷穗先于谷粒,已见者先于能视者;这些在时间上为"先于",因为那些潜能均由这些已实现的事物产生。由已实现事物产生潜在事物,而这潜在事物又成为实现的事物,例如由人得人,由文明人得文明人;世上常有一原动者,而这原动者先已实现地存在。我们在论及本体时,③ 曾说

---

① 参看卷 A,章十一。
② σπέρμα(种籽),近代生物学及生物胚胎学用以称"精子"。此节推论精于(潜在之人)与成人(实现之人)孰为先后,而归结于必有一"原动者"并肯定此第一原动者为实现。后世天主教所用"蛋生鸡,鸡生蛋"喻,其义与此相同。此类析辨只能当作信条,并非生物学理论。
③ 见于卷 Z,章七、八。

过一切事物必由某些事物被某些品种相同的事物造成。

所以,大家认为没有建筑过的人不可能成为建筑师,从未弹琴的人不可能成为琴师;因为能弹琴的人是由于常常弹琴而练成的,其它学艺亦复如此。由此曾引出一个诡辩忮辞:学者因为没有这一门学术所以学习这一学术;那么所谓学习就是在练着那一门原来是没有的学术,〈那么,人是可以弹出他所不会弹的琴调的。〉但是,学艺之成达以渐,一部分一部分在成达,事物一般的变化也是一部分一部分进行的(这曾见于"动变论[①]"),故学者应该于那一门学术先有某些端绪。这里也是清楚的,实现在这意义上,即造诣的序次上与在时间上,也先于潜能。

但(三)实现也在本体上"先于";(甲)因为事物"后于"发生过程的,在形式上与本体上是"先于",例如大人"先于"小孩,人类先于种籽;因为其一已具有其形式而另一还没有;又因为每一动变的事物总是向着某一原理即终极而动变,(事物之目的就是它所以发生的原理;创造以其终极为目的,)而实现就是终极,事物之获取其潜能就为要达到这终极目的。动物并不为具有视觉才去看见,而是为了要看见才有视觉。相似地,人为了造屋而后有建筑术,为了要进行理论才有理论学术;并不是为了理论学术大家来进行理论,若说有这样进行理论的,那必是学生在练习理论的能力;这些只在有限度的意义上谓之理论,学生们对那论题本无进行理论的必要。

又,物质以潜在状态存在,正因为这可以变成形式;当它实现地存在时,它就存在于形式。这道理适合一切事例,即便其终极为

[①] 参看"物学"卷六,第六章。

一个动作也可适用。老师当他以实例示显于其学生时就意谓完成了他的目的,自然也以实例示显于人类。假如这还不够明白,我们将重提保逊[①]的赫尔梅像,这像究属在内或在外,论其认识难以为之说明。凡以功用为终极的,功用即实现。所以"埃奴季亚"(ἐνέργεια,实现)一字原由"埃尔咯"(ἔργον,功用)衍生出来,而引向"隐得来希"(ἐντελέχεια,达到终点)。

在有些事例中,官能运用就是最后的事物(例如视觉就只随时的看,并无视觉的产物),有些则跟着知能运用就有产品(例如建筑术产生建筑物与建筑工作)。可是在前一例上动作就可算终极,在后一例上动作只较之潜能为更接近于终极。建筑工作实施于正在建筑中的事物,与房屋一同实现,一同完成。

于是,凡其动作产生另一些事物为结果的,实现就归于那产物,例如建筑工作,其实现归于建筑物,纺织工作归于纺织品,它例相似,动变一般地归结于所动变的事物;至于没有产物的动作,实现只当归之于主动者;例如视觉活动之实现归于视者,神学思索之实现归于神学者,生活之实现归于灵魂(人生幸福[②]之实现,也当归之于灵魂;因为幸福也是某一类型的生活)。

---

① 保逊(Pauson)为雕塑家,曾作艺神石像。此节所云"人不能明其在内或在外"语,向来注疏家各作解释,均不能完全通达其意。旧传保逊曾作"奔马图",颠倒视之,则为"马打滚图"(参看古典著作埃里安"杂史"[Aelian, Var. Hist.]第十四章第十五节;柏卢太赫"道德"[Plutarch, Moralia]396E),罗斯英译本注,忖为一种图画或壁画,因光影机巧而呈现立体现象如浮雕,因而观者见像若在壁上,若在壁外。

② εὐδαιμονία 音译"埃达伊蒙尼亚"("达伊蒙"为神灵,"埃"为善良),依字根,应为"吉神所护佑者",或解为"幸福",或解为"快乐"。依亚氏"伦理学"卷十举人生幸福生活之四式:(1)"快乐"为食色之满足,此人与禽兽所同;(2)"名德",此人世从政之所重;(3)"财富"为人之生资,亦为在世所必需,而非其所宝;(4)"默思"(智运)乃为人生之至高理想;故亚氏之所谓人生幸福("埃达伊蒙尼亚"),其要旨在于成德达善。

于是明显地,本体或形式是实现。① 照这论点,实现当然在本体上先于潜能;如上所述,②一个实现,在时间上常为另一实现之先,一直上溯到永在的原动者之实现。③

但(乙)实现,在较严格的意义上亦为"先于";永在事物在本体上先于可灭坏事物,永在事物均非潜在。理由是这样:每一潜能均同时是相对反事物之潜能;不可能在一主题中出现的事就必不出现,而可能出现的则也可暂不实现。于是可能成"是"的可以成是或不成是。可能成为"非是"的就可成为非是;可能成为"非是"就是可灭坏;"可灭坏",若为全称命意就是在"本体上"灭坏,若为别称命意则可以在地方上,或在量上,或在质上,与各个可能的非是相关各部分灭坏。因此完全不灭坏的事物完全不是潜在的,(虽则于某些方面,如说它潜在地具有某些素质或说它潜在于某地方,则也未尝不可;)所以一切不灭坏事物之存在均为实现存在。一切具有必然性的事物也不会潜在地存在;所谓必然事物即基本事物,世上若没有这些,其余一切也就不会有。假如所谓永恒运动这类事物是有的,这些也不会是潜在;这里若有一永动事物,它的运动当非出于潜能,只在"何从来"与"何处去"的问题上又当别论(若说它具备各方向动能的物质,这也未尝不可)。日星与全宇宙是永恒在活动着的,我们毋须像那些自然哲学家④担忧它们某一朝会停止活动。它们也不会倦于这类活动;它们的动变不像可灭坏事物

---

① 此语自 1050a4—b2 全节导出;注意 1050a16 一句。
② 1049b17—29。
③ "原动者"参看卷 Γ,章八;卷 Λ,章七。
④ 例如恩培多克勒。参看"说天"284a24—26。亚里士多德以星为神物,柏拉图意谓星体亦将灭坏。

的动变一样;可灭坏事物所由引起活动的物质与潜能包含有相对反因素,故而运动是费劲的;永不灭坏事物之运动出于实现,〈不出于潜能,这是不费劲的〉。

那些自身包含动变的事物如地球与火仿效着不灭坏事物〈天体〉。① 这些也是永恒活动的;因为它们自致其活动而自成其动程。但,照我们先前的研究,②其它潜能都包含有相对反因素;潜能之按照理知公式使另一物活动于这方式者,亦能使之活动于相对反的方式;而无理知潜能则可因其存在或不存在而得相对反的结果。

于是,假如辩证家们③所说意式这样的任何公式或本体真是有的,那么就得另有一些具有更高实现性质的事物,学术与动变将是这些事物的潜能;而学术意式之上将另有更高学术,动变意式之上将另有更高动变。④

于是,实现显然先于潜能与一切动变原理。

章九 由下列论点,这可以明白,实现较之好的潜能还更好而更有价值。凡能有所作为的,总是一样能做相对反的事业,人能做好事,也同样能做坏事,每一潜能就包含着这两端;同一潜能致人健康也致人疾病,致静也致动,建设也破坏,引动建设也引发破坏。这样,潜能同时涵有各个对反;但相反两项不能同时存在,相反的实现也不能同时见到,例如健康与疾病不得两存。所以,在潜能无

---

① 照古注疏家诠释,亚里士多德"物学"认为火的诸性质仿效于月亮。
② 见于1050b8—12。
③ 意指柏拉图学派,参看卷A,987b31。
④ 依亚氏理论,意式为各个别事物或现象之普遍公式,尚未实现,亦应低于相应的各个个体。其例如"学术意式"应低于"学术"。学术意式在本体上应后于知识实现的各实例。

所偏于两者时,善只占其中的一端;因此实现那善端较其潜善为更
善。在恶业也如此,如果结局是恶,这恶的实现比其潜恶为更恶。

于是,清楚地,恶性不离恶事物而独立存在;"恶"在本性上后
于潜能。① 所以我们也可以说原始与永在诸事物是没有恶,没有
缺点,没有偏邪的(所谓偏邪也近于恶业)。②

几何图解可由实现发见;我们用分划造成这些图解。图意原
只潜在地内含着;倘使分划先也画上,这就解明了。三角形的诸内
角何以等于两直角?因为在一点上所划诸角等于两直角。假如那
些与三角一边的平行线划出来,凡见到图的人就会明白。③ 何以
半圆形内的角无论在何处均成一直角?假如两线为底线与中心垂
直的一线,三线相等——人们倘已知前项几何定例,结论就可以一
瞥而知了。④ 所以明显地,潜在的图解因实行分划而发见;理由是

---

① "恶在本性上后于潜能"一语颇费解。鲍尼兹(Bonitz)以伦理观点解释恶实现
后于恶潜能。

② 此节盖在訾议柏拉图;参考共和国 402C,476A,"色埃德托"176E,"法律"
898C。柏拉图以诗文笔调论性,常是善恶混于原始。亚里士多德名学与哲学论点辄主
"性本善"。在中国儒家自孟子主性善,均限于人性而论,亚氏此节之"物性原善"其意
较广。

③ 在 C 点上划 CE 线与 AB 平行。

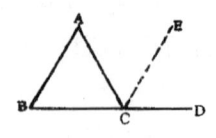

∵ ∠ABC=∠ECD,
∠BAC=ACE,
∴ ∠ACB+∠BAC+∠ABC
　=∠ACB+∠ACE+∠ECD
　=两直角

④ ED 垂直线与 BD 及 DC 相等。

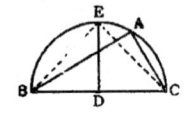

∵ ∠ACE=∠ABE
∠ACB+∠ABC
　=∠EBC+∠ECB,
∴ ∠BEC=∠BAC=直角。

几何学者的思想是一个"实现",由实现酝成为潜能;追进行绘划而大家得以明晓图意,虽则这末一实现是后于相应的潜能;但这潜能却是由那个几何学者的前一实现发展起来的。①

章十 "是"与"非是"这两名词最先应用于有关范畴,其次有关这些范畴的潜能或实现,或是它们的无潜能与非实现,第三则应用于真实与虚假。真假的问题依事物对象的是否联合或分离而定,若对象相合者认为相合,相离者认为相离就得其真实;反之,以相离者为合,以相合者为离,那就弄错了。这样,所谓真假何时存在,何时又不存在呢?我们必须考虑这些名词的实义。

并不因为我们说你脸是白,所以你脸才白;只因为你脸是白,所以我们这样说才算说得对。于是,假如有些事物常合而不能离,另些事物常离而不能合,再有些事物是可离亦可合,则合而为一者便成为"是",多而不合者为"非是"。关于未定事件,同一意见或一说明可成为真实也可成为虚假,一时说对了,又一时这却说错了;但于有定事件,意见就不会一时为真,又一时为假,同一意见要就是常对,要就是常错。

但在非组合事物,又如何谓之是或非是与真或假呢?这样一类的事物既无组合,那就不能以合为"是",以离为"非是",(如说木料是白的或说对角线是不可计量的;)这里的真假方式当异于上述各例。实际,真假既不同于前例,是非也当不同。(甲)真假可由这样来鉴定——真实是接触②与证实(证实与肯定并不相同),不接

---

① 几何图解例这一节似可移属第八章(二)1049b18—1050a2。
② 亚氏用"接触"(θιγειν)指直接而切实的认识,关于"直觉"之意。

触就是不认识。有如"这是何物"一类问题,除了属性偶然之例外,就不会发生错误;①非组合本体亦然如此。这些都不是潜在而是实现的存在;如其不然,它们将有生灭与成坏;可是这些自身均无生灭;它们若有创生过程则它们就得由另一些事物来造成。因此,凡怎是与实现均不可能有假的,问题只在于我们认识或不认识它们而已。但是我们还得实际加以研究以求明了它们是否确乎具有如此或如彼的性质。

(乙)关于符合真实的所谓"是"与符合虚假的所谓"非是",其一例为:〈主题与属性〉两项确乎结合为一者真,不合一者假。另一例为:事物只是个别地存在,如果没有这样个别性,它就全不存在。真实就在认识这些事物;在这里,虚假是没有的,错误也不会有,所有的只是无知〈不认识〉——这无知与目盲并不相似;因为目盲全无视觉,类于全无思想机能,〈无知则是有思想机能而不能认识可认识的事物〉。

这也是明显的,关于不因时而变化的事物也是不会有错误的。例如我们若假定三角没有变化,则我们就不该设想它们的三内角有时等于,有时又不等于两直角(因为这样就承认了变化)。可是,这可能设想在同一级事物中,有的具有某一属性,而有的没有这属性;例如我们"可以"设想所有偶数均非素数,也"可以"设想有些偶数非素数而有些则是素数。但是碰到单独一个数目,这样类型的错误就不可能发生;这里我不能说这一属性或有或无;我们的判断可以或对或错,事实确总是那一个事实。

---

① "这是何物?"一问题并没有**甲**与乙结合方为存在的情况。这里就不会有离合联系之错误;要是**甲**存在,这就只是**甲**存在。

卷（Ι）十①

章一 我们前在词类集释中②曾说明"一"有数义；元一虽为义甚广，凡事物之直接由于本性，不由属性而为一者，可综归为四类。（一）延续的事物，其所为延续或是一般的或以专指"那"出于本性的生长，非由接触，或被捆扎，而成一者；在这一类中，其活动较单纯而一致的，应是更严格更优先地合乎"一"的命意。（二）成为整体而具有一定形式者为较高级的"一"，在这类中，其延续之原因当以出于自性，不以胶粘或搭钉而合成者为重。这一类事物的活动在空间与时间上均属一致而不可区分；因此，明显地，如一事物具有基本运动（即空间运动）中的基本形式（即圆运动），这事物基本上就是一个空间量体。于是，有些事物就因其延续或整体而成"一"，另有些则因其公式为一而成"一"。这类事物在思想上是一，是不可区分的；所谓不可区分就是说这事物在形式或数上不可区分。（三）于是，个体之在数上为不可区分的，与（四）在形式上，其

---

① 本卷论涉哲学主题，可次于卷（Ν）十四之后，为本书之结束。前数章由元一主题转到对反，再由对反转到第八章至第十章论品种之别，进而揭出通式之不能独立为不灭坏事物，其间思绪可以延接。但末三章行文与前后不甚贯串，第十章所用γὶνος（类级）与ἰδος（形式）两字与它卷各章所用两字字义不一致。似此章与其它各章非同时所作，而为在后增补者。

② 见于卷Δ,章六释"一"。

理解与认识为不可区分的,所有这些足使本体成为一者,便当是基本命意上的"一"。这些就是"元一"的四义——自然延续之事物,整体,个别与普遍。所有这些,有的是在活动上,有的是在思想或公式上不可区分,因而都成为"一"。

但,"哪一类事物称为一","何以成一","其定义如何",我们应注意到这些都是不同的问题。"元一"具有这些命意,每一事物得有元一诸义之一者,就可称为一;但"成为一",有时是成为具有上述各义的诸事物,有时则另指①一些事物,那些事物较近于一之通义,而具有上述各义的诸事物则较近于一之实旨。这于"元素"或"原因"亦复如此,人们可用以实指事物,也可用以表征这名词的通义。火之一义是一种元素("未定事物"或其它相似事物之因其本性而为元素者亦然),但另一义则不是元素;作为火与作为一元素并不是同一回事。火只在火的本性上作为一特殊事物时,此火乃为元素,"元素"这名词则指事物之有如此属性者:即构造实物的基本组成。"原因"与"一"以及类此的诸名词亦复如此。

也为此故,"成为一"就是成为不可区分,而主要的是成为一"这个",可得在空间或在形式或思想上隔离开来;也许可说是成为不可区分的"整体";但特为重要的还应是成为各类事物的基本计度,而最严格的说来则是在量上成为计度;由量引申,然后及于其它范畴。量必因计度而后明;量之为量或以"一",或以某一数为计,而一切数又必因单位之"一"而后知。是以一切量之为量,皆因"一"而得知,量之最初被认识必由"本一"。这样"一"是数之为数

---

① 参看下文 1052b16—19。

的起点。在其它各级事物也悉凭"计量"而最先为大家所认识;各级计量各为一单位——于长度,宽度,深度,速度均各有其单位。(重度与速度这类名词包括轻重与快慢各对成的两端,——重度指锱铢之微,也指万钧之钜,速度指蜗步徐移,也指迅若马驰;运动虽慢必具速度,称量①虽轻,必具重度。)

于是,所有这一切,计度与起点总是那不可区分的一,譬以线论,我们说一脚②长,即是以一脚作为不可区分的单位。我们到处寻求某些"不可区分的一",以为各级事物的计度,这计度当是在质上为纯质,或在量上为纯量。凡精确的计度不能增一分亦不能减一分,(所以数之为量是精确的;我们制定"单位"使之无论在哪一方面均不可区分;)在其它一切事例上,我们都仿效这类计量。于一斯丹第或一泰伦③或为量较大的其它任何单位,比之较小单位,其微增微减吾人较易疏忽;所以无论于液体或固体,为重度或容积,在作计量时,吾人必竭视觉之所能及,使所计量数绝无可为增减;人们得知如此计量所得之量度或容积等,便自谓已得知事物之量。自然哲学家于运动亦以简单而短促的移转为运动之计量;这些运动单位就是占时间最短的运动。在天文学上这样的"一"〈运动单位〉也是研究与计量之起点(他们假定天体运动最快速而均匀

---

① ροπῆς(称量)原义为天平上因重量所引起之"偏倾",假作物理上的"重量"。

② "脚"(πούς),古希腊人以脚及肘等为长度之计量。"脚"(略当中国一尺),不列颠度量法沿用至今。

③ σταδίου"斯丹第",希腊长度,用以计量跑道,订为125步,实当现行625英尺(约190公尺)。τάλαντον"泰伦",原义为一个天平,以后转为重量单位。古时希腊或希伯来各城市于商业上应用这重量单位各有不同,或当今日之720英两,或当2000英两。此重量单位用以称金银,即作为货币单位。

有规律，故用以为一切运动之比照）。在音乐上则以四分之一音程为单位（因为这是最短音程），在言语上则为字母〈音注〉。所有这些计量单位在这里的含义都是"一"——而这"一"就只是顷所陈述的各事物之计量，并不通指所有以一为云谓之事物。

但计量单位并不常限于一个——有时可以有几个；例如四分之一音程有二[①]（这是耳所难辨而是凭乐律来为之调节的）；我们计量言语的单位也不止一个字母；以及正方的对角线需用两种计量来测度，[②]一切类此的空间量体亦然。因为我们将本体于量或类上作成区分，由此区分得知本体的要素，所以"一"是一切事物的计量。正因为各级事物之基本组成是不可区分物，"一"〈单位〉亦不可区分。但每个"一"，例如"一脚"与一之为不可区分物，不尽相同，"一"是各方面都不可区分，而"一脚"只是像我们上面所涉及的，[③]在视觉上姑定为不可区分而已——每一延续的事物本是可以进行区分的，但在未加区分而在视觉上成为一时，我们姑定为一个不可区分之单位。

计量与所计量的事物总是同性而相通的；空间量度之计量亦必为一空间量度；分别言之，则长以一长度为计量，阔以阔，重以重，声音以声音，众单位以一单位为计量。（我们于上列情况必须

---

① δίεσις δύο，"四分之一音程有二"。亚里斯托克色奴（Aristoxenus）音乐著作 I, 21 与 II, 51 两节论及希腊乐器调和有全音程即 1/4 音程，变体半音程，以及半音程以下的变调，一个半全音程等各种乐律。一个半全音程即 3/8 音程，其比律为 125∶128，在和乐中，目可见乐器上之键移，耳不能辨其异调，如现代和声中 Ab 代换 G#。

② 对角线分为两部分计量。一部分以其一边为单位作计量。超过一边所余的部分只能用另一单位计量，同一单位就没法计量。

③ 参看 1052b33, 1053a5。

这样叙述,可是我们不能说列数以一数为计量;于数而论,引用上列叙述,大意是符合的,但不确切——因为数是众"一"所合成,所以说列数以一数为计量就等于说众单位以众单位为计量了。)

凭同样的理由,我们称知识与视觉为事物之计量,因为由于这些我们得知事物——实际上与其说它计量事物,毋宁说是被事物所计量。可是,我们以知识或视觉评估事物,也正像人们用曲肘来测量我们时,我们看到了曲肘,就说自己多少肘长一样。但普罗塔哥拉说人是一切事物的计量,①其意亦即指说那能知或能见的人,就可凭其理知与感觉计量事物。这些思想家似乎道出了天下之至理,这些名言实际不足为奇。

明显地,于是,我们如把元一在字义上作最严格解释,这就是一个计量,主要是量的计度,次要为质的计度。有些事物以在量上不可区分者为一,另一些则是在质上为不可区分;所以"一"的不可区分应别为两类,或者绝对是一,或当作是一。

章二 关于元一的本体与本性,我们该询问这究属存在于两方式的哪一方式中。这恰正是我们在列叙疑难时②所举的一题;"一"是什么,我们必须怎样设想这"一";我们应否将元一作为本体(毕达哥拉斯学派先曾这样说过,在后柏拉图也这样主张);或者我们毋宁由元一的底层别求其本性,像自然哲学家们所认知者,或以

---

① "残篇"1。此语另见1062b14。普罗塔哥拉此语原意为现象依于各人之视觉与认识。人各以自己所见,测忖事物。弗·培根"新工具"(Nov. Organum)卷一,41—46。又卷五,第四章论"氏族偶像"(idola tribus),指摘"人神"观念(anthropomorphism)即依凭此语立论。参看1007b23。又参看菩纳脱(Burnet)"希腊哲学"卷一,97节。亚氏此章所论证与普罗塔哥拉此语本旨不全相应。

② 见卷B,1001a4—b25。

元一为"友〈爱〉",或以元一为"气",或以元一为"未定"。①

于是,照我们在先讨论本体与实是时所曾言及,②假如普遍性〈共相〉均不能成为本体,而普遍实是本身,凡其命意为"与诸是相拟"③而为是者,亦不能成为本体(因为这还是与"多"相共通),而只能作为一个云谓,则"一"也显然不能成为本体;"是"与"一"原为一切云谓中最普遍的云谓。所以一方面诸科属不能脱离其它事物而成为某些实是与本体;另一方面,实是与本体既不能为科属,"一"同样也不能成为科属。

又,元一的本性在各范畴中均必相似。现在,"一"既然具有与"是"同样多的命意;在质的范围内,"一"既是某些为类有定的事物,在量上相似地为某些为量有定的事物,我们也必须像询问何谓实是一样,在每一范畴上询问"一是什么";仅说这在本性上为实是或元一,这还不够。但在诸颜色中"一"是一色,如白,于是观察它色,——由白与黑生成,而黑是白的阙失(如无光则成暗)。于是,假如一切现在事物均为颜色,诸现存事物就该各是一个数,但应为何物的数?当然是为各色的数;而一就该是特殊的某一色,即白。相似地,如果一切现存事物均为乐调,它们也该各是一个数,这些音程的本体并不是那些数,而却是些"四分之一音程"这样的数,于是这里的单位之"一",将不是那些"一",而是那些"四分之一音程"。又相似地,如果一切现存事物均为言语,它们就该各是一些

---

① 所举自然哲学三家之说为恩培多克勒、阿那克西米尼与阿那克萨哥拉。
② 见于卷Z,章十三。
③ παρὰ τὰ πολλά"与多相比拟"或作"与多同在",或作"由多分离"解;其实义为"普遍之是",相对于"个别之是"。此章论一之共相与殊分相应于普遍性与个别性。"普遍"云谓见"释文"17a31。

字母〈音注〉的数了,这里的"一"就该各是一个元音。又相似地,如果一切现存事物均为直线图形,它们该曾是一些图形的数,而"图形之一"该是那三角形。同样的论点适用于一切科属〈种类〉。所以,当在被动,在质,在量,在运动各范畴上各有其数、各有其单位时,在所有各例中,数都该是某些事物的各数,而"一"则为某些事物的特殊之一,这些殊一的本体不必恰合于普遍之一;于各范畴各事例的各数与诸本体,论点也相同。

于是,这"一"〈殊一〉在各类事物中均为一确定的事物,显然在它本性上没有一例恰是"元一"〈普一〉;但在诸色中我们所必须寻取的本一即是"一色",类乎如此,在诸本体上,我们所必须寻取的"本一"就该是"一本体"了。由于"一"的某一命意在各范畴上分别相符于各范畴之是,元一遂与实是相合,而"一"却并不独自投入任何范畴之中,("一"不入于"事物之怎是",也不入于质的范畴,但与实是相联系而存在于诸范畴中);说是"一人"与说"人",在云谓上几无所为差异(正像实是之无所离异于本体或质或量一样);成为"一"恰如成为"某一事物"。

章三 "一与多"在几方面相反。其一为不可区分与可区分的"单与众";凡已区分或可区分的称为众〈多歧性〉,不可区分或未区分的称为单〈统一性〉。现在因为对反有四式而这里诸对反之一,既取义于阙失,它们就不是对反〈矛盾〉,也非相关,而应为相对。[①]不可区分的单〈一〉其取名出于其对反,即可区分的众〈多〉,其解释

[①] 四种对反中"相对"与"阙失"这两项并不绝对互斥,而可看作某一形式两端之消长。如阴缺则阳盛,阳缺则阴盛。参看卷Γ,1004b27,卷I,1055b26。

亦由对反互为诠注,因为可区分的众,较之不可区分的易于为人所见,因此,凭视觉情况来说,"众"在定义上先于"一"。

我们曾在分别对成时,^①于"一"的统系内表列有"相同","相似"与"相等"。于"众"的统系有"相别","不似"与"不等"。"同"有数义;(一)有时为"于数相同";(二)我们于事物之公式与数皆合一者称之为同,例如你与你自己"形式和物质"均合一;以及(三)假如其本体的公式合一者,例如相等直线与相等四边形与等角四边形均称"相同",此类甚多,这些凭其相等性而谓之同。

事物并非绝对相同,(一)而在它们综合本体上论则并无差异者谓之"相似",这些在形式上实为相同;例如大正方形与小正方形相似,不等直线亦相似为直线;它们相似而不是绝对相同。(二)相同形式诸事物原可能有程度上的差异者,如不明见此差异亦谓之相似。(三)事物具有同一素质者,例如"白"——其白度或稍强或稍弱而其为色式则一——亦谓之相似。(四)各事物之诸素质——或为一般素质或为重要素质——相同者多于相异者,亦谓之相似,例如锡,于白而论,似银,又如金,于黄赤而论,似火。

于是,明显地,相别与不似亦有数义。"别"之一义为同的对反(所以事物于其它各物不为同则为别,不为别则为同)。别的另一义是除了诸事物于物质及公式上均各合一者,悉成为别;若此,则你与你的邻人应谓各别。"别"之第三义就是上述数理对象诸例。^② 所以每一事物对另外的每一事物均可以"同"或"别"为云

---

① 曾见卷Γ,1004a2。
② 见于1054a35—1054b3。两直线或两四边形虽相同相等,但各别为两线两图形。

谓,——但这里为同为别的两事物均须是现存事物,因为这样的"别"并不与"同"相反〈矛盾〉;因此非现存事物不以别为云谓("不相同"可以为非现存事物的云谓)。"别"是一切现存事物的云谓;每一现存事物既于本性上各自为一,也就各成为互别。

"别"与"同"的对反性质就是这样。但"异"与"别"又不相同。所谓"别"与"别个事物"并不必需在某些特定方面有何分别(因为每个现存事物总是或同或别),但说事物相"异"必需一事物与另一某事物之间具有某些方面之差异,所以凡相异者必须在其所公认的相同方面求其所以为异。此所谓公认的相同处即科属或品种;而所谓相异亦即在同科属上的品种之异,在同品种上的个别之异。凡事物无共通物质,而不能互为创生者(亦即属于不同范畴者),谓之"科属有异"。如同在一个科属之内,则谓之"品种有异"("科属"的命意就指说两个相异事物〈品种〉间主要的"相合之处")。

相对事物皆属相异,对成性为"异"的一个种类。归纳可以证明我们这个假定是真实的。凡事物不仅互别而更别于科属者,又事物之相别而仍隶于同一云谓系列[①]者亦即在科属上相同者,均可表现为有所相异。我们已在别篇[②]说明了什么样的事物为"于属相同"或"于属有别"。

章四　事物之互异者,其为异可大可小,最大的差异我称之为"对反性"。最大差异之为对反性可由归纳来说明。事物之异于科属者难于互相接近,它们之间距离太远也无法比拟;事物之异于品

---

① 见于986a23脚注。
② 见卷 Δ,章九。

种者，其发生所开始之两极就是对成的两端，两极间的距离为差异之最大距离。但每一级事物间差异最大的那一端，也就是成为完全的一端。到这里再没有超越它的事物，而不为它物所逾越者这就完全。各级差异的系列，溯到其全异处便抵达这系列的终点（这与其它以达到目的为完全者其义相类），终极以外，更无事物；一切事物既尽包于两极之间，故以终为全，而既称为"全"，便无所仗于它物了。这样，可以明白，对反性即最大差异；所称为"相对"的数义，其分别就在这些相对所达到那完全差异的不同距离，不同程度的对差就成为相应的各式"对成"。

若然，则这也可明白，每一事物只能有一事物为之对成（因为极端之外既无它极，而在同时间内也不能有更多的极端），而一般说来，如以差异论对成，则差异以及完全差异必须是两个事物之间的差异。

又，大家所承认的其它诸相对公式也必须是真实的。（一）所谓完全差异（因为我们不能在这差异范围以外为事物之"于属相异"或"于种相异"者另寻差异，这曾说明过①在科属之内任何事物不能与科属以外事物比论差异），（甲）不仅应是同品种事物之间的最大差异，也该（乙）以同科属内事物之具有最大差异者为相对（这里所谓完全差异是同科属事物间的最大差异）；以及（二）容受材料相同亦即物质相同的事物间，其差异最大者为相对；与（三）归属于同一职能〈学术门类〉的事物，其差异最大者为相对（一门学术处理

---

① 见于本页 1055a6。此支句辞意与 1054b27—30，35 各句有不符合处。其一辞意假定科属之上更有统辖各科属之总类，另一辞意则科属上更无统率。

一级事物,这里所谓完全差异就是同职能事物间的最大差异)。

基本对成由"持有"〈正〉与其"阙失"〈负〉相配合——可是,阙失有数项不同命意,并非每一阙失均可与其正面状态配为基本对成,只有完全阙失才可以。其它对成都得比照于这些基本对成,有些因获得这些,有些因产生或势必产生这些,另有些则因占有或失去这些基本对成或其它对成而成为对成。现在,对反式若以"相反"〈矛盾〉、"阙失"、"相对"与"相关"四类论列,其中以相反为第一,相反不容许任何间体,而相对则容有间体,相反与相对显然不同。阙失这种类近于相反;凡一般地,或在某些决定性方面遭受阙失的事物就不能保有某些秉赋,或是它在本性上所原应有的秉赋今已不能保持。这里我们又说到阙失之数种不同命意,这曾已在别处列举过了。[①] 所以阙失是一个具有决定性的或是与那容受材料相应的矛盾或无能。相反不承认有间体而阙失却有时容许间体;理由是这样:每一事物可以是"相等"或"不是相等",但每一事物并不必然是"等或不等",若然如此,那就只有在容受相等性的范围之内才可以这样说。于是,适在进行创变的物质若由诸相对开始,或由这形式的获得或由这形式的褫夺进行,一切对反显然必含有阙失,而一切阙失并不必然为对反(因为遭受阙失,可有几种不同方式);如变化由哪两极进行这才会发生诸对反。

这也可由归纳为之说明。每组对成包含一个阙失为它两项之一项,但各例并不一律;不相等性为相等性之阙失,不相似性为相似性之阙失,另一方面恶德是善德之阙失。阙失各例之如何相异

---

① 见卷 Δ,章二十二。

曾已叙及;①阙失之一例就是说它遭受一个褫夺,另一例则是说它在某时期,或某一部分(例如某年龄或某些主要部分),或全时期或全部分遭受褫夺。所以,在有些例中可出现一个折中现象(有些人既不算好人也不算坏人),在另一些例,却并无折中(一个数必须是奇或偶)。又,有些对成主题分明,有些则不分明。所以,这是明白了,"对成"的一端总是阙失;这至少在基本对成或科属对成,例如"一与多",是确乎如此的;其它对成可以简化为这些对成。

章五　　一物既然只有一个相对,我们要问"一与多"如何能相对,"等"与"大和小"如何能相对。"抑或"一字只能用在一个对论之中,如"此物是白**抑或**黑或是"此物是白**抑或**不白"(我们不会这样发问,"此物是人**抑或**是白"),至于因为先有所预拟而询问"来者确是克来翁**抑或**苏格拉底"——这两者就并不同属任何一级必须分离的事物;可是在这里也成为不可同时出现的对反;我们在这里假定了两者的不并存,于是才作出"来者是谁"的询问;照这假定,倘说两者都来,问题就成为荒谬了;但两者若真的都来,这还是同样可以纳入"一或多"的讨论之中,问题改变为"他们两人都来**抑或**其中一人来":于是既说"抑或"必须是有关对反的问题,而我们却问起了"这个是较大或较小**抑或**相等","等"与其它两项所对反的是什么?"相等"与两者或两者之一都不相对;"等"有何理由说是该与"较大"相对或说是宁与"较小"相对? 又,说是"等"与"不等"为对反。所以"等"与"较大"、"较小"相对,这样一事物就不止与一事物相对了。如"不等"之意并指较大较小两者,那么"等"就该可

---

① 见 1055b4—6。

以与两者都成相对(这一疑难支持了以"不等"为"未定之两"的主张),①但这引向一物与两物相对的结论,那是不可能的。又,"等"明显地是在"大和小"的中间,可是并没有人看到过对反可以处于中间;在定义上,对反也不能处于中间;虽对成两项间常容有某些事物之间体,然对成各项若自己处在中间,它就不得成为完全的对项了。②

余下的问题是"等"所以与上两者相反的是"否定",抑为"阙失"。这不能于大小两者仅否定或褫夺其一;为什么这可否定或褫夺"大"而不能否定或褫夺"小"呢？这必须两都予以褫夺性的否定。为此故,"抑或"就两涉而不能单引其中之一(例如,"这是较大**抑或相等**"或"这是相等**抑或较小**");这里就得常用三个"或"。但这又并不是一个必然阙失;因为这并非每一不较大不较小的事物就必然相等,只有具备着相当属性的某些事物才可引用三"或"来相较。

于是"等",既非大亦非小,却又自然地既可大亦可小;这作为一个褫夺性的否定,与两者俱为相反(所以这也就是间体)。至于既非善〈佳〉又非恶〈劣〉之两反于善恶者则并无名称;这类事物往往每个都有分歧的含义,而且含受此义的主题往往不是纯一;可是那既非白又非黑的颜色恰也是较可能作为一色的。虽则照这样,阙失性云谓的否定所可引到的颜色已进入有限的范围之内,但就是这色仍还未能确定为哪一名称〈的色〉;因为这可能是灰色、或黄

---

① 这是一条柏拉图学派教义;参看卷N,1087b7。
② 参看1055a16。

色或其它类此之色。所以那些人将这类短语随意应用,因为既不善亦不恶的是善恶之间体,就说既非一鞋又非一手的事物为鞋与手的间体——好像在一切例上均必须有一间体——这就产生了不真确的评断。但这不是必然的论证。因为前一语确属两相反间的综合否定,〈两反〉在这一类的对反间存在一个自然段落,一个间体;在后一语中,鞋与手两者之间则并无"差异"[①]存在;这一综合否定所反的两物属于不同的门类,其〈所含受的材料〉底层并非一律,〈所以不能属对,也不能为两者找一间体〉。

章六 我们于"一与多"也可以提出相似的问题。假如"多"绝对相反于"一",这将导致某些不可能的结论。"一"将成为"少"或"少些",[②]因为"少"恰正也相反于"多"。又,因为"倍"是由二得其命意的乘数,倍既为多,"二"亦当为"多";于是"一"就必须是"少",除了一以外,各数与"二"相比时又谁能作为"少"而与"二"相对呢?没有更比"二"为"少"的了。又如长与短为同出于长度一样,若以"好多与少些"为同出于"众",而所谓"好多"原也与"多"相同(只在无定界延续体[③]上这两字有些分别),这里"少些"或"少"均将成为众。因此,倘以二为多,"一"恰正成了少;而"一"若作为"少",也就可转成为"众"。只是说"多"与"好多"为义相同时,也得注意到一点分别;例如水,只能是"好多"不能说"多"数。"多"应用于可区分

---

① 参看1055a6,26。

② ὀλίγον ἢ ὀλίγα,前一"少"单数,后一"少"多数语尾,故英译作 a little or a few,中文可译"少或若干少",兹作"少些与少"。少些用于液体等物。本书中 πολύ 译"好多"与 πολλά 译"多"情况相似。

③ "无定界延续体"指液体,见于下文第16行。

的事物;"多"之一义即为众,那是绝对的或相较的有所超逾(至于"少"相似地亦为"众",那是有所不足的众);"多"之另一义则为数,只在这专称上,"多"才与"一"相对反。因为我们说"一与多"恰和说"一与若干一"或"一个白物与若干白物"一样,这也与用一计量来计量若干事物一样。所谓乘数也正是这样的命意。每一数既为若干一所组成,也就可用一为之计量,因而均称为"多";所以"多"与"一"相对反,不与"少"相对反。在与一相对这命意上,虽"二"亦足为"多"——可是"二"之称"众"在绝对或相较的意义上均颇为不足;故"二"之为"众"只是一个起码的"众"。但全称之"二"则正是"少";因为这是一个有所不足的起码之"众",(为此故阿那克萨哥拉于此题所作论述"万物混合",其为众与为小悉无尽限[①]盖未免有误,——彼于"为小"一短语宜若"为少";而少并非无尽,)照有些人的主张,一不作为少,以二作为与它数相较的最少。

"一"作为"计量"与"多"作为"可计量事物"间的关系,在数的范围内成为对反,是由相关词项转化起来的。我们在别处[②]列举过"相关"二义:(一)作为对成,(二)作为对于可知事物之相关知识,一项被称为与另一项相关,是因为另一项关联到这一项。并没有人阻止"一"不许它比某些事物,例如"二",为较少;但既说是"较少"就不必然是"少"。"众"出于"数"所系属的那一级事物;数就是可以一为计量的"众",而"一"与"数"之所由为对反者,不因于"相

---

① 见于"残篇"1。这里亚里士多德于原语中偏取 πλῆθει καὶ μικρότητι(众与小)为一个错误对成,而作别解。阿那克萨哥拉意指万物均由无限小无尽数〈众〉的相似微粒组成,并不以此两词为对成,"古典评论"第三十卷 42—44 页菩曼(Bowman)论此旨甚详。参看卷 A,章三 984a12—16。

② 见于卷 Δ,1021a26—30。

对"而因于"相关";相关两项之作为对反者就在其一项为计量而另一项为可计量。所以并非一切成一者皆可称之为数;凡事物之为不可区分并不是说这已成为一数。但知识虽则也相似地为与可知事物的相关,这关系却不是与计量完全相似地造成的;尽可将可知物当作被计量物,用知识为之计量,实际上一切知识皆可知事物,而并非一切可知事物竟成知识,知识的另一含义恰正是用可知物作为计量。

"众"在若干命意上,不与"少"("多"与"少"确乎相对,多为众之超逾,少为众之不足),也不与"一"为对成;但在一个命意上,如前曾述及者,这些是对成,因为众是可区分的,而一〈单〉不可区分,另一命意上说以"一"作为计量,众作为数则它们仅是相关,如知识之与可知事物的相关一样。

章七 因为相对容许间体,而且有些例中确有间体,间体应该是诸相对组成的。(一)所有间体与它们所由为之居间的对成隶于同一科属。事物进行变化时必先变入于间体,例如我们若要经过各个音阶从高音弦转到低音弦时,必然会先触及中间音符,这个我们称之为间体;于颜色而论,我们若要从白转到黑,我们必然先指向灰色或暗红;它例类此。但从一科属〈门类〉转向另一科属〈门类〉例如由颜色转到图形,除了偶然而外,这是不可能的。这样诸间体必须与它们相应的诸对成同隶一个科属。

但(二)所有间体站在某些对反之间;只有出于本性之变化才能在这些对反之间进行。非相对的事物间不能有间体;因为这样的事物发生变化时,并不能由一极进达另一极。于诸对反式中,相反〈矛盾〉不容许有中项;(这样才真是矛盾——这一类对反,其两极端必有所厘定,间体是没有的。)其它诸对反,有些是相关,有些是阙失,另一些是相对。① 相关各项之未转成相对者亦无间体;理由是这样:相关之不成相对者当非同一科属。于知识与可知事物之间有什么间体? 只在"大与小"之间有一个。

(三)如上所述诸间体倘在同一科属,必站在对成之间,也必须为诸对成所组合。诸对成或是(甲)包含于一个科属之内,或是(乙)不包含于同一科属内。(甲)假如有这样一个先于诸对成的科属,则组成这科属中品种对成的差异,也将先于品种;因为品种是由这科属与这差异组合起来的。(例如,假定白与黑为对成,其一为穿透色,另一为耐压色,②——"穿透"与"耐压"这些差异是先于的,——这样在对成而论亦为先于。)但,具有相反性差异的两品种才真是品种对成,其它中间品种必须是科属与它们各自所具的差异所组成。(例如白与黑间一切诸色就当说科属,即色与其色差所组成。可是这些差异不会成为基本相对;否则所有一切的颜色均将成为相对的或白或黑了。所以这些差异与基本对成不同;它们处于基本对成之间;基本差异则是"穿透"与"耐压"。)

于是,(乙)我们必须询问不在一个科属内的诸相对,其间体由何组成。(因为在同一科属中的事物必须或以科属要素与各项差异相复合来组成,或是没有差异复合。)对成,凡不互涵,而为差异复合者,这才能成为第一原理;至于间体则应全是复合或没有一个是复合物。现在,事物由对成进行变化时每易先过渡于某些复合

---

① 1057a36—37莱比锡印本两行,在第杜校订本上删去。
② 穿透色(διακριτικὸν χρῶμα)与耐压色或压缩色(συνκριτικὸν χρῶμα),参看柏拉图"蒂迈欧"67E全节。

物,(这些复合物具有两对成或多或少的性质,)然后再引向相对的一端;这些复合物就处于两对成之间,两对成在这间体上消长。那么一切所谓间体便应是这些复合物(一事物在消长之中,或多或少地具有某两事物的各不同素质,就该说是某两事物在某种程度的复合)。又因为另无它物更先于诸对成而与间体相匀和,所以间体必须是由诸对成复合起来的。因此一切次级相对与它们的间体也当是基本相对所复合起来的。①

于是,清楚地,诸间体是(一)全都包括于同一科属,而(二)站在对成之间,(三)它们都是由诸对成复合起来的。

章八　"于种有别"是说"一事物""于某事物中"有别于"某事物",这就该是那相别的两事物所共同归属的事物;②例如动物之"于种有别"均属动物。因此,别于品种之事物必隶同一科属。我所举"科属"一字的命意,在物质上或其它方面着想,既为两品种的共同云谓,也就包含着非出偶然而确实重要的差异。在这科属以内不仅各物具有通性,例如两必同为动物,而又必各具有其个别种性,例如其一为马性,另一为人性;这通性,在每一动物上所表现的,超于种性之别。于是某一动物可由彼自性而成为某种动物,如一匹马,而别的则成为别种动物,如一个人。所以这差异必须是科属以内的"别性"。我将"异于科属"一语加之另一"别性",使科属本身成为互别。于是,这将是一个"对反"(这也可由归纳予以说

---

① 自 1057b2—30 题旨见于 34 行,而行文不甚晓畅;括弧内语似皆为后人插入诠注。

② 此句原文中可将下举各实例代"事物":"人""于动物中"有别于"马",动物实为人与马所共通之科属。事物必有所同而后可以在所同之外求其所异;此所同者即科属。如绝无所同,两物便无可比拟。参看上文 1054b25—28 及下文 1058a7—8。

明)。一切事物因相反,所以分离,而诸对成则已证明为共隶于同一科属,①因为对成已经说明②是完全差异。而一切品种上的差异是"在**某事物上**"对于**某事物**的差异;所以这个**某事物**于它们两事物实为所共通,这也就是它们的科属。(由此而论,一切于属无异而于种有异的相对是在同一云谓系列之中;③而达到最高度的互相为"别"——这差异是完全差异,——就不能同时并存。)所以这差异是对反之一式。

这样,"于种有别者"就该是在同科属内凡不可区分而具有一个对反的事物(不可区分物之不具有对反者将为"于种相同");我们所以要注明"不可区分物",是因为在区分过程中,中间阶段上未达成为不可区分物时,亦可引出对反。于是,对于所谓"科属"而言,"一科属内各品种"显然没有一个可与科属论同或论别。(这样的比喻可以适用;物质〈在综合实体上〉因否定〈取消形式〉而得以显明,科属作为事物本性的一个要素也就是它的物质底层,〈品种则类于综合物体的形式;〉但这里若以赫拉克利特氏族为一科属名词,则其含义便与此喻不符④。)于不在同科属内的事物而言,这既于科属有异,便也不论品种之别:这里,所论为科属之别。而在同科属中的事物则论品种之别。别于品种之事物,其差异必须是一个"对反";这只有同科属事物才能有这样的差异。

章九 或问雌性与雄性相对,其间差异为一对成,何以女人与男

---

① 见本卷第四章。
② 见于1055a16。
③ 参看1054b35;并卷A,980a23脚注。
④ 参看卷Δ,1024a31—36,1024b4—6。

人于品种无别；雌雄各有本性之异，颇不同于白黑之例，何以雌雄动物于品种无别；雌雄作为动物同属一品种。这问题与下一问题略同，何以一类对反使品种有异，而另一类则不引起品种之异，如"有脚"与"有翼"成为动物种别之征，而"白脸"与"黑脸"却不成种别之征。也许前一类变异，于科属而论，颇为特殊，后一类则在科属上未为特殊。因为前一类的差别要素为定义之异而后一类只是物质之异，在定义上的对反才能造成品种之异，仅于物质上有所差殊不能造成异种。所以肌肤或白或黑不为种异，白人或黑人虽各系以异称，而实非异种。这里只在物质方面考虑着问题，物质不创造差异；因为这人与那人各有其骨肉，但这并不使两人成为各别的品种。综合实体各自为"别"，但不"别于品种"，因为这在定义上，并无对反。这里不含对反之"别"，而是最后不可更区分的个体之"别"。加里亚是公式综合于物质；于是白人也如此，因为这就是那个别的加里亚其肤色是白而已；人之为白，出于偶然属性，于定义上无所增益。一铜圈或一木圈也不是于种有异；若谓铜三角与木圈异于品种，则其为异不在物质，而是因为它们在定义上已成为一个对反。然而物质能在某一方式上使事物为别，却不能使事物于品种上成为别么？或也能在另一意义上使事物为品种之"别"？虽则于它们的个体定义中包括了它们的物质，何以这匹马与这个人于种有别？无疑的，因为这在定义上有一个对反在。白人与黑马之间也有一对反，而且这是品种上的对反，这对反不在于其一之白色与另一之黑色，即使两皆为白，白人与白马仍还是"于种有别"。但雌雄〈男女〉为动物之特有秉赋，其为分别不由其怎是而由于物质，即身体。为此之故，同一种籽只为所受某项作用就或成为雌，或成为雄。这里我们已说明了何谓"品种有别"以及何以有些事物异于品种而另一些则于品种无异。

章十 因为对反是"别"于形式,而可灭坏事物与不灭坏事物是相对(因为阙失是一个决定性的无能),两者必然不同级类。①

我们现在说到一般通用名词时无需认为一切不灭坏事物应在形式上异于可灭坏事物,正像每一白色物并不一定于形式上异于每一个黑色物一样。假如这是一个普遍〈共相〉,同一事物可能成为两者,甚至于在同时可能成为两者(例如人类既有白人又有黑人);假如这是一个个别〈殊分〉,这还是可能成为两者,只是不能同时成为两者;同一人可以一时为白,又一时为黑。可是,白与黑相对。

但,某些相对因偶然属性而附隶于某些事物(例如现在所述及的以及其它许多事物),另一些相对则不然,其中就有可灭坏与不可灭坏事物这一相对。一切事物之成为可以灭坏均非偶然。凡属偶然就可有时而不然,但可灭坏性当其见于一切事物就成为一个必然秉赋;如其不然,同一事物将可能灭坏而又不灭坏。于是,可灭坏性必然就是每个可灭坏事物的怎是,或存在于其怎是之内。同样的论点于不灭坏性亦可适用;两者都应是必然秉赋。于是,那引致一事物成为可灭坏,另一事物成为不灭坏的特性应是两个相反,所以它们必须异于级类。

---

① γένος 原译"科属",此章译为"级类"。εἶδος 原译"品种",此章译为"形式"。此章所用两字只是1059a14一行中符合于其它各章"科属"与"品种"之技术分别。这两字之引用有时含义略见混淆。并可参看卷Λ,1071a25与27;"范畴"8b27与9a14,"动物史"卷一490b16与17,"政治学"卷四,1290b33与36,其间混用科属与品种两词。

10　　于是，显然，某些人①所主张的意式〈通式〉是不能有的，按照意式论，这将同时存在有一个可灭坏人与另一不灭坏人。② 而所谓意式，据说，与各个个体不但名称相同，形式亦复相同；但诸事物〈如可灭坏与不灭坏事物〉之异于级类者，其为差异较之形式之异，还更属重大。

---

① 指柏拉图学派。
② 即一个感觉上的"个人"与另一意念中的"人式"。

卷（K）十一①

章一 在若干章导言中②我们已说明智慧是第一原理的学术，也提出了我们对各家所指第一原理的批评。人们可以这样询问，智慧是一门抑几门学术？事物的诸对反常统一于一门学术，而第一原理并不相对反，若谓智慧只是一门学术，这与此义不符。若不只一门学术，则那些学术可称为智慧？③

又，实证原理是属于一门或几门学术？如属之一门则何为必属于此而不属于别门？如为几门，则哪几门是实证之学？④

又，智慧是否统研一切本体？如非统研一切本体，这就很难说应专研那一本体；若说一门学术可以统研一切，则又该疑问，何以同一门学术能包含多种主题材料。⑤

又，这是否只研究本体抑并及其属性？若研究可证实的属性各例这就无关乎本体。但两者若分属两门学术，则哪一门应为智

---

① 卷K，第一章至第八章1065a26止为本书第三、第四、第六卷之简述。第八章1065a27起至卷末为"物学"中若干论题之撮要。此卷似为学生笔记。其内容，亦有助于第三、四、六各卷之了解，因此自古来第一至第八章都保存在编次之内。K卷下半无亚历山大诠释，公元后第二世纪时，八章至卷末可能不在此书编次之内。

② 称为导言若干章者盖指卷A，章三至十。

③ 参看卷B，996a18—b26。

④ 参看996b26—997a15。

⑤ 参看997a15—25。

慧？若以属性之可实证者为智慧，则那讨论基本问题的本体之学又何以素称智慧？

再者，我们现所勤求的学术，不应预想为对于"物学"①中所论诸因之研究。因为（甲）这不涉及极因。（极因出于善性，归入作用与动变范围；而善之究竟则归到原动者，——但在不动变事物而论，则并没有这么一个最初使之动变的事物。）②（乙）这也难说，我们现所勤求的学术，可否泛涉可感觉事物，抑只可专论非感觉事物。若为非感觉事物，这就应是通式或数理对象。现在（子）通式显然并不存在。（若承认通式存在，这就难说数理对象何以不该像其它具有通式之事物一样存在于这世界上。这些思想家将数理对象，安置于通式与可感觉事物之间，作为这世界上的事物与其通式两系列之外之第三系列；但在理想人马与个体人马之外，实际并无第三人与第三马。在另一方面，如不承认他们的想法，则数理之学又将研究什么？那就一定不是这世界上的事物了；因为这类事物都不是数学的对象。）那么（丑）我们现所勤求的学术也不是为了数理对象；因为一切数理对象均不能独立存在。可是，这又并不专研可感觉事物；因为它们是可灭坏的。③

大家将会询问到那一门学术讨论数学材料上诸问题。④ 这不属于物理之学，因为全部物学专门研究具有动静原理诸事物；这也不属于实证之学；因为这一学术所研究的就只是它所实证的那一

---

① 四因见"物学"卷二章三。
② 参看卷 B,996a21—b1。
③ 参看卷 B,997a34—998a19。
④ "数学材料"实指与可感觉事物相对的可理解事物。这问题，卷 B 内未提出，但见于卷 Z,章九。

类知识。这样还得让我们所尚论的哲学来处理这些问题。

大家又可讨论我们这门学术是否主于研究所谓要素的各理论;大家认谓一切组合事物之中存有各种要素。

但,这也该想到我们所勤求的学术应该是研究普遍性的;因为每一公式与每一学术均以普遍原则而不以最低品种为对象,①照这道理,学术应从事于最高科属之研究。这些,最后将归结于"实是与元一";因为这些在本体上为各个原理之基始,而涵融着万物;倘"一"与"是"消灭,则万物亦当与之俱灭;因为每一事物莫不在自申其为"一"为"是"。但"一与是"各当以其差异为云谓,科属则云谓于事物之所同,不云谓其所异,凭这样的命意,我们似乎不能拿"一与是"当作科属和原理。但较简单的若说比较复杂的为更近于原理,则科属中的最低品种既较科属为简单,(因为品种不可区分,而科属则可分为许多品种,)那么与其认为科属是原理,毋宁以品种为原理。若说品种是在科属之所同处立异,而由这差异以破坏科属的范围,那么科属应较近于原理;因为事物之能包容另一事物的破坏性者便应是那另一事物的原理。② 这些与其它类此诸问题是令人迷惑的。

章二 又,我们需要假定有某些脱离各个个体的事物,而我们这门学术所研究的正是这些事物?但个别事物为数无尽;事物之脱离个体而独立者,或为科属或为品种,而我们这门学术并不研究这些。为什么不可能研究这些问题,这在上面已说明了。③ 在可感

---

① 参看卷B,998b15。
② 参看卷B,998a20—999a23。
③ 见1059b24—38。

觉本体（即这世界中的本体）之外是否需要假设一个可分离的本体，抑或就将可感觉本体看作是智慧所关切的实在事物，这一般是难言的。因为，我们似乎在寻觅另一类本体，而这正是我们的问题所在——是否在事物自身以外另有不属于可感觉事物的独立存在——假如真有这样一些本体相应于可感觉事物，却又是脱离它们的，那么这又得询问哪些种类的可感觉本体才会有这些相应的本体？何以人们会假设人与马较之其它动物或一般无生物更该有这样相应的本体？另一方面，制造另一系列与可感觉并可灭坏本体相等数目的永恒本体，似乎是无可赞赏的。[①]——但是，若说我们所求的原理不能从实事实物分离开来，那么，还有哪一名词较物质为更可称道？可是物质只是潜能而不是实现。较之物质，似乎这宁取形式或形状为更重要的原理；但形式是可灭坏的，[②]那么能得独立自在的永恒本体是全没有的。然而这是悖解的；因为这样的本体与原理殊应实际存在，而且大部分有造诣的思想家所当作实是而一致追索的，恰正是这些；苟无某些永恒常在的独立实是，这宇宙又何以立其秩序？[③]

又，世上倘确有我们现在所求的这样性质的本体和原理，而且这是贯通可灭坏与不可灭坏事物的唯一原理，那么问题又得转到何以有些事物落入了永恒原理，另有些落入灭坏原理之中？这是不可能的。但，如果承认世上有两原理，其一应用于灭坏事物，另

[①] 1060a18 ἀλόγιον δόξειαν ἂν πίπτειν 此短语费解。或译作"超出了可能限度"。
[②] 凭物质所表现之通式虽不参加灭坏过程，仍是可灭坏的，参看卷 Z，章十五。唯一单纯而无所凭于物质的不灭坏通式为"原动者"（卷 Λ，章七）。应注意本卷各节亚氏只在列举一般的意见，而指示其中所涵之疑难。
[③] 参看卷 B，999a24—b24。

一则应用于永恒事物,我们亦得有所疑难,这两原理是否均属永恒? 如果原理是永恒的,何以属于那可灭坏原理的事物不也成就其永恒? 倘原理本非永恒,那么另一原理,〈即不灭坏事物之原理〉何以成其永恒;一则由此而自相矛盾,另一则因彼而自相矛盾,彼此相互矛盾且延展于无尽。①

另一方面,假如我们建立"实是与元一",为最不能变的诸原理,(甲)若每一实是与元一,不指明为一个别事物或一本体,它又何能分离而独立? 然而我们所希望于基本而永恒之原理者,正该是这独立性。但,(乙)它们若真各是一"这个"或本体,一切现有事物将悉成本体;因为一切事物既各有所"是",而有些事物又各成为"一";可是"一切现有事物悉为本体"这一语是不真实的。(丙)他们②说"元一"是第一原理也是本体,而"数",由元一并由物质产生者,也该是本体,这些讲法其实义又如何? 我们怎能设想"二"与其它各数,由若干"一"组合起来后,仍称为"一"〈一个数〉? 在这一点上他们没说什么,实际也是难为说明的。

我们试假设"线"及跟着线来的事物(我意指理想的面)为原理,于是至少这些不是能分离的本体,线只是面的分划,面只是体的层次,(而点只是线的段落;)它们也是相应各物的定限;可是这些分划与段落与层次各涵存于另一事物,实际上是没有一个能划开来成为独立存在的。进一步问,我们怎能假设世上真有"点"与"一"这样的本体? 每一个本体悉由渐进过程成其实是,但点就无

---

① 参看卷B,1000a5—1001a3。
② 指毕达哥拉斯学派与柏拉图。

渐进的生成过程;因为点是一个段落。①

还有一个疑难出于这样的事实,一切知识是有关普遍性的一些"如此",但本体不是一个普遍而宁是一个特殊的"这个";所以,若说世上真有关于第一原理的学术,我们怎能设想第一原理就是本体之学?②

又,综合实体(我意指物质和形式在组合中的事物)以外是否另有独立事物? 若说此外别无事物,然而一切事物之存寄于物质者既均可灭坏,则我们无以回答不灭坏的问题。如其另有事物,这当是通式或形状。那么何种形式为可能分离而独立,那些又不能,现在很难分明;有些例,如一房屋,其形式是显然不能分离的。③

又,诸原理是否于种类相同或于数相同? 如其相同于数,则一切事物悉成相同。④

章三 因为哲学专在一般实是上求是,重于通则,略于偏别之处,而"实是"既具多义,凡其取义不同时,就不得由同一学术为之研究(字同义异之词项便应分隶于不同科属);但,此字如毕竟具有某些通义,则"实是"还应归之于一门学术。词类如"医疗的"与"健康的"就如上述,各有多种含义〈而各归于一门学术〉。词类之运用必相应于其所关涉者,其一涉于医疗,另一涉于健康,其它则涉于所相关之其它事物,而各求其相符契。或谓一刀曰医疗器具,或谓一课程曰医疗课程,前者致实用,后者为学术,而所关涉者则

---

① 参看卷 B,1001a4—1002b11。
② 参看卷 B,1003a5—17。
③ 参看 999a24—b24。
④ 参看 999b24—1000a4。

同为医疗。称为"健康"的事物亦相似,其一则可为健康之表征,另一则可资以致人于健康。它例类此。"现是"各物之所以称"是"者略同于此;其所称之"是"或为实是之演变,或其常态,或其暂态,或其运动,或其它类于此者。每一现存事物均可以某一单纯之通义为比照,每一对反亦可以其实是之基本对反与基本差异为比照,无论此基本差异为"众与单",或"相似与不相似",或其它类于此者;这些,我们曾已讨论过了,①兹不具详。这现存事物,其比照为拟之于"实是"或拟之于"元一",则并无分别。因为,即便两者并不相同,至少它们是可转换的;因为凡是"一"的事物辄有其所"是",而凡为"是"的每亦成"一"。

但因每一对反均归同一门学术予以研究,而每组对反的两项,各是另一项的阙失。(有些对成如义与不义在两端之间具有一个间体,在这样的例上人们可以询问,阙失又如何与两端相涉?)在所有这些例中,人们必须认定阙失不算是全部定义的褫夺,而只是最低品种的褫夺。例如,倘将义人释为"由于本性自觉而完全服从法律者",那么不义者的定义将不必是整个定义逐节的否定,而只须是"在某些方面对法律不够服从",在这方面他就被称为阙失;它例类此。

恰如数学家之专研抽象事物(在他开始研究前,先剥脱了一切可感觉素质,如轻重、软硬、冷暖,以及其它可感觉的诸对成,剩下的就只是量性与延续性,有时是一向度,有时二,有时三向度的量性与延续性,以及这些事物作为计量与延续之属性,于任何其它方

---

① 参看亚氏"残篇"1478b35—1479a5,1497a32—1498b43。

面就不复置意;他考察其中某些事物的相关位置与它们的属性,和另一些事物的可计量与不可计量性,以及另一些事物之间的比例等;可是所有这些都安顿在同一门学术——几何),在实是研究方面这也如此。"实是",就"实是"而论诸属性和所涵的诸对反,恰正是哲学这门所专研的对象。人们可以分别将事物之不属实是,只属动变者归之于物学;将事物之不以"自身为是"而以"其属性之所是为是者"归之于辩证法与诡辩术;于是,留给哲学家的仍为我们所已举示的诸事物之所以为实是。因此,一切可比照于由某些单纯而共通的事物以成其为实是者,虽其词具有多方面的命意,这类事物可以由彼单纯之通义以归入一门学术,诸对成的情况亦然(它们可以实是的基本对成与基本差异为比照),这样在我们开头[①]所提出的那个疑难可算是解决了——我意指许多不同科属的事物如何能归之于一门学术这问题。

章四 数学家虽于求取各专题的解答时运用通则,这还得让哲学家来考查数学的诸原理。"相等者减去相等者,所余相等"这样的原则本通用于一切计量,但数学家却只引用此原则于他们所剥离出来的一部分事物,例如线,或角,或数或其它类此之量度——数学不管那些事物之实是为何如,只管它们如何各各延续于一向或二向或三向度。但哲学并不研究个别主题具有这些或那些偶然属性,它所尚想于事物者将以阐明万事万物之所由以成为此事此物之实是而已。——物理与数学的地位相同;物学研究事物之属

[①] 1059a20—23。参看卷Γ,章二 1059a29—34 所提出的疑问,这一节也附带作出了答复。

性,阐明其动变原理而不管其实是为何如(至于我们所说的第一学术也涉及属性和动变原理,这不为别的,而只是因为在属性与动变上另有为之底层者存在);所以物学与数学必须编次为智慧的分支①〈哲学的部分〉。

章五 有一个原理我们不可为之掩饰,而且相反地,必须永久承认其为真实——这就是"同一事物不能同一时既是而又不是,或容许其它类似的相反两端"。② 关于这样的真理,虽有各别实证,却没有完全的普遍实证。因为要完全证实某一原理,必须由一个更确实的真理为之包含,而对于这真理,我们找不出更确实的真理。③ 谁想向一位执持相反论点的人证明他是错误的,他必先要求对方承认与此恰是相同的原理(并非似乎相同)——这原理就是"同一事物不能同时既是而又不是";惟独如此,他才能将自己的论据向那位在同一主题上确乎执持相反论点者作出实证。参加辩难的两方必须默契此意;如其不同意这一规律,他们的辩论怎能进行? 每一字必须指示可以理知的某物,每一字只能指示一事物,决不能指示许多事物;假如一字混指着若干事物,这就该先说明它所征引的究属是其中哪一事物。于是谁说"这是而又不是",他就否定了他所肯定的事物,这字原义"如此"者,他说这"不如此";这是不可能的。所以"这是"虽然指明了某事物,这就确乎再不能用以代表那与它相反〈矛盾〉的事物。④

---

① 此节相符于卷 Γ,章三 1005a19—b2,也答复了本卷第一章 1059a23—26 及第二章中的一些问题。

② 参看卷 Γ,1005b8—34。

③ 参看卷 Γ,1006a5—18。

④ 参看卷 Γ,1006a18—1007a20。

又,假如肯定了这字标征某物,此字此物就作成必须的联系;凡必须为"是"的就不该"不是"。所以要想确乎相反地肯定而又否定同一主题是不可能的。① 倘以肯定与否定为同样真实,那么谁说"人"与谁说"非人"也同样真实。这似乎再说"此人是非马"比之"此人是非人"并不会更真确或更不真确,而且既可说"非马"也就可说此同一人"是马";因为这先曾假定了相反叙述可能同样真实。于是跟着来的是:这同一人是人,是马,又或是任何其它动物。②

对于这些通则,这里虽没有做出完全充分的证明,可是也足够各别反驳那些任意造作假想的人了。也许依照这方式盘问赫拉克利特自己,就可逼迫他承认同一主题永不能以两相反的说明为一样真实。但是他竟作出了这样主张,并不了解自己的主张实际包含些什么。③ 如果他所说确属真理,则不仅同一事物将可以同时既是而又不是,还得这样发展下去;试将这样的叙述拆开为各个单独肯定与单独否定均应同为真实——再复合起来成为一个综合叙述——这样的综合肯定也将与综合否定一样真实。④ 又,假如一定理不能确乎肯定任何事物,——它所肯定的只是:正不必确乎是正,反不必确乎是反——这样的定理自身就应是假的。⑤ 世上苟有真是非,必将拒绝这些完全破坏合理语法的异说。

章六 普罗塔哥拉亦曾有类似上项想法的言语:他说过"人是一

---

① 参看卷 Γ,1006b28—34。
② 参看卷 Γ,1007b18—1008a2。
③ 参看卷 Γ,1005b23—26。
④ 参看卷 Γ,1008a6—7。
⑤ 参看卷 Γ,1012b13—18。

切事物的计量",①其意谓各人所见便是真实。若然,同一个别事物于此人为美者,可以于彼而为丑,其它以人为度量之事物情形往往如此,苟以此为凭,则同一事物便将可是可非,可善可恶,而一切相反叙述均将同属真实。我们若于此说溯其由来,将可解其迷惑。此意所本盖一部分出于自然哲学家之教义,而另一些事例则出于世俗寻常之见,世人于同一事物固或喜或厌,或以为甘者或以为苦,各因所见不同而作不同之想。②

凡物必出于物,无物不能成为有物,此通则几乎为一切自然哲学家所公认。可是,倘先有全白者在,白就不能产生,而非白若先在,这却无妨于白的产生;因此辩难者这就可以说,先为不白,今而为白,白固由不白者来;若是,则其先必白与非白两存于此物。可是这疑难是容易袪除的;我们已在"物学"③中讲明事物由无成有,与由有成有两项不同的意义。④

对于辩难两方面的意见与印象若作等量齐观,当是幼稚的;两方必有一方错误。这是明显的,问题起于感觉;同一事物实际并不会于此人味甜,而又于彼味苦,如其有别,其中一人的味觉当已受损或有所变改。若然如此,大家就该以其中的一方为度量事物的标准,而不用那不正常的另一方。于善恶、美丑以及类于此者,亦然。那些执持着我们所反对的那种意见的人,正像用一手指压在下眼睑而看见了两手指,然后又示人以手指只有一个,于是他主张

---

① 见"残篇"1。参看1053b1脚注。
② 参看卷Γ,1009a6—16,22—30。
③ "物学"卷一第七至九章;"成坏论"卷一,317b14—319b5。
④ 参看卷Γ,1009a30—36。

二与一相同（这于另一位不自干扰其视觉的人，一手指看来就是一手指）。①

总之，凡认为世上一切事物皆变动不息，没有一刻能保持相同的情态，用这样的观念作为我们判断真理的基础，这是荒谬的。探索真理必以保持常态而不受变改之事物为始。这些当以诸天体为最宜；列宿千古无恙，昨今相同，不参加变化，也不会一刻这样，一刻又那样。②

又，假如动变是有的，这就必有被动变者，"一切被动变者必出于某物而入于某物"，辩难者遂意谓此被动变之事物既可以为先所出之某事物，又可为后所入之另一物；实际此事物先在某物之中，因动变进行而出于某物，脱离某物之后，入于某物，而后存于某物之中；先是与后是两者绝不同时，故相反叙述决不能像他们所想象那样同时俱为真实。

就算这地球上的事物于量上流动不息——这虽并不尽确，可姑作这样的假设——这又何须就认定事物在质上也不能保持常态？我们辩难的对方似乎因为同一事物可以四肘长，也可以不是四肘长，于是信以为事物的量不能保持常态，由此误想了矛盾叙述可以同时两皆真实的谬说。但事物之怎是宁依于质，不系于量，质出于事物之决定性，量则出于事物之未定性。③

又，医师嘱咐人们服食某些特殊食品，人们何为遵行医嘱？怎样才可明确"这是面包"较之"这是非面包"为真实？若照那谬说行

---

① 参看卷 Γ,1010b1—26,1011a31—34。
② 参看卷 Γ,1010a25—32。
③ 参看卷 Γ,1010a22—25。

事,则服食与禁忌并无分别。但事实上人们和医师大家都会心于言语之通则,确知服食就是服食,而所服食的也确定是面包。假令自然确乎永在流动而一切可感觉事物绝无恒性,他们将无所措其感觉。①

又,假如我们永是动变,绝无常态,那么大家又何必以病人的视觉幻异为惊奇?(照他们的论点,无病的人看可感觉事物也刻刻在作变异;可是实际这同一事物虽则引起了两个生理不同的人发生不同印象,它自身并未参加那病人视觉的变异。倘事物,真像上面所说,是在动变之中,那么对于那无病的人也应引起变异的印象。)我们若保持正常而不变,事物也将有其不变者保持着在。

对于那些站在辩难立场而造成这样疑题的人,满意的答复就不容易了,除非他们愿意肯定某些事物而不要求其解释;只有这样,一切理解与实证才能进行而可得完成;如果什么都不认可,他们就破坏了一切理解,讨论也没法进行。对于这样的人是没法与之说理的。② 至于那些为传统的迷难所惑的人,这就容易相语而为之消释其所惑。这在上面所述各节已可明白了。③

经过这些析辨,相反〈矛盾〉叙述已显然不能在同一主题同时为真实;④相对叙述也不能如此,因对反的一端出现时必有待于另一端的褫夺。我们若将对反的公式简化为它们的基本原理,这就可以明白。⑤

---

① 参看卷 Γ,1008b12—27。
② 此节可参考卷 Γ,章五及六。
③ 见 1062b20—1063b7。
④ 参看卷 Γ,1009a16—22,1011a3—16。
⑤ 参看卷 Γ,1011b15—22。

相似地,一主题倘已明确为对成之一端则对成之间的间体也不能属之于此主题,主题若是白的,我们就不该说这是既不黑也不白,因为这样,跟着也可说这个是白又是不白了;那个复合叙述的两项〈"不黑与不白"〉中其第二项实际与白相矛盾,若间体成为主题之所是,则"不白"也将为白的主题之所是了。①〈这是不可能的。〉

所以,我们不能接受赫拉克利特②或阿那克萨哥拉的观念。如果认为那些观念是对的,则对成的两端将可〈同时〉为一主题的云谓;当阿那克萨哥拉说:"物皆含有万物的各一微分",这也就是说甜的事物不异于苦的,③于其它诸对成亦然,于是万物之含存于各物者不仅为其潜能,又且是各别的实现。相似地,这不能说一切叙述全假,也不会全真,因为若说一切是假,则连他那原理也该是假,而若说全真,那么,我要是说"这全是假的"也不能成为假了;从这样的论题更可演绎其它种种的困惑。④

章七　　每一门学术各为其范围内所可认识的事物觅取某些原理与原因——例如医学与健身术以及其它制造之学或数学,都是这样的。各门皆自限于其所研究的各类事物之中,似若勤求诸事物之所由存在与成实者,——揆其实际则不然;研究存在与实是者乃另一门学术,全不同于这些学术。上所提及各门学术于各类事物之何以成其"怎是"者各有一得之见,而于努力阐明其它真理亦往往各臻于

---

① 参看卷Γ,1011b23—1012a24。
② 已见本卷1062a31—b2。
③ 阿那克萨哥拉语原意是甜物亦多少存有苦味。亚氏所摘取者只是在名学方面的一些语病。参看第尔士编"残篇"11,苦纳脱"早期希腊哲学"129节。
④ 参看卷Γ,1012a24—b18。

专精。可是，它们所得的"怎是"或出于感觉，或出于假说而已；总之，归纳这一类的学术，曾无一门可得为本体及其怎是做证者。

有一门自然学术显然与实用之学及制造之学两皆不同。以生产知识而论，动变之源在生产者，不在所产物，这动变之源就是艺术或其它职能。相似地，于实用之学而论，动变之源在有所作为之人，不在所做之事。但自然哲学所研究之事物类皆自身具有动变原理，所以自然学术既非为实用，亦不从事制造，这就成为一门理论学术（凡学术，三者必居其一）。每一门学术必然知道一些"怎是"〈"这是什么？"〉，而执此怎是为原理，我们因此就该注意到自然哲学家怎样来界说事物而为其"怎是"制成公式——而这些就有如"凹鼻"或如"凹性"两类公式。"凹鼻"包括物质，"凹性"离于物质而独立；凹鼻得之于鼻，我们必不能舍鼻而另致其公式，凹鼻就是一个具有凹形的鼻。于是，明显地，肌肉，眼睛以及其它部分都不能舍弃物质而制成公式。

因为专研实是之为实是的学术是能够独立的一门学术，我们必须考虑到这门学术与物学相同抑相异。物学所讨论的是自身具有动变原理的事物；数学是理论学术，讨论静止事物，但数学对象不能离事物而独立存在。那么异乎这两门学术，必是专研那些独立存在而不动变事物的学术，这样性质的一类本体，我们以后将试为证明其实存于世间。[①] 世上若真有这样一类的实是，这里就该是神之所在而成为第一个最基本的原理。于是显然，理论学术有三——物学，数学，神学；理论学术为学术所共尊尚，神学尤为理论

---

① 参考卷 Λ，章六及七。

学术所共尊尚；每门学术各因其所研究对象之高卑为优劣,而神学所探索者,因为世上最崇高的存在,是以优于一切学术。

人们可以提出研究实是之为实是的这门学术应属普遍抑非普遍这问题。数学各科各研习某一级数学对象,但普遍数理则通论各科以应用之于一切数学对象。自然本体若为一切现存事物之首要,则物学必为学术之首要；但世上若更有独立不变之本体与实是在,那么这一知识必先于一切,而普遍于一切,亦必异乎物学而先于物学。①

章八　　因为"实是"诸命意之一为属性〈偶然〉之是,我们必须考虑到实是的这一方面。明显地,传统诸学术均不管偶然属性问题。建筑术不考虑那些将要住在那屋内的人们(例如他们住此屋内一生或吉或凶,或乐或悲的问题),纺织,或制鞋或缝衣,亦然；每一门学术所考虑的只是各自范围内自身的目的。至于辩论题目,如"凡现有的常为先未曾有,是故'无'可为'有'",所以苟有谁能识曲而成为能文者,就应是先不识曲亦不能文,而一朝就既已识曲又且能文,这类忮词②——除了诡辩家以外,已成立的各门学术都不会去管这些问题；因为这些都是属性之是。所以当柏拉图说③诡辩家以"非是"为业,他说得不算错。

我们若试体察属性〈偶然〉之是究属何物,就可明白属性之学该是不会得有的。我们说每一事物或谓常然,或谓必然(必然的意

---

①　参看卷 E,章一,又卷 K,1059a26—29。
②　这一诡辩忮词与卷 E,章二中所举例不同；此忮词之症结在滥用 ἅμα ἔσται ἀμφότερα 中 ἅμα("即刻"或"同时")一字,此字现译"一朝"。
③　参看卷 E,1026b14 脚注。

思不是说出于暴力,只是可以诉之于实证而知其必然),或大多数如此,这是一类,另一类是并不大多数如此,亦非常然,亦非必然,而只是出于偶然〈机会〉;例如伏天可以寒冷,但不会常然,亦非必然,亦不大多数的伏天如此,虽则这可以有时而遭遇。于是,偶然属性可以释为遭遇,而不是常有,必然,或大多数可有的遭遇。现在我们已将属性之是说明,大家也该可懂得这样一门学术不能成立;因为一切学术只能研究常常或大多数如此的事物,而偶然属性不是这一类事物。

显然,属性之是不像本性之是那样,具有原因与原理;如其具有原因与原理,这将成为必然的了。如有 B 就有 A,如有 C 就有 B;假令 C 不是偶然存在而为必然存在,则凡以 C 为因者,B 亦将成为必然,节节之因所引起节节之果,直至最后之果而后已(但这果是跟着那假设之因而随附着发生的)。于是,一切将尽成必然,一事物之可遇或不遇的可能性,亦即"机会",便完全由这一系列中删除。假令这初因尚非现成而便将出现,同样的果也将跟着出现;各个事件也将必然次第发生。明天将见月蚀,倘先见 A;A 将见,倘先见 B;B 将见,倘先见 C;在此系列中,若于现在与明天之间的有限时期内减去各段时间,我们就将获见那预定的开端。若此前因诚有,则各个后果自会遭遇,而一切事物也就成为必然的遭遇。

"真实之是"[①]与"属性之是"之所以各为其"是",前者依于思想〈理知〉的结合,也是思想的一个演变(因此我们所探索的原理就不在实是之本义而为实是外在的客观义理);后者之为是既非确定(亦

---

① 参看卷 E,章四;卷 Θ,章十"论真假"。

25 即偶然),便非必然;凡偶然事物,其原因既不确定,亦无统系。①

事情之出于自然或由思想所肇致者,必可见其适应于目的。这样的事情若忽而发生这就是机遇〈运道〉。因为一事物之存在该得
30 有一个原因,或是出于本性自然或是出于偶然。② 某些事情原来常是出于某种作用,符合于某些目的,兹乃忽然发生,此类事物其起因不能不归之偶然者,便是机遇,这样机遇与思想照顾着相同的范围;因为那些作用原来应该是凭依思想而发生的。引致机遇结果的原
35 因是无定的;所以"机遇"幽隐,非人智所能运算,这种偶然缘由可算是无原因的原因。③ 其结果为善为恶为吉为凶,就说是好运道或坏
1065b 运道;倘所遭遇的后果规模很巨大,这就说兴盛或衰败。④

因为偶然事物均不会先于本然事物,所以偶然原因也不会先于自然原因。如有以"机遇"或"自发"为物质宇宙之原因者则"理
5 性"与"自然"当已先之而为原因。⑤

章九 有些事物只是实现地为事物,如某一个本体,有些只是潜在地为事物,如具有某一个量,又有些则是潜在地与实现地为事物,如其它各范畴。⑥ 离开事物就没有运动,变化常按照实是
10 的范畴进行,⑦各范畴间不相通变。每一范畴中一切事物之成是

---

① 参看卷 E,章二至四。以下为"物学"撮要。
② 参看"物学"卷二,196b21—25。
③ 参看"物学"卷二,197a5—14。
④ 参看"物学"卷二,197a25—27。
⑤ 此论题见于"物学"。"机遇"间接出于理性,"自发"相似地间接出于自然。但间接原因预拟了直接原因;这论点针对着原子论者。(参看"物学"卷二第四章196a24,又第五第六章,198a5—13)
⑥ 参看"物学"卷三,200b26—28。
⑦ "变化"(μεταβαλλει)之在范畴上进行者,本体之变为成坏;量变为增减;空间之变为位置移换。参看第十二章。

者，必于两个方式中择取其一，例如，于个体，其一类为"正面形式"，另一为其"阙失"；于"质"，其一为"白"，另一为"黑"；于"量"，其一为完整，另一为"不全"；于空间运动，其一为"向上"，另一为"向下"，或是一物为"轻"，另一为"重"；这样，有多少类实是就有多少类动变。

在潜能与完全实现之间，别有一级事物，我称潜能的这种实现过程为动变。由下列事实可以见到我们所言为不误。当砖石正在被用于建筑时，亦即在建筑过程之中，我们认为这些砖石是"可建筑物"，这些可建筑物就正实现地为"可建筑物"。[①] 正在学习，正在医疗，正在步行，正在跳跃，正在长大，正在成熟，皆相似。动变结束之时，亦即完全实现之时，不先不后。[②] 所谓动变，就是潜在事物〈砖石〉非以其原身份〈砖石不作为砖石〉而以其可动变身份〈砖石作为可建筑材料〉转成为完全实现〈房屋〉。这里，ἡ〈作为〉我以指示这样的含义：铜，潜在地是一雕像；可是雕像的完全实现并不是"铜'作为'铜"而进行之动变。因为"铜'作为'铜"与"作为"某一潜在事物并不相同。假如这在定义上完全相同，那么铜之完全实现为铜就得算为动变了。但这并不相同。（这在对反的例上是明显的；能够致健与能够致病不相同——倘"能致"为相同，则正

---

① ἐνέργεια（"实现"或"实现过程"）与ἐντελέχεια（"完全实现"）在漫步派目的论中为两重要名词；亚氏有时将两字作同义字混用（例如1066a3）。

物质底层之以砖石为例者，照1065b15—23的分析有三阶段，（甲）砖石为物料，可作建筑房屋之用；（乙）本为可建之砖石，现在被用于建筑之中，即"潜在房屋"入于动变阶段，亦即房屋之实现过程；（丙）完全实现为房屋，砖石已砌入墙壁，不复是可建筑物。"可建筑物之为可建筑物"限于实现过程中。

② 参看"物学"卷三，200b32—201a19。

是健在与正在病中也将相同,——真正相同的只是健康与疾病的底层,那底层或是血液或是体液则确乎为同一的血液或体液。)有如颜色与可见物之不同那样,事物与潜在事物并不相同,动变是事物作为潜在事物而进入完全实现。这么,"动变终了于完全实现的同时,不先不后",该可得明白了。因为每一事物,例如可建筑物之作为可建筑物者,可能有时实现有时不实现;可建筑物作为可建筑物而进行实现,则为建筑活动。实现就或是这个建筑工程,或是房屋。然而当房屋存在时,这可建筑物就不再是可建筑物;这恰已成了被建筑物。所以,实现过程必须是建筑活动,[1]这就是一个动变。同样的道理可应用于其它一切动变。

从别人关于动变的议论看来,可以明白我们所说不误,事实上也没有其它方法来界说动变。第一,这不能安排在其它级别中。这从人们的议论中可以见到。有些人称动变为"别异",为"不等"为"不实";[2]可是这些都不是必然会动变的,变化或从这些发生与变向这些,却也一样可从它们的对反发生与变向。人们把动变安排在这些级别中的缘故,是因为这些被当作为"未定",而"未定"之成为诸对反两行列中[3]的一列则因为它们全都不是"这个",也不是"如此",也不是其它任何范畴,而是阙失。至于动变为何被看作"未定",是因为这不能归入事物之潜在或其实现;因为可能成为某一量与实现为某一量都不是必然会动变的。动变可拟想为实现,

---

[1] 此语说明房屋($οἰκία$)不因砖石($πλίνθος καὶ λίθος$)为可建筑事物($οἰκοσομηιὸν$)而得以实现;实现的要义则还在动变,$κίνησις$ 即建筑活动(或建筑工程)($οἰκοδομησίς$)。
[2] 指毕达哥拉斯学派与柏拉图学派;参看柏拉图"诡辩家"256D,"蒂迈欧"57E。
[3] 参看卷 A,986a23 脚注。"未定"系列即"无限"那一系列。

但未完成;动变虽出于潜能之进行实现,却也不完全。所以这很难捉摸动变究竟是什么;我们必须把它归之于"阙失",或"潜能",或"实现",可是明显地,均不适宜。所以剩下的唯一安排就得依照我们的意见,归入我们所叙述的实现活动——这是一级难于察见而可得存在的实现过程。①

动变显然涵存于可动变物之中;因为被那动变原因所动变而成为完全实现的正是这可动变物。致使动变之活动不异于可动变者之活动。两者的活动结果就是完全实现。一事物称为主动者,是因为它具有致使动变的能力;但实行动变的还得是那可动变者,所以两者的实现是合一的,有如一个段落,可说是从一到二,也可说从二到一,有如一个山坡,可以说是上坡,也可以说下坡,段落还是那同一段落,山坡还是那同一山坡,只在活动上看来不相同;主动与被动的例与此相似。②

章十 无限〈无尽〉或(甲)是不能达到尽处的,因为它的本性就是不可尽(这于声音总是看不到的有所类似)或(乙)是容许无尽地进行的,或是(丙)很难进行到尽处,或是(丁)虽则自然地可到尽处,却从未到过这尽处。又,一事物可以在加法或减法上为无限,或是在两者均为无限。说无限是一个可分离的独立实是而又不可得见,这是不可能的。无限若既不是一个几何量度又不是一个算术众多,而自身并不因属性而成为无限,却正因其本性为无限而成为无限者,这便应是不可区分的了;因为量度或众多均可区分。若

---

① 1065b22—1066a27。参看"物理"卷三,201a27—202a3。
② 参看"物理"卷三,202a13—21。

无限正是不可区分,那就只有声音看不到这样的命意可成为无限;然而人们所论述的无限并不指这样的命意,我们也不是在考察这一类无限,大家只研究那不可尽的无限。① 那么无限应是数或量度的一个属性,若量度或数不能独立自在,无限如何能独立自在?② 又,无限若为其它某些事物的一个偶然属性,这样的无限就不能是那些事物的怎是,这犹如"不可见性"不能成为言语一样,尽管"声音"是不可见的。③ 明显地,无限不能实现地存在。因为这样在无限中取出任何部分均将是无限(因为无限若不是一个主题的云谓,而已成为一本体,则"成为无限"〈无限性〉与"这无限"就相同了)。所以无限或不可区分或可区分,若可分段,则各段均当为无限;但同一事物不能有许多无限(假如无限为一本体,亦为一原理,则无限的一部分仍还是无限,犹如气的部分仍为气)。所以,这必须是不可分配的,不可区划的。但因为在实现上,无限就得是某一个量,这就不能是不可区分的。所以无限性只能是某一主题的偶然属性。但若真像我们所说过的④那样,无限就不能是一个原理,这只能是气或偶数的偶然属性。⑤

　　这个研究是普遍性的;但由下一论点可得明白在可感觉事物中没有"无限"。一个实体的定义倘是"以面为其界",则无论是可感觉或可理知实体均不能是无限;也不能有一个分离的无

---

① 参看"物学"卷三,204a3—14。
② "物学"204a17—19。
③ "物学"204a14—17。
④ 见上文第九行。
⑤ 参看"物学"卷三,204a20—32。这是毕达哥拉斯数论派的无限观:以气在量度上具有无限性;又以偶数为具有无限性质的数,奇数为有限的数。

限数,因为数以及具有数的事物均是可点数的。① 从下一论点看来真理是确乎明显的。无限既不能是组合体,也不能是单体。(甲)因为要素之为众为多是有限的,这就不能组合成"无限"。诸对反必须相等衡,各不能是无限;对反两物体的能力倘有高低,则有限将被无限所灭坏。两物体又不能均为无限。物体在各个方向均具有延伸,而无限则是不尽地延伸着,这样,无限倘为一物体,此物将在每一方向均为无尽。(乙)无限物体既不能是任何单纯物体〈元素〉②——也不能像有些人所认见的由以创生诸元素的某些超元素事物。③(因为诸元素以外并无这样的事物;万物均可分析为它所组成的元素,但除了不可再分离的诸单体〈元素〉外,从没有分析出这样的事物。)无限也不是火,也不能是其它元素。除了这些怎能成为"无限"这问题以外,宇宙万物即便它"有限"也不能是这一元素可以变为任何另一元素;像赫拉克利特所说④"一切在某时悉变成火"。同样论点也可应用于自然哲学家们在诸元素外所主张的"元一"。因为一切事物均由对反变向对反,例如由热变冷。⑤

---

① "物学"卷三,204a34—b8。
② 指阿那克西曼德之"无限元素"(即未分化或未定之元素)。参看本书卷 A 章七,卷 Λ 章二。
③ 超四大元素,参看"物学"204b10—24。
④ "残篇"30,64,66,90。
⑤ 参看"物学"卷三,204b32—205a7。以元一为无限这论点参看上文1066b35—1067a1。这里的论据与"无限"这主题不甚相切。特来屯尼克英译本注释:一切变化均由对反向对反,(甲)一元素不能对反其余诸元素,(乙)一个物质原理也不能对反四个元素;所以"这也不能以'唯一'元素或'唯一'原理为宇宙之终极原理"。

这里亚氏否定以"无限"为宇宙主体之说,顺便批评了一元论。

又，一个可感觉实体必有所居处，全体与部分各有其正常位置，例如整个大地〈地球〉与其部分。① 于是，（甲）假如一个无限实体是匀整的，这当是或不动弹，或常动。② 但这是不可能的；它在或动或静，或上或下，或这里或那里，将何所择呢？例如这无限实体苟有外壳，它这一部分，将在何处逞其动静？这个匀整的实体和它外壳已占尽了无限的空间。又，外壳真能占尽了那空间么？怎样来占尽？（这是不可能的。）其动与静又何如？这将是在任何处静止着就不能动弹；或是在任何处动着就不能静止。③ 但（乙）假如这"全体"〈全宇宙〉具有各不相似的部分，则各个部分的正当位置也不相似，而且第一，这个"全体"只能是因接触而成一实体，第二，它各个部分，其为数应或是有限或是无限。它们不能是有限一类；因为全体既为无限，其中一些部分若为有限，则另一些部分就将是无限；例如火或水应将是无限，但这样的一个无限元素将毁灭对反诸元素。④ 假如其各部分是类属无限的单体，那么它们的部位也各为无限，而全体中又得有无限数的元素；假如这是不可能的，各个部位是有限的，全宇宙也必是有限的。⑤

---

① 希腊自然学家于"四大"的正常位置是这样安排的：地〈土〉处于宇宙中心，宇宙外圈为火。参看"说天"卷一，第二章。

② "常动"（αἱ οἰσθήσεται）一语，用于"无限实体"不合。无限实体之外应无空间，而全不能动弹。罗斯解释此短语指无限实体中的一部分之或动或静。

③ 1067a15，如以大地（地球）为无限，无限之物不可得其中心，因此，这外壳就不能确定有它正常的动静位置。（看下文，1067a23－33）

④ 参看"物学"卷三，205a10－25。又参看本卷1066b28－34。这里的论旨大略如下：倘造成一个无限全体的各个部分为类有限，其中必须有一类，其为量或延伸是无限的。但其中若有一类为无限，这一类将毁灭其它的有限类，那么原来假定的以一部分有限类来组成无限全体也不能成立了。

⑤ 参看"物学"卷三，205a29－32。

一般说来，一切可感觉物既悉属或轻或重的实体,世上便不能有一个无限实体而仍让诸实体各保持其正常位置。因为这必须或向中,或向上运动,而"无限"——或是一整个或是半个——均不能作向中或向上的运动。你怎能区分这个实体？你将以那一部分为上或为下,又那一部分为中或为外？每一可感觉事物各有其空间位置。而位置则有六类,① 这些都不能存在于一个无限实体中。一般说来,假如没有无限空间,无限实体也不能有；(无限空间实际是不能有的,)在一空间就得在某处,这就得是在上或在下,或在其它任何方向之一,这些各都有一个定限。②

至于表现在运动上,或在距离上,或在时间上的无限,其命意不同于单独事物,这些必皆后于某一先天事物,由于另一事物在先故此后天事物相关地称为"无限",例如一事物在动变或扩张中由于所历的距离关系,其运动有称为"无限"者,而由于运动的历程,一时间亦有称为"无限"者。③

章十一　　关于变化的事物,有些是在偶然属性上变,例如说"这有文化的"在散步；另有些说是在全称上变着,因为它某些内存的事物在变,或是它所包含的某部分在变；身体说是变成健康,因为病眼已治愈了。更有些事物由于本性而直接变化,这才主要的是在本性上为可变事物。致动者也有同样分别；致动者引致变化也可以是或出于偶然属性,或部分地出于本性或全出于本性。

动变,某些事物当是直接致动,某些事物当是出于被动；又必

---

① 空间位置六类为上下,左右,前后。(见"物学"205b—31)
② 参看"物学"卷三,205b24—206a7。
③ 参看"物学"卷三,207b21—25。

有动变时间,以及始动所自与终动所止。① 但作为动变两限点的形式,情态,地位都不动变,例如知识与热度;热度不是一个动变,加热或减温过程才是动变。②

并非一切事物均具有非属性之变,内在本性之变只能变于诸相对,诸间体与诸相反〈矛盾〉之间。我们可凭归纳以为证明。③ 凡变,或正变入于正或负变入于负,或正变入于负或负变入于正。④(正项命意,我现在用以指说一个肯定词。)这里负与负两项既非相对亦非相反,"负入于负"既然不含有对反就不能当作一变;故变必归于三式。负乃正的相反,"负入于正"为生成,全变即完全生成,局部之变即局部生成;"正入于负"为灭坏,全变为完全灭坏,局部之变为局部灭坏。⑤

假如"非是"有数命意,而在结合与分离上为"非是"者,以及与全称实是为相反的潜在之是,均不容有运动⑥("非白的"或"非善的"当然可以作偶然的动变,因为那非白的或非善的可能是一个人;但如果全不是一个个体,这就没法运动),则凡属"非是"均当不能"运动"。(若然如此,则"非是"既出于生成,一切生成便不能是

---

① 参看"物学"卷五,224a21—b1。
② 参看"物学"卷五,224b11—16。
③ 参看"物学"卷五,224b28—30。
④ ὑποκαιμένου 和 οὐχ ὑποκαιμένου 亦可译作主与客。变化的可能四式成为"主变于主,客变于客,主变于客,客变于主"。
⑤ "正变入于正"虽非两相反,却可成两相对,如"穷人"变为"富人";这样的变非本体之变,只是属性之变。如改作"穷人"变为"非穷人",亦不能为全称的本体之变。亚里士多德于变的三式中只说明两式。只有正负与负正之变确为本体之变。正正之变为运动,参看下文1068a1—5。
⑥ 参看卷 E,1026a33—b2,1027b18—19。结合与分离上为"非是"者即"假"。潜在而非实现地存在之事物为另一类"非是",这两类"非是"能变化,不能运动。

运动;即便这生成完全出于属性,"非是"仍是一般生成事物的云谓。)相似地,"静止"也与非是无涉。于是这些后果颇为古怪。还有,每一运动的事物必有一处所,"非是"原无所处;但它若有运动这便当有其处所。灭坏也不应是运动;因为运动的两个对反为动和静,但灭坏的对反却正是生成。[1] 因为每一个运动是一个变化,而变化有三类,前已列举,[2] 三类之中生灭一式为一事物在它的两相反间之变化,并非运动,这样就只有正项之变入于正项才是运动。正项可以是相对或是间体(阙失也可作为相对),均用肯定词为之命名,例如裸体〈无衣〉,或豁龈〈无齿〉,或黑〈无白〉。

章十二 如范畴分为本体,质,处,作用或被作用,关系,量,[3] 则运动必归于三类——质,量,处。本体无运动(因为本体无与之相对者),关系亦然(因为相关系的两者之一变化时,另一相关词项虽全无变化,亦已失其原关系,——所以它们的运动是附属的)。作用与被作用者,或主动者与被动者亦然,因为这既没有"运动的运动",也没有"生成的生成",一般说来也就没有"变化的变化"。(一)运动的运动也许在两个含义上存在;(甲)一个人从白变黑这行动是一个行动主体在行动——在这样行动着的这个人又可以加热,冷却,或挪移,或增大。但这不可能是变化的变化;因为这里的

---

[1] 此节将 μεταβολῆς(变化)与 κίνησις(运动)作出分别,每一运动是一个变化,每一变化不一定是运动。本体之变如生成与灭坏只是变化,其他范畴之变如位变才是运动。但亚氏于全书中不常作此分别,往往以 κίνησις 一字包括运动与变化,通说本体与其他范畴。

[2] 见于1067b19。

[3] 范畴仅举其七,位置,状态,时间三者未列。时间为一切运动的要素之一,本身不进入运动。

主体不是"变化"。① （乙）或是另一主体也许由变化而再变为另一式的存在（例如一个人由疾病变成健康），但这动变只可附于主体而发生，仍还不可能是变化的变化。因为每一动变是由某些事物变为某些事物，生灭亦然；只是生灭变化之入于对反与运动之入于对反者其道各异。② 于是，说一事物同时由健康变为疾病，又由这个变化本身变向另一事物。明白地，假如这已变于疾病，这当已变到可得进行任何再变的境界（这不能在静止中）；每一变化原不是一些偶然的变化，再变也当是由某些确定的事物变向于另些确定事物；所以再变将必是相反的变化，亦即变为健康。然而所有这些变化都只能凭附在某一主体上进行；例如有一种变化是由回忆变向遗忘的过程，这种变化只是因为那变化过程所系属的事物在变着，一时变入有知状态，一时又变入无知状态。

（二）变化的变化与生成的生成倘是确有的，这过程将进至无限。后一生成倘出于前一生成，则前一生成又必更有前一生成。假如简单的现生成物若先已是一度生成，则那些生成物又应先已一度是某些生成物；那么这些简单生成物尚未存在，那些曾已生成物业经先已存在。而那个业已生成物，在那时候则尚未成为生成物。但因为在一切无限系列中找不到第一项，在这样的生成系列中也不会有第一项，那么后续各项也不能跟着存在。于是生成或运动或变化也都不能有。

（三）凡能运动的也是能作相对的运动与静止的，凡生成者亦

---

① 主体只是发生白黑动变的那个人，那个人又发生冷热动变，质变，或处所动变（位变）或增减变动（量变）。此类附属变化加于那个人并不加于那个白黑动变。
② 生灭为两相反间〈矛盾〉之变化，运动是两相间之变化。

消失。故生成者当于一经生成的生成之顷即便消失,因为这不能在生成之中消失,亦不能在以后消失;那么,凡是正在消失的事物,必须是此刻正在生成的事物。①

(四)生成与变化必须具有一物质为之底层。于是这底层物质将是什么,人在改换中,是身体抑灵魂在进行这改换,是什么成为运动或变化?这动变的终局又是什么?因为这必须是某些事物从某些事物动变为某些事物。于是这个条件怎能达成?不能有学习的学习,所以也没有变化的变化。②

因为本体或关系,或作用与被作用均无运动,运动就只与质、量和处相涉;因为这些各都具有对成。至于质,我不是指本体中的质(因为差异也是一种质),我只指承受的质,由于这种质,一事物得以被作用或由此得以不被作用。③ 全不被动变者或是在长时期间很难动变,或是动变开始很慢的,或是本性上能被动变且应被动变,而在该动变之时与该动变之处并不动变者,这些谓之不动变物。在诸不动变物中,只有这最后一个我称为在静止中;因为静止是相对于运动的,所以这必须是能受运动者的一个阙失。④

事物之所在相紧接者称为"共处",事物之各在一处者称为"分离"〈独立〉。(在一直线上相隔最远者称为"对处"。)事物之极外端

---

① 此节说明"生成的生成"是荒谬的,以论证"变化的变化"也是没有的。罗斯疏释此节:假如生成物为生成的"生成物",那原生成应消失其生存。何时消失? 这不在正当生成的生成之时,因在生成之中,尚未生成;所以这不能消失。也不能在这已生成之后消失,因为这时只有"已生成"便无"现生成",所以他不能有"现消失"。所以"现消失"只能见于"现生成"之顷刻间。这是荒谬的。
② 1067b14—1068b15 参看"物学"卷五,225a3—226a16。
③ 参看"物学"卷五,226a23—29。
④ 参看"物学"卷五,226b10—16。

相共在一起者为"接触";变化中的事物,若照它的本性继续变化,在尚未自然地到达变化终极之前谓之"间在"。① 因为一切变化皆在对反之间,对反则或是相对或是相反,而相反者便无中项,所以这明显地,只相对之间才有"间在"。② 跟着起点顺次而下者为"串联"(其序列决定于位置或形式或其它),相串联的两者不得有同级而非顺次者杂入其间,例如线与线,单位与单位,一房屋与一房屋之间。(非同级事物之杂入其间,这可不管。)串联者,联于某事物而为某事物之后;"一"之于"二"不为串联,月份中初一亦不串联于初二。串联而相接触者谓之"贴切"。延续为贴切的一个品种。两事物之外限相共处以至于合一者,我称为"延续",所以诸事物由于相贴切而成为一个整体者,才可见其为延续。明显地,在这些观念中,串联当为先得,(因为串联者不必为接触,而接触者可为串联;事物之延续者自必相接触,而接触者不必延续;诸事物之不相接触者必非一有机体;)所以一个点不同于一个单位;因为各点可接触,而各单位〈数〉不可接触,诸单位只能串联;点之间可有某些事物,但单位之间不能有某些事物。③

---

① 参看"物学"卷五,226b21—25。
② 本节各行依柏朗脱尔(Prantl)及特来屯尼克校勘移接。
③ 参看"物学"卷五,226b32—227a31。

卷（Λ）十二[1]

章一 我们研究的主题是本体；我们所探讨的正是本体的原理与原因。倘宇宙为一整体〈完物〉，本体就是这整体的第一部分；倘这整体只是各部分的串联，本体便当在序次上为第一，其次为质，继之以量。同时后两者实际上只是本体的秉赋与动变，并非全称实是，——将这些也算作实是，"不白""不直"之类便也成为实是；至少我们有时也得说"这里是一个不白的"。又，除了本体而外，其它各范畴均不能独立存在。早期古哲学家也习知本体的原始性；他们所勤求的也正是本体的原理，要素与原因。现代思想家[2]趋向于以普遍〈共相〉作本体（由于他们的研究趋重于抽象，因而凡成为科属的普遍事物，他们就叙为原理与本体）；但古代思想家却将个别〈殊分〉事物，如火如土者，列为本体，不把它们的共通物身当作本体。

本体有三类。——可感觉本体支分为二，其一为永恒，其二为可灭坏；（后者为常人所共识，包括动植物在内；）于可灭坏本体，我

---

[1] 卷 Λ，为一独立专篇。此卷论涉神学者特多，素为拉丁学者所特重。第八章言天文各节该是亚氏晚年手笔（参看耶格尔[Jaeger]"亚里士多德"366—379）。此卷从章三开篇两句，章五开篇一句看来，似为亚氏自备讲稿之简录；末章有明显的讲堂语气。

[2] 指柏拉图学派，论本体而特重非感觉本体。

们必须钻研其要素,无论要素只是一种或是有多种;另一为不动变本体,某些思想家认为这不动变本体可以独立存在,有些又把不动变本体分为两,这两者即通式与数理对象,而另一些思想家考量了这两者,认为只有数理对象是不动变本体。① 前两类本体为物学主题(因为它们主于动变);但第三类本体,如其原理与另两类不相通,就得属之于另一门学术。

可感觉本体是可变化的。现在假如变化由相反或由间体进行,这就只能由对成而不是可以从任何相非的事物进行(因为声音非白,但声音不能变白),由对成的一端变向另一端,其所为变不是出于那相反两端而是某些底层事物在两端之间进行着变化。

章二② 又,变化中有些作用坚持于不变,另一些不自坚持;因此在两项相对作用之外,就应有某些第三事物,即物质。

现在,因为变化归于四类,——或为本体〈怎么〉之变;或为质变,或为量变,或为处变;变于"这个"〈本体〉是单纯的生灭,变于量是增减,变于秉赋〈质〉是改换,变于处所是运动,变化跟这四项从原状态变向对反状态。于是,在变化中的物质必须能为两种状态。物之为"是"原有二义,变化即潜在之"是"物成为实现之"是"物,例如潜在之白色实现为白色;增减之为变,其例相似。所以一事物不仅可以偶然地由非是而成为是,也可说一切事物之出现无不出于所固在,只是它先未实现,仅为潜在而已。这就是阿那萨哥拉之

---

① 不动变本体三家不同论点为柏拉图主于"意式"(即"通式"),齐诺克拉底主于"通式"与"数理对象",与斯泮雪浦主于"数理对象"。参看卷 Z 章二与卷 M 章二。

② "贝刻尔印本"于 1069b7 分章,原文两章语气相接未可段落;但论题确在变换之中。亦可在 1069b9 或 1069b4 以下分入第二章。

"元一";[①]若说万物皆合于一,恩培多克勒的混合物与阿克那西曼德与德谟克利特所提的名称其意亦复类此,——这不如说"一切事物都一起潜在而不一起实现",较为妥当。所以这些思想家似乎已获得某些物质观念。现在,一切可变化事物悉具物质,但不同的事物各具不同的物质;而永恒事物,则凡不生灭而于空间能运动者亦当具有物质,但这只是在空间由一处动向另一处的"运动物质"而不是"可成坏的物质"。

人们可以提出这样的问题,生成是从那一类"非是"进行的;因为非是有三命意。[②] 假如非是有潜在的一式,这还不能说一切事物皆出于潜在,这还该说是"不同的事物出于不同的事物";说"一切事物全混合在一起",总难符合实际;事物异于物质,若一切事物皆属同一事物,世上该只有一物,何乃生成无尽事物?既然理性是一,若物质亦为一,则物质当为潜在〈未分化之元一〉,而理性则为之实现〈实现之元一〉。那么原因与原理有三:定义或通式为一,另一即与定义及通式相应之阙失,两者合为一组对成,第三则为物质。

章三　　其次,请注意物质与通式两不创生——这里我意指最后的切身物质与通式。每一变化之事物必原为某些事物所变,而成为某些事物。使之动变的为切身之动变者;被动变者为物质,动变所成为形式。假如不仅是铜创成为圆,而圆也在创成,铜也在创

---

① 语见阿那克萨哥拉"残篇"1。参看卷 A 章八。阿那克萨哥拉以万物为无尽数的同式同质微粒("相似微分")所组成,而"理性"为其合一之原理;亚里士多德混而言之为"元一"。

② 这里亚历山大诠注 ἀπορήσαι(提出问题)——回顾到 20 行由非是成为是(由无成有)一语。"非是"三命意,(1)为"实是范畴",(2)为"假",(3)为"潜能"。参看卷 Θ, 1051a35—b2;卷 N,1089a26—28。

成,则创成过程将无尽已进行;所以这必须有一个终止。

又其次,请注意每一本体是由某些与之名称相应的事物创成为实是。(天然事物与其它事物均列为本体。)事物之创成为实是或由技术〈人工〉或由自然,或出机遇或出自发。技术之为动变原理出于被动变事物以外之另一些事物,自然之为动变原理则出于事物本身(如人生人[①]),其它的原因则为两者之阙失。

本体之为类有三——物质,其存在的现象为实是之所寄托,(一切事物不是有机地生长成一体而只是接触于一处者为物质与底层,例如火,肌肉,头。这些均为物质,而最后那切身物质,才是全称本体的物质;[②]自然本性,〈形式〉那是个别地存在的正常状态,为动变之终点;第三就是由上两者所合成的个体,例如苏格拉底或加里亚。在有些例中,形式本性不能离综合本体而独立存在,(例如除了造屋技术可离房屋而保留外,房屋形式不会独立存在;这些形式也没有生灭;至于"房屋"或"健康",或其它一切技术产物在抽象上论其是否存在,那是另种讲法;)只有在自然对象上才有这类独立存在的实例。这样,柏拉图说自然对象有多少种,通式也就有多少种;这并不很错(假如在这地球上诸事物以外别有通式)。

---

① 1070a5"同名相生"(即同科属同品种生殖)为亚氏所主张之生物理论。"人创生人"亦为同名相生之一例。但在此节应用此例则与本书它章不合。照书中别处所举例,父亲为生殖儿子之原理,儿子不是自己的创生原理。一切生物之生长过程颇可为自然动变之例。

② 第19—20行为错简,依亚历山大校勘将 αἷον(例如)一语移接于11行 ὑποκείμενον(底层)之后。原文18行接上21行;于是两段皆可通解。

τὰ ἔσχατα,"最后"或"终极物质"亦可译"切身物质"。亚氏将物质分为原始或基本物质,与最后或切身物质。如以人而论,火、水等元素,全无个体而不可目见者为原始物质,手、头等为人身之有机组成,具有各自的个体而可得目见者,为切身物质,亦为人身之物质要素。肌肉等为手、头等之组成要素者可称中间物质。

事物之为动变原因者当先于后果,但在定义上论则原因与其后果宜属同时。当人是健康时,健康〈之式因〉自必同在;铜球之形状固与铜球同时存在。但我们应检验任何形式在综合事物消逝以后是否仍然存活。有些例似乎未必不是这样,例如灵魂可以具此性质(并非整个灵魂,而只是其中的理性部分;整个灵魂大约不可能身没而犹然存活)。于是,明显地,至少在这样的立场,诸意式的存在没有必要:人由人孳生,某人由某父孳生;于技术制造也相似;医术是健康的式因。

章四 不同事物之原因与原理各各不同,但在另一义上,人们以比拟之意论普遍性时,就诸理悉通而万物皆同于一因。人们可以提出这样的问题,本体和关系范畴之原理与要素相异抑或相同;并于每一范畴各作相似的询问。若一切相同,问题会得成为悖解。因为这样关系各项和本体将具有相同要素。而这共通要素又将是什么?作为云谓的其它范畴,与本体之间并没有既共通而又相异的事物;但一要素则应该先于其作为一要素而组成的事物;再者,本体并非关系中的要素,关系也不会是本体的要素。又,一切范畴怎能有相同要素?要素与要素组成的事物就不复相同,如 β 与 α 就与 βα 不同。(像实是与元一这类理知事物①亦非要素;因为这些可为组合物与其组成要素的共通云谓。)所以诸要素均不可以或为一个本体或为一个相关项。本体应专有本体之要素,关系有关系之要素。这样,各范畴之要素实不相同。

---

① 理知或理性事物与下文感觉或感性事物相比照。亚氏每用此字指各范畴中一切抽象名词或普遍性事物,而以感性事物指称实体事物或个别事物。

或者,照我们常习的看法,要素可说或相同或不相同,例如,感觉实体之要素可以是:(一)(甲)形式,如热,其另一义为(乙)阙失即冷;与(二)物质,物质就直接地并自身潜在地或热或冷。而本体则可(子)由这些要素合成,或(丑)由合成物再合成,^①这些合成物或以这些要素为原理而合成,或是由冷与热所产生的任何物体,例如肉或骨合成;合成产物必然异于诸要素。于是这些事物于形式、阙失与物质三者而论要素和原理可说是相同——(虽则特殊各物仍各具有其特殊的各别要素);也可以说这些要素只比拟上似若相同,而实际上一切事物并不具有这样含义的相同要素。各级事物均各有其不同的原理与要素;例如于色为"白"、"黑"与"面",于昼夜为"光""暗"与"气"。

不仅内在诸要素为事物之诸原因,某些外在事物,例如动因亦为事物之原因,于是清楚地,原理不同于要素而两者均为原因。原理跟着内外因之别分为两类;凡能造致运动与静止的事物,应是一原理,亦为一本体。所以比拟地说,要素有三,原因或原理有四;但各别地说,则不同事物各有其不同要素,而切身动因也于不同事物为各异。健康,疾病,身体;动因是医术。形式,某种排列的阙失,砖,动因是建筑术。天然事物之例如人,其动因为人,而思想产物之动因则为形式或其对成;这样原因就或为四类或为三类。^② 因为有时健康本身就是医术,房屋的形式就是建筑术,而人孳生人。此外还得有一最初的事物为一切事物动

---

① 古希腊学者的物质观念以火与气为热元素,地与水为冷元素;而冷热为万物离合之要素。

② 效因(即动因)与式因(即本因)合为一,故四因成为三因。

变之始因。①

章五 有些事物独立存在,有些则不能,前者为本体。因为若无本体则演变与运动两不发生,所以一切事物具与本体同其诸因。又,这些原因大概是灵魂与身体,或理性与欲望②与身体。

再从另一方面说来,在比拟上为相同的事物也有相同原理,即实现与潜能;但在有些例上,如酒或肌肉或人,一时为实现,另一时为潜在,这些事物不仅仍然是各物各异,而且应以不同方式引用这些相同原理。(这些也归综于上列诸原因的分类中。③ 因为形式若能独立存在,这就是实现地存在,形式与物质的两合物,以及阙失如"暗"与"疾病"也能独立存在;但物质为潜能存在;因此物质只能因形式或阙失而得其表现。)但实现与潜能,在另一方式上分别应用于物质因果不同的各例,其中有些例,形式不同而各异;例如人的原因(一)人的内涵要素(其一为物质如火与地,与另一为人的特殊形式),以及(二)另一些外在事物如父亲,与(三)除两要素以外,如太阳与其黄道,既非人的物质,亦非形式,又非阙失,又与人品种不同,但却是人〈和生物〉的动因。④

又,大家应注意到,有些原因可用普遍名词为说明,有些则不

---

① 这里亚氏提出了(1)各事物最切身的近因(也就是最后原因,τὰ ἔσχαται)与(2)最初的远因作为万物的总因(τὸ πρώτων πάντων)两项重要分别。亚氏由此引向宇宙的原动者。
② ὄρεξις,"欲望"或译"欲念",指食色之性,与身体符合,与理性相对。亚氏此节所指之事物当为动物与人类。
③ 潜能与实现之分类与上章物质、形式及阙失之要素分类有确定之关联。
④ 太阳在黄道上与地轴之偏斜,产生夏暖冬凉之地球气候,使万物夏长冬消,为世上一切生灭现象之基本。此义见"物学"卷二,194b13;及"成坏论"卷二,356a31—b10。卷Θ章一所言潜能与实现之某二义等于因果。按照此类分别,生物应是在本性上有自己生长之内因,而太阳之潜能则为彼生长之外因。

能。一切事物之切身原理就在那个接近于实现的个体和另一个接近于潜在的个体。^① 这里没有我们所说的普遍原因,所以切身原理不是普遍性的。个体之因〈创生原理〉出于个体。人虽普遍地以人为因,但世上并无一个"普遍人",所有的人都只是贝留为亚基里之因,以及你的父亲是你的因;虽 β 一般地可以创生一般的 βα,还只是这一个别的 β 才能为这一个别的 βα 之创生原理。

又,本体的原因即便具有普遍性,而照我们说过的,^② 各别事物仍应各具不同的原因与要素;事物之不同级类者,如本体与量,色与声,只在比拟上可为相同,而实际的因素尽属各别;然同品种诸事物之原因各异者,不异于品种,只异于个体之各别为其个体,你的物质与形式与动因异于我的各项,而这各项的普遍定义却正相同。我们若问本体与关系与质三项之原理与要素是什么——它们相同或相异——清楚地,"原理"与"要素"两词若其多种命意混用时,这可算相同;但在实际上有异时,这也就各别;只有在下列命意上,一切事物之原因称为相同。(一)物质,形式,阙失,和动因为一切事物所通有,这里原因可称相同或可相比拟;(二)当本体消失而一切悉归消失,因此以本体之诸原因作为一切事物之诸原因,在这一命意上亦可称原因相同;还有(三)以最初的完全实现为一切事物之总因,在这一命意上亦可称原因相同。在别的命意上,一切对成之既非科属而词意亦不含混者,就应各具有各不同的近因;至于各别事物之物质原因自亦各各不同。

---

① 意指个别儿子以个别父亲为动因或本因,与个别母亲的胚胎为物因。
② 1070b 17。

这里,我们已说明了可感觉事物之诸原理,与其为数若干,以及其间为同为异之分别。

章六 本体曾说①有三类,自然实物本体二,不动变者一,于后一类本体,我们必须说明宇宙间应该有一个永恒不动变本体。诸本体为最先存在的事物,如本体均为可灭坏,则一切悉皆灭坏。但说运动或存或亡,时间或存或亡,这都不可能(运动或时间均应常在)。倘无时间存在,先与后均不能有。运动与时间的意义一样,也是延续的;时间或者就是运动,或者是运动的属性。除了空间运动以外无延续不息的运动,空间运动中只有圆运动为延续不息。

但事物苟能使别事物动变或于别事物发生作用,而不实施其所能,则动变不会出现;这只是未用的潜能。我们即便像信奉通式的人们一样,假设有永恒本体,若不让这些永恒本体具有致动致变的原理,还是无益的;这是不够的,即便在通式以外再建立另一本体仍还不够;因为这若不发生作用,世上就无动变。又,即便这已能作用,若其怎是仅为潜能,这仍不够;潜能既不必永远成为实是,世上仍还不能有永恒运动。所以这必须有这样一个原理,其要义即实现。又,这些本体必无物质;世上若有任何永恒事物,这些永恒事物就该是这样。那么,它们必须是实现。②

可是这里有一疑难;曾有一种设想,既然不是每一能作用的事物发生作用,而是每一在作用的事物为能作用,那么应以潜能为先

---

① 见上文 1069a 30。
② 亚氏主以实现为先天,其主旨在消除希萧特以来神话上以"混沌"为宇宙原始之思想影响。以"混沌"为原始即以潜在为先天。若先天混沌,后天亦必混沌。此不符于宇宙间当前之秩序。

于。苟以此意为诚然,则万物不必有;一切能存在的事物现今可能并未存在。

可是我们如果追随那些把世界从"暗夜"创生的①神学家们或追随那些主张"一切混合在一起"②的自然哲学家们,这引致同样不可能的结论。若无实现为先在原因,宇宙云何能生动变?木必不能自动——必须木工的手艺为之作用;经血与土地均不能自为动变,这必待种子作用于土地,精子作用于经血〈而后能有植物与动物〉。

这就是有些人——如留基伯③与柏拉图④——所以要假定有永恒实现的理由;他们说宇宙常动。但是何来这运动,这运动又是什么,以及宇宙间如此如彼之诸运动,其原因又何在,他们都没告诉我们。现在一切事物都不是胡乱地动变的,这必有某些致使动变的事物存在,实际说来,事物之动变,或当出于自然,另或出于力势或理性或其它事物。(又,哪一类运动才是基本运动?这里具有巨大的差异。)但,在这里指明能自动的自然事物⑤为柏拉图有时所假设的动变渊源,这也许不符于他的本旨;照他的论述,灵魂生成的较后,而与感觉宇宙为同时。⑥ 我们曾指明⑦假想潜能先于实现,这在某一意义是对的,在另一意义上说则不对。实现为"先于"

---

① 参看希萧特前引各节及"原神"(Theogony)116以下数行;又"奥尔费(Orpheus)残篇"2,第尔士编"缪色(Musaeus)残篇"14,"爱壁米尼得(Epimenides)残篇"5,"亚可雪劳(Acusilaus)残篇"1,3。
② 阿那克萨哥拉"残篇"1,上文屡见。
③ 参看"说天"卷三,300b8。
④ 参看"蒂迈欧"30A。
⑤ 参看"斐得罗"245C;"法律"894E。
⑥ 参看"蒂迈欧"34B。
⑦ 见于1071b22—26。

的道理曾为阿那克萨哥拉所领会（他的"理性"就是实现），也经恩培多克勒为之体验于他的"爱憎"〈友与斗〉论中，留基伯等认识宇宙间常有"不息的运动"，其义迨亦如此。

所以"混沌"或"暗夜"不是历无尽时而长存，只因受到变化循环的支配或遵从着其它规律，这些事物得以常见于宇宙之间，故尔实现总应先于潜能。于是，假如永恒循环是有的，某些事物〈星辰〉必须常守着同一方式以为活动。又假如生灭成坏是有的，这又必须另有事物〈太阳〉作不同方式的活动。[①] 于是这活动的来源必须是由己或由另一些事物——或由第三个活动原理最后推究到那原始动因。现在这必须归宗到"第一动因"了。若不承认这第一动因，就得继续寻找那第二或第三动因所由获得活动原理的事物。所以还当径称这事物为"第一"。这就是永恒常规运动的原因；另一些事物则为变异的原因，而两者合并着说，显然就成为宇宙贞常与变异的总因。这就是运动实际表现的性格。于是，又何必别寻其它的原理？

章七 因为（一）这是关于这问题的可能解释，而（二）如其不然，世界将由"暗夜"与"一切混合事物"并将由"非是"产生而发展，〈那么承认上述的解释〉疑难就可算解决了。于是，这里就得有某些不息地常动的事物，其动程为圆形；这不仅在理论上如此，事实上也是如此。所以第一天[②]必须是永恒的。也必须有致使运转的事

[①] 不同方式活动（参看1071a16—17及脚注）可指生成与灭坏两式，亦可指太阳的昼夜循环与黄道四季循环两式。

[②] 第一天（πρῶτος ο ρανός）为"恒星天"，即最远的一重天。利玛窦"万国坤舆序"引用藏经译文，以诸"天"作"轮天"。哥伯尼以前西方天文学包括巴比伦、埃及、希腊、印度等天文学均以地球为宇宙运转中心，日、月、五行星及诸星辰各以其离地远近，在彼所处之各天球（轮天）上作圆运动。

物。既然动与被动之事物为间在事物,这就必须有某些致动而不被动的永恒事物,这永恒事物为本体亦为实现。欲望与理性之为作用也是这样的方式;它们致物于动而自己不动。

欲望与理性的基本对象相同。欲望所求为虚善〈外表事物〉,理性所求为真善〈真实事物〉。但思想〈理知〉既为起点;欲望自应后于思想,而思想故当先于欲望。理性动于理知对象,对反两系列中的[①]一列本身就是理知对象;在这系列中本体为首,而在本体中则单纯而实现者为首。(一与单纯有所不同;"一"是计量,而"单纯"之意指明事物具有某些可称为单纯的本性。)但美与一切本身可欲望的事物也在同系列之中;各级对成中位在最先的各物常是最好的,或是可以比拟于最好的。[②]

不动变诸实是中存在有一个极因,这可以辨析其实义而为之说明。极因之作用不仅为善业,更当为某物之善果而为之作用。后一命意应用于不动变事物,前一命意则不应用于此。极因于其所喜爱产生动变,[③]其它一切事物则依所动变而行其动变。现在,试假定事物之有所动变,可得不遵循于常规。倘此事物之实现仅为空间运动之基本形式,则此在空间作运动之事物,固未尝不可以运动于其它形式——即便不为本体之变化,至少,可以不守其固常

---

① 参看986a23脚注。
② 此节辞意不甚明晰。"最好的"一词盖并无严格命意。毕达哥拉斯对成系列,其一列为正、是、一、实等,另一列为上列之阙失即反、非、多、空等(1004b27—29)。亚氏此处所言指第一列,美善与丑恶均为"是"。最美最善者为首位,为理知所求;最丑最恶者在末位,为欲望所求;故云欲望与思想之基本对象相同。
③ κινεῖ δὲ ὡς ἐρώμενον 此语在全章中颇为特殊,亦未易考证其所根据。经院学派每引此语与"约翰福音""天主是爱"为比拟,指证天主创造宇宙出于爱心。

之位置。迨既确立有一自身不动而致动于它物的原动实是以后，则事物之入于动变者，遂不能复离于所动致之常规。空间运动为动变之第一类，圆运动为空间运动之第一级；第一主动者引致第一级运动。这里，原动者必需存在；既然其存在为必需，则其为实是之本旨也必善，[①]而正由于这样的命意，这成为第一原理。所谓必需者当统有下列这些命意（甲）对反于自然之脉动为势力所逼而不得不然者，（乙）舍此常道即不能成业达善者，和（丙）舍此方式，别无其它方式，而只能在这唯一方式可得其存在者。

于是，宇宙自然与诸天就依存于这样一个原理。而我们俯仰于这样的宇宙之间，乐此最好的生命，虽其为欢愉也甚促（宇宙长存，此乐与此理长存；而吾人不能长在此世间），然其为实现者既所同然，则其为乐也亦同。吾人由此所禀受之活动与实现，以为觉醒，以为视听，以为意想，遂无往而不盎然自适，迨其稍就安息，又以为希望，以为回忆，亦无不悠然自得。而以纯理为活动与实现者尤佳，思想必致想于事物之最佳最高者，由此所启之思想方为嘉想。思想与所想者相接触，相参与，而两者循合于一体。凡能受致理知对象之怎是者，才得成其为理性。于思想活动之顷间亦正思想持获其所想对象之顷间。[②] 是以思想〈理性〉所涵若云容受神明，毋宁谓禀持神明，故默想〈神思〉为唯一胜业，其为乐与为善，达

---

① 1072b10 一句盖为失传之"论善"（Περὶ ἀγαθοῦ）一篇内要旨。"原动者其旨必善"之义并见于下一句，"舍此常道即不能成业达善"。"必需"释义见卷 Δ 章五。"原动者"或作"第一实是"，或作"不动变实是"；特来屯尼克译作"X"。

② 本卷所用思想一字出于"理性"（νοῦς）（或理知）；思想活动（νοήσις）与思想对象（τὸ νοούμενον）符合而成一"思想"（τὸ νοεῖν）。亚氏取其比拟于感觉，如视觉与所视物合而成一视象。（参看"论灵魂"卷三，第二章。）

到了最高境界。如云吾人所偶一领会之如此佳境,神固万古间未尝一刻而不在如此之佳境,这不能不令人惊奇;若谓神所在境宜更佳于如此者,则其为惊奇也更甚。而神确在更佳更高之处。生命固亦属于神。生命本为理性之实现,而为此实现者惟神;神之自性实现即至善而永恒之生命。因此,我们说神是一个至善而永生的实是,所以生命与无尽延续以至于永恒的时空悉属于神;这就是神。

像毕达哥拉斯学派[1]与斯泮雪浦[2]一样的那些人们因植物与动物〈比其种籽与胚胎为美〉的例示,就假想至善与全美不见于始因而出现于后果,这意见是错误的。因为种籽得于另一些个体,这些个体完善而先于种籽,第一事物并非种籽,而是完成了的实是;我们该说,在种籽之先有一个人,不是人由子生,而是子由人生。

从上面所说这些看来,这是清楚了,在感觉事物以外有一个永恒,不动变,而独立的本体。这也已显示了,这本体没有任何量度,没有部分而不可区分[3](因为这能历经无尽时间创造运动,而一切有限事物均不能有无限能力;每一量度既或为有限或为无限,这一本体既有无限能力就不能是有限量度,但无限量度并无实际存在,因此这也不会是无限量度)。其它一切动变既皆后于空间变化,这又显示了,这本体必当不受动变而且不可改易。

章八 于是,这本体所以是如此,该已清楚了。但我们不能忽

---

[1] 参看 1075a36。
[2] 参看卷 Z,1028b21,卷 N,1091a34,1092a11。
[3] 经院学者引 1073a5—6 此语比照"圣经",以解释神之本性,又每引 1072b26—27 语谓合于"启示录"教义。但亚氏生于"新约"编成前四百余年,实际并无希伯来宗教思想。本卷第七章由理知引向"神思"素为拉丁学者及日耳曼哲学家所特重视。

忘,"这样的本体是一个或不止一个"这问题,如其不止一个,则究有多少。我们也得提到,各家于这可能说明的本体既未有说明,其为数若干自更没有人注意。意式论并不研讨这一问题,意式论者以意式为数,而他们的数有时无限,有时①限止为10;至于为何列数应该恰恰是10,他们并未作任何精确的实证。我们却必须由预拟的假设与分析,详论自己所提出的问题。第一原理或基本实是创作第一级单纯永恒运动,而自己绝不运动,也不附带地运动。但因为被动事物必须有某物致使运动,而原动者又必须自己不动,永恒而单纯的运动必须由永恒而单纯的事物为之创作,又因为我们见到了所说不动原始本体所创作的宇宙单纯空间运动②以外,还有其它空间运动——如行星运动——那也是永恒的(凡物体之为圆运动者均属永恒不息;这个我们已在"物学论文"③中为之证明),这些运动也必须各有一个永恒而自己不动的本体为之创作原因。星辰正因是某一类的本体,而成为永恒,致动于星辰者既必先于星辰亦必为永恒本体。于是按照上所述及的理论④明白地,这就必须有与星辰诸运动为数一样多的本体,自己不动,永恒而无任何量度。

于是,这就明白了,致动的诸本体,按照星辰运动的顺序,其中有一个为第一,挨着有第二,再挨着以及其它。可是,关于运动的数目这问题我们只能从天文学——那是数理中的一门学术,与哲

---

① 指柏拉图(参看"物学"206b32)。
② "单纯空间运动"指宇宙之昼夜旋转,即第一轮天之圆运动。
③ 参看"物学"卷八,第八第九章;"说天"卷一,第二章,卷二,第三至八章。
④ 本页6—12行。

学尤为相近——的立场来研究；惟有天文学探测于可见而永恒的本体，其它如算术、几何所研究的均非本体。天体的动轨比在运动中的天体为数较多，这个凡能于天文稍加注意的人就可懂得；每一行星的运动均不止一轨。这些动轨究有多少，我们现在引证某些数学家的意见，俾吾人于此专题得以知其确数；至于其它问题我们必须一面自为研索，一面向另些学者传习，研究这个问题的人如与我们意见相反，我们当互尊各自的主张而奉随较为精确的一方。

欧多克索推论日、月之运动各依循于三个天球，第一为恒星天，第二为黄道之中线圆轨，第三为黄道两至间的偏斜圆轨；月行圆轨之偏斜度较日轨为大。行星动轨各有四个天球，其第一二天与上述日、月动轨相同（恒星天为总动天，与其下之黄道中线圆轨，为诸天体所共依），但每行星第三天球之动轴，建于黄道中线所成之圆面，而第四天球之动圆又与第三天球之赤道相偏斜；第三天球之动轴两极，各行星惟亚芙洛第〈金星〉与赫尔梅〈水星〉相同。余各不同。[1]

加里浦[2]于天球位置推论略同于欧多克索[3]，所言宙斯〈木星〉

----

[1] 中国"二十四史"中"历律志"所记五星行度用顺逆迟速诸词亦为地球中心作天文观察时所见之现象；此于各民族古天文家均所同然。西方古天文家深信天体必为匀整之圆行动，故假设各星依附于同心天穹（即天球）在某一动轴上为某速度转动时，列星亦相附而转动，若干不同动轴不同度速之天球组合成一行星之动轨，此项推算甚烦，而亦能略符诸天体周期运动与在地球上所见之顺逆迟速现象；此为哥伯尼建立太阳中心之历律系统前，托勒密（Ptolemy）天算体系所本。星辰动轨可参考色密斯孝（Themistius，约317—388）注释，柏里尼（Pliny）"自然史"卷二，第六至二十四章，以及托勒密"天文集成"。

[2] 加里浦（Calippus，盛年约公元前330），居叙古人，寄迹雅典。与亚里士多德相友好。加氏测候更精于前人，得历律76年周期，世称"加里浦周期"。

[3] 欧多克索（Eudoxus，约公元前408—前355），克尼杜人，在雅典柏拉图学院中与柏氏为师友。欧氏为意大利学派中著名之天算家，订正太阳周期为365½日。

及克罗诺〈土星〉的动轨数亦与之相同,但他认为日月应各增两动轨,其余诸行星亦各增一动轨,方能与诸天体实测行度相符合。

但在用这些天球的综合运动来解释诸天体的实测轨迹时,这又必须为每一行星安排其它天球以平衡上述各天球(每一行星之平衡球数较原有运动天球各少一个),而使每一天球下层诸行星得以回复其位置;只有这样的安排,所有诸天动力全部运动时,才可得产生大家所观测到的行星现象。这样核算诸行星所有动轨天球,——土星木星共为八,其余共为二十五,这三十三个动轨只有在最下层的动轨无须平衡天球,因此平衡两个最外层行星之球轨为数六,其次四星体为数十六;于是运动天球与平衡天球之总计为五十五。假如日月的动轨不作上述的①增添,则动轨天球之总数应为四十七。于是,倘便以此为动轨天球的数目,不动变本体与原理也就该有这么多;至于如何论定这些数据,还应待之更精审的思想家。

假如无益于星辰运动的其它空间运动均不会有,又,假如每一实是与每一本体之可得免于变化并可得由己成善者便应作为一个终极,那么除了我们上所列举诸实是外,便应别无其它实是;而这也就该是这些本体的数目。如另有其它实是,它们又将为运动之极因而引致变化;但除上述天体诸运动以外,实已不能另有运动。这于被动变物体方面考虑起来也是合理的;运动属于被运动的物体,每个致动者是为了受动者而致使运动,运动不是为运动自身或

---

① 参看1037b35,38—1074a4。依加里浦算法:日、月若不各增两球轨,相应而各减少两平衡天球,总数差八,为四十七。依苏雪季尼(Sosigenes)计算,"四十七"应为"四十九"之误。

其它运动而运动,为有星辰,故有此一运动。假如运动的目的在另一运动,另一运动又将追溯着另一运动;因为这样的无尽系列是不能有的,所以每一运动的终极目的将必由经行天穹的诸神物〈星辰〉之一为之表现。①

世上显然只有一个宇宙。② 假如诸天也像人那么多,则运动原理也将像人一样,其形式只一个而为数则甚多。但一切为数众

---

① 这里的论点:作为终极的每一不变而全善之本体(理性精灵)凭其"理性或欲望"创作一种运动。但一运动之创作必是为了一受动者,受动者有多少,就可推知创作者有多少。我们现在已算尽了受动者诸运动的数目,也就该是这些致动本体的数目,此外别无不变本体了。

亚里士多德天文体系概略:诸天体不生不灭,不增不减,不变质,不变形;作圆运动,不作直线运动("说天"卷一章二、三)。宇宙中若干套同心圆球组成,大地静处宇宙中心,亦为球形。宇宙最外层,第一天,为诸恒星所在,恒星天每昼夜绕宇宙中心转一周天("说天"卷二章六—八)。日月与五星行度颇为复杂,亚氏取资于其友好加里浦之理论。加里浦之天文学得之于其前辈欧多克索。欧氏将日月行度解析为三种同心圆行动凑合而成;第二圆球之两极与第一圆球有偏斜而附随于第一圆球;第三圆球之于第二亦然。在第三圆球赤道上之太阳因第一第二各球动轴之各相偏斜与不同速度,遂造成地球上所见黄道轨迹。于月亦然。地球上所见五星之顺逆迟速亦各被分解为四种圆运动之凑合。加里浦增详欧氏算法,为日月五星各设五种不同动轴与不同速度,以益求符合当代实测记录。两天文家之计算悉凭球面几何,力求与所见行度符合。亚氏于几何天文学中加入力学思想,认为自中心内层——同心圆皆跟从其外层为运动,不合实际,故设想每一星体凭所依各天球完成其运动而不致影响次一层星体者,须有平衡天球为之恢复次层星体之原始动位。于是运动天球之总数累增为 55 个,加以地水火风四个假想天球,其数共为 59。(参看希司"萨摩天文家亚里达沽"[Heath, Aristarchus of Samos]第 16 章,或特来耶"行星体系"[Dreyer, Planetary Systems]第四章)。

宇宙空间为有限;诸天球必须为匀速圆运动方能成为永恒不息。总动天,即第一天之运动出于"神",即"原动者"之喜爱(见 1072b4)。日月五星之运动不直接出于"神",而出于 55 个次级致动者(1073a26—b1,又"说天"279a18—22)。此类次级主动者如何受命于神,以及如何使星辰运动,亚氏并未详言。此类"神物"(θίων σωμάτων)即后世经院学派所慎重研求之"理性精灵"。

② 1074b1 的思绪显然与 1074a30"经行天穹的诸神物"一语相接连,而是由此引申出来的。1074a32—38 全节为亚氏早期思想之残篇,被夹入于后期著作之中,其中论点与此章不符。

多的事物均具有物质;人只有一个相同的定义应用于所有的人众,而苏格拉底就是众人中之一人。但基本怎是不具物质;这是完全实现。所以不动变之原动者,其为数只一,其为定义也只一;受动诸物的经常而延续的运动也是这样;所以世上只有一个宇宙。

我们远古的列祖把他们世代相承的认识以神话的形式递遗于后裔,说这些实体〈星辰〉是诸神,神将全自然的秘密封存在列宿之中。以后因维护礼法,劝诫民众以及其它实际的作用,而神话形式的传说被逐渐扩充;他们以人或某些动物的形态叙拟诸神,[①]他们更由此而踵事增华,竞为附丽。但人们若将后世的附会删除,俾古初的本意得以明示于世间——他们识得了原始本体为诸神,人们当不能不惊心于此意,毋及灵感之所启发,故能成此不朽之嘉言;并回想着每一学术,每一技艺,一代代或立或亡,或传或失,而这些观念恰像荒谷遗珍一直为我们保全到如今。只有这样看法,我们才能明了我们祖先和早期思想家们的信念。

章九 理性〈心〉的本质涵有某些问题;[②]我们注意到思想是最虔敬的事物,然而若欲问思想如何安排方能成其虔敬,这就会引起多少疑难。因为人心若无所思,则与入睡何异?也就无从受到尊敬。然而若说这理性〈心〉进行思想活动,还得有所赖于另一些事物,那么它的本体就不是思想活动而是一个潜能,这就不能成为完善的本体;这是由于思想活动,理性才获致其至善。理性的本体究

---

① 希腊神话中之拟人似兽形态大多得之于埃及传说。
② 此章论思想机能、思想活动、思想对象与所得思想时,"理性"(νοῦς)被分化为"人心"与"神心"两者,因而阐明俗思因思想对象多歧而所得之思想亦趋混乱;神思因专以自身之清纯为思想对象,故其思想万古常净而不失其至善。

属在于思想的机能,抑或在于思想活动暂置不论,试问它所思想的又是什么? 是想它自己或想别的事物? 如所思为别的事物,它常致想于同一事物,抑致想于不同事物? 它若专意致想于善业或是随意地胡思乱想,这又有何分别? 世上有无不可思想之事物? 明显地,〈理性既已预拟为自身不作运动〉这当致想于最神圣最宝贵的事物而不为变化;苟为变化这就成为运动而且会每变而愈下。于是,第一,理性〈心〉若仅为潜能而不是思想活动,这就得设想不息的延续活动应于理性为疲劳。第二,这就显然需有较理性更为宝贵的事物以为理性之所思想。思想活动并不必然是至善之事物,因为从事思想活动的人们过去和现在的思想,未尝不想到一些不应该致想的世俗事物(人们曾看到过世上确有不足观的事物,也想到过确乎不值得致想的事物)。因此若以理性为至善,理性〈神心〉就只能致想于神圣的自身,而思想就成为思想于思想的一种思想。

但,明显地,知识,感觉,意见与理解总以其它事物为对象,涉及自身的机会却是偶然一遇而已。如思想与被思想者既为两异,作成为思想活动与所得之思想便各有不同,则心之所善又何所属取? 我们这样答复,在有些例中知识是思想对象。于制造学术中,我们倘不管物质,便以事物之怎是为思想对象;于理论学术中,则公式或思想活动为思想对象。于是,这里在非物质事例上,思想不异于思想活动,思想便合一于思想对象。

还剩有另一问题——思想对象是否复合,如为复合,则思想在经历于彼全体的各个部分时便相应而变改。我们这样答复,一切非物质事物皆不可区分,——如"人心"或竟称之谓复合物体的理性,其思想对象有时为复合,人心只是偶一返求诸己而已(人心之为善既有异乎全善,故不能不有时而致想于不善,惟在全人生中企求其达于至善),惟全善的神心历万古而常单纯地以大自我为思想。①

章十 我们也必须考虑,宇宙的本性由哪一方式持守其善与至善:自然独立于万物之上,抑即为万物之秩序。也许两个方式都是的;譬如一个军队,军队之所以为善,必由秩序与首领,而依于首领者尤多;因为秩序出于首领并非首领得于秩序。而且万物虽不一律,多多少少各有其秩序——草木禽鱼莫不如是;世上各物并非各自为业,实乃随处相关。一切悉被安排于一个目的;像在一室之内,自由人最少自由,他不做无目的的动作,一切事情或大部分事情业已为他制定了一生的行迹,而奴隶与牲畜却大部分蠢蠢而动,无所用心,并不专为某些共通的善业而一齐努力;这些共通的善业,就是人类本性的组成要素,其它的机体也都相似地各有共通的善业为大家向往的目标。

我们不可忽视那些与我们不同的意见内涵着多少不可解或不可能的症结;我们也得注意到古今贤达的意见,其中哪一些论点比较起来最少迷惑。大家都认为一切事物出于对成。但"一切事物"与"出于对成"两有所误;这些思想家谁也没有说明具有对成的事物如何由对成造出;因为对成各据一端,不能相为制作。现在我们

---

① 此节与本卷上文第七章1072b23—25句符合。参看"尼哥马可伦理学"1098a16—20幸福(快乐)之定义。人生须竭一生最高的理知活动而后能达到幸福境界,神心恰无时无刻不在幸福境界。αὐτὴ αὑτῆς ἡ νόησις,"思想于大自我"或"绝对自想"为神的思想状态,可参看柏拉图"巴门尼德"134E。依此论点,神与人不相认识,亦不相关涉,此与希腊传统思想以人类祸福寄托于神祇者相背。

提出第三要素〈即底层〉使这疑难可得自然地解决。可是那些思想家以物质作为两个对成之一；例如某些人，以不等为相等的物质，或以众多为单一的物质。① 然而同一物质为一组对成的底层者不与何物为对反；这样就否定了原来的论据。又，按照我们正在评议着的这些思想家，除了元一以外，一切事物，均沾染有恶；因为恶就是两对成中的要素之一。但也有些学派②认为善与恶不能算是原理；可是，在一切事物之中，善实为一至高原理。我们先提到的那一学派以善为一原理是对的，不过他们没有说明善之所以成为一个原理，究属是作为目的或动因抑或形式。

恩培多克勒③也有一个悖解的观点；因为他以友〈爱〉为善，但友这一原理既为动因（它使事物结合）又为物因（它是混合物的一个部分）。现在即便这同样事物同为物质与主动原理，至少，两者的实是仍复不同。友之为原理究应属之于那一方面？斗〈争〉说是不灭坏这也悖解；斗恰正是恶的本质。

阿那克萨哥拉以善为主动原理；因为他的"理性"能致动一切事物。但动因在致动事物时必使之趋向于某一目的，④这目的，必然有别于动因，我们认为极因才是善；照我们所曾说过的另一命意，则健康本身就是医师。⑤ 以"理性"为善，而理性无对成，这也

---

① 指柏拉图学派。此处物质之义为"材料"。
② 指毕达哥拉斯学派与斯泮雪浦；参看本卷 1072b31。又"恶"与"不等"同列，参看卷 A，章六 988a8—15。
③ 参看卷 A，985a4。
④ 主动者在致使动变时，必预拟有某一目的，但阿那克萨哥拉言"理性"时未说明此义。参看卷 A，章七，988b8—12。
⑤ 这里所举例，以效因同于极因，参看卷 Z，章九，1034a22—27。

是悖解的。但所有谈论对成的人,若非我们捉住他们的观点以纳入于其自设之模型,他们就不应用他们的对成。他们以一切现存事物为出于同一原理,然而世上有些事物可灭坏,而有些为不灭坏,这其故何如,却没人为之说明。又,有些人以现存一切事物为出于非现存事物〈"有"生于"无",或"实是"出于"非是"〉;另一些人,避免这样的悖解结论,就说一切事物原皆混合在一起。

再者,何以常有创生,其因何在?——这也没有人为之说明。那些假设创生有两原理的人,必须再假设一更高原理〈动因〉;那些信有通式为创生之本的人,亦当如此,事物怎样来参加,又为何要参加通式呢?所有其他的思想家①都得面对着这样的必然结论,智慧,即最高知识应有某物为之对反;至于我们,就没有这样的结论。凡属原始性〈第一〉事物均无对成;因为一切对成均具有物质,而物质所存仅为潜在;如以"无知"为任何知识的相对名词,这就得引出"无知"的对象以对向"知识"的对象;但一切原始事物没有对成。②

又,可感觉事物以外倘别无事物,这就没有第一原理,也无秩序,也无创生,也无日月星辰,这就得像所有自然哲学家和神学家所说的每一原理其先将各有另一原理。但,通式或数苟确乎存在,它们也全不成为事物的原因;或者至少不是动因。又,一个延续体,其量度怎样从无量度的部分产生?因为数不能作为动因或式因来创作延续体。但凡事物主要地为一个制造或动变原理者,它

---

① 除了柏拉图以外的思想家;参看"理想国"477。
② 这里的论点是这样:哲学(即智慧)的对象为"第一级"原始事物。倘以"无知"为哲学之对反,则无知之对象应为原始事物之对反,但第一级原始事物是无对的。

就不作为任何对成；苟作对成，它就可能成为"非是"，或者，至少，其实现活动后于其潜能。于是世界就不会是永恒的。但世上确有永恒实是；于是这些前提之一必须被抛弃。我们已说过怎样这些可得成为永恒。①

又，"列数"，或"灵魂与身体"，或一般"形式与事物"由何而成一，——这个也没有人做过任何说明；若有人能为之说明，他就只有照我们那么说，"致动者使它们成'一'"。那些主张数为第一的人②进而用数来创造一类又一类的本体，为每一类赋予不同的原理，他们使宇宙诸本体成为仅是一连串的插曲③（因为照他们的讲法万物各自存在，或不存在，与它物无关）；他们授给我们许多管理法则，但世界必然拒绝混乱的管理。

"岂善政而出于多门，宁一王以为治。"④

---

① 见于1071b19—20，即建立一永恒实现之原动者。
② 指斯泮雪浦。参看卷 Z,1028b 21；卷 N,1090b13—20。
③ 希腊悲剧中，凡与前后剧情不相联贯者称为"爱贝索特"（ἐπιεσοδίωδη，插曲）。此以喻斯泮雪浦学说不能确立总因而勤求各事物之原理，则万物不能相关通，只是一连串的插曲而已。
④ 见"伊里埃"卷二，204。

卷（M）十三[1]

章一　我们先已在"物学"论文中[2]陈述了可感觉事物的本体与物质，以后又[3]讨论过具有实现存在的本体。如今，我们研究的问题是：在可感觉本体之外，有无不动变而永恒的本体，若说有此本体，则又当研究这是什么本体。我们应该考虑到各家的主张，倘彼诚立说有误，吾人当求免于同样的瑕疵，如吾人之用意与诸家不无相通而可互为印证之处，则吾人亦可无憾于自己的议论；人欲推陈出新，以鸣其道于当世，良愿于古人所已言及者有所裨益，如其未必胜于昔贤，亦愿不至甚愧于旧说而已。

对这问题有两种意见：或谓数理对象——如数，线等——为本体；或谓意式是本体。因为（一）有些人认为意式与数学之数属于不同的两级，（二）有些人认为两者性质相同，而（三）另一些人则认为只有数理本体才是本体，[4]我们必须先研究[5]数理对象是否存

---

[1]　卷 M 与 N 之编排自古启人疑难：（1）两卷分界线实应在第十三卷之第九章 1086a 21，以下各章似较以上各章先写成。（2）两卷各章节编排颇参差。（3）第十三卷中第四第五章批评意式论几乎是卷一第九章之重复。惟有的差别是在卷一中语气出于一柏拉图学派，而卷十三则已是亚卡台米学院（Academy）以外的批评家笔调。

[2]　见"物学"卷一。

[3]　见卷 Z，H，Θ。

[4]　依次指柏拉图，齐诺克拉底和毕达哥拉斯学派与斯泮雪浦。

[5]　参看本卷第二第三章。

在，如其存在，则研究其如何存在，至于这些是否实际上即为意式，是否能为现成事物的原理与本体以及其它的特质，均暂置不论。以后，我们再照一般的要求分别对意式作一般的讨论；[1]许多论点，在我们院外[2]讨论中便已为大家所熟悉，我们这里大部分的研究，该当于现存事物的诸本体与原理是否为数与意式这一问题，确切有所阐明；[3]在讨论了意式以后，这就剩下为第三个论题。

假如数理诸对象存在，它们必须像有些人所说存在于可感觉对象之中，或是存在于可感觉事物以外（这个也有些人说过）；若说这两处都不存在，那么它们或是实不存在，或是它们另有特殊意义的存在。所以我们的论题不是它们的存在问题，而是它们怎样存在。

章二 说"数理对象独立存在于可感觉事物之中"是一个矫揉造作的教义，这我们已在讨论疑难问题时说过，实际上是不可能的。我们已指出两个实体不可能同占一个空间，并依照同样的论点，指出了其它的潜能与特质也只能涵存于可感觉事物之中，而不能分开来独在。这个我们已说过。按照这理论，这也是明显的，任何实体均不可能分开；因为实体之分必在面，面必在线，线必在点，若是者，如点为不可分割，则线、面、体亦遂依次为不能分开。这类实是为可感觉对象，或者本身不是可感觉对象，却参加于可感觉对象之中，这又有何分别？结果是一样的；如可感觉对象被区分，参加于

---

[1] 参看本卷第四第五章。

[2] 旧传亚氏设教分两类课程，"密授"与"院外"（ἀκροάματικος καὶ ἐξωτερικὸς）。其一较深密者，听众皆诸弟子；另一较浅易通俗者，容受一般听众。此节所称学院以外的讨论似即指此类通俗课程。

[3] 参看本卷第六至九章。

其中的对象亦必被区分,如其不然,则可感觉实是便不能区分之使另成独立的数理实是。①

但,又,这样的实是不可能独立存在。如在可感觉立体以外另有与之分离而且先于它们的一些立体,则在面以外也得有其它分离的面,点线亦复如此;这样才能讲得通。但,这些倘获得存在,则在数理立体的面线点以外又必更有分离的面线点。(因为单体必先于组合体,如在可感觉立体之先有无感觉立体,按照同样论点,自由存在的面必然先于那固定了的诸立体。所以这些面线将是那些思想家们所拟数理立体身上的数理面线之外的另一套面线;数理立体身上的面线与此立体同在,而那另一套则将先于数理立体而存在。)于是,按照同样论点,在这些先天面线之外,又得有先于它们的线点;在这些先天线点之外,又有先于它们的点,到这先于而又先于之点以外,才更无别点。现在(一)这累积已颇为荒谬;因为我们在可感觉立体之外招致了另一套立体;三套面,——脱离可感觉立体的一套,在数理立体身上的一套,还有脱离数理立体而自由存在的一套;四套线,与五套的点。于是数学应研究哪一套呢?当然不是那存在于固定立体身上的面线点;因为学术常研究先于诸事物。(二)同样的道理也将应用于数;在每一套的点以外可以有另一套单位,在每套现存事物之外可有另一套可感觉数,在可感觉数之外,另一套理想数;依此不断的增益,这就将有无尽的不同级别之数系。

---

① 参看卷B 998a 7—19。

再者，这又怎样来解答我们前已列举的疑难问题？① 因为天文对象也将像几何对象一样，独立存在于可感觉事物之外；但是一个宇宙与其各部分——或任何其它具有运动的事物——怎能脱离原在的一切而独立自存？相似地，光学〈景象〉与声学〈音乐〉对象也得各有其独立存在；这就得在可视听的个别声音与光影以外别有声光。于是，显然，其它感觉上亦应如此，而其它感觉对象也各得别有其独立的一套；何能在这一感觉是如此，而在另一感觉却不如此呢？然而若真如此，则更将有能够另自存在的诸动物，因为那里也有诸感觉。

又，某些数学普遍定理的发展已逾越这些本体。这里我们又将在意式与间体之外，另有一套中间本体——这一本体既非数，亦非点，亦非空间度量，亦非时间。若说这是不可能的，则前所建立的那些脱离可感觉事物的实是，便显然皆不可能存在。

如人们可将数理对象当作这样的独立实是，而承认其存在，一般地说，这就引致相反于真理与常习的结论。这些若然存在，它们必须先于可感觉的空间量度，但事实上它们却必须后于；因为未完成的空间量度在创生过程上是先于，但在本体次序上则应是后于，有如无生命事物之应后于有生命事物。

又，数理量度将何时而成一，由何而得统于一？在我们可感觉世界中，诸事物每由灵魂而成一，或由灵魂的一部分，或其它具有理性的事物②而成一；当这些未在之时，事物为一个各各析离而又

---

① 卷B，997b 12—34。
② 1077a 22，ωλογω难以考证其确指何物，兹解为灵魂中的理性。

互相混杂的众多。但数理事物本为可区分的度量,又该由何原因为之持合而得以成一?

又,数理对象的创造方式证明我们的论点是真确的。量度先创长再创阔,最后为深,于是完成了这创造过程。假如后于创造过程①的应该先于本体次序,则立体将先于面和线。这样,体也是较完整的,因为体能够成为活物。反之,一条线或一个面怎能发活?这样的假想超出于我们的官感能力。

又,立体是一类本体;因为这已可称为"完全"。然而线怎能称为本体?线既不能像灵魂那样被看作是形式或状貌,也不能像立体那样被当作物质;因为我们没有将线或面或点凑起来造成任何事物的经验;假使这些都是一类物质本体,那我们就会看到事物由它们凑合起来。

于是,试让它们在定义上作为先于。这仍然不能说一切先于定义的均应先于本体。凡事物之在本体上为先于者,应该在它们从别事物分离后,其独立存在的能力超过别事物;至于事物之在定义上为先于别事物者,其故却在别事物的定义〈公式〉由它们的定义〈公式〉所组合;这两性质并不是必须一致的。属性如一个"动的"或一个"白的",若不脱离本体,"白的",将在定义上为先于"白人",而在本体上则为后于。因为"白的"这属性只能与我所指"白人"这综合实体同在,不能与之脱离而独立存在。所以这是明白了,抽象所得事物并不能先于,而增加着一个决定性名词所得的事

---

① 这里所用"创造过程"一字其实意为线面体的自然发展之程序。若以创造而论,长阔深三量度并无先后之别。(鲍尼兹诠释)

物也未必后于；我们所说"白人"就是以一决定性名词〈人〉加之于"白的"。

于是，这已充分指明了数理对象比之实体并非更高级的本体，它们作为实是而论只在定义上为先，而并不先于可感觉事物，它们也不能在任何处所独立存在。① 但这些既于可感觉事物之内外两不存在，②这就明白了，它们该是全无存在，或只是在某一特殊含义上存在；"存在"原有多种命意。所以它们并非全称存在。

章三 恰如数理的普遍命题不研究那些脱离实际延伸着的量度与数，以为独立存在的对象，而所研究的却正还是量度与数，只是这量度与数已不复是作为那具有量性与可区分性的原事物，③明显地，这也可能有某些可感觉量度的命题和实证，这些并不在原事物的感觉性上着意，而是在某些其它特质上着意。④ 有好多命题，是专研运动的，不管那事物本身是什么，其偶然诸属性又如何，这些命题就专研这些事物的运动，这里没有必要先将运动从可感觉事物中分离，或在可感觉事物中另建立一个运动实是，就这样，在运动方面将事物当作实体，或竟当作面，或为线，或为可区分，或为不可区分而具有位置，或仅作为不可区分物，可是并不另创为一级可运动对象，这也建立

---

① 第杜巴黎校印本于此分章，以上一句为第二章之总结；以下为第三章，贝刻尔本至第十七行分章。自1077b11至1078a 5语意连绵而下，故一般编排，便于此段注明分章而仍连接排印。
② 参看1076a 38—b 11。
③ 参看卷 E，1026a 25，卷 M，1077a 9。
④ 有如普遍数学〈数理〉研究各级数学实是中的诸抽象，这样几何也可从各事物量度的可感觉性上进行抽象，因而专门研究事物间纯粹的空间关系。

了若干命题，获得许多知识。于是，既然可以说这些全然是真实的，不仅可分离的事物存在，不可分离的（例如运动）也存在，那么这就可以说，数学家所赋予某些特质的数理对象也全然应该存在。而这也可以无条件地说，其它学术无不如是，各研究其如此如彼的主题——而不问其偶然属性，（例如以健康为主题的医学，若其有关健康的事物〈病人〉是"白的"，它就不问其白不白，只管其健康为如何，）各门学术就只管各自的主题——研究健康的就将事物可作为健康论的那部分为之研究，研究人的，就将事物之可作为人论的那部分为之研究——几何亦然；如其主题恰遇到了可感觉事物，虽则几何不是为它们的可感觉性进行研究，数理也不至于因此之故而被误为可感觉事物之学术。另一方面，在那些分离于感觉事物的诸事物上作研究也不至于被误会。

许多特质之见于事物，往往出于事物之由己属性；例如动物有雌雄之辨这样一个特殊秉赋；（世上并无一个可脱离动物而存在的"雌"与"雄"；）长度或面等之见于事物者其为属性毋乃类是。与此相仿，我们研究事物之较简纯而先于定义者，我们的知识就较为精确，亦即较为单纯。所以，抽象学术之脱离于空间量度者当较混含于空间量度者为精确，脱离于运动者当较混含于运动者为精确；但这学术若所研究者为运动，则当以研究基本运动方式者为较精确；因为这是最单纯的运动；而于基本运动方式中，又以均匀、同式、等速运动为最单纯。

同样的道理，也可应用于光学〈绘画〉与声学〈音乐〉；这两门学术都不是以其对象当作视象与声响来研究而是当作数与线来研究的；①然而数与线恰正是光与声的特殊秉赋。力学的研究也如此进行。

所以，我们若将事物的诸属性互相分开，而对它们作各别的研究，另有些人则在地上划一条并非一脚长的线，而把它作一脚〈尺〉标准，我们这样做比之于那些人并不更为错误；因为其间的错误不包括在假设前提之内。②

每一问题最好是由这个方式来考察——像算术家与几何学家所为，将不分离的事物姑为分离。人作为一个人是一件不可区分的事物；算术就考虑这人作为不可区分而可以计数的事物时，它具有哪些属性。几何学家看待这人则既不当作一个人，也不当作不可区分物，却当它作一个立体。因为明显地，即便他有时亦复成为并非不可区分，在这些属性〈不可区分性与人性〉之外，凡是该属于他的特质〈立体性〉总得系属于他。这么，几何学家说他是一个立体就该是正确的了；他们所谈论也确乎是现存事物，他们所说的主题实际存在；因为实是有两式——这个人不仅有完全实现的存在，还有物质的存在。

又，因为善与美是不同的（善常以行为为主，而美则在不活动的事物身上也可见到），那些人③认为数理诸学全不涉及美或善是

---

① 希腊当时学术分类以光学隶于几何，以线为光学研究之本；声学隶于算术，以比例为音乐之本（参看"解析后编"75b15）。

② οὐ γὰρ ἐν ταῖς προτάσεσι τὸ ψεῦδος 为亚氏常用名学成语，其意谓那假定之一尺与真正的标准一尺间所有差数，在那假定尺（假设前提）中是不算数的。参看卷 N，章二，1089a 23。

③ 显然是指亚里斯底浦（Aristippus）；参看卷 B，996a 32。亚里斯底浦（约公元前435—前356[?]），北非洲息勒尼人，苏格拉底诸弟子之一，为伊壁鸠鲁前驱。

错误的。因为数理于美与善说得好多，也为之做过不少实证；它们倘未直接提到这些，可是它们若曾为美善有关的定义或其影响所及的事情做过实证，这就不能说数理全没涉及美与善了。美的主要形式"**秩序，匀称与明确**"，这些惟有数理诸学优于为之作证。又因为这些（例如**秩序与明确**）显然是许多事物的原因，数理诸学自然也必须研究到以美为因的这一类因果原理。关于这些问题我们将另作较详明讨论。①

章四 关于数理对象已讲得不少；②我们已说明数理对象是存在的，以及它们凭何命意而存在，③又凭何命意而为先于，凭何命意而不为先于。④ 现在，论及意式，我们应先考察意式论本身，绝不去牵连数的性质，而专主于意式论的创始者们所设想的原义。意式论的拥护者是因追求事物的真实而引到意式上的，他们接受了赫拉克利特的教义，将一切可感觉事物描写为"永在消逝之中"，于是认识或思想若须要有一对象，这惟有求之于可感觉事物以外的其它永恒实是。万物既如流水般没有一瞬的止息，欲求于此有所认识中不可能的。当时苏格拉底专心于伦理道德的析辨，他最先提出了有关伦理诸品德的普遍定义问题。早先的自然学家德谟克利特只在物理学上为热与冷作了些浮浅的界说，于定义问题仅偶有所接触；⑤至于毕达哥拉斯学派在以前研究过少数事物——

---

① 这一预定课程，以后未见实授，或后世失其遗文。
② 1078b 6—8 这一句贝刻尔本编在章三末，为第二第三两章之总结。第杜校本分为第四章之起句。
③ 章二与章三。
④ 1077a 17—20,24—b 11。
⑤ 参看"物学"194a20；又"动物之构造"642a24。

例如机会,道德或婚姻——的定义,他们尽将这些事物连结于数。这是自然的,苏格拉底竭诚于综合辩证,他以"这是什么"为一切论理〈综合论法〉的起点,进而探求事物之怎是;因为直到这时期,人们还没有具备这样的对勘能力,可不必凭依本体知识而揣测诸对反,并研询诸对反之是否属于同一学术;两件大事尽可归之于苏格拉底——归纳思辨与普遍定义,两者均有关一切学术的基础。但苏格拉底并没有使普遍性或定义与事物相分离,可是他们〈意式论者〉却予以分离而使之独立,这个就是他们所称为意式的一类事物。凭大略相同的论点,这当然会引致这样的结论,一切普遍地讲述的事物都得有意式,这几乎好像一个人要点数事物,觉得事物还少,不好点数,他就故使事物增加,然后再来点数。通式实际已多于个别可感觉事物,但在寻取事物的原因时,他们却越出事物而进向通式上追求。对于某一事物必须另有一个脱离本体的同名实是[①],(其它各组列也如此,必须各有一个"以一统多"〈通式〉,)不管这些"多"是现世的或超现世事物。[②]

又,所用以证明通式存在的各个方法,没有一个足以令人信服;因为有些论据并不必引出这样的结论,有些则于我们常认为无通式的事物上也引出了通式。依照这个原则,一切事物归于多少门学术,这就将有多少类通式;依照这个"以一统多"的论点,虽是否定〈"无物"或"非是"〉亦将有其通式;依照事物灭坏后对于此事物的思念并不随之灭坏这原则,我们又将有已灭坏事物的通式;因

---

① ὁμώνυμόν τι(同名实是)有的抄本作 συνώνυμον τι(同义实是)。
② 1078b 34—1079a 3 与卷 A,990b 2—8,几乎完全相同。以下 1079a4—b3。亦几乎是 990b 9—991a 7 的重复;其中 1079a14—19 一节修改旧文较多,而立论仍同。

为我们留有已灭坏事物的遗像。在某些颇为高明的辩论中,有些人又把那些不成为独立级类的事物引到了"关系"的意式,另有些论辩则引致了"第三人"。①

一般而论,通式的诸论点消灭了事物,这些事物的存在,较之意式的存在却应为相信通式的人所更予关心;因为相应而来的将是数〈二〉为第一,而不是两〈未定之二〉为第一,将是相关数先于数,而更先于绝对数。②——此外,还有其它的结论,人们紧跟着意式思想的展开,总不免要与先所执持的诸原理发生冲突。

又,依据我们所由建立意式的诸假定,不但该有本体的通式,其它许多事物都该有;(这些观念不独应用于诸本体,亦得应用于非本体,这也就得有非本体事物的学术;数以千计的相似诸疑难将跟着发生。)但依据通式的主张与事例的要求,假如它们能被参与,这就只该有本体的意式,因为它们的被参与并不是在属性上被参与,而正是参与了不可云谓的本体。(举例来说明我的意思,譬如一事物参加于"绝对之倍",也就参加于"永恒之倍",但这是附带的;因为这倍只在属性上可成为"永恒"。)所以通式将是本体。但这相同的名词指个别本体,也指意式世界中的本体。(如其不然,则那个在个别事物以外的,所谓"一以统多"的意式世界中的本体,其真义究又何如?)意式与参与意式的个别事物若形式相同,它们将必有某些共通特质。("2"在可灭坏的诸"2"中,或在永恒的"2"

---

① 参看卷 A,990b 18 注,又卷 Z,1039a 2。
② 一般相关数即未定之"二",如"两倍"较数二为普遍,故应先于数"二"(柏拉图学派之原则)。一般的数"二"相似地应先于"绝对数二",所以相关数"两倍"应先于"绝对数二"。但倍即绝对二,亦即二之通式,这就或先于数二或后于二,而成为自相矛盾。

中均为相同,何以在"绝对2"〈本2〉与"个别2"中却就不是一样相同?)然而它们若没有相同的形式,那它们就只是名称相同而已,这好像人们称加里亚为"人",也称呼一块木片为"人",而并未注意两者之间的共通性一样。

但,我们倘在别方面假设普通定义应用于通式,例如"平面圆形"与其它部分的定义应用之于"本圆"〈意式圆〉再等待着加上"这实际上是什么"①〈这通式之所以为通式者是什么〉,我们必须询问这个是否全无意义。这一补充将增加到原定义的那一要素上面?补充到"中心"或"平面"或定义的其它各部分?因为所有〈在意式人中〉怎是之各要素均为意式,例如"动物"与"两脚"。又,这里举出了"平面"的意式,"作为意式"就必须符合于作为科属的含义,作为科属便当是一切品种所共通的某些性质。

章五② 最后大家可以讨论这问题,通式对于世上可感觉事物(无论是永恒的或随时生灭的),发生了什么作用。因为它们既不能使事物动,也不能使事物变。它们对于认识也不曾有所帮助(因为它们并不是这些事物的本体,若为本体,它们就得存在于事物之中),它们如不存在于所参与的个别事物之中,它们可以被认为是原因,如"白"进入于事物的组成,使一白物得以成其为白〈白性〉。但这论点先是阿那克萨哥拉用过,以后是欧多克索在他答辩疑难时,以及其他某些人也用过,这论点是很容易攻破的;对于这观念

---

① 1079b 6,τὸ δ' οὗ 〈στι,旭雷(P. Shorey)校为 τὸ δ' δ'στι("古典语文学报"第二十卷271—3),兹照他的校正文译。参看1086b 27,这句和这一节辞旨简略,其大意在说明理想圆的定义与个别圆的普通定义相同,所以增补的只是意式如何为意式而已。

② 此章全部除末一句外,1079b12—1080a8与卷A,991a8—b 9几乎完全相同。

不难提出好多无可辩解的反对论点。

又,说一切事物"由"通式演化,这"由"就不能是平常的字意。说通式是模型,其它事物参与其中,这不过是诗喻与虚文而已。试看意式,它究属在制造什么？没有意式作蓝本让事物照抄,事物也会有,也会生成,不管有无苏格拉底其人,像苏格拉底那样的一个人总会出现。即使苏格拉底是超世永恒的,世上也会有那样的人。同一事物又可以有几个模型,所以也得有几个通式；例如"动物"与"两脚"与"人"都是人的通式。又通式不仅是可感觉事物的模型,而且也是通式本身的模型,好像科属本是各品种所系的科属,却又成为科属所系的科属,这样同一事物将又是蓝本又是抄本了。

又,本体与本体的所在两离,似乎是不可能的;那么意式既是事物的本体怎能离事物而独立？

在"斐多"中,[①]问题这样陈述——通式是"现是"〈现成事物〉与"将是"〈生成事物〉的原因;可是通式虽存在,除了另有一些事物为之动变,参与通式的事物就不会生成;然而许多其它事物(如一幢房屋或一个指环)他们说它并无通式的却也生成了。那么,明显地,产生上述事物那样的原因,正也可能是他们所说具有意式诸事物之存在〈"现是"〉与其生成〈"将是"〉的原因,而事物也就可以不靠通式而靠这些原因以获得其存在。关于意式,这可能照这样,或用更抽象而精确的观点,汇集许多类此的反驳。

章六 我们既已讨论过有关意式诸问题,这该可以再度考虑到那些人主张以数为可分离本体,并为事物之第一原因所发生的后

---

① 参看"斐多"100D。

果。假如数为一个实是,按照有些人的主张其本体就只是数而没有别的,跟着就应得有〈这样的各数系〉,(甲)数可以或是(子)第一,第二,一个挨次于一个的实是,每一数各异其品种——这样的数全无例外地,每一数各不能相通[1],或是(丑)它们一个一个是无例外地挨次的数,而任何的数像他们所说的数学〈算术〉之数一样,都可与任何它数相通;在数学之数中,各数的单位互不相异。或是(寅)其中有些单位可相通,有些不能相通;例如 2,假设为第一个挨次于 1,于是挨次为 3,以及其余,每一数中的单位均可互通,例如第一个 2 中的各单位可互通,第一个 3 中的以及其余各数中的各单位也如此;但那"绝对 2"〈本二〉中的单位就不能与绝对 3〈本三〉中的单位互通,其余的顺序各数也相似。数学之数是这么计点的——1,2(这由另一个 1 接上前一个 1 组成),与 3(这由再一个 1,接上前两个 1 组成),余数相似;而意式之数则是这么计点的——在 1 以后跟着一个分明的 2,这不包括前一个数在内,再跟着的 3 也不包括上一个 2,余数相似。或是这样,(乙)数的一类像我们最先说明的那一类,[2]另一是像数学家所说的那一类,我们最后所说的当是第三类。

又,各类数系,必须或是可分离于事物,或不可分离而存在于视觉对象之中,(可是这不像我们先曾考虑过的方式,[3]而只是这样的意义,视觉对象由存其中的数所组成[4])——或是其一类如

---

[1] συνβληται 字义为"比量",或译"可相比",或译"可相加",或译"可相通"。
[2] 见于 1080a15—20,其下一类见于 20—23,第三类见于 23—25 行。
[3] 参看 1076a 38—b 11。
[4] 毕达哥拉斯数论派的观念。

是,另一类不如是,或是各类都如是或都不如是。

这些必然是列数所仅可有的方式。数论派以一为万物之原始,万物之本体,万物之要素,而列数皆由一与另一些事物所合成,他们所述数系悉不出于上述各类别;只是其中一切数全都不能互通的那一类数系还没有人主张过。这样宜属合理;除了上述可能诸方式外,不得再有旁的数系。有些人①说两类数系都有,其中先后各数为品种有别者同于意式,数学之数则异于意式亦异于可感觉事物,而两类数系均可由可感觉事物分离;另一些人②说只有数学之数存在,而这数离于可感觉事物,为诸实是之原始。毕达哥拉斯学派也相信数系只数学之数这一类;但他们认为数不脱离可感觉事物,而可感觉事物则为数所组成。他们用数构成了全宇宙,他们所应用的数并非抽象单位;他们假定数有空间量度。但是第一个1如何能构成量度,这个他们似乎没法说明。

另一个思想家③说,只有通式之数即第一类数系存在,另一些④又说通式之数便是数学之数,两者相同。

线,面,体的例相似。有些人意谓事物作为数理对象与其作为意式相异;⑤在意见与此相反的各家中,有些人只以数学方式谈数理对象——这些人不以意式为数,也未言及意式存在;⑥另有些人不照数学方式说数学对象,他们说并不是每一空间量度均可区分

---

① 指柏拉图。
② 指斯泮雪浦。
③ 某个未指名的柏拉图学派。
④ 指齐诺克拉底。
⑤ 这主张盖出于柏拉图;参看卷 A,992b13—18。
⑥ 指斯泮雪浦。

为计度，也不能任意取两个单位来造成2，[①]所有主张万物原理与元素皆出于"1"的人，除了毕达哥拉斯学派以外，都认为数是抽象的单位所组成；但如上曾述及，他们认为数是量度。[②] 数有多少类方式这该已叙述清楚，别无遗漏了；所有这些主张均非切实，而其中有些想法比别一些更为虚幻。

章七 于是让我们先研究诸单位可否相通，倘可相通，则在我们前曾辨析的两方式中应取哪一方式。[③] 这可能任何单位均不与任何单位相通，这也可能"本2"与"本3"中的各单位不相通，一般地在每一意式数中各单位是不相通于其它意式数中各单位的。现在（一）假如所有单位均无异而可相通，我们所得为数学之数——数就只一个系列，意式不能是这样的数。"人意式"与"动物意式"或其它任何意式怎能成为这样的数？每一事物各有一个意式，例如人有"人本"，动物有"动物本"；但相似而未分化的数无限的众多，任何个别的3都得像其它诸3一样作为"人本"。然而意式若不能是数，它就全不能存在。意式将由何原理衍生？由1与未定之2衍生数，这些就只是数的原理与要素，意式之于数不能列为先于或后于。[④]

但，（二）假如诸单位为不相通，任何数均不相通于任何数，这

---

① 指齐诺克拉底信于不可分线。（可参看里特尔与柏来勒"希腊哲学史"第八版362页）亚氏在卷A章九992a20—23，以"不可分线"之说属之于柏拉图。
② 1080b 19。
③ 参看1080a 18—20，23—35。
④ 柏拉图所承认的制数原理为1与未定之2（或译单双）。亚氏将此两原理当作"本1"与"本2"，因而论证（甲）它们不能制数，（乙）也不能先于或后于数，即不能为数之因也不能是数之果；因为它们是由不同品种单位所组成的。他进而又论证意式并非由任何原理所演生，所以并不存在。

样的数不能成为数学之数；因为数学之数由未分化的诸单位组成，这性质也证明为切于实际。这也不能成为意式数。这样的数系，不会是"一与未定之两"所生成的第一个数，其它各数也不能有"2,3,4……"的串联顺序，因为不管是否像意式论的初创者所说，意式2中的诸单位从"不等"中同时衍生（"不等"在被平衡时列数就因而生成）或从别的方式衍生，——若其中之一为先于另一，这便将先于由所组合的2；倘有某一物先于另一物，则两者之综和将是先于另一而后于某一。

又，因为"本1"为第一，于是在"本1"之后有一个个别之1先于其它诸1，再一个个别之1，紧接于那前一个1之后实为第三个1，而后于原1者两个顺次，——这样诸单位必是先于照它们所点到为数序；例如在2中，已有第三单位先3而存在，第四第五单位已在3中，先于4与5两数而存在。现在这些思想家固然都没有说过诸单位是这样的完全不相通，但照他们的原理推演起来，情况便是这样，虽则实际上这是不可能的。因为这是合理的，假如有第一单位或第一个1，诸单位应有先于与后于之分，假如有一个第一个2，则诸2也应有先于与后于之分；在第一之后这必须会有第二也是合理的，如有第二，也就得有第三，其余顺序相接，（同时作两样叙述，以意式之1为第一，将另一单位次之其后为第一个1，又说2是次于意式之1以后为第一个2，这是不可能的，）但他们制造了第一单位或第一个1，却不再有第二个1与第三个1，他们制造了第一个2，却不再制造第二个2与第三个2。

假如所有单位均不相通，这也清楚地不可能有"本2"与"本3"；它数亦然。因为无论单位是未分化的或是每个都各不相同，数必须以加法来点计,例如2是在1上加1,3由2上加1,4亦相似。这样,数不能依照他们制数的方式由"两"与"一"来创造;〈依照加法〉2成为3的部分,3成为4的部分,挨次各数亦然,然而他们却说4由第一个2与那未定之2生成,——这样两个2的产物[①]有别于本2;如其不然,本2将为4的一个部分,而加上另一个2。相似地2将由"本1"加上另一个1组成;若然如此,则其另一要素就不能是"未定之2";因为这另一要素应创造另一个单位,而不该像未定之2那样创造一个已定之2。

又,在本3与本2之外怎能有别的诸3与诸2?它们又怎样由先于与后于的诸单位来组成?所有这些都是荒唐的寓言,"原2"〈第一个2〉与"本3"〈绝对3〉均不能成立。可是,若以"一与未定之两"为之要素,则这些就都该存在。这样的结果倘是不可能的,那么要将这些作为创造原理就也不可能。

于是,假如诸单位品种各各不同,这些和类乎这些的结果必然跟着发生。但(三)假如只是每一数中的各单位为未分化而互通,各数中的各单位则是互已分化而品种各不相同,这样疑难照样存在。例如在本10〈意式之10〉之中有十个单位,10可以由十个1组成,也可以由两个5组成。但"本10"既非任何偶然的单位所组成,[②]——在10中的各单位必须相异。因为,它们若不相异,那么组成10的两5也不会相异;但因为两5应为相异,各单位也将相

[①] 未定之2为"倍",作用于意式之2而产生两个2,这两个2之成4,异于两个意式之2。

[②] 罗斯诠释此语;意式之10是一个整数,其中作为单位的各数亦应为意式数,而各为一个整数;因此那两个5应是不同品种,方能以两个不同事物为要素而合成一个整体,于十个1而论亦然。但是这与我们现在的持论就相矛盾了。

异。然而,假如它们相异,是否10之中除了两5以外没有其它别异的5呢?假如那里没有别的5,这就成为悖解;①若然是另有其它种类的5,这样的5所组成的10,又将是哪一类的10?因为在10中就只有自己这本10,另无它10。

照他们的主张,4确乎必不是任何偶然的诸2所可组成;他们说那未定之2接受了那已定之2,造成两个2;因为未定之2的性质就在使其所受之数成倍。

又,把2脱离其两个单位而当作一实是,把3脱离其三个单位而当作一实是,这怎么才可能?或是由于一个参与在别个之中,像"白人"一样遂成为不同于"白"与"人"(因为白人参与于两者),或是由于一个为别个的差异,像"人"之不同于"动物"和"两脚"一样。

又,有些事物因接触而成一,有些因混合而成一,有些因位置而成一;这些命意均不能应用那组成这2或这3的诸单位,恰像两个人在一起不是使之各解脱其个人而别成为整一事物,各单位之组成列数者意必同然。它们之原为不可区分,于它们作为数而论无关重要;诸点也不可区分,可是一对的点不殊于那两个单点。

但,我们也不能忽忘这个后果,跟着还有"先于之2"与"后于之2",它数亦然。就算4中的两个2是同时的;这些在8之中就得是"先于之2"了,像2创生它们一样,它们创生"本8"中的两4。因此,第一个2若为一意式,这些2也得是某类的意式。同样的道理适用于诸1;因为"第一个2"中的诸1,跟着第一个2创生4而入

---

① 此语颇难索解,特来屯尼克诠释品种相异的5盖为各单位以不同方式组合起来的5。

于本4之中,所以一切1都成意式,而一个意式将是若干意式所组成。所以清楚地,照这样的意式之出于组合,若说有动物的诸意式时,人们将可说动物是诸动物所组成。

总之,分化单位使成不同品种之任何方式均为一荒唐之寓言;我所说寓言的意义,就是为配合一个假设而杜撰的说明。我们所见的一〈单位〉无论在量上和在质上不异于别个一〈单位〉,而数必须是或等或不等——一切数均应如此,而抽象〈单位〉所组成的数更应如此——所以,凡一数若既不大于亦不小于另一数,便应与之相等;但在数上所说的相等,于两事物而言,若品种不异而相等者则谓之相同。倘品种有异,虽"本10"中之诸2,即便它们相等,也不能不被分化,谁要说它们并不分化,又能提出怎样的理由?

又,假如每个1加另1为2,从"本2"中来的1和从"本3"中来的1亦将成2。现在(甲)这个2将是相异的1所组成;(乙)这个2对于3应属先于抑为后于? 似乎这必是先于;因为其中的一个单位与3为同时,另一个则与2为同时。于我们讲来,一般1与1若合在一起就是2,无论事物是否相等或不等,例如这个善一和这个恶一,或是一个人和一匹马,总都是"2"。

假如"本3"为数不大于2,这是可诧异的;假如这是较大,那么清楚地其中必有一个与2相等的数,而这数便应与"本2"不相异。但是,若说有品种相异的第一类数与第二类数这就不可能了。

意式也不能是数。因为在这特点上论,倘真以数为意式,那么主张单位应各不同的人就该是正确的了;这在先曾已讲过。^① 通

---

① 见1081a 5—17。

式是整一的；但"诸1"若不异，"诸2"与"诸3"亦应不异。所以当我们这样计点——"1，2"……他们就必得说这个并不是1个加于前一个数；因为照我们的做法，数就不是从未定之2制成，而一个数也不能成为一个意式；因为这样一个意式将先另一个意式存在着而所有诸通式将成为一个通式的诸部分。① 这样，由他们的假设来看，他们的推论都是对的，但从全局来看，他们是错；他们的观念为害匪浅，他们也得承认这种主张本身引致某些疑难，——当我们计点时说"1，2，3"究属是在一个加一个点各数呢，还是在点各个部分呢。② 但是我们两项都做了；所以从这问题肇致这样重大的分歧，殊为荒唐。

章八　　最好首先决定什么是数的差异，假如一也有差异，则一的差异又是什么。单位的差异必须求之于量或质上；单位在这些上面似乎均有差异。但数作为数论，则在量上各有差异。假如单位真有量差，则虽是有一样多单位的两数也将有量差。又在这些具有量差的单位中是那第一单位为较大或较小，抑是第二单位在或增或减？所有这些都是不合理的拟议。它们也不能在质上相异。因为对于诸单位不能系以属性；即便对于列数，质也只能是跟从量而为之系属。③ 又，1与未定之2均不能使数发生质别，因为1本无质而未定之2只有量性；这一实是只具有使事物成为多的性能。

---

① 意即所有列数，均为一个最大数的许多部分。
② 亚贝尔脱(O. Apelt)解释亚氏语意：点数如当作加法，则各数均为数学之数；如把每一数当作一个别生成之事物，就得成为各别的数。亚氏认为用两种看法来看这点计动作均无不可。
③ 数之质别有素数或组合数，平面(二次)或立体数(三次)，这些质别皆为量变所成的属性。参看卷Δ，章十四 1020b3－8。

假如事实诚不若是,他们该早在论题开始时就有说明,并决定何以单位的差异必须存在,他们既未能先为说明,则他们所谓差异究将何所指呢?

于是明显地,假如意式是数,诸单位就并非全可相通,在〈前述〉两个方式中也不能说它们全不相通。① 但其他某些人关于数的议论方式也未为正确。那些不主于意式,也不以意式为某些数列的人,他们认为世上存在有数理对象而列数为现存万物中的基本实是,"本1"又为列数之起点。这是悖解的:照他们的说法,在诸1中有一"原1"〈第一个1〉,却在诸2中并不建立"原2"〈第一个2〉,诸3中也没有"原3"〈第一个3〉。② 同样的理由应该适用于所有各数。关于数,假使事实正是这样,人们就会得想到惟有数学之数实际存在,而1并非起点(因这样一类的1将异于其它诸1;而2,也将援例存在有第一个2与诸2另作一类,以下顺序各数也相似)。但,假令1正为万物起点,则关于数理之实义,毋宁以柏拉图之说为近真,"原2"与"原3"便或当为理所必有,而各数亦必互不相通。反之,人苟欲依从此说,则又不能免于吾人上所述③若干不符事实之结论。但,两说必据其一,若两不可据,则数便不能脱离于事物而存在。

这也是明显的,这观念的第三翻版④最为拙劣——这就是意式之数与数学之数为相同之说。这一说合有两个错误。(一)数学

---

① 参看 1080a 18—20,23—35。
② 20 行某人指斯泮雪浦;他不主于意式数而以"本1"为通式要理(本因),亚氏于此诋其瑕疵。
③ 参看 1080b 37—1083a 17。
④ 指齐诺克拉底之说,参看 1080b 22。

之数不能是这一类的数,只有持此主张的人杜撰了某些特殊的线索才能纺织起来。(二)主张意式数的人们所面对着的一切后果他也得接受。

毕达哥拉斯学派的数论,较之上述各家较少迷惑,但他们也颇自立异。他们不把数当作独立自在的事物,自然解除了许多疑难的后果;但他们又以实体为列数所成而且实体便是列数,这却是不可能的。这样来说明不可区分的空间量度是不真确的;这类量度无论怎么多怎么少,诸1是没有量度的;一个量度怎能由不可区分物来组成?算术之数终当由抽象诸1来组成。但,这些思想家把数合同于实物;至少他们是把实物当作列数所组成,于是就把数学命题按上去。

于是,数若为一自存的实物,这就必须在前述诸方式中的一式上存在,如果不能在前述的[①]任何一式上存在,数就显然不会具有那样的性质,那些性质是主张数为独立事物的人替它按上去的。

又,是否每个单位都得之于"平衡了的大与小"抑或一个由"小"来另一个由"大"来?(甲)若为后一式,每一事物既不尽备所有的要素,其中各单位也不会没有差异;因为其中有一为大,另一为与大相对反的小。在"本3"中的诸单位又如何安排?其中有一畸另单位。但也许正是这缘由,他们以"本一"为诸奇数中的中间单位。[②] (乙)但两单位若都是平衡了的大与小,那作为整个一件事物的2又怎样由大与小组成?或是如何与其单位相异?又,单

---

① 见于1080a15—b 36。
② 参看第尔士辑"先苏格拉底"(第三版)卷一,346,17—22,又270,18。

位是先于2；因为这消失，2也随之消失。于是1将是一个意式的意式，这在2以前先生成。那么，这从何生成？不是从"未定之2"，因为"未定之2"的作用是在使"倍"。

再者，数必须是无限或是有限（因为这些思想家认为数能独立存在，这就应该在两者中确定其一[①]）。清楚地，这不能是无限；因为无限数是既非奇数又非偶数，而列数生成非奇必偶，非偶必奇。其一法，当1加之于一个偶数时，则生成一个奇数；另一法，当1被2连乘时，就生成2的倍增数；又一法当2的倍增数，被奇数所乘时就产生其它的偶数。[②] 又，假如每一意式是某些事物的意式，而数为意式，无限数本身将是某事物（或是可感觉事物或是其它事物）的一个意式。可是这个本身就不合理，而照他们的理论也未必可能，至少是照他们的意式安排应为不可能。

但，数若为有限，则其极限在哪里？关于这个，不仅该举出事实，还得说明理由。倘照有些人[③]所说数以10为终，则通式之为数，也就仅止于10了；例如3为"人本"，又以何数为"马本"？作为事物之本的若干数列遂终于10。这必须是在这限度内的一个数；因为只有这些数才是本体，才是意式。可是这些数目很快就用尽

---

① 如果数是独立存在的，其实现必须是一个无限或是一个有限数。亚氏自己的主张是数只能潜在地为无限，其所实现必为一有限数。

② 柏拉图"巴门尼德"144A以1与2为奇偶起点，由1与2相加得3；用此三数，(1)以偶乘偶，(2)奇乘奇，(3)奇乘偶，(4)偶乘奇，四法制作列数。(3)(4)两法实际相同。由(1)与(3)(4)可得一切偶数：2的倍增数即乘方数2，4，8，16。其中所缺偶数由2×3＝6，2×5＝10，4×3＝12，2×7＝14……来递补。但(2)法不能得一切奇数。素数如5，7等均非乘法所能制成。柏拉图以加法制成第一个素数3。实际其它素数均须由偶数加一制成。

③ 以十为数之终其旨出于毕达哥拉斯学派。此处所指包括柏拉图在内（参看"物学"206b32)，大约斯泮雪浦亦从此旨。

了;动物形式的种类着实超过这些数目。同时,这是清楚的,如依此而以意式之"3"为"人本",其它诸3亦当如兹(在同数内的诸3亦当相似),^①这样将是无限数的人众;假如每个3均为一个意式,则诸3将悉成"人本",如其不然,诸3也得是一般人众。又,假如小数为大数的一部分(姑以同数内的诸单位为可相通),于是倘以"本4"为"马"或"白"或其它任何事物的意式,则若人为2时,便当以人为马的一个部分。这也是悖解的,可有10的意式,而不得有11与以下各数的意式。又,某些事物碰巧是,或也实际是没有通式的;何以这些没有通式?我们认为通式不是事物之原因。又,说是由1至10的数系较之本10更应作为实物与通式,这也悖解。本10是作为整体而生成的,至于1至10的数系,则未见其作为整体而生成。他们却先假定了1至10为一个完整的数系。至少,他们曾在10限以内创造了好些衍生物——例如虚空,比例,奇数以及类此的其它各项。他们将动静,善恶一类事物列为肇始原理,而将其它事物归之于数。^② 所以他们把奇性合之于1;因为如以3作奇数之本性则5又何如?^③

又,对于空间量体及类此的事物,他们都用有定限的数来说

---

① 此括弧内支句费解。罗宾(Robin)解为在"意式4"内之3,与涵于意式5内之4中的3亦相似,逐级类推亦相似(参看罗宾:"柏拉图意式论在亚里士多德以后之发展",352页)。

② "虚空"由未定之2衍生,可参看色乌弗拉斯托"哲学"(312,18—313,3)。"动"亦出于"未定之2"见本书卷A章九、卷K章九。"静"自然由1衍生,可不烦参证。此处所举各例中实际仅"比例"才真正是数的衍生物。叙里安诺诠论比例三式1:2:3为算术比例;1:2:4为几何比例;2:3:6为音乐比例。此三式所举数目皆在10以内。

③ 数论学派以1为具有奇性,3,5等为奇数而无奇性,得其奇性于1;如7之为奇数,并不因3因5以为奇,惟因1以取其奇性。

明；例如，第一，不可分线，①其次2，以及其它；这些都进到10而终止。②

再者，假如数能独立自存，人们可以请问哪一数目为先，——1或3或2？假如数是组合的，自当以1为先于，但普遍性与形式若为先于，那么列数便当为先于；因为诸1只是列数的物质材料，而数才是为之作用的形式。在某一含义上，直角为先于锐角，因为直角有定限，而锐角犹未定，故于定义上为先；在另一含义上，则锐角为先于，因为锐角是直角部分，直角被区分则成诸锐角。作为物质，则锐角元素与单位为先于；但于形式与由定义所昭示的本体而论，则直角与"物质和形式结合起来的整体"应为先于；因为综合实体虽在生成过程上为后，却是较接近于形式与定义。那么，1安得为起点？他们答复说，因为1是不可区分的；但普遍性与个别性或元素均不可区分。而作为起点则有"始于定义"与"在时间上为始"的分别。那么，1在哪一方面为起点？上曾言及，直角可被认为先于锐角，锐角也可说是先于直角，那么直角与锐角均可当作1看。他们使1在两方面都成为起点。但这是不可能的。因为普遍性是由形式或本体以成一，而元素则由物质以成一，或由部分以成一。两者〈数与单位〉各可为一——实际上两个单位③均各潜在（至少，照他们所说不同的数由不同种类的单位组成，亦就是说数不是一堆，而各自一

---

① 参看卷A，992a22，又卷N，章三。
② 参看卷N，1090b21—24，数论以1合于点（即不可分线），2合于线，3合于面，4合于立体，而1，2，3，4则合成10，为数之终，一切空间量体尽涵于中。
③ 这里亚氏以2为例，其中两个1，在2实现为一个整数时，均各转成为潜在。

个整体,这就该是这样),而不是完全的实现。他们所以陷入错误的原因是他们同时由数理立场又由普遍定义出发,进行研究,这样(甲)从数理出发,他们以 1 为点,当作第一原理;因为单位是一个没有位置的点。(他们像旁的人①也曾做过的那样,把最小的部分安装成为事物。)于是"1"成为数的物质要素,同时也就先于 2;而在 2 当作一个整数,当作一个形式时,则 1 又为后于。然而,(乙)因为他们正在探索普遍性,遂又把"1"表现为列数形式含义的一个部分。但这些特性不能在同时属之同一事物。

假如"本 1"必须是无定位的单元(因为这除了是原理外,并不异于它 1),2 是可区分的,但 1 则不可区分,1 之于"本 1"较之于 2 将更为相切近,但,1 如切近于"本 1","本 1"之于 1 也将较之于 2 为相切近;那么 2 中的各单位必然先于 2。然而他们否认这个;至少,他们曾说是 2 先创生。

又,假如"本 2"是一个整体,"本 3"也是一个整体,两者合成为 2〈两个整体〉。于是,这个"2"所从产生的那两者又当是何物呢?

章九　因为列数间不是接触而是串联,例如在 2 与 3 中的各单位之间什么都没有,人们可以请问这些于本 1 是否也如此紧跟着,紧跟着本 1 的应是 2 抑或 2 中的某一个单位。②

在后于数的各级事物——线,面,体——也会遭遇相似的迷难。有些人③由"大与小"的各品种构制这些,例如由长短制线,由阔狭制面,由深浅制体;那些都是大与小的各个品种。这类几何事

---

① 指原子(不可分物)论派。
② 看本卷第七章,1081a17—35。
③ 大约也包括柏拉图在内。

物之肇始原理〈第一原理〉,相当于列数之肇始原理,各家所说不同。在这些问题上面,常见有许多不切实的寓言与理当引起的矛盾。(一)若非阔狭也成为长短,几何各级事物便将互相分离。(但阔狭若合于长短,面将合于线,而体合于面;① 还有角度与图形以及类此诸事物又怎样能解释?)又(二)在数这方面同样的情形也得遭遇;因为"长短"等是量度的诸属性,而量度并不由这些组成,正像线不由"曲直"组成或体不由平滑与粗糙组成一样。②

所有这些观点所遇的困难与科属内的品种在论及普遍性时所遇的困难是共通的,例如这参于个别动物之中的是否为"意式动物"抑其它"动物"。假如普遍性不脱离于可感觉事物,这原不会有何困难;若照有些人的主张一与列数皆相分离,困难就不易解决;这所谓"不易"便是"不可能"。因为当我们想到2中之一或一般数目中的一,我们所想的正是意式之一抑或其它的一?③

于是,有些人由这类物质创制几何量体,另有些人④由点来创制,——他们认为点不是1而是与1相似的事物——也由其它材料如与"1"不同的"众"来创制;这些原理也得遭遇同样严重的困难。因为这些物质若相同,则线,面,体将相同;由同样元素所成事物亦必相同。若说物质不止一样,其一为线之物质,另一为面,又一为体,那么这些物质或为互涵,或不互涵,同样的结果还得产生;因为这样,面就当或含有线或便自己成了线。

---

① 1085a7—19,参看卷A,992a10—19。
② 参看卷A,992b1—7又卷N,1088a15—21。
③ 1085a24—31,旁涉意式论之一般迷难,与上文不甚贯串。
④ 大概另指斯泮雪浦。柏拉图与齐诺克拉底并不置重于点(参看卷A章九,章五)。

再者,数何能由"单与众"组成,他们并未试作解释;可是不管他们作何解释,那些主张"由 1 与未定之 2"来制数的人①所面对着的诸驳议,他们也得接受。其一说是由普遍地云谓着的"众"而不由某一特殊的"众"来制数,另一说则由某一特殊的众即第一个众来制数;照后一说,2 为第一个众。② 所以两说实际上并无重要差别,相同的困难跟踪着这些理论——由这些来制数,其方法为如何,掺杂或排列或混合或生殖? 以及其它诸问题。在各种疑难之中,人们可以独执这一问题,"假如每一单位为 1,1 从何来?"当然,并非每个 1 都是"本 1"。于是诸 1 必须是从"本 1"与"众"或众的一部分来。要说单位是出于众多,这不可能,因为这是不可区分的;由众的一部分来制造 1 也有许多不合理处;因为(甲)每一部分必须是不可区分的(否则所取的这一部分将仍还是众,而这将是可区分的),而"单与众"就不成其为两要素了;因为各个单位不是从"单与众"创生的。(乙)执持这种主张的人不做旁的事,却预拟了另一个数;因为它的不可区分物所组成的众就是一个数。③

又,我们必须依照这个理论再研究数是有限抑无限的问题。④起初似乎有一个众,其本身为有限,由此"有限之众"与"一"共同创生有限数的诸单位,而另有一个众则是绝对之众,也是无限之众;

---

① 指柏拉图与齐诺克拉底。
② 亚氏在这里仍将"未定之 2"当作 2 与本 2 来批评柏拉图学派之说。
③ 这里说明朗些:(甲)众的不可区分部分就不成为"众多"而是"单一"。这样,"众多"为诸一所构成,这就不能与"单位之一"相配而成为制数两要素。(乙)由众多制数等于说"数出于数",也等于什么都没有说。
④ 参看 1083b 36。

于是试问用哪一类的众多作为与元一配合的要素?人们也可以相似地询问到"点",那是他们用以创制几何量体的要素。因为这当然不是惟一的一个点;无论如何请他们说明其它各个点各由什么来制成。当然不是由"本点"加上一些距离来制作其它各点。因为数是不可区分之一所组成,但几何量体则不然,所以也不能像由众这个要素的不可区分之诸部分来制成一〈单位〉那样,说要由距离的不可区分之诸部分来制成点。①

于是,这些反对意见以及类此的其它意见显明了数与空间量体不能脱离事物而独立。又,关于数论各家立说的分歧,这就是其中必有错误的表征,这些错处引起了混乱。那些认为只有数理对象能脱离可感觉事物而独立的人②,看到通式的虚妄与其所引起的困惑,已经放弃了意式之数而转向于数学之数。然而,那些想同时维持通式与数的人假设了这些原理,③却看不到数学数存在于意式数之外,他们④把意式数在理论上合一于数学数,而实际上则消除了数学数;因为他们所建立的一些特殊的假设,都与一般的数理不符。最初提出通式的人假定数是通式时,也承认有数理对象存在,⑤他是自然地将两者分开的。所以他们都有某些方面是真确的,但全部而论都不免于错误。他们的立论不相符合而相冲突,这就证实了其中必有不是之处。错误就在他们的假设与原理。坏木料总难制成好家具,爱

---

① 点不能含有距离的要素;而且距离的任何一段仍还是距离,不能成点。一在"众"中可作为一个部分,点在线内不能作一个部分。
② 指斯泮雪浦。
③ 这些原理,指"一与未定之二"可参看第七章。
④ 指齐诺克拉底。
⑤ 柏拉图。

比卡尔谟①说过,"才出口,人就知道此言有误"。

关于数,我们所提出的问题和所得的结论已足够(那些已信服了的人,可在后更为之详解而益坚其所信,至于尚不信服的人也就再不会有所信服)。②关于第一原理与第一原因与元素,那些专谈可感觉本体的各家之说,一部分已在我们的物学著述中③说过,一部分也不属于我们现在的研究范围;但于那些认为在可感觉物体以外,还有其它本体的诸家之说,这必须在讨论过上述各家以后,接着予以考虑。因为有些人说意式与数就是这类〈超感觉〉本体,而这些要素就是实在事物的要素与原理,关于这些我们必须研究他们说了些什么,所说的内容其实义又如何。

那些专主于数而于数又主于数学之数的人,必须在后另论;④但是关于那些相信意式的人,大家可以同时观测他们思想的途径和他们所投入的困惑。他们把意式制成为"普遍",同时又把意式当作可分离的"个别"来处理。这样是不可能的,这曾已为之辨明。⑤那些人既以本体外离于可感觉事物,他们就不得不使那作为普遍的本体又自备有个体的特性。他们想到了可感觉世界的形形色色,尽在消逝之中,惟其普遍理念离异了万物,然后可得保存于人间意识之中。我们先已说过⑥苏格拉底曾用定义〈以求在万

---

① 第尔士编"残篇"14。
② 叙里安诺将以下各节编入卷N。
③ 见于"物学"卷一,第四至六章;"说天"卷三,第三至四章"成坏论"卷一,第一章。
④ 指斯泮雪浦,参看卷N,1090a7—15,20—b20。
⑤ 参看卷B,1003a 7—17。
⑥ 见于1078b17—30。

变中探取其不变之真理,〉启发了这样的理论,但是他所始创的"普遍"并不与"个别"相分离;在这里他的思想是正确的。结果是已明白的了,若无普遍性则事物必莫得而认取,世上亦无以积累其知识,关于意式只在它脱离事物这一点上,引起驳议。可是,他的继承者却认为若要在流行不息的感觉本体以外建立任何本体,就必须把普遍理念脱出感觉事物而使这些以普遍性为之云谓的本体独立存在,这也就使它们"既成为普遍而又还是个别"。照我们上述的看法,这就是意式论本身的憋结。

章十 让我们对于相信意式的人提出一个共有的疑难,这一疑难在我们先时列举诸问题时曾已说明。[①] 我们若不像个别事物那样假定诸本体为可分离而独立存在,那么我们就消灭了我们自己所意想的"本体";但,我们若将本体形成为可分离的,则它们的要素与它们的原理该又如何?

假如诸本体不是普遍而是个别的,(甲)实物与其要素将为数相同,(乙)要素也就不可能得其认识。因为(甲)试使言语中的音节为诸本体,而使它们的字母作为本体的要素;既然诸音节不是形式相同的普遍,不是一个类名,而各自成为一个个体,则 βα 就只能有一个,其它音节也只能各有一个(又他们〈柏拉图学派〉于每一意式实是也认为各成一个整体)。倘诸音节皆为唯一个体,则组成它们的各部分也将是唯一的;于是 α 不能超过一个,依据同样的论点,也不能有多数的相同音节存在,而其它诸字母也各只能有一个。然而若说这样是对的,那么字母以外就没有别的了,所有的仅

---

① 卷 B,999b24—1000a4,1003a5—17。

为字母而已。(乙)又,要素也将无从取得其认识,因为它们不是普遍的,而知识却在于认取事物之普遍性。知识必须依凭于实证和定义,这就是知识具有普遍性的说明;若不是每一个三角的诸内角均等于两直角,我们就不作这个"三角的诸内角等于两直角"的论断,若不是"凡人均为动物",我们也不作这个人是一个动物的论断。

但,诸原理若均为普遍,则由此原理所组成的诸本体亦当均为普遍,或是非本体将先于本体;因为普遍不是一个本体,而要素或原理却是普遍的,要素或原理先于其所主的事物。

当他们正由要素组成意式的同时,又宣称意式脱离那与之形式相同的本体而为一个独立实是,所有这些疑难就自然地跟着发生。

但是,如以言语要素为例,若这并不必须要有一个"本α"与一个"本β"而尽可以有许多α许多β,则由此就可以有无数相似的音节。

依据一切知识悉属普遍之说,事物之诸原理亦当为普遍性而不是各个独立本体,而实际引致了我们上所述各论点中最大困惑者,便是此说,然此说虽则在某一含义上为不合,在另一含义上讲还是真实的。"知识"类于动字"知",具有两项命意,其一为潜能另一为实现。作为潜能,这就是普遍而未定限的物质,所相涉者皆为无所专指的普遍;迨其实现则既为一有定的"这个",这就只能是"这个"已经确定的个体了。视觉所见各个颜色就是颜色而已,视觉忽然见到了那普遍颜色,这只是出于偶然。文法家所考察的这个个别的α就是一个α而已。假如诸原理必须是普遍的,则由普

遍原理所推演的诸事物,例如在论理实证中,① 亦必为普遍;若然
25 如此,则一切事物将悉无可分离的独立存在〈自性〉——亦即一切
均无本体。但明显地,知识之一义为普遍,另一义则非普遍。

---

① 罗斯注释:"论理实证"($\alpha\pi o\delta\varepsilon\iota\xi\iota s$)必须在第一格("解析后编"卷一,第十四章),在这格中普遍前提应作出普遍结论。

卷（N）十四

章一 关于这类本体，我们所述应已足够。[①] 所有哲学家无论在自然事物或在不动变事物均以诸对反为第一原理；但在一切第一原理之先，不该另有事物，所以这不该既是第一原理，而又从某事物得其演变；若从此说，如以"白"为第一原理，便应以白为白，无复更先于白之事物；可是这白却预拟为别一事物之演变，而这一底层事物又得先于"白"，这是荒谬的。但一切由对反所演生的事物例皆出于某一底层；那么诸对反必得在某处涵有此底层。本体并无对反，这不仅事实昭然，理知的思考也可加以证实。所以一切对反不能严格地称为第一原理；第一原理当异乎诸对反。

可是，这些思想家把物质作为两对反之一，有些人[②]就以"不等"（他们认为"不等"即"众多"的本性）为元一之对反，而另一些人[③]则以众多为元一之对反。前者引用"不等之两"即"大与小"，来制数，后者则引用"众"来制数，惟照两家之说，均以一为怎是

---

① 此句语意应表示第十四卷另起论题，但第十四卷所论题旨与第十三卷并无明显差异。故叙里安诺不用此句为开卷语，别以第十三卷1086a21句为第十四卷开始。这两卷为柏拉图学派意式论与数论之批评，各章编次欠整齐，亦不无复沓；故后人推论亚氏先草成第十四卷，以后又扩充为第十三卷；后世两为编录。

② 指柏拉图。

③ 大约是指斯泮雪浦。

而由此制数。那位哲学家说"不等与元一"为要素时,以"不等"为"大与小"所组成的一个"两",其意盖以"不等"或"大与小"为一个要素,①并未言明它们是在定义上为一而不是于数为一。他们于这些称为诸要素的原理,论叙颇为混淆,有些人②列举"大"与"小"与"元一"三者为数的要素,二为物质,一为形式;另有些人③列举"多与少",因为"大与小"的本性只可应用于量度,不适于数;又一些人④列举"超过与被超过的"——即大小与多少的通性。从它们所可引起的某些后果上看来,这些各不相同的意见并无分别;他们所提供的说明既是抽象的,他们所发生的后果也是抽象问题,而各家所求以自圆其说者亦仅在避免抽象的疑难,——只有一点相异处是:若不以大与小为原理,而以超过与被超过为原理,则此类要素将先于2而制成列数;因为"超过与被超过"较之"大与小"为更普遍,列数也较2为更普遍。但他们只说其一义而不承认其另一义。

另有些人⑤以"异"与"别"为一之对成,另有些人⑥以"众"为一〈单〉之对成。但,照他们所说"事物皆出于对反"而论,"不等"应为"等"之对,"异"应为"同"之对,"别"应为"本"之对,那么仍当以"众"对"一"为宜,然众一之为对犹不能尽免于訾议;因为多

---

① "大与小",柏拉图意中为一物,亦为一原理,即未定数。亚氏在这里承认此义,使之与元一相对;但他在其它章节中又将大与小当作两物而加以批评。
② 包括柏拉图在内。
③ 不能肯定是哪一位柏拉图学派。
④ 似指毕达哥拉斯学派。
⑤ 似指某些毕达哥拉斯学派。
⑥ 似指斯泮雪浦。

之对为少,众为多性,则其所对应是少性,这样"一"恰就转成为"少"了。

"一"显然是一个计量。[1] 在每一事例上必各有一个,本性分明的,底层事物,例如音乐〈音阶〉的单位为四分音程,量度的单位为一指或一脚[2]或类此者,韵律的单位为一节拍或一音节。相似地,就重力而论其单位为确定的某一重量。一切事例均由相同的方法以质计质,以量计量。(计量是不可区分的,于前者以级类论,于后者以感觉论。)"一"本身不是任何事物的本体。这是合理的;一为众之计量,而数为已计量了的众,亦即若干的一。所以这是自然的,一不是一个数,计量单位也不与诸计量混;因为计量单位与一均为计算的起点。计量必常与其所计量之一切为相同事物,例如事物为马群则其计量必为"马",若为人群则亦必以"人"为计。假如他们是一人,一马,与一神则其计量也许是"活物",而他们的计数将是三个活物。倘事物为"人",为"白的",为"散步",这就不能成数,因为这些同属那个主题,这主题其数只一,可是这些〈以不同类别的云谓而论〉也可计算其类别之数,或其它名称的数。

那些人以"不等"为一物,以"两"为"大与小"的一个未定的组合,其立说殊不可能,也不足为概然的事实。因为(甲)多与少之于数,大与小之于量度,犹如奇与偶,直与曲,粗糙与平滑,只是数与量度及其它事物之演变与属性,并非那些事物之底层。又,(乙)除

---

[1] 参看卷 Δ 章六;卷 I 章一。
[2] δάκτυλος 原义为"手指",用于计量时一指约当今四分之三寸。释法云"翻译名义集"数量篇述古印度度量:一弓合四肘,一肘合二十四指节;一肘合一尺八寸;则一"指节"亦为四分之三寸。此与希腊古度量相符。

了这一错误以外,"大与小"等必须相关于某些事物;但关系范畴后于质与量,作为实是或本体只算是其中最微末的一类;我们已说过,这里所相关的不是物质而只是量的一个属性,因为事物必须保持某种显明的本性,才能凭此本性物质对于另一些事物造成一般关系,或与另一些事物之部分或其类别造成关系。凡以或大或小、或多或少与另一些事物建立关系者,必其本身具有多或少、大或小,或一般与另些事物肇致关系的本性。关系为最微末的本体或实是,其标志可以在这里见到,量有增减,质有改换,处有移动,本体有生灭,只是关系无生灭,无动变。[①] 关系没有本身的变化;与之相关的事物若于量有所变更时,一事物,本身虽不变化,其关系便将一回儿"较大",一回儿"较小",又一回儿"相等"。(丙)每一事物,也可说每一本体,在各自涉及的范畴上其物质必然为潜在;但关系既不潜在地也不实现地成为本体。

于是,这是奇怪的,或宁是不可能的,硬把非本体先于本体而且安置为本体内的一个要素;因为所有各范畴均后于本体。又(丁)要素,不是自己为之要素的那事物之云谓,但多与少无论分开或合拢,均表明为数,长与短之于线,阔与狭之于面亦然。现在倘有一众〈相当多的一个数〉,其中常涵有"少"这一项,例如2(2不能作为多,因为,倘2算作"多"则1应将是"少"了),而这数又须另有相对的一项代表绝对的"多",例如10(若更无较10为大的数),或10或10 000。从这方面看来,数怎能由少与多组成?或是两者均表明

---

① 参看卷K,章十二 1068a7—9 一句,亚氏于十范畴中只举其七。这里只举其五,作用与被作用复被略去不论,盖以这两范畴与动变相合,不须别举。

这数,或是两都不该;但在事实上,一个数只能指称两项中的这一项或另一项。

章二 我们必须研究永恒事物可否由诸要素组成。若然,则它们将具有物质;因为一切由要素组成之事物,均为物质与形式的复合体。于是事物虽拟之为永恒存在,若彼曾有所组成,则无论其久已生成或现在生成,均必有所组成,而一切组合生成之事物必出于其潜在之事物(如它原无此潜能就不得生成,也不会包含这样的诸要素),既然潜在事物可实现亦可不实现——这虽已实现成永恒的数,但既含有物质,便当与一切含有物质要素的事物一样,仍是可能不存在的;由兹而言,任何年代古老的数可能失其存在,生存了一天的数也可能失其存在;那么不管其存在时间可以无限止地延长,凡可能不存在的,就总可以失其存在。那么,它们就不能是永恒的,我们曾已有机会在别篇中[1]说明一切可能消失的均非永恒。我们现今所说倘普遍地是真确的——凡非实现的本体均非永恒——假如要素为本体底层之物质,一切永恒本体之内,均不能存有这样的组成要素。

有些人[2]列叙与"元一"共为作用的要素是"未定之两",并以此责难"不等"之说引起迷惑,其所持理由可谓充分;可是他们虽因此得以解除以"不等"为关系,以"关系"为要素所由引起的疑难,但这些思想家们用哪些要素来制作数,无论这是意式数或是数学数,还得于其它方面遭遇一样的诽议。

---

[1] 参看卷 Θ,1050b 7 全节。此处称"别篇",似指 ZHΘ 这三卷,原先可能别有独立篇名。

[2] 似指齐诺克拉底。

许多原因使他们导向这样的解释,尤其是他们措置疑难的方式太古老了。他们认为若不违离而且否定巴门尼德的名言,一切现存事物均应为"元一",亦即"绝对实是"。

"**非是**永不会被证明其存在为**实是**"。①

他们认为事物若确乎不止于"一",这就必须证明**非是**为**是**;因为只有这样,诸事物才能由"实是"与"另一些事物"组合而成"多"。②

但,第一,**实是**若具有多项命意(因为这有时是本体,有时指某一素质,有时指某一量,又有时指其它的范畴),而**非是**若被假定为不存在,则一切现存事物所成之一将是什么一类的"一"? 是否以诸本体为一,或以诸演变和相似的其它范畴为一,或各范畴合而为一——这样,"这个"与"如此",与"这么多"以及其它诸范畴,凡指称某一级实是的,悉归于"一"? 但这正奇怪或竟是不可能的,世上出现了单独的一物〈非是〉竟就带出了这么多的部分,其一部分为一个现存的"这个那个",又一部分为一个"如此如彼",又一部分为一个"那么大小",又一部分为一个"此处彼处"。

第二,事物究竟由哪一类的"**非是与是**"来组成? 因为跟着"是"一样"非是"也有多项命意;"不是人"意指不是某一本体,"非直"意指某素质之非是,"非三肘长"意指某一量度之非是。于是哪一类的"是与非是"之结合才使事物得成众多? 这一思想家③以之

---

① 见第尔士编"残篇"7,并参看柏拉图"色埃德托"180E。
② 参看柏拉图"诡辩家"237A,241D,256E。
③ 指柏拉图:参看"诡辩家"237A,240。柏拉图以虚假为"非是",亚氏所举诸非是不尽符柏拉图原义。

与"是"相结合而使现存事物得其众多性之"非是"为虚假与虚假性。这就像几何学家将"不是一尺长"假定为一尺长,而举称这就是我们必须将一些虚假作成为假定的理由。几何学家既不以任何虚假事物为假定(因为前提与推断不相及),事物所由创成或化入的"非是"也不是这样命意。但因"非是"在诸范畴中为例便各有不同,而且除此之外,虚假与潜能均属"非是"创造实际出于潜在性的非是;人由非人而潜在地是人者生成,白由非白而潜在地是白者生成,至于所生成者为一为多殊无与乎非是。

明白地,问题在于其命意为本体之实是怎样成为多;因为创成的数与线与体,原就有许多。可是这正奇怪,于实是之为"什么"就可以专要考询其安得成多,却不考询实是之为质为量者又安得成多。当然"未定之两"或"大与小"不会是白有两种,或色,味有多种,形状有多种的原因;若说这些也出于"未定之两"或"大与小",那么色、味等也将成为数与单位了。但,他们若研究到其它这些范畴,也就可以明白本体的众多性之原因何在了;各范畴诸实是的众多性之原因,正是这相同的①或可相比拟的事物。在寻取实是与元一的对反以便由此对反和实是与元一共同生成事物,他们进入相同的迷途而指向于那个相关词项(即"不等"),"关系"并非实是与元一的对成,也不是它们的否定,而只是像本体与素质一样,为实是之一个类别。他们应该询问这一问题,何以相关词项有许多而不止一个。照说,他们已研究到何以在第一个1〈原一〉之外还

---

① 参看卷Λ,章五;此处所指为"物质"或潜在,与下文1089b 16行相符;又与28行相符,亦指"底层"。

有许多1,却并不进而考询在这"不等"之外另有许多"不等"。然而他们竟就应用了这许多"不等"而常说着大与小,多与少(由此制数),长与短(由此制线),阔与狭(由此制面),深与浅(由此制体);他们还说着很多种类的关系词。这些关系事物的众多性又由何而来呢?

于是,在我们来说,这必须为每一有所是的事物预拟其各有所潜在;持有了这样主张的人还须宣称那个潜在地是一个"这个",也潜在地是一个本体的,却并不由本身而成为实是——例如说这是"那个关系"(犹如说"那个质"),这既非潜在地为元一或实是,也不是元一与实是的否定,而仅是诸是中的一是。照我们已说过的意见,①他若要考询实是之何以有许多,不必更考询同范畴中实是之成多——何以有许多本体,何以有许多素质——他应该考询全部的实是何以有许多;有些实是为诸本体,有些为诸演变;有些为诸关系。在本体以外各范畴,还有另一问题涵存于众多性中。因为其它范畴不能脱离诸本体,正因为它们的底层为多,所以质与量也成为多;于每一级实是这就该具有某一些物质;只是这物质不能脱离本体。如果不将一事物看作一个"个体"又看作一般性格,②这可能在各个个别本体上解释明白"个体"之何以成多。诸本体何以不止是一而确乎为多,从这问题上所引起的困惑就在这里。

但,又,个体与量若有所不同,我们还没有知道现存事物如何成多以及为何成多,他们只说了量是怎么的多。因为一切"数"意

---

① 参看上文1089a 34。此节"他"指柏拉图或柏拉图学派。
② 参看1086b13。

指于量,一除了作为计量,或在量上为不可区分以外,其义亦为数。于是,假如那个量与"什么"〈本体〉各不相同,谁也还没有把那个"什么"何由成多与如何成多的问题向我们交代清楚;而若说那个"什么"与量相同,那么他又得面对许多不符事实之处了。

关于数,他们也可以把注意力放到这问题上,相信了这些是存在的,这有何价值。对于信奉意式的人,这提供了对某些种类现存事物的原因,因为每一数均为一意式,意式总是别事物成为实是之原因;让他们据有这样的假设。但因有鉴于意式论内涵的违碍之处而并不执持意式的人(所以他并不以意式论数),他所讨论的只是数学之数;① 我们又何必相信他的陈述而承认意式数的存在,这样的数对于别的事物又有什么作用? 说这样的数存在的人,既未主张这是任何事物的原因,我们确也未观察到它曾是任何事物的原因(他宁说这是一个只为自己而存在的独立实是);至于算术家的诸定理,则我们前曾说过,即便应用于可感觉事物也全部合适。②

章三 至于那些人设想了意式之存在,并照他们的假定以意式为数——由于脱离实例而抽象设词的方法——他们假定了各普遍词项的一致性,进而解释数之必须存在。可是,他们的理由既不充实亦非可能,人们并不因为这些理由而相信数之存在为独立实是。再者,毕达哥拉斯学派看到许多可感觉事物具有数的属性,便设想实事实物均为数,——不是说事物可用数来为之

---

① 意指斯泮雪浦。
② 参看卷 M,章三全章,注意 1077b 17-22 行。

计算,而说事物就是数所组成。其故何在？在乐律,在天体,在其它事物上均见有数的属性。[1] 那些说只有数学之数存在的人[2],照他们自己的立论,本不该讲这一类道理,可是他们却常说这些可感觉事物不能作学术的主题。照我们前曾说过的,[3]我们确认这些就是学术的主题。数学对象显然不能离可感觉事物而独立存在；如果独在,则实体之中就见不到它们的属性了。在这一方面毕达哥拉斯学派并不引人反对；该被批评的只是他们用数来构成自然体,用无轻无重的事物构成有轻有重的事物,他们所说的天体,以及其它实物,不像是这个可感觉世界的事物。但那些以数为可分离的人,常认为"可感觉事物非真实",而"数式才是真实的公理",并诉之于性灵[4]以指陈数必须存在也必须独立于事物之外；于几何对象亦复相似。于是,这是明显的,与此相抗衡的数论[5],其说既与之相背,我们现在也正要提出疑问,[6]数若不存在于可感觉事物之内,何以可感觉事物表现有数的属性,执持数为独在的人们均应该解答这个疑问。

有些人看到点为线之端亦为线之限,线之于面,面之于体亦然,因而认为这些必是一类实物。所以,我们必须加以察核,其理由或甚薄弱。因为(一)极端只为这些事物的限度,自身并非本体。

---

[1] 参看卷 A,989b 29—990a 29。
[2] 指斯泮雪浦。
[3] 参看卷 M,章三。
[4] σαίνει 原义为"摇动",如狗摇尾；拉丁译文作 ad blandinutur。一百五十年间四种英译本译法各不同,兹从特来屯尼克 1933 年新译本,(增"τὴν ψυχήν")而译作"诉之于性灵"。
[5] 指 1090a20—25,毕达哥拉斯数论。
[6] 1090a29。

步行或运动一般地必有所终止,照他们的立论,这些也将各成为一"这个",为一本体了。这是荒谬的。(二)就算这些也是本体,它们也应是这感觉世界上的本体;而他们的立论却正在想脱离这感觉世界。它们怎么能分离而得自在?

又,关于一切数与数学对象,我们倘仍以所论为意犹未尽,可慎重提出这一问题,先天数〈数学对象〉之于后天数〈几何对象〉,它们互不相为资益。对于那些专想维持数学对象之存在的人[①],假如数不存在,空间量度也不会存在,而空间量度若不存在,灵魂与可感觉实体却会得存在。但从所见世界的真相看来,自然体系并不像一篇各幕缺少联系的坏剧本。对于相信意式的人,这疑难是被忽略了;他们由物质与数制作空间量度,由数 2 制线,更毫不怀疑地,由 3 制面,由 4 制体,[②]——或者他们另用别的数来制作,这也并无分别。然而这些量度将会成为意式么,或其存在的情况又如何,对于事物又有何作用?这些全无作用,正像数学对象之全无作用一样。人们若不想干涉数学对象来创立自己的原则,他就难以从他们的任何定理得其实用,但这并不难设想一些随意的假定,由此纺出一长串的结论。

于是,这些思想家[③]为要将数学对象结合于意式就投入了这样的错误。那些最初主于数有意式与数学两类的人并没有说原也是不能说数学之数怎样存在和由什么组成。他们把数学数安置在

---

① 指斯泮雪浦;参看卷 Z 章二,卷 Λ 章十二。
② 意大利学派的数学和几何演算都是用卵石来排列着进行的。二粒卵石可定一条线,三粒可定一个三角形(面),四粒可定一个锥形四面体(立体)。所以 2,3,4 实际是决定线、面、体三者所必需的最少的卵石数。
③ 从 20—32 行似均指齐诺克拉底。

意式数与可感觉数之间。(一)假如这由"大与小"组成,这将与意式数相同,(他①由某些品种的大与小制成空间度量。②)(二)假如他举出其它要素,制数的物质要素也未免太多了。假如两类制数的第一原理均为同一事物,那么元一一将为这些为共通的形式原理。而我们就得追问怎么"一"既可当作许多事物,何以照他所说,数却不能径由一制成,而只能由"一"和"未定之两"衍生。

所有这些都是荒谬的,而且都是互相冲突并自相矛盾的。我们在这些理论中似乎见到了雪蒙尼得的长篇文章,③那是奴隶们在隐瞒真实缘由时,矫揉造作起来的。"大与小"这些要素对于硬要它们做不克胜任的事情似乎也在抗议;它们实在所能制的数并不异于一乘二而又连乘所得的那些数。④

把永恒事物赋予创造过程这也是荒谬的,或者竟是不可能的。这毋庸置疑是毕达哥拉斯学派曾否以创造属之于永恒事物;因为他们明白地说过无论是由面或表面,或种籽,或那些他们所未能说明白的元素,来构成元一,总是一经构制,原来那无所限的便立即为这些极限所定限了。⑤ 既然他们是在构制一个世界,而是以自然科学的言语建立理论,对于这样的理论我们加以察核,自非过当,但在目前这研究中姑让它去吧;

---

① 指柏拉图。
② 参看1090b21—22。
③ μακρὸς λόγος 或译长句,雪蒙尼得文中有 λόγοι ἄτακοι 一节,举奴隶答主人质询例,辞多支离,违避要点,故敷衍而冗长。参看贝尔克(Bergk)编"雪蒙尼得残篇"189。
④ 假定"大与小"或"未定之两"是在倍乘,参看卷M,章七1082a14。
⑤ 参看"物学"卷三第四章,卷四第六章全章。又参看菩纳脱"早期希腊哲学"第53节。

我们现在研究的是在那作用于诸不变事物的原理,我们必须研究这一类数的创生。①

这些思想家说奇数没有创造过程,这就等于说偶数出于创造;有些人并指明偶数是最先由"不等"制成的——当"大与小"平衡"等"时就创出偶数。② 那么,"不等"在被平衡以前当必属于"大与小"。假如大与小常是被平衡,那么在先便没有"不等";因为所常在的只是等,不等就是不常在了。所以明显地,他们引进数的创造说,于理论并无裨益。③

章四　要素与原理如何与美和善相关的问题中,存着有一个疑难,人们若不能认取这疑难是该受责备的。疑难是这样:在诸要素中是否有我们所意指善与至善这样一个要素,或则本善与至善应后于诸要素。神学家们似乎与现代某些思想家相符,④他们以否定答复这问题,说善与美只在自然业已有些进境之后才得出现于事物之中。他们这样做是旨在避免有些人以"元一"为第一原理所遭遇的訾议。引起异议的实际并不因为他们以善为

第一原理之属性,而是由于他们把一当作制数的要素使之成为一个原理,这才引起了异议。老诗人们说,君临宇宙而统治万有的,已不是那些代表宇宙原始力量的夜与天⑤或混沌⑥,或奥基安

---

① 贝刻尔本,第杜本,及罗斯译本均以此行为第三章终,但下文23—28实与此节相承。有些抄本章四由29行起。
② 参看卷M,章七1081a25—26。
③ 参看"说天"卷一,279b32—280a10。
④ 指斯洼雪浦;参看卷Λ,1070b31。
⑤ 奥菲克宗以宇宙始于夜与天。
⑥ 宇宙原先属于混沌,见希萧特"原神"116。

〈海洋〉①,而是宙斯②,这里他们的诗情符合于这思想。这些诗人这样说,正因为他们想到世界的统治者是在变换;至于那些全不用神话语调的人们,例如费勒色特③与某些人,就合并了善与美而以"至善"为原始的创造者;麦琪们④与较晚出的先哲们亦复如是,例如恩培多克勒与阿那克萨哥拉:前者以友爱为要素之一,后者以理性为第一原理。执持有不变本体存在的人,有些人说本一亦即本善;但他们认为本善的性质以元一为主。

于是,两说孰是? 假如基本而永恒的,最为自足的事物竟然并不主要地赋有"善"这样最自足自持的素质,这正该诧异了。事物之自足而不灭坏者,除由于其本性之善而外,实在找不到其它缘由。所以,说善是第一原理,宜必不错;若说这原理该就是元一,或说若非元一,至少,亦应是列数的一个要素,这些都是不可能的。为了避免强烈的反对意见,有些人放弃了这理论⑤(那些人主张一为要素亦为第一原理的人,从此便将"一"限为数学之数的原理与要素);因为照"元一即本善"这理论,诸一将与善的诸品种为相同,而世上的善也就未免太多了。又,如诸通式均为数,则所有一切通式又将与善的诸品种相同。让人们设想任何事物的意式。假如所拟只有诸善的意式,则这些还不是诸本体的意式〈而只是素质的意式〉;假如又设想这些是诸本体的意式,那么一切动植物与一切事

---

① "海洋"神见荷马"伊里埃"第十四卷 210。
② 参看卷 Λ,1071b26。
③ 茜洛人费勒色特(Pherecydes of Syros,约公元前 600—前 525)以宙斯为三原神之一。(参看第尔士"先苏格拉底"201,202。)费为泰勒斯弟子。
④ 麦琪(οἱ Μάγοι)为波斯查罗亚斯德宗僧侣阶级。
⑤ 如斯泮雪浦,不复坚持元一与本善为相同。

物凡参与于意式的均将是善〈因为意式具有善质〉。

这些刺谬的推论都跟着〈那元一与本善相合之说〉而来。另一问题也跟着发生,那个相对于元一的要素,无论是众多或不等,如大与小,是否即为本恶(所以一位思想家①因为见到创生既然出于诸对成而恶将成为众的本性,就避免将善属之于一;而另有些人②则就直说不等性即恶的本性)。于是,跟着就得是这样,除了一与本一以外,一切事物均分有此恶,而列数之参与于此恶,较之空间量度具有更直接的③形式,于是恶成为善在其中进行实现的活动范围,④而因为对成有毁灭其所对的趋向,参与其间也便是希望着加以毁灭。照我们才说过的,⑤假如物质潜在地是每一事物,例如潜在的火便得成为实现之火,于是恶正就是潜在的"善"了。

所有这些谬论的发生,是由于他们(一)把每一原理均当成了要素;(二)把诸对成作为原理;(三)把一当作一个原理;(四)又把列数作为通式,也作为能够独立存在的原始本体。

章五　于是,假如不把善包括在各个第一原理之中既不可能,而用这样方式把善安置在内也不可能,那么明显地,对于原理与原始本体的设想尚有不明确之处。任何人以宇宙诸原理比之于动植物的,他对物质的想法也未为精审;在动植物方面总是较完备的出于较不完备而未定型的,——就由于这一见解引使那位思想家⑥说

---

① 指斯泮雪浦。
② 指柏拉图与齐诺克拉底。
③ 参看卷A,章九,第一原理先衍生列数,再衍生空间量度 992a10-24。
④ 参看柏拉图"蒂迈欧"52A,B。
⑤ 1088b1。
⑥ 指斯泮雪浦;参看卷Λ,1072b30-34。

第一原理亦当如是,所以本一便不该是一个现实事物。① 这是不确的,因为即便是这世界上的动植物,它们所由来的原理还是完备的;因为这是人繁殖人,种籽并非第一。

这也是荒谬的,说创造空间同时也创造了数学立体(因为个别事物具备那占有空间的特性,所以在空间各相分离;但数学对象则并无一定处所),说是数学立体总在某些处所,却无以说明它们的所在。

那些人说实物出于诸要素,而数则为最原始实物,他们应该先说明一物之出于另一物者其义若何,然后说明数由第一原理衍生,其方式又如何? 由于混合? 但(一)并非一切事物皆可混合;②(二)由要素所产生的事物将异于要素,这样的混合将不能分离,元一就不能像他们所希望的,永是保持为一个分明的实是。像一音节那样,由于组合? 但,(一)这就必须有位置来安排组成要素;(二)人们凡是想到数,应就能够分别的想到一与众,于是数将是这样的一个组合物——"一"加之以"众",或是"一"加之以"不等"。

又,一物之出于某物者,某物或仍存在其产品之中,或此产品中并无此某物;数之出于哪些要素者,其要素存于数中,抑不在数中? 只有创生的事物方能出于要素而要素仍存其中。于是数之出于诸要素者是否像出于种籽一样?③ 然而不可区分物应是什么都挤不出

---

① 斯泮雪浦的论点,认为一切事物在初是不完全的,那么"一"既为第一原理,也应是不完全的,并应有异于善。亚里士多德认为"不完全物"并无实际存在,所以指摘斯泮雪浦的第一原理也应不是实际存在。

② 凡容许混合的必须先各有分别的独立存在,如"大与小"原为数之演变(第一章1088a15—19)是不能分别独立存在的。

③ 参看1091a16。

来的。① 是否出于对成,出于它的可变对成? 但一切出于诸对成的事物必别有所不变者为之底层。② 一位思想家③把一作为"众"的对成,另一位④则以一为"等"而把它作为"不等"的对成,这样数就必须算作是出于对成的了。于是从它的对成演生而成的数还得有某些不变者在。⑤ 又,为何世上一切出于对成的,或具有对成的事物,均归灭坏(即便所有的对成完全用来制成它们,它们也得灭坏),而惟独数不灭坏? 关于这一点,什么都未讲起。可是不管存在或不存在于其产物之中,对成总是有破坏性的,例如斗争破坏"混合"(可是这又不该破坏;因为那混合物与它并不真是对成)。⑥

究属由哪一方式,数作为本体与实是的原因,这问题尚全未决定——(一)是由于数之作为界限么(譬如点是空间量度的界限)? 这就是欧吕托⑦所由决定万物之数的方式,他像有些人用卵石求得三角形与四方形的数一样,仿效自然对象的形式而为之试求其数(例如人与马就各有其数),或则(二)是由于音乐为数的比例,因此人及一切其它事物亦当如此? 但属性如白、如甜、如热又何以为其数呢? 明显地,数不是事物的怎是或式因;其怎是为比例,而数

---

① 一之为不可区分物不能像父亲一样在生成过程中作为形式原理。
② 参看 Λ,1069b3—9,又"物学"卷一章七。
③ 指斯泮雪浦。
④ 指柏拉图。
⑤ 指摘柏拉图学派处理制数的对成原理之错误,可参看本卷第四章1091b30—35,卷Λ,章一、章二1069b3—15。众多性作为统一性的对成,其义出于阙失,并非物质与形式之对成,柏拉图学派若以众与一为两对成来制数,则尚须为之另觅一确实的底层,苟得此底层物质则一方可作为形式而成为相对。
⑥ 自1092a17至1092b8,似乎主要在指摘斯泮雪浦。
⑦ 欧吕托(Eurytus),盛年约当公元前第四世纪初,为毕达哥拉斯学派菲洛赖乌(Philolaus)弟子。

为这比例的物质。例如说肌肉或骨之怎是有数存乎其中者,其义如此:三份火与二份土。① 数,无论哪一个数,总是指点着某些事物的数,或是若干火或若干土,或若干单位;但其怎是则为各物在混合中的比例;这已不是一个数而是一个混合数比(或是实体的或是其它类别的数比)。

于是,无论这是一般的数或是由抽象单位组成的,数既非事物的物质,亦非公式或式因,也不是事物的有效原因。当然这也不是终极原因。②

章六 人们可以提这问题,因为事物的组成可由一个容易计算的数或一奇数③为之说明,这样,事物可由数获得什么好处。事实上,蜜水并不因为是三与三之比而成为更佳,没有特殊的比例,只是适当地冲淡了的蜜水较之可用数表示而过度浓甜的蜜水恰还更为合适。又,混合物的比例是数的相加,不是相乘,例如这是"三份水加之于二份蜜",就不能是"三乘二"。因为事物的相乘者其科属(物类)必须相同;所以 $1\times2\times3$ 的乘积必须是可以 1 为之计量,$4\times5\times6$ 必可以 4 为之计量,所有乘积必以各个原乘数为之计量。

于是水之数为 2×3 时,火之数就不能同时而为 $2\times5\times3\times6$。④

假如一切事物必须参加于列数,许多事物必成为相同,同一的数也必然会既属此物又属那物。于是,数是否原因?事物因数而存

---

① 见恩培多克勒"残篇"96(第尔士编),述骨的造成,但比例数与此处所言不符。
② 自第五章 1092b8 至第六章 1093b20 各节批评基本上针对着毕达哥拉斯学派理论。
③ "奇数"($\pi\epsilon\rho\iota\tau\tau\varphi$),这里很难明了亚氏的意旨,比例并无奇偶之别。亚历山大解为相似于 1:3 之比。卷 A 章五 986a23—30 奇数与善符合。
④ 若然如此,则其义将成为:每一火分子等于 30 水分子了。

在么?或这并不能肯定?例如太阳的运动有数,月运动也有数,——以至于每一动物的寿命与成长期无不有数。于是,这些数未必不能成为方、或立方以及有些相等或有些倍乘?一切事物既被假定为必参于数,而习用诸数之范围又常有所限,因此相异的事物,就无法不归属于相同的数了。于是,某些事物既被系属以相同的数,就得因它们的数型相同而成为相同;例如日月就得相同。但何以这些成为原因?说是元音有七,乐律依于七弦,昴星亦七①,动物七岁易齿(至少有些是这样,有些并不如此)②,与底比人作战的英雄亦七③。这因为其数必须是以七为型,所以战斗英雄就打成为七位,而昴星也凑成七个么?实际战斗英雄有七,是由于城堡的门有七或其它的原因;至于昴星只是我们点数为七,这有如大熊星座点数有十二星一样,而目光锐敏的人在两星座中均可指点更多的星数。不仅如此,他们甚至于说Ξ、Ψ、Ζ是和音,因和音有三,所以复子音〈辅音〉也有三。他们忽忘了这样的音注可以上千:譬如ΓΡ也可以算一个。但是,他们若说只有这三字母均各相当于别的两个字母,那么理由正在口腔发声有三个部分,这三个部分各相应于σ声者就只能有这三字母,更无其它可算复子音,这与三和音全不相涉;实际和音不止三个,而复子音恰只有三个。④ 这些人们像旧式的荷马学者往

---

① πλιαδίς,柏赖埃群星在金牛座中,中国二十八宿中之昴宿,俗称"七姊妹星"。希腊神话谓阿脱拉斯与仙女柏赖恩生七女儿,即此七星,其六可常见,其一须目光锐利者在天空净朗时可见。

② 动物易齿见"动物史"576a6。

③ 希腊古史,波里尼色(Polynices)守底比,与其弟爱替乌克里(Eteocles)所率亚季夫人(Argives)战。波里尼色于部落中选六健将分守六门,六将与统帅合称"七雄"。

④ Θξ,希腊文第十四字母,相当于κσ;Ψ第二十三字母,相当于βσ,πσ,φσ;Ζζ,第六字母,相当于σδ。亚历山大诠释此三复子音,ζ联系于第四度音程,ξ第五度,ψ第八度。

往能见所小同而不识大异。

有些人说这类的例很多,譬如两中弦所示数为九与八。① 而史诗以十七个音节为一行,与此两弦合其节奏,朗诵的抑扬与顿挫按于右前半行者九音,按于左后半行者八音。② 他们又说由 A 至 Ω 间的字母数等于笛管由最低至最高音间的音符数,而这音符数则等于天体合唱全队③的数目。可疑的是人们谁都不难叙列这样的比拟,在永恒事物中容易找到这类譬喻,在世俗事物中也不难寻取。

经过我们这样的一番检查之后,有些人为了使数成为自然之种种原因,因而赋予可赞美特性,以及它们的诸对成和数学的一般关系,似乎已悉归消散;照前所说明第一原理的任何一个命意,④数均不能成立为事物之原因。可是,有一含义他们也辨明了,善之属于数者,与奇、直、正方⑤和某些数的潜能一同序次在美这一对成行列中。季节与某些数〈如四〉符合;他们在数学论理上收集起具有相似作用的类例。⑥ 这些,实际上就是一些"相符"。它们既原有所偶合,而事物之相符者固可相适应,也可相比拟。在实是的

---

① τὲ μέσαι,"中弦"亦可译中音。第四第五度音程之比例各为 8∶6 与 9∶6。
② τὸ δεξιόν,"右前部分"(参看"古典语文学报"第十一卷 458—460 巴色脱[Bassett]解释)。希腊扬抑抑格六步诗体(*Dactylic hexamete*)之第六步韵脚常为扬扬抑(*spondee*)或扬抑格(*trochee*)之长短律,六步之前三步有九音节,后三步只八音节。
③ 亚历山大诠释字母之数 24,符合于黄道 12 宫,加日、月、五星与恒星天 8 个天球,并加地水气火四元素。
④ 参看卷 Δ,章一、二。
⑤ 参看卷 A 986a23 注。ἰσάκις ἴσον,"相等乘相等"为正方。E 抄本作 σαοιθμον "等数",Ab 作 ἴσον"相等",均不符 986a23 所举对成行列。
⑥ 事物间可以有相似或相符的数关系,但数不是事物之原因,事物不因数而发生或消失。

每一范畴,比拟词项总是可以找到的,——如直之于线者,平可拟于面,也许奇之于数,白之于色亦然。

再者,音乐现象等的原因不在意式数(意式数虽相等者亦为类不同;意式单位亦然);[1]所以,单凭这一理由我们就无须重视意式了。

这些就是数论的诸后果,当然这还可汇集更多的刺谬。他们在制数时遭遇到很多麻烦,始终未能完成一个数论体系,这似乎就显示了数学对象,并不如有些人所说,可分离于感觉事物之外,它们也不能是第一原理。

---

[1] 参看卷 M,章六至八,亚氏辨明意式数既各不同于品种,其单位亦应为不同类别,意式数虽为数相等亦应为类有别。

附 录 一

纲目(章节分析)[①]

卷(A)一 哲学大义。概述诸先哲之哲学思想

章一　求知是人类的本性。　　　　　　　980a22—980a27

理知发展之顺序——由感觉、记忆、经验

以造就技术。　　　　　　　　　　　—981a13

技术优于经验,技术家知道事物之所以

然。　　　　　　　　　　　　　　—981b13

学术之成长导向理论知识——智慧(哲

学)。　　　　　　　　　　　　　　—982a3

章二　哲人较常人所知为更普遍、深诣而精确。　982a4—982a4

智慧为纯知识,优于其它知识。　　　　—982b7

智慧为明因达理之学,不切实用而却为

高尚之学术。　　　　　　　　　　—983a23

章三　宇宙万物各具四因——物因、式因、动

因、极因。　　　　　　　　　　　983a24—983b7

[①] 古人著书多不立章节,一般经典上的章节大多是后世研究者为之编次的。由此编制的详细目录,常有称之为"章节分析"者。

	早期哲学家多专研物因。	—983b19
	泰勒斯主于"水"为万物之因——其他诸家所主之物因。	—984a17
	或由物因进而推求动因——阿那克萨奇拉主于"理性"为动因。	—984b23
章四	诸先哲涉及动因者,希萧特、巴门尼德等主于"情爱"。	984b23—984b31
	恩培多克勒主于"善恶"与"爱情"——恩氏并重四元素。	—985b4
	留基伯与德谟克利特原子学派之自然理论[旁涉]。	—985b23
章五	毕达哥拉斯学派主于"数",以数为元素,制作万物——数为式因,亦为物因。	985b24—986a22
	或以十类对成为万物原理(皆切近于物因)。	—986b8
	埃利亚学派中,巴门尼德主于"元一"而承认感性事物之"众多"。	—987a2
	综结第三、第四、第五章。	—987a28
章六	柏拉图意式论之渊源:(甲)毕达哥拉斯之"数论",(乙)赫拉克利特之"流逝",(丙)苏格拉底之"定义"——柏拉图以"意式"凌越于感性事物。	987a29—987b15
	以数理对象置于意式与感性事物之间,又以"大与小"为数之物因,"元一"为	

	式因,又或以"善与恶"为式因与物因	
	——意式论者总亦只举两因。	—988a18
章七	诸家立论均未能悉明四因。	988a18—988b22
章八	对诸先哲的批评:一元论者——恩培多克勒——阿那克萨哥拉——毕达哥拉斯学派。	988b22—990a33
章九	(续章八)——柏拉图学派意式论:	
	1. 意式论倍增了事物的数目;	990a33—990b8
	2. 意式或不足以说明事物,或超越了事物之真相;相关数与绝对数之或先或后,足证意式论常自相矛盾。	—990b23
	3. 本体之外各事物亦有意式,这不符常习;	—991a8
	4. 意式无补于可感觉事物;	—991b9
	5. 若以意式为数,引起若干疑难;	—991b26
	6. 依意式论数,这需要第二第三类的数系,此未见说明;	—991b32
	7. 意式数中诸单位亦引起若干疑难;	—992a10
	8. 线、面、体亦然——点的性质亦未明。	—992a25
	9. 意式论未及动因与极因;	—992b1
	10. "大与小"作为物因,不能解释动变;	—992b9
	11. 意式论主有元一而并未证明事物何以成一。	—992b18
	12. 假设一切现存事物均具相同要素是	

	荒谬的。	—993a10
章十	各家所论万物原理莫出四因之外,哲学就旨在研究四因。	993a11—993a28

卷(α)二　概论学术研究

章一	学术研究——人智薄弱而真理不易识,然知识之积以渐,虽常人亦各有所贡献。	993a29—993b33
章二	四因均不能作无尽系列,种类也不能为数无尽。	994a1—994b32
章三	各种研究与教授须有各别的方法。	994b33—995a21

卷(B)三　哲学的主题

章一	怀疑而后能学问,审辩而后能解惑——列举哲学研究十三类主题。	995a22—996a18
章二	1.事物或全备四因或不全备,是否由一门学术统研四因?	996a18—996b25
	2.研究本体的学术是否亦研究各门学术之通则?	—997a14
	3.哲学是否统研一切本体?——是否另有研究事物属性之学术?	—997a25
	5.哲学若不只研究本体,应否并涉事物之主要属性?	—997a34
	4.有无不可感觉本体(如通式或间体)?	

　　　　　间体何在？有无间体之学？　　　　　　　—998a19

章三　6.事物之第一原理为科属抑为品种？
　　　　倘从科属，则以最高科属为第一原理
　　　　毋宁以最低品种为第一原理？　　　998a20—999a23

章四　7.是否有脱离个体而独立之抽象事物
　　　　——通式可否与物质分离？　　　　999a24—999b24

　　　8.第一原理于类为一，抑于数为一？　　　—1000a4

　　　9.一切事物若基本原理相同，何以有可
　　　　灭坏与不灭坏之别？　　　　　　　　　—1001a4

　　　10.实是与元一为本体抑为属性？两者
　　　　若非本体，一切普遍名词均非本体。
　　　　若为本体，一切事物均将合一而成是。　—1001b26

章五　13.数理对象，如数与图形，是否本体？
　　　　早期思想家以实物为本体；近代思想
　　　　家以抽象为本体。　　　　　　　1001b27—1002b12

章六　14.应否假定通式之存在？　　　　1002b12—1003a1

　　　12.第一原理为潜在抑为实现？　　　　　—1003a6

　　　11.第一原理为普遍性抑为特殊性？如
　　　　为普遍则非本体，如为个别则不可得
　　　　知。　　　　　　　　　　　　　　　—1003a18

**卷(Γ)四　哲学研究之范围：本体与通则
论矛盾律与排中律**

章一　哲学的实务在研究"实是之所以为实

	是"。	1003a19—1003a32
章二	研究实是即研究本体之原理与原因——哲学研究实是的一切品种。	1003a33—1003b23
	"实是"与"元一"常相联而为事物之云谓。	—1004a3
	哲学因本体之类别而分支。	—1004a9
	哲学研究"对反"如"元一与众多"之诸品种。	—1004a32
	哲学研究一切事物之本体及其相应诸属性——辩证家与诡辩派专攻属性。	—1004b27
	一切事物出于对成,对成可简化为"是与非"或"单与众"两类基本对成。	—1005a18
章三	通则(公理)为各门学术所通用,哲学须研究通则。	1005a19—1005b6
	一切原理中最确实的原理:相反(矛盾)律。	—1005b34
章四	一切事物不可能悉予实证;否定矛盾律,或要求证明,引致无益的困难。	1005b35—1006b12
	矛盾律可由反面为之作证。	—1006b28
	"是"与"非是"各有确定的命意——以人为喻,这不能"既是人又不是人"。	—1007a21
	第一论证("两可"之说使一切属性皆成偶然,一切偶然属性成为无尽系列)。	—1007b19
	第二论证(若相反叙述均属真实,万物将	

　　　　　归混淆)。　　　　　　　　　　　　　　　——1008a3

　　　　第三论证(否认矛盾律也须反对排中

　　　　　　律)。　　　　　　　　　　　　　　　——1008a8

　　　　第四论证(假如部分的否定矛盾律,这就

　　　　　　得承认"除外"条例)。　　　　　　　——1008a34

　　　　第五论证——第六论证(经验显示常人

　　　　　　都有些判别能力)。　　　　　　　　——1008b31

　　　　第七论证(否认矛盾律,万物将无差别)。　——1009a5

章五　否认矛盾律就得承认一切意见悉属真

　　　　实。　　　　　　　　　　　　　　　　　1009a5——1009a23

　　　　对于矛盾律,从何引起怀疑?人们何由

　　　　　　相信感觉现象为真实。　　　　　　　——1010a15

　　　　批驳现象论者(如普罗塔哥拉)以部分现

　　　　　　象来总概宇宙真相,不合论理——我

　　　　　　们必须言明世上确有不变实是存在。　——1010b1

　　　　错误在我们的印象,不在感觉。　　　　　——1011a2

章六　不可能一切事物悉予证明。　　　　　　1011a3——1011a17

　　　　现象为"关系"语,若求证明一切关系,将

　　　　　　追溯无尽已的关系。　　　　　　　　——1011b23

章七　排中律的论证——"定义"为祛除诡辩与

　　　　折中论的基础。　　　　　　　　　　　1011b23——1012a24

章八　"一切皆真""一切尽伪"为一悖理。　　　1012a24——1012b23

　　　　"万物皆动""万物全静"亦为一悖理。　　　——1012b33

卷(Δ)五 词类集释

章一 "原"之六义。　　　　　　　　　1012b33—1013a23
章二 "因"——四类:式因、物因、动因、极
　　　　因。　　　　　　　　　　　　1013a23—1014a25
章三 "元素"(要素)五解。　　　　　　1014a26—1014b15
章四 "本性"六解。　　　　　　　　　1014b16—1015a19
章五 "必需"四解。　　　　　　　　　1015a20—1015b16
章六 "一"之各义:属性之一各义。　　1015b16—1015b36
　　本性之一各义。　　　　　　　　　　　　—1017a3
　　"多"之各义。　　　　　　　　　　　　　—1017a7
章七 "是"(实是):属性之是与本性之是
　　　　各要义。　　　　　　　　　　1017a8—1017b9
章八 "本体"。　　　　　　　　　　　1017b9—1017b26
章九 "同"、"别"、"异";"似"、"不似"。　1017b27—1018a19
章十 "相反"、"相对";"品种有别"、"品种
　　　　相同"。　　　　　　　　　　　1018a20—1018b9
章十一 "先于"、"后于"。　　　　　　1018b9—1019a14
章十二 "潜能"(潜在)。　　　　　　　1019a15—1019a32
　　"能者"。　　　　　　　　　　　　　　—1019b16
　　"无能"。"可能"——"不可能"。　　　　—1020a6
章十三 "量"。　　　　　　　　　　　1020a7—1020a33
章十四 "质"。　　　　　　　　　　　1020a33—1020b25
章十五 "关系"(相关):(甲)数关系,(乙)主

	动与被动关系，（丙）认识与被认	
	识或计量与被计量关系。	1020b26—1021b12
章十六	"完全"三义。	1021b12—1022a3
章十七	"限"。	1022a4—1022a13
章十八	"由彼"（由何）、"由己"。	1022a13—1022a36
章十九	"安排"。	1022b1—3
章二十	"有"（持有过程）之三义。	1022b4—1022b14
章二十一	"秉赋"四义。	1022b15—1022b22
章二十二	"阙失"四义。	1022b22—1023a7
章二十三	"持有"；"存在于"。	1023a8—1023a25
章二十四	"从"之六别。	1023a26—1023b11
章二十五	"部分"四义。	1023b12—1023b25
章二十六	"全"；"共"、"总"。	1023b26—1024a11
章二十七	"剪裁"。	1024a11—1024a29
章二十八	"科属"；"于属有别"。	1024a29—1024b14
章二十九	"假"。	1024b17—1025a13
章三十	"属性"（偶然）。	1025a14—1025a34

卷（E）六　学术分类、实是

章一　学术分类——各门学术各研究其专
　　　门实是——理论学术三类：物理、
　　　数学、哲学——哲学为理论学术
　　　之先进，研究不动变而独立存在
　　　的对象。　　　　　　　　　1025b1—1026a32

章二　实是四类中，(一)偶然属性之是不
　　　能建立专门艺术（以建筑为
　　　例）——诡辩忮词。　　　　　1026a33—1026b27
　　　论"偶然"——"偶然"、"常然"与
　　　"必然"之辨。　　　　　　　　　　　—1027a28
章三　续论"偶然"——追溯偶然原因之示
　　　例，迄于某一未定事件而终止。　1027a29—1027b16
章四　(二)"真"为实是的支族，并非"基本
　　　实是"。　　　　　　　　　　　1027b17—1028a6

卷(Z)七　本体

章一　本体为诸范畴中之原始实是，于定义、
　　　于认识、于时间上均先于其它范畴
　　　——本体为古今来学术研究之主题。　1028a7—1028b7
章二　各家关于本体之不同观点——列举各
　　　类本体——提出有关本体之论题。　1028b8—1028b33
章三　本体研究的四项对象：怎是，普遍，科
　　　属，底层。——物质，通式与综合个
　　　体三者均可为事物之底层——若以
　　　物质为本体，毋宁以通式为本体。　1028b33—1029a34
章四　为学程序［旁涉］。　　　　　　　1029a34—1029b12
　　　"怎是"之实义。　　　　　　　　　　—1029b24
　　　考察复合词之怎是。　　　　　　　　—1030b3
　　　定义与怎是基本上属于本体。　　　　—1030b14

章五　主题与属性之两合词,不能确定其怎
　　　是,也不能有严格的定义——本体以
　　　外各范畴不能为之独立定义。　1030b14—1031a14
章六　事物与其怎是相同否?在偶然属性云
　　　谓上,这不相同。　1031a15—1031a28
　　　由己名词(本体)与其怎是相同,以善与
　　　元一为例——否定诡辩派所持反对
　　　观点。　1031a28—1032a11
章七　[创生各式:(一)自然创造,(二)人工制
　　　作(两步骤:思想与施工),(三)自发
　　　生成(无思想部序)。]　1032a12—1032b26
　　　创造之前先有物质在,创造以物质为
　　　用。但也可以说创造由阙失进行。　—1033a24
章八　制作不是制作物质,亦非制作形式,而
　　　是结合两者制成为一个体。　1033a24—1033b20
　　　形式先不独立存在,形式之创造作用寄
　　　托于同种个体。　—1034a8
章九　创生三式之比较研究——自发生成。　1034a9—1034b7
　　　在本体上只有个体生个体——本体以
　　　外诸范畴之生成情况。　—1034b19
章十　在"定义"上论各个部分与全体——角,
　　　圆,魂为示例。　1034b20—1036a12
　　　部分与全体在不同情况中,或为先于或
　　　为后于。　—1036a26

章十一　综合实体中的物质要素与形式部分
　　　　——以圆与魂为例,续论综合实体公
　　　　式与形式的各部分。　　　1036a26—1036b21
　　　　把物质完全摒除,而专以通式论事物是
　　　　无益的。　　　　　　　　　　—1037a20
　　　　简综以上数章之论旨。　　　　　—1037b7
章十二　再论定义——定义怎样与主题合一?　1037b8—1037b28
　　　　由"分类法"制成"定义"——"科属"作
　　　　为物质,品种作为形式差异而合成个
　　　　体——定义以终极差异包括逐级诸
　　　　差异。　　　　　　　　　　　—1038a35
章十三　"普遍性"虽似"怎是",而作为许多事物
　　　　的共通云谓,便不能成为任何事物
　　　　之本体——然而舍却"普遍",事物
　　　　又何从为之界说。　　　　1038b1—1039a24
章十四　论诸意式非本体,不能独立存在;以意
　　　　式为独立本体而又以意式为可由其
　　　　它意式组合而成是荒谬的——以动
　　　　物为例。　　　　　　　　1039a24—1039b19
章十五　个别事物,无论感性事物或理性事物
　　　　(如意式),均不能为之界说——以太
　　　　阳等为例。　　　　　　　1039b20—1040b4
章十六　感性事物的各部分只是潜在。普遍性
　　　　事物,如元一与实是,非事物之本体。　1040b5—1040b28

　　　　　　于不灭坏事物而论，若以非感觉事物如

　　　　　　　意式者为本体，毋宁以群星为本体。　　—1041a5

章十七　由另一起点研究"何谓本体？""何谓？"

　　　　　　　实际就在找"怎是"。　　　1041a6—1041b11

　　　　　　形式是本体——形式为本因，使物质要

　　　　　　　素组成综合个体。　　　　　　　—1041b33

卷(H)八　物质与通式

章一　综结上卷何谓本体各论点，简述其类别。1042a1—1042a25

　　　　可感觉事物之物质底层自身亦为本体。　　—1042b8

章二　物质为潜在本体，形式为实现本体——

　　　　　形式或实现之主要类别。分析物质、

　　　　　形式与综合个体之定义。　　　1042b9—1043a29

章三　形式之异于综合实体——形式与物质要

　　　　　素之别〔重回章二之论题〕——安蒂瑞

　　　　　尼怀疑事物之本性无可为之说明而菲

　　　　　薄定义。　　　　　　　　　　1043a29—1043b33

　　　　"定义"与"数"相比拟。　　　　　　　—1044a14

章四　远因物质与切身物质——每一自然本体

　　　　　各有其切自物质与动因——以人为

　　　　　例。　　　　　　　　　　　　　1044a15—1044b3

　　　　——永存本体以月蚀具论四因——于睡

　　　　　眠之例，四因尚未完全明了。　　　　—1044b20

章五　物质在演变及对反演变中的作用。1044b21—1045a7

章六　定义之合一：以物质潜在与形式实现通
　　　释诸疑难；科属为潜在，品种（差异）为
　　　实现。　　　　　　　　　　　　1045a7—1045b25

卷(Θ)九　潜在与实现

章一　潜在之是与实现之是。——潜能之严格
　　　意义限于主动与被动的动变潜能。　1045b26—1046a35
章二　理知潜能与无理知潜能。　　　　1046a36—1046b28
章三　订正麦加拉学派对于潜能之错误观念
　　　——分别潜能与实现之要领——"隐
　　　得来希"之实义。　　　　　　　1046b29—1047b2
章四　凡可能的就会得实现成是（为麦加拉学
　　　派设题而作名学解析）。　　　　1047b2—1047b31
章五　潜能怎样获得，怎样实现；实现之条件
　　　——意志。　　　　　　　　　　1047b31—1048a24
章六　实现的性质；实现之别于潜能。　1048a25—1048b9
　　　"无限"与"空"等是永远不能实现的活动
　　　过程。　　　　　　　　　　　　　—1048b18
　　　活动与实现之分别。　　　　　　　—1048b36
章七　物质材料如何为个体之潜在，个体如何
　　　为属性之底层；事物如何因其物质或
　　　属性而被称述。　　　　　　　　1048b37—1049b3
章八　实现对于潜能——在定义上或公式上为
　　　先。　　　　　　　　　　　　　1049b4—1049b18

　　　　——在时间上或为先或为后——解释学
　　　　艺上之诡辩忮词。　　　　　　　　——1050a3
　　　　——在本体上为先（先有实例，后成知
　　　　识）。　　　　　　　　　　　　——1050a23
　　　　官能活动以动作为实现，知能活动以产
　　　　品为实现。　　　　　　　　　　——1050b1
　　　　基本事物与永恒事物（天体）均为实现而
　　　　非潜在，故常在而不坏；可灭坏事物包
　　　　含对反因素，故不能常在。　　　　——1051a3
章九　好的实现比相应的潜在为佳，坏的更坏。1051a4—1051a22
　　　以几何图例说明潜在与实现之关系。　1051a23—1051a33
章十　是非三类：（一）各范畴之是非，（二）潜在
　　　与实现，（三）真与假——组合事物之
　　　是非在于理知判断的真假；非组合事
　　　物之是非问题则在感觉认识。　　1051a34—1052a12

卷(I)十　元一、对反、间体

章一　一之四义：延续，完全，个体，普遍——一
　　　之通义与其实旨。　　　　　　1052a13—1052b15
　　　一之要义为不可区分——主要是一个计
　　　量单位——计量单位务求精确——物
　　　理，天文，音乐单位诸例。　　　　——1053b9
章二　一非本体而为普遍云谓，附于各范畴之
　　　实是而与之共同外延——个别之一与

	普遍之一。	1053b9—1054a19
章三	"单与众"。	1054a20—1054a33
	"同"之三义;"似""别""异"之各义。	—1055a3
章四	以最大差异论对反性。	1055a3—1055a19
	一事物只有一个对成。	1055a20—1055a33
	对反四式——于四式中详论"相反"与	
	"阙失"两类基本对成。	—1055b29
章五	有关对反诸问题——分析"等"和"大与	
	小"之为对成。	1055b30—1056b2
章六	分析"一与多"之为对成——申论相关二	
	义,因以说明"单与众"用作可否区分	
	之别者为"相对","一与多"用作计量	
	与被计量之别者为"相关"。	1056b3—1057a17
章七	诸间体——间体与对成包括于同一科	
	属;站在对成之间;是对成的复合物。	1057a18—1057b34
章八	"于种有别"释义。	1057b35—1058a29
章九	品种之别不在物质差异而在形式差异。	1058a29—1058b26
章十	可灭坏事物与不灭坏事物异于级类——	
	意式不能离可灭坏事物而独立为不灭	
	坏事物。	1058b27—1059a15

卷(K)十一 本书BΓE各卷简述。

物学各卷简述

章一	B卷第2,3章 哲学上主要问题。	1059a16—1060a3

章二　B卷第4—6章　哲学上主要问题
　　　（续）。　　　　　　　　　　1060a3—1060b30
章三　Γ卷第1—2章　哲学之主要材料。
　　　说明哲学与物学和辩证法等所涉之
　　　不同范围，确定哲学主题为单纯而
　　　共通的诸实是与基本对成。　　1060b31—1061b18
章四　Γ卷第3，4章　物学与数学为哲学之
　　　分支。　　　　　　　　　　1061b18—1061b34
章五　Γ卷第3，4章　通则为进行一切实证
　　　之基本；简述维护矛盾律诸论据。　1061b34—1062b11
章六　Γ卷第5—8章　批评各家之说违反
　　　矛盾律——自然学家及常人之错觉
　　　——赫拉克利特"动变不息"之论
　　　非真理——普罗塔哥拉"人为万物度
　　　量"之语不实——阿那克萨哥拉
　　　"物各相混"之说亦误。　　　1062b12—1063b35
章七　E卷第1章　哲学与物学及数学之分
　　　别；哲学为众学之先。　　　1063b36—1064b14
章八　E卷第2—4章　本性之是与属性之
　　　是。　　　　　　　　　　　1064b15—1065a27
　　　"物学"卷二第5，6章　论机遇。　1065a27—1065b4
章九　"物学"卷三第1—3章　论潜能之实
　　　现与运动；动变为潜能趋于实现之
　　　过程——以雕像为喻，以建筑为

　　　　喻。　　　　　　　　　1065b5—1066a34

章十　"物学"卷三第4,5,7章　论无限——
　　　无限不能实践,并非独立实是。　1066a35—1066b21
　　　证明可感觉物体不能是无限——只在
　　　距离、运动与时间上因某些"相关"
　　　而可称无限。　　　　　　　1066b21—1067a37

章十一　"物学"卷五,第1章　论变化与运动
　　　——分析动变各式。　　　　1067b1—1068a7

章十二　"物学"卷五,第2章　所举七范畴中,
　　　"本体"与"关系"不论运动,"主动"
　　　与"被动"范畴不能有动变的动变,
　　　故运动只归于"质"、"量"、"处"三
　　　范畴。　　　　　　　　　　1068a9—1068a33
　　　运动的运动或变化的变化是没有的
　　　——第一论证,第二论证,第三论
　　　证,第四论证。　　　　　　1068a33—1068b25
　　　"物学"卷五,第3章　若干词义:"共
　　　处","分离","对处","接触","间
　　　在","串联","贴切","延续"。　1068b26—1069a15

　　　　　卷(Λ)十二　论宇宙总因。
　　　　　　　　原动者。至善

章一　本体为原始实是——本体三类:(二)可
　　　灭坏之感觉本体,(一)永恒感觉本体,

	(三)不动变非感觉本体。	1069a16—1069b8
章二	变化四类:本体,质,量,处——一切可变化事物均各具不同物质。	1069b8—1069b26
	变化三原理:通式,阙失,物质。	—1069b34
章三	诸本体皆同类相生;切身物质与形式均不创生。	1069b35—1070a5
	创生四式:技术,自然,相遇,自发。	—1070a9
	本体三类:(一)物质(二)自然本体(三)两者之综合个体。	—1070a30
章四	不同事物各有不同原因;	1070a31—1070b10
	但比拟而论,一切事物之原理或原因为类相同,或四(形式,阙失,物质,动因)或三(形式与动因合一)——动因有近有远,远因即万物总因——动因有内有外,自然产物出于外因,思想产物不出于外因。	—1070b35
章五	实现与潜能为一切事物共有之原理,但在应用时实例各异。——一切事物之原理可以相喻而各自为别(人类之形式、物质与动因皆同,而尔我各别;世间所问询者为各别个人,非"普遍人")。——所可通解者:(一)各具四理,(二)咸依本体,(三)悉出于原始总因。	1070b36—1071b3
章六	宇宙间既有永恒运动,这必须有一永恒	

　　　　主动之不变本体，其怎是为实现，先于
　　　　一切事物。　　　　　　　1071b3—1071b23
　　　如以潜在为先于，则宇宙真相不可得明
　　　　——诸先哲于宇宙永恒运动所由来，
　　　　辄已略见端倪，故有"理性"、"爱憎"诸
　　　　说。　　　　　　　　　　　　　—1072a7
　　　天运循环，守于常理，指证第一原因为实
　　　　现存在，为万物诸因之总因。　—1072a18
章七　由恒星引证永恒原动者；原动者凭其"理
　　　　性"发起动变。　　　　　1072a19—1072b14
　　　原动者永恒，全善，独立于感觉世界之
　　　　外，其生命为纯思想。　　　　　—1073a3
章八　第一主动本体而外，另有与诸星体动轨
　　　　等数之致动本体——凭欧多克索与加
　　　　里浦之计算而加以损益，其数或55或
　　　　47。　　　　　　　　　　1073a24—1074a31
　　　［宇宙只一，原动者只一。］　　　—1074a38
　　　古哲与神话先曾认见自然永恒本体之具
　　　　有神性。　　　　　　　　1074b1—1074b14
章九　论理性〈心〉。人心因思想对象之分歧，
　　　　思想不能常净而全善，神心以最神圣
　　　　事物（即神本身）为思想对象，故常净
　　　　而不失其至善。　　　　1074b15—1074b35
　　　于理知事物上，思想对象与思想不异而

　　　　合一。　　　　　　　　　　　　　　—1075a11
章十　"善",在宇宙间,独立于万物之上,为万
　　　　物作安排。　　　　　　　　　1075a11—1075a25
　　　各家哲学思想所涵之疑难——柏拉图与
　　　　毕达哥拉斯学派——恩培多克勒——
　　　　阿那克萨哥拉——对于各家之总评。　—1076a5

卷(M)十三　数理对象与意式

章一　两类非感觉本体:数理对象与意式——
　　　　数与意式论各家之异议。　　　1076a6—1076a37
章二　(1)数理对象不能在可感觉事物之内外
　　　　另成独立本体——第一论证(可感觉
　　　　实是之不可区分性)。　　　1076a38—1076b39
　　　——第二论证(抽象的点线面与数重叠
　　　　发展不合实际)。　　　　　　　　—1077a9
　　　——第三论证(天文实是不应另作抽象
　　　　存在)。　　　　　　　　　　　　—1077a14
　　　——第四论证(间体之外更有间体之说
　　　　不合常习)。　　　　　　　　　　—1077a20
　　　——第五论证(数理量度之众多性不能
　　　　统一)。　　　　　　　　　　　　—1077a25
　　　——第六论证(立体可以成实,抽象的线
　　　　面点则不能成实)。　　　　　　　—1077a31
　　　——第七论证(先于定义者,不必先于本

　　　　　体)——综结。　　　　　　　　　　　　—1077b17
章三　数学各门分别研究各具有某些特质之数
　　　　　理对象——数理对象在实现上不能独
　　　　　立存在,在思想上可以姑为分离。　1078a17—1078a31
　　　　数学亦尝涉及美学。　　　　　　　　　—1078b6
章四　(2)意式论之来历。　　　　　　　　1078b7—1078b30
　　　　反对意式诸论点(略同于卷A章九)。　1078b30—1079b11
章五　反对意式诸论点(续上章)——柏拉图叙
　　　　述意式使事物生成为实是,其义非确。　1079b12—1080a12
章六　(3)试以数为本体而证验其理论方式:
　　　　(甲)一切数内诸单位均不可相通;
　　　　(乙)均可相通;(丙)一部分可相通,
　　　　一部分不相通;或(丁)三类数系并
　　　　存而互不相通。　　　　　　　　　1080a12—1080a37
　　　　数作为本体必须独立存在或内存于事物
　　　　之中——列举柏拉图、斯泮雪浦、毕达
　　　　哥拉斯、某些柏拉图学派、齐诺克拉底
　　　　各家所持之数观念。　　　　　　　　—1080b23
　　　　几何对象之观念相似于数观念。　　　—1080b37
章七　批评柏拉图之"数"观念:(一)如一切单
　　　　位均可相通,这只能有算术数,意式数
　　　　不能成立。　　　　　　　　　　　1080b37—1081a17
　　　　(二)如为不可相通则算术数与意式数均
　　　　不能成立。——数不能照柏拉图学派

	所主张的方式为之创制；这必须由诸"一"的连续加法制数。	——1081b34
	（三）如同一数内诸单位可相通，而各数间诸单位则互不可相通，结果亦属荒谬——以10，以4，以2、3为例——综结，诸单位应无种类之别。	——1082b38
章八	单位怎能于质与量致其差异？	1083a1—1083a17
	批评斯泮雪浦——批评齐诺克拉底。	——1083b8
	毕达哥拉斯学派之传统观念亦有其困惑之处。	——1083b19
	故数非独立实是——若为独立存在之数，（一）试问各单位如何由未定之两衍生，（二）试问此数为无限抑有限：（甲）无限非实是；（乙）若为有限，其限何在？以十为限是荒谬的。	——1084b2
	关于单位性质之诸疑难。	——1085a3
章九	以"大与小"诸品种为物质原理创制几何对象之诸困难。	1085a3—1085a23
	意式论之一般困难［旁涉］。	——1085a31
	以相似于"单与众"的原理创制几何对象，其困难相同。	——1085b4
	以"单与众"制数同样不合适。众为有限抑无限？	——1085b21
	点如何创制？	——1085b34

	综结对于数论之批评。	—1086a27
	关于意式论之批评——苏格拉底之定义普遍不离个别,意式论者则使之分离而独立。	—1086b14
章十	本体的第一原理为个别性抑普遍性?答案:潜能不离实现,普遍不离个别。	1086b14—1087a25

卷(N)十四 继续批评意式论与数论

章一	各家应用对反为第一原理;但诸对反不能作为第一原理。	1087a26—1087b5
	柏拉图学派应用"元一与众多"对反之诸品种为第一原理,颇为混淆。	—1087b33
	"元一"或"单位"为一计量而涵存有底层事物,不是一个本体;与此相似,"不等"和"大与小",由量性而入于关系范畴者,也不是一个本体。	—1088b14
章二	永恒本体不能由要素组成。	1088b14—1088b35
	柏拉图学派以"虚假"论"非是",以"非是"符"众多",其目的在解释实是之为本体,何以由一〈单〉而成多〈众〉。	—1089a32
	但他们于实是范畴与量范畴间的疑难始终未能交代清楚。——"非是"作潜在论方可成为物质要素。	—1090a2
	批评数论:数何必独立存在?	—1090a16

章三	继续批评毕达哥拉斯学派以数为独立实是之理论。	1090a16—1090b2
	点线面亦不能为独立本体。	—1090b14
	斯泮雪浦的理论于实是上不能贯通——齐诺克拉底的理论无以解释可感觉宇宙。	—1090b31
	柏拉图并未说明算术数的独立存在。——如数为永恒事物,便不应为之设立创造过程。	—1091a22
章四	有些人认为善是自然进化之产物;另有人以善为第一原理;古诗人与麦琪多主于善;善确为第一原理。以善为"元一"与以善为列数均属荒谬。	1091a22—1092a5
	柏拉图学派理论体系的四个基本错误。	—1092a8
章五	对于斯泮雪浦的反对意见。	1092a9—1092a21
	数怎能由其要素制成?	—1092b8
	数何得为事物之因?	—1092b26
章六	检查数的附会而予以说明。	1092b26—1093b7
	事物之有数每可相比拟,但可以拟的事物间并无因果关系。	—1093b21
	意式数甚至于不能表示事物间的比拟。所以柏拉图学派之哲理多谬。	—1093b30

译者附志

(一) 形而上学（哲学）的编次

(1)"形而上学"（哲学）是"亚氏全集"中的重要著作。在早期希腊诠疏中，这书名有两种解释。其一，叙明安得洛尼可（盛年约公元前40）在编纂亚氏遗稿时，把这若干苇纸卷汇次在"物学"之后，他于书名有所迟疑，姑尔签为 τὰ μετὰ τὰ φυσικά "次于物学之后若干卷"。拉丁编者省去冠词就成为 Metaphysica，此字一直为西方各国译文所沿用。另一解释出于克来孟·亚历山大里诺，他把这一个书签题词肯定为一门学术专名。亚氏在本书内称物学为"第二哲学"(1037a14)，克来孟就解释这里所讲"第一哲学"为"超物学"。中国旧译据此作为"形而上学"。亚氏在这书内反复提示彼所论述为"第一原理"(πρώτη ἀρχαί)，为"智慧"(σοφία)，为"哲学"(φιλοσοφία)，为"神学"(θ(ο)ολογική)〔亚氏所谓神学类似天文哲学(1026a20)，异于宗教上的神学〕。安得洛尼可当初倘就标举"哲学"为题名，实际上是允当的。

(2)古希腊思想的发展渊源于"神话"(μῦθος)，故常含混地称神话学家为哲学家(982b19)，含混地称"神话"为"哲学"(1000a9)。使哲学脱离诗与神话而具有明晰的内容，成为庄严的名词，正是苏格拉底——柏拉图——亚里士多德所从事于学术研究的方向。亚氏把学术分为（一）理论，（二）实用，（三）生产三类。理论学术指

(甲)物学、(乙)数学、(丙)哲学。实用之学指政治、经济、伦理等。生产之学指各种技艺如建筑、医院、体育、音乐、雕塑、图画以及缝衣制鞋等。他所谓"物学"包括一切有生与无生物,包括生理与心理、地质与气象,也就是"自然哲学"。技术上的理论部分,如建筑用力学,他抽象为"运动";音乐用声学,他抽象为"数";图画用光学,他抽象为"线"(1078a16):这些就分别归之于物学、算术与几何。他把天文列在数理之内(有时也在物学著作中讨论),而称之为最接近于哲学的一门学术。希腊当时于这些学术都已相当发达。

(3)柏拉图在"理想国"中曾设想要有一门学术来贯通各门学术。亚氏既博习古今,兼综百家,对于这样一门学术重加思考,毕竟把"哲学"的轮廓规划了起来。我们现在看本书卷B中所提十三类哲学问题也许觉得无可矜尚,但想到当时人类抽象与综合能力方在萌芽,要从浑噩的事例中,开始分析出条理,确属困难。亚氏的学术分类在西方实际上沿用到近代;他把哲学列于三种理论学术之先,称道这门学术为最高尚精确的智慧,为学术研究树立基本原理(卷A第二章,卷E第一章)。他说哲学家尽知一切事理(1004a34),而各门学术各研究它自己所划定范围内的实是(1025b7)。于是他标志了哲学研究的对象为"通则"与"本体"。通则(ἀξιώμα)为一切学术所应共同遵循的"公理",本体(οὐσία)为一切事物与其演变所不能须臾离的"实是"(τό ὄν)所寄托。

(4)希茜溪"亚氏书目"中列有"物学后编"十卷,这可能是现行十四卷本"哲学"中ΑΒΓΕΖΗΘΙΜΝ这十卷。其余四卷,(一)α卷像是后来插入的,其内容异于Α卷之为哲学导言,而是一般理论学术的序引。(二)Δ卷在希茜溪"书目"中另作单篇,称为"词类集释"。(三)K卷,上半是BΓE的缩本,或为这三卷先草拟的纲要,下半为"物学"卷二、卷三、卷五的简编。K卷文理不是亚氏式的,像是门弟子的札记。(四)Λ卷与它卷不相关联;可以作为论"宇宙总因",或"原动者",或"非感觉本体"的一个专篇。

十卷中,Λ是完整的专篇。BΓE可能是一组。ZHΘ为本体之学的正文。另一组,M卷似乎初意在改订N卷,写成后,因内容有异,遂一并存录。I卷像是一单独的补编。凭各卷内文句分析,写作的先后并不与卷次相符;A、Δ、K上半,Λ(除第八章外),N当先草成;全书各卷时间相隔盖二十年。A卷与M卷批评柏拉图学派意式(理念)论颇多重复;A卷行文亚氏犹自侪于柏拉图学派之间,M卷则已是亚氏晚年自外于柏拉图学派的语气了。希腊诠疏家如亚历山大(Alexander)与阿斯克来比(Asclepius)都认为"哲学"这本书是欧台谟(Eudemus)汇合他老师有关上述各主题的若干专著与讲稿所辑成。各卷间每互有关照的文句;这些可能是亚氏生前自行添补的,也许是后世编纂者加入的。

(二)本书注释

(5)汉文译者凭形而上学(哲学)的希英对照本及英译本(参看附录"参考书目"II,3)与积累的诠疏,得以厘定章句与错简,校读异文与异释,求取全书的通解,考订了学术名词,翻出这本二千三百年前的著作。译文所附注释大别为四类:(甲)依据陈规,凡辞旨(子)与原书它章,(丑)与亚氏其它著作,(寅)与柏拉图各书,(卯)及诸先哲诗歌、戏剧或残篇有关者,为之记明出处。(乙)有关史迹、事例以及名物度数,凭旧传诠疏加以简释;间亦取用近人新解。(丙)亚氏及诸先哲学术名词大抵由两方式铸成:(一)由日常用语分离出来,作为专用名词,如"实是""元一"等,或如"如何"等于"原因","如此"同于"素质"(有时同于"普遍");(二)用普通名词或动字加以变化或组合,造作新名词,例如"除去物质"成为"抽象","划定界限"成为"定义"。译者希望在译文中力求辞义正确外,仍保留着学术用语初创时的浑朴,繁衍中的脉络;但这很难做到。因汉、希文字原始构造的差异与以后繁殖方式的不同,同一希腊字,常得用不同的几个汉文字来翻译,以适应各章节的文理;关于这些,读者也可于各页脚注及"索引三"中窥见一斑。(丁)二千三百年前的古文当然可于许多句读发生异解,而历经传抄,错字异文也是到处有的。这些,经过近百余年的校订功夫,都已有人勘定,我们只在脚注中偶尔举些例示。

译　者
1958年9月

附 录 二

索引一 人名、地名、神名等[①]

Achilles	Ἀχιλλης	亚基里 71a20
Aegina	Αἴγινα	爱琴海 15a25,25a15
Alcmaeon	Ἀγκμαίων	亚尔克迈恩 986a27
Anaxagoras	Ἀναξαγόρας	阿那克萨哥拉 984a12—16,b18,985a18—21,988a17,28 989a30—b21,991a16,9a27,12a26,63b25—30,72a5,20,75b8,79b20,91b11；引及 7b25,9b25,56b28；涉及 984b15,28b5,69b31
Anaximander	Ἀναξιμάνδρος	阿那克西曼德 69b22；涉及 988a30,52b10,53b16,66b35
Anaximenes	Ἀναξιμένης	阿那克西米尼 984a5；涉及 984a27,988a30,996a9,1a15,53b16
Antisthenes	Ἀντισθίνης	安蒂瑞尼 24b32；涉及 5b2—5(?)6a5 (?)11a7(?),12a21,43b24
Aristippus	Ἀρίστιππος	亚里斯底浦 996a32；涉及 78a31—b6
Archytas	Ἀρχύτας	亚尔巨太 43a21
Athens	Ἀθήνη	雅典 10b10
Atlas	Ἄτλας	亚特拉斯 23a20
Callias	Καλλίας	加里亚（通用人名）981a8,33b24,34a6

[①] 一、索引中所列各词按英文、希腊文、汉文次序排列对照,以下系页次和行数。页次 0a 即 1000a,15a 即 1015a,余类推。由于文字转译,行数不免略有前后之差。二、汉文名词加括弧的,表示同词异译。

Callippus	Κάληππος	加里浦 73b32
Coriscus	Κορίσκος	哥里斯可（通用人名）15b17—32, 26b18,37a7
Cratylus	Κρατυλος	克拉底鲁 987a32,10a12
Democritus	Δημόκριτυς	德谟克利特 985b5—20,9a27,b11, 15,39a9,42b11,69b22,78b20;涉及 29b21
Diogenes	Διογένης	第欧根尼 984a5;涉及 996a8,1a15
Dionysia	Διονύσια	第雄尼茜（酒神节）23b10
Egypt	Αἴγυπτος	埃及 981b23
Eleatics (monists)	Ενίσας	埃利亚学派（一元论宗）涉及984a29, 986b10,28b4,75b15
Empedocles	Εμπεδοκλῆς	恩培多克勒 984a8,985a2—10, 985a21—b4,988a16,27,989a20—30,993a17,996a8,998a30,0a24—b20,1a12,14b37,69b21,72a6, 75b2,91b17;涉及 984b5,994a7, 4b33,28b5,50b24,53b15,92b18
Epicharmus	Επίχαρμυς	爱比卡尔谟 10a6,86a16
Erota	Ερώτα	爱罗太（爱神）984b26,29
Erytus	Ερυτος	欧吕托 92b10
Eudoxus	Εὔδοξος	欧多克索 991a17,73b17,79b21
Evenus	Εὔηνος	欧维诺 15a29
Hector	Ἕκτωρ	赫克笃 9b30
Hellen	Ἕλλην	希伦 24a33
Heraclitus	Ἡράκλιτος	赫拉克利特 984a7,987a33,5b25, 10a11,13,12a24,34,62a32,63b24, 67a3,78b14;涉及 984a27,989a2, 996a8,1a15
Hermes	Ἑρμῆς	赫尔梅（艺神）2a22,17b7,48a33, 50a20,(水星)73b32
Hermotimus	Ἑρμότιμος	赫尔摩底谟 984b19
Hesiod	Ἑσίοδος	希萧特（或希西阿）984b23,989a10, 0a9;引及 984b27;涉及 983b27, 23a19,91b6
Hippasus	Ἵππασος	希巴索 984a7;涉及 996a8,1a15

Hippo	Ἵππω	希波 984a3
Homer	Ὅμηρ	荷马 9b28；引及 76a4；涉及 983b30，91b6；荷马学者 93a27
Iliad	Ἰλιάς	伊里埃 23a33（作为一堆字解 30a9，b9, 45a13)
Ion	Ἴον	伊雄 24a34（伊雄人 24a34）
Isthmean	Ἰσθμίων	伊斯米节 994a23
Italian School	Ἰταλικοί	意大利学派 987a10—31, 988a26
Leucippus	Λεύκιππυς	留基伯 985b4, 71b32, 72a7；涉及 84b27
Lybia	Λιβύα	里比亚 10b11
Lycophron	Λυκόφρων	吕哥弗隆 45b11
Magi	Μάγοι	麦琪 91b11
Megara	Μέγαρα	麦加拉 8b14
Megarist	Μεγαρικοί	麦加拉学派 46b29；涉及 5b35(?)
Melissus	Μέλισσος	梅里苏 986b19
Nemean games	Νέμεα	尼米亚赛会 18b18
Ocean	Ὤκεαν	奥启安（海神）983b29, 91b6
Olympia	Ὀλύμπια	奥林匹克赛会 994a23
Parmenides	Παρμενίδης	巴门尼德 984b3, 986b18—987a2, 1a32；引及 984b25, 9b21, 89a3；涉及 4b32
Pauson	Παύσωνος	保逊 50a20
Peleus	Πηλεύς	贝留 71a20
Persian War	Μηδικῶν	波斯战争 18b16
Pherecydes	Φερεθύδις	费勒色特 91b9
Phrynis	Φρῦνις	弗里尼 993b16
Plato	Πλατῶν	柏拉图 A 卷 6, 9 章 988a26, 990a30, 996a6, 1a9, 19a4, 28b19, 53b13, 83a32；涉及：Z 卷 14 章，M 与 N 卷；983b27, 995b16, 997b1, 998b9, 1b19, 2a11, 2b13, 17b19, 28b19, 30a26, 31a30, 33b19, 34a2, 36b14, 39a26—b19, 50b35, 51a17—21, 59a10, b3, 60b6, 69a34, 70a27, 71b15, 73a17, 20, 75b19—28。引及：Hippias Minor "希比亚短篇"

		25a6；Laws"法律"72a1(?)；Phaedo"斐多"991b3,80a2；Phaedrus"斐得罗"72a1(?)；Republic"理想国"992a33；Sophistes"诡辩家"26b14,64b29,89a20；Theaetatus"色埃德托"10b12；"蒂迈欧"Timaeus57b8,71b32,72a2,92a1；涉及：柏拉图学派：M,N卷；990b9,997b3,998a7,2b14,4b32,28b24,31a31,36b13,40b2,43b34,45a16,50b35,56a10,66a11,69a26,75a32
Polus	Πῶλος	浦罗 981a4
Polyclitus	Πολύκλειτος	帕里克力图（通用人名）13b35—14a15
Protagoras	Πρωταγόρας	普罗塔哥拉 Γ卷5,6章 K卷6章；998a3,7b22,47a6,53a35,62b12；涉及999b3
Pythagoras	Πυθαγόρας	毕达哥拉斯，毕达哥拉斯学派985b23—986b8
Pythagoreans	Πυθαγόρειοι	987a13—27, 987b11, 23, 31, 989b29—990a29, 996a6, 1a10, 36b18, 53b12, 72b31, 78b21, 80b16,31,83b8—19,90a20—35, 91a13；涉及 998b9,2a11,4b31, 17b19, 28b5, 16, 36b8, 43b34, 60b6,66a11,75a36,b28,76a21, 87b17(?),26,90b2
Pyrrha	Πύρρας	妣拉 24a36
Pythian games	Πυθίον	比茜亚赛会 18b18
Saturn	Κρόνος	克罗诺（土星）73b35
Simonides	Σιμωνίδης	雪蒙尼得 982b30,91a7
Socrates	Σωκράτης	苏格拉底 987b1—4,78b17—31,86b3
Socrates, the Younger	Σωκράτης δ νεώτερος	小苏格拉底 36b25
Sophistes	Σοφιστικοί	诡辩（智者）学派 996a32,4b17,26b15
Sophocles	Σοφοκλῆς	索福克里 15a30
Speusippus	Σπεύσιππος	斯泮雪浦 28b21,72b31；涉及69a36, 75a33, b37, 76a21, 80b14, 26, 84a13,85a32,86a2,29,87b6,27,

		90a7, 25, 90b17, 91a34, b23, 32, 92a11—b8
Styx	Στύξ	斯德赫(恨水)983b330
Tethys	Τηθύς	德修斯(海洋女神)983b29
Thales	Θαλῆς	泰勒斯 983b20,984a2；涉及 984a27, 996a9,39a12(?)
Thargelia	Θαργήλια	柴琪里(初果节)23b11
Thebans	Θήβας	底比人 93a16
Timotheus	Τιμόθεος	提摩太 993b15
Trojan war	Τρωϊκά	特罗亚战争 18b16
Venus	Ἀφροδίτης	亚芙洛第忒(金星)73b32
Xenocrates	Ξενοκράτης	齐诺克拉底涉及28b24,69a35,76a20, 80b22,28,83b2,85b7,86a5,88b28, 90b20—32,91b35
Xenophanes	Ξενοφάνης	齐诺芳尼 986b21—27,10a6
Zeno	Ζήνωνος	芝诺 1b7
Zeus (Jupiter)	Διός	宙斯 91b6(木星)73b35

索引二 本书各卷互涉及关涉亚氏其他著作者

(I)互涉

卷 A	ἐν τοῖς πεφροιμιασμένοις	"导言"	995b5, 996b8, 14, 997b4, 59a19
B	ἐγ τοῖς διαπορήμασιν	"诸疑难篇"	993a26, 4a32, 53b10, 76b1, 77a1,86a34(?),b15
卷 Δ	περὶ τοῦ πολλαχῶς	"词类集释"	26a34, 28a4, 11, 46a5, 49b4, 52a15,55a2,b7,56b35
卷 Z			42a4, 18, 20, 43b17, 45a7, (?), b27, 32, 49b27, 53b17,76a9
卷 H			37a20, 39a22(?), 45b27, 76a9
卷 Θ			17b9, 21a20, 27b29, 76a9, 88b24(?)

卷 Λ		27a19,64a36
卷 M		37a13(?), 42a22(?), 90a15, 28
卷 N		37a13(?),42a22(?),86a30

(II)本书各卷关涉亚氏其他著作

Analytica Posteriora	"解析后编"	25a34,37b8
Physica	"物学"	983a33, 985a12, 986b30, 988a22, 993a11, 42b8(?), 49b36, 59a34, 62b31(?), 73a32,76a9,86a23(?)
De Caelo	"说天"	986a12(?),989a24,73a32(?), 86a23(?),88b24(?)
De Genratione et Corruptione	"成坏论"	42b8(?),62b31(?),86a23(?)
Ethica Nicomachea	"尼哥马古伦理学"	981b25
Lost works	失传著作	
	"对成选录"	4a2,4b34,54a30,61a15
	"论毕达哥拉斯教义"	986a13,21a20
	"论意式"	21a20(?)
	"论善"	72b10

索引三 名词及题旨[①]

(页行示例:0a—93b 表示 1000a—1093b)

Abstraction ἐξ ἀφαιρέσεως (ἀφαιρῶν τὴν ὕλην) 抽象(除去物质)982a27,36b5,23,61a29, 77b10。

Accident (the accidental, manifestation) συμβεβηκός 属性,偶然,属性偶然 Δ30,E2,3, K8,7a15,21,7b16,13b34—14a20,27a13。由己属性 995b20,30b20,78a6;本体之学

---

① 题旨或为一短句,或为一短语。短语有省略,例如"实现"条,"与潜能之别"即"实现与潜能之别"。下同。

附录二

不研究属性 997a19,3a30,61b8;属性之是异于本体之是 65a6;偶然属性 συντυχία συμβεβηκὸs 异于本体 7a32;属性含义 31b22;属性复词 31a29"偶然"不可知 26b3, 64b31,65a4。

Accidentally ἔτυχεν(κατὰ συντυχίην)偶然。与"必然""常然"及"大多数如此"并论 E,2, 3。

Action(function,exercise)ἔργον(πρᾶξις)活动(功用,行为,实行)981a17,988b6,993b22, 38a33,45b34,48b23。活动与实现之别 Θ8,K9。

Activity ποιεῖν 主动。与被动并举 21a15,46a18;主动者与被动者 20b31,49a6,66a27—67b13。

Actuality ἐνέργεια 实现 47a30—b2,Θ6—9,K9。与潜能之别 3a1,7b28,69b16,71a6, b22;与物质之别 43a12;合于本体,形式,定义,怎是,H2,Λ5,50a16,50b2,51b31;与潜能相符 45b21;与运动之别 48b28;与实行过程(活动)之别 50a22。

Affection,modification,(attribute)πάθος 秉赋,演变(感受,属性)Δ21。异于本体 983b10,985b11,1b31,38b28,71a2;同于状态 986a17,20a19;有时同于偶然属性 47a2,989b3;同于动变 71a2;异于底层 49a29。主要秉赋,(特殊属性)πάθη οἰκεῖα 4b6,11,58a37,b22,78a5,16。

Affirmation(assertion)φάσις 肯定(常与否定联举)7b30,8a4,b1,12a4,17a33("是非格"),62a24,67b14,68a6。单独肯定与单独否定 62b5;证实异于肯定同于接触 51b24。

All πᾶν 总 24a8。

All,the τὸ ἅπαν 一切,全宇宙,(万物)67a3,15,23。

Alternation αλλοίωσιν 质变,改换 989a27,42a36,67a36,69b12,88a32。

Always ἀεί 常然 E2。常例 27a,24,28。

Analogy ἀνάλογοs 比拟,(类推)16b32,18a13,43a5,48a37,b1,7,70a32,70b17,71a4, 26,89b4,93b18。

Analogy (similar)ὁμοιότης 比附,比仿,46a8。

Animal ξῷον 本书所涉及之动物:νυκτερίδων 蝙蝠(夜鸟)993b9;μέλιττα 蜜蜂 980b3; ἀσπάλακος 鼹鼠 22b25;ἱππος-ὄνος-ἡμίονος 马—驴—骡,32b32,33b32,34b5。

Antithesis ἀντίθεσις 对论 55b32,56a3。相反叙述 62a11。

Appearance(phantasia,impression)φαντασία,φαινόμενα 现象,印象 Γ5,6,980b26,70a10。

Architecture οἰκοδομεῖν(ἀρχιτέκτων)建筑术(房屋通式),以建筑为示例,26b5—10,27a2, Z7,33a7—22,Z9,46a27,50a32,61a1,65b16—66a7。

Arithmetic ἀριθμητική 算术 982a18,5a31,61b3,73b6,90a14。算术数 ὁ ἀριθμητικὸς ἀριθυὸs 参看"数"。

Art(technic) τέχνη 技术,艺术。与经验并论 980b278,981a3,25,b8,31;异于智识 981b26;等于形式 34a24,70a15;成于学习 46b34,47b33;人类的理知作用 992a30;制造三类：自然,技术,自发,Z7—9,70a6,17;人工(技术)创造三类：理知,技术,机能,25b22;设计技术(指导性技术 αἱ ἀρχιτεκονικαὶ)13a14。

Associable(addible) numbers συνβληταί 可相通数(可相加数)M6—8。

Astronomical terms 天文名词。本书涉及：πλανετός 行星 Λ8;ἁπλάνα ἀστρά 恒星 Λ8;ἄρκτος 大熊星座(北斗)93a20;πλϊαδες 昴星座 93a14;λοξὸς κυκλυς 黄道 71a16,73b21;διὰ μέσον τῶν ξωδίκς 赤道 73b20,30;τὰς τοῦ ἡλίον τρώπας 两至(冬至,夏至)983a15,83a15;σημιρία 春分 23b9;ἐκλιψις 月蚀 65a15。

Astronomy(astrology) ἀστρολογία 天文学,(星象学)989b33,997b16,35,998a5,26a26,53a10,72a2。天文为数学中一门,与哲学相切近 73b4。

Attribute πάθος,συμβηκὸς,ὑπαρχόντος 属性。参看"秉赋","偶然属性","质性"。普遍属性 39a1。

Axioms(common dogma) ἀξίωμα(τὰς κοινὰς δοξας)通则(公理)996b26—997a14,5a20,61b19,62a30,b25,90a36。通则为终极规律亦为论理之起点,Γ3,K5,996b27—997a10。

Beautiful, the τὸκαλόν 美 13a22,72a34,78a31—b5,91a31。美作为真理 72b32;美的主要形式(美学通则)78b1。

Being(ens,entity,reality,existence) τὸ ὄν(ὀυσία)是,实是(存在)Δ7,Z3,19a1,28a10,30a21,42b25,45b32,61a8,78a30,89a2,7。实是之为实是 τὸ ὄν ἧ ὄν Γ1—2,E,I,60b31;全称实是 27b31,51b1;同名实是 δμώνομον τι 990b6,70a5;本性之是(由己之是 ens per se) καθ' αὐτοὄντος 与属性之是(偶然之是 ens per accidens) κατὰ συμβηκός Δ7,E2,3,K8;基本实是同于本体 28a14,30,38b20;是与非是 3b10,51a35,67b26—68a7,89a26;真假之为是非 E4,Θ10,65a21;实现之是异乎物质潜在 78a30;是与非是各有多种含义 89a16。

Body(Solid, the Corporeal) τὸ σώματο 实体,(物体,躯体)。几何实体同于立体 16b28,66b24;实物(物体)作为本体,2a10,4b14,28b17;实体与非实体事物 988b23;单纯实体 987a4,988b33,998b30(元素),66b28,67a2;共同物身 τὸ κοινον σῶμα 69a31;躯体与灵魂及理性并论 71a3。

Boxer (fencer, warrior) μάχαις (μάχατας)拳术家(剑术家,战士)。喻辩论 985a12。

附录二

Bronze sphere στρογγύλος χαλκός 青铜球。作为形式与物质综合例示 33a4,45a26,70a3；作为潜在与实现例示 33a24—b18。

Categories κατηγορίας 诸范畴(σχήματα τῆς κατηγορίας 云谓分类,云谓诸格)4a29,17a23,24b13,26a36,27b31,28a13,33,29b23,34b10,51a35,55a1,58a14,70b1,88a23,89a27,89b24。[Z1,10 范畴:(1)本体 οὐσία,(2)质 ποιόν,(3)量 ποσόν,(4)关系 τὰ πρός τι,(5)时 χρῶνος,(6)处(地方)τόπος,(7)主动 κινήσεως,(8)被动 παθήσειν,(9)状态 ἕξις,(10)位置 κεῖσθαι。]实是各范畴举其八,Δ7;各范畴举五 26b1;各范畴举四,89a13(这个那个=本体 τὸ μὲν τόδε,如此知彼=质 τὸ δὲ τοιόνδε,那么大小=量 τὸ δὲ τοσόνδε,此处彼处=处 τὸ δὲ ποῦ)。

Cause αἴτια 因,(因果)Δ2,995b6,996a18,13a16,26a17。四因:(1)本因(式因)τὴν οὐσίαν καὶ τὸ τί ἦν εἶναι,(2)特因(底因)τὴν ὕλην καὶ τὸ ὑποκείμενον,(3)动因(效因)κινήσεως,(4)极因(善因)τὸ οὗ ἕνεκα καὶ τὰ γαθόν,983a25—b6;以人为例说明四因,44a32—b3;基本原因(第一原因)981b28,983a25,3a31;切身原因(近因)τὰ ἐγγύτατα αἴτια 44b1;切身动因,70b28;式因同于极因,44b1;式因同于效因,70b31;始因 τὸ πρώτων 或终因 τὰ ἐσχάταια(总因)70b36;原因为数非尽 a2,74a29;由己因果 αἴτιον καθ' αὑτὸ 995b33;偶然事之原因亦出偶然 27a8,65a6;形式,阙失,物质,致动四因(四原理)70b26;外因与内因 49a7,70b25,71a15。

Change μεταβολῆς 变化,动变。动变渊源(动变原理)46a11,49b6;对反变化四式 42a32—b7,69b11—14,72b8(1.本体之变 κατὰ οὐσίαν=生灭,2.质变 κατὰ ἀλλοίωσιν=秉赋之变,3.量变 κατὰ αὐξήσειν=增减,4.处变 κατὰ τόπον=运动 φορά);由对反或由间体动变 11b34,57a21,31,69b3;诸对成本身不变化 69b7;可变本体 69b3;变化循环 τὸ αὐτὸ ἀεὶ περιόδῳ 72a10;变化与非是,底层,物质,潜能并论 10a15,42a37,69b14,24;动变必有所由来,必有所成就(动变通则)984a22,69b36。

Chaos χάος 混沌 984b27,72a8,91b7。

Coincidence συμπτώμασιν 相符,附会 93b17。

Combination(synthesis, composition, union) σύνθεσις 组合(综合,联结)14b36,43a6,45b11。组合与析离对举(离合)E4,51b3,组合五式 42b15。

Compound (Synthetics, Composite) σύνθετος 复合物(组合物)23a31,b1,29b23,43a30,57b28,59b23,75a8,88b15。

Completeness(perfect)τέλειον 全 Δ16,23a34,55a11。全出于不全 72b34,92a13。

Concords συμφωνίας 和音 93a20。

Concrete, the σύνολος(συννειλημμένον)综合实体（整体）995b35,999a33,29a5,35a23,b22,37a26,30,77b8。(B1,4,Z3,10,11,K2,M2。)

Contact διαθιγή,(ἀφή,ἄπτεσθαι)接触2a34,14b22,42b14,68b28,70a10,82a20,85a3。

Contact θίζειν 接触(同于直觉 intuitive thought,immediate apprehension)51b24,72b21。

Contemplation θεωρία 默想,(神思)72b24。

Contiguous συναφής 贴切69a1。

Continuous συνεχές 延续(συνέχεια 延续性)69a5。延续体16a9；由于自然,技术,强力而为延续16a4,23b34,40b15；延续于一、二、三,向度61a33。

Contradiction,ἀντίφασις 相反（矛盾）,相反律（矛盾律）Γ3—6,K5,6。相反律为终极规律5b34；相反不容间体（排中律）Γ7,55b1,69a3。

Contrariety (opposition) ἐναντία 对反,对成(ἐναντιότητος 对反性,对性。）异于相反,阙失、别、差异,4a20,54b32,55b1；对反两端之一常为"阙失"11b18,55b14,27,61a19,63b17；与否定并论12a9；对成之形式相同32b2；对成不互变互生44b25,52b22,69b7,75a30；对成即（同科属,同底属,同识能间）最大差异55a4,16,23,58a11；一事物只有一对成55a19,55b30；以"抑或"说明对反55b30—56a30；间体由诸对成组合I7；原始对成61a12,b5,13,55b28；可感觉对成61a32；对处68b31；对成包含物质底层75b22,87b1；对成异于相反69b4。

Contrary ἐναντία 相对,对成。I,4,5,7,13b12,18a25,54a25,b.31,58b26,92a2。诸对成可简化为一对成4a1,b27；诸对成由同一门学术为之研究996a20,61a19,78b26；诸对成作为事物之原理986a22,b1,4b30,75a28,87a3。

本书所涉及诸先哲各家所列对成：

  I. 毕达哥拉斯学派十对成：有限无限,奇偶,一众,右左,雄雌,静动,直曲,明暗,善恶,正斜。986a20—26,990a10,4b11,25b20,42b36,49b8,51a9,68a1,70b22,84a35；

  II. 恩培多克勒对成：友爱与斗争。985a7,75a2—7；

  III. 留基伯与德谟克利特对成（或芝诺对成）：空实。985b5,9a29；

  IV. 亚尔克梅翁偶拾四对成：白黑,甘苦,善恶,大小。986a33；

  V. 德学对成：善恶,义不义,美丑。55b21,61a21,63a5,Λ10；

  VI. 数学及名学对成：单一与众多,4a10,54a2,30,87b28；超余与短损,4b12,87b17；奇偶,等与不等,75a33；同一与异别,87b27；完整与残缺,65b13；组合与析离,E4；

  VII. 物理对成：暖冷,986b32,4b32；干湿,42b22；密疏,985b11,42b22；硬软,42b22；

重轻,61a31,65b14;光暗,70b22;白黑,55b33,57b8;穿透与耐压,57b9;上下,65b14;甘苦63b28;

VIII. 生理对成:生死,27b9;健康与疾病,51a7,12。

Counter-earth ἀντίχθονα 对地 986a12。

Coupled terms συνδεδυασμένον 复合词 30b16,31a6,43a4。

复合叙述 συνπεπλεμένον 62b5,63b22。

Definition ὁρισμός,(ὅρος,λόλος)定义,(界说)Z10—12,H6,31a2,43a1。为论辩之起点 12a22,b7;同于怎是 30a7,31a11,44a11;个别可感觉事物无定义 36a2,29b28;具有普遍性36a28;定义之合一 Z12,H6;由分类法制定义 37b28;定义需要"一致的认识" ἐπιστημονικόν 39b32;意式不能界说 40a8;定义公式 44b13;与数并论 43b34,45a7;为研究所必需 25b30;普遍定义与归纳思辨 τὸ ὁρίξεσθαί καθόλου καὶ τοὺς τ' ἐπακτικῶς λογούς(苏格拉底)78b29。

Demonstration (proof) ἀπόδειξις 实证(证明)992b31。实证诸原理 993b28,996b26,5b9,18,62a3;知识依凭于实证和定义 86b34;并非一切事理可实证 997a7,6a8,11a13;怎是不能实证 25b14,64a9;可感觉个别本体不能实证,39b28;实证之学 997a5—30,59a24;反证 ἀποδεῖξαι ἐλέγχος 6a12,20;完全(绝对)证明 ἀπόδειξις ἁπλῶς 与各别(切身ad hominem) πρὸ τόνδε 证明 62a2。

Denial, joint συναπόφασις 联合否定(综合否定)56a31,34,56b2,62b7。

Desire (appetite) ὄρεξις 愿望(欲望)48a11,71a3,72a25—35。

Destructive, perishable, the (destruction) τὸ φθαρτόν,(φθείρεθαι)可灭坏事物,(灭坏) 994b6,0a5—1a2,2a29,42a30,43b15,44b36,59a1,67b24,69a31,b11,70a15,I10。

Determinates ὡρισμένον 决定性名词 29b30,77b10。非决定性事物 τὸ ἀόριστον 7b28,10a3,49b1,63b33,66a15。

Dielectic διαλεκτική 辩证法 987b32,995b23,4b17,78b25。

Differentia διαφορά 差异 985b13,998b23,4a14,18a12,20a33,b2,15,42b15,58a7。差异各类(形式之异,组合方法之异,范畴之异等)H2;差异与"别"、"对成"不同,4a21,54b23,55a4,16,58a11;对成中之先天差异 16a25,57b5,11;科属差异,品种差异,18a26,54b28;以差异为定义 43a19;差异之成因 I9;基本差异,61b14;最大差异 55a16,24;列数与单位之差异 M8;德谟克利特三差异;形状 σχῆμα,位置 θέσις,秩序 τάξις,42b12。

Disposition διάθεσις 安排,趋向 Δ19,1b30。

Divine, the τὸ θεῖον 神祇,神圣事物 26a20,64a37;神祇妒或不妒 983a1;封存自然秘密于

列宿之中 74b3。

Division (mathematical) διαίρεσις 区分（数理区分）994b23,2a19,2b3,10,48b16,60b14。

Division, logical κατὰ τὰς διαιρέσεις 分类法 37b28, Z. 12。

 Taxonomical terms 分类名词：差异 διαφορά, 分别 τομαὶ 38a28；终极差异 τελειοταί 39a15, 30；最大差异 μεγίστη διαφορά 55a16；科属 γένος, 品种 εἶδος, 最高科属 τὸ πρῶτον γένος, 最低品种 τὸ ὕστατον, 23a27。

Dog-days κύνι 犬日，伏天（天狼星座）。伏天而风寒作"偶然"喻 26b33,65a1,91a5。

Dyad (two) indefinite δυὰς ἀόριστος 未定之两(2)[数 2 δυάς，已定之 2 δυάδα ὡρισμένην 81b27；第一个 2(原 2)δυαδα πρώτη, 先天之 2 προτέρος δυάδος, 后天之 2 ὑστέρος δυάδος, 倍 δυοποιός] 987b26, 33, 988a13, 81a14, 22, 81b21, 32, 82a13, 82b30, 83b36, 85b7,87b7,88b28,89a35,91a5。意式 2,（绝对 2,本 2)36b14,81a23,b27,82b9—22；论述由"1"与"未定之 2"制数 81a14—b32。

Eclipse ἐκλείψις 月蚀。为四因示例 44b10—15；为因果关系示例 65a15。

Elements στοιχεῖον 元素，要素 Δ3, M10,989a4,992b18,1a18,59b23,88b4, 15。同于物质原理 A3；与原理原因并举 41b31,70b25,87a2,91a31；四元素：火 πῦρ, 气 ἀήρ, 水 ὕδωρ, 地（土）γῆ为单纯物体 14b33,17b10；四元素并重（恩培多克勒）984a8,985a32, 998a30；火为物原 984a7,49a26；气为物原 984a5；水为物原 983b20,984a4；土是否为物原？984a8；实证要素 14b3；意式要素 987b19；第三要素 75a32。

Elements (alpha beta) στοιχεῖον 字母（音注）993a6, 9, 13b18, 34b26, 38a6, 41b15, 86b20—31。喻变化三差异 985b15—19。

Elliptic (obliqueness) Zodiac ξῴδιον 黄道。黄道为一切生物之远因 71a15。

End τὸ τέλος 终点。同于极因 994b9,13a33,59a37,74a30；同于"形"23a34；同于善、至善或完为 982b7,21b24；同于实现 51a16；终点为定限 994b16。

Equal (equality) τὸ ἴσον (ἰσότητος) 等,（等性)21a12,56a22,82b7。和"大与小"（不等）相对反 15；"等"与"一"相同（柏拉图学派)75a33；等性为不等性之阙失 55b11。

Equivocal, the (ambiguity) ὁμώνυμος 同词异义（双关）3a34,30a32,35b25,46a6,60b33, 86b27。

Eristic λόγος ἐριστικός 谲辞 12a19。

Error ἀπάτη 错误。异于无知 52a2；世无错误（安蒂瑞尼）μηδὲ ψεύδοσθαι 24b34。

Essence, Quiddity, (what it was to be so and so) τὸ τί ἔστιν (τὸ τί ἦν εἶναι) 怎是。Z4—6,8,993a18,994b17,25b28,38b14,45b3。同于本体 Δ8；同于式因，定义，公式，比

例,A3,8,10,B2,Δ2,8,30a6,33b5,M4,N5;同于动因或极因 A6,7,Z17。

Eternals τὰ αἴδια 永恒 987b16,15b14,50b7,51a20。可感觉永恒本体 60b17,69a31,b25;永恒本体必然存在 Λ6;时间永恒 71b7;永恒本体可否由要素组合 88b14—28;永恒本体无生灭(不经创造过程)91a12,宇宙贞常 ἀὰ ὡσάντως 72a16。

Even ἄρτιον (ἀριτιότης) 偶然,(偶性):(毕达哥拉斯学派)986a18,990a9;(柏拉图)91a24。

Evil (evil—itself) τὸ κακὸν 恶(本恶)51a17,91b33。永恒事物无恶 51a20;恶为第一原理之说 75a35,91b3—92a4;恶出于斗争(恩培多克勒)984b32。

Excess and defect τὸ μὲν ὑπεροχή, καὶ τὰ δὲ ἔλλειψις 超逾与缺损 992b6,4b12,42b25,35,52b30,57b13,81b18。

Experience ἐμπειρία 经验 980b28,981a1,15,981b31。

Extremes τὰ ἔσχατα 对反两极(两端)18a22,54a9,55b17。

Falsity (the false) τὸ ψεῦδος 假(虚假)11b25,Δ29。以假为"非是"E4,Θ10;异于不可能 47b14;"假"为第一原理(柏拉图)89a20。

Female (sex) θῆλην 雌性。同于物质 24a35;雌(与雄)性为动物之由己秉赋 30b26,31a4;性别非品种 I9。

Few ὀλίγα 少(参看"多")。

Final Cause τὸ οὗ ἕνεκα 极因。同于始终,同于善,同于作用,983a31,994b9,13a21,33,b26,44a36,50a8,59a36,72b2(参看"终点")。

Form εἶδος 通式,形式(意式)。事物以其形式为名词 35a8;式因重于物因 29a5;同于怎是 32b1,33b5,35b32;与形状同义 999b16,15a5,17b25,33b5,44b22,52a23,60a22,b26;等于技术 34a24,70a15;不论创生 34b7,42a30,43b17,44b21,50a4,67b35;70a15;与本体同义 32b1,41b8,50b2,84b10;同于定义、公式 16b9,35a21,36a28,b5,42a28,43b19,44b12,69b33,84b10;同于极因 44b1;同于效因 70b30;同于正面状态,异于阙失 44b33,70b11;异于物质 50a15,70a1,84b10;形式各部分 Z10,11;通式非独立自存之本体 33b29(参看"形状","品种")。

Formula (definition, account) λόγος 公式(定义,叙述)987b31,16a33,b9,28a34,42a28,43a19,47b34,50b33,70a22,84b15,87b12。怎是之公式只有一个 998b12;公式同于实现,怎是,通式,式因,Z15,H2,4,Λ3;异于名字 6b1,30a7;异于定义 30a7,14,37b11;公式各部分 Z,10,11,16a35,23b23,33a2;先于公式 18b31,28a32,38b27,49b11,54a28,77b1,78a10;异于综合个体与物质 39b20,58b10,18,64a23,74a34;公式可分离 42a29;同于智识(或学术)46b7,59b26;公式之分析 63b18。

From ἐκ (ἐκ τινος) 由(所从来) Δ24,991a19,994a22,44a23,92a23。

Full (plenum) τὸ πλῆρες(πλέον) 实(德谟克利特)985b5,9a28。

Generation (production, becoming, coming to be) γένεσις(γίγνεσθαι) 创造,生成 Z7—9。只有综合实体可论生成 Z8,981a17,34b7,42a30,43b17,44b21,69b35,70a15;后于创造者,先于本体,本性,形式 989a15,50a4,77a26;全称τοῦἁπλῶs 生成(单纯生成)与偏称 μὴ ἁπλῶs 生成(部分生成)42b7,67b22,69b10,88a33;创造两式 994a22;创生三式:自然,技术,自发,Z7,9;创生四原因:技术,自然,机遇,自发,Z7,49a3,70a8,76a6;异于制造,32a26;同名相生,同种相生,34a21,49b29,70a5;创造物均可区分为物质与形式 33b12,49b35;生成得于非是,物质,阙失,对成,潜在 994b27,32a20,33a9,55b11,62b26,69b15,88b17,91b34;事物之创生必有所由来,必有创之者,999b6,10a20,32a13,32b31,33a24,44b24,49b28。

Genus γένος 科属(门类) Δ28,54b30,57a27,b38,59b27。最高科属 995b29,998b14,999a31,23a27,34a1,37b30,59b27;科属是否为第一原理 998a21,14b11,42a14,69a27;品种之部分 23b24;品种之物质 24b8,38a6;与定义,差异,品种并论 Z12,998b5—999a23,14b9,16a24,16a32,23a27;23b18,37b19,39a26,54b27,57b7,59b36;科属非本体 Z13,42a21,53b21;实是与元一非科属 998b22,45b6;异于普遍 28b34;"于属有别"ἑτέρα τὸ γένος 24b9;科属别性ἑτεροτης τῷ γένει 58a7。

Genus, Kind γένος 级类 I10(εἶδος καὶ γένος 别解:"形式级类")。

Geometry γεωμετρία 几何(度量之学)983a20,992a21,997b27,998a1,5a11,31,51a21,61b3,78a25,89a22。几何图解 διαγράμματα 51a23。

God Θεός 神。为第一原理 983a8;为生命,为至善而永生之实是 64a1,72b14—30;神即元一(齐诺芳尼)986b24;神以人形为体现 997b10,74b5;群星为神 74b2。

Good τὸ ἀγαθὸν 善。同于极因 983a31,59a36;同于美 13a22,91a31;别于美 78a31;以全为善 Δ14;本善αὐτὸ τὸ ἀγαθὸν 996a29,31b1;至善 τὸ ἄριστον 91a33,b10;善为宇宙之秩序 75a12—38;善为第一原理 N4,91a31,91b20,92a9;数学是否论及善? 78a31。

Grammar γραμματική 语法(文法)1003b20。文法家 81a22。

Great and small τὸ μέγα καὶ τὸ μικρόν "大与小"。"大与小"为"不等",如何与"等"相对反,I5;柏拉图之"大与小"987b20,26,988a26,992a12,998b10,83b23,32,87b10;平衡了的"大与小"83b24;"大与小"诸品种(长短,阔狭,深浅,多少)992a11,20a13,56b10,85a9。

Harmonic ἁρμονική 乐律(声学)997b21,77a5,78a14。

Have, (hold) ἔχειν 有,(持有)Δ23。

Having (habit, state) ἕξις 有，(习惯，状态，常态持有过程)Δ20,986a17,15b34,44b32, 46a13,70a12。异于阙失55b13；常态或暂态ἕξις ἤ διαθέσις 61a9。

Hearing ἀκούειν 听觉，为学习所必需980b23。

Heaven οὐρανὸς 诸天 Λ7,8(参看"宇宙")。诸天体 τὸν κοσμὸν 10a25,63a15；第一天(恒星天)δ πρῶτος οὐρανὸς 72a23。

Homoeomerous ὁμοιομέρος 相似微分(阿那克萨哥拉)984a14,56b28,63b28。

Hot and cold θερμός καὶ ψυχρός 热与冷(巴门尼德)987a1,4b32。

Hypothesis ὑποθέσις 假设(假定)12b22,13b20,63a24,64a8,82b4,86a10。假设为研究起点，异于公理5a14,5b15。

Idea ἰδία (柏拉图)意式，(τάς ἰδίας ὑπολήψις 意式论)A.69,B.6,14,M.4,5,988b1, 997b2,1a4,28b20,33b27,36b13,42a11,50b35,59a10,70a27,73a17,75b18,76a31, 83b34,86a31,b14,90a16,b20,91b28。意式论四个基本错误,92a5；意式论之症结86b13；意式即"以一统多"τὸ ἓν ἐπὶ πολλῶν 990b6,12,40b30；"意式"同于"数"。991b9,76a20,80b12,22,81a21,83b3,86a4,88b34,90b33,91b26；为永久可感觉物997b12；作为原因33b26；可参与990b28,40a27；不能为之定义40a8；意式之普遍性42a15,86a33；意式之超越性40a9,86a33；自身("本")或"绝对"(αὐτὸ)即意式41a1；制造物之意式991b6,60b28,70a14；否定之意式990b13,79a9；如何相关39b4。

Ignorance ἄγνοια 无知68a33；异于虚假52a2。

Iliad, an artificial unity Ἰλιὰς ἤδσα συνδέσμῳ 伊里埃别解30a9,b9,45a13。

Image φάντασμα 印象，遗象990b14,79a11(参看"现象")。

Imitation μίμησις 仿效987b11(毕达哥拉斯学派)。

Imperishable ἄφθαρτον 不灭坏事物0a5—1a3,40b31,I10。

Impossible, the τὸ ἀδύνατον 不可能19b22；47a10,b14,75a25。简化为不可能[reducio ad impossible]991b1,33,994b23,997a8,999a31,0b27,5b29,6b11,12b27,39b19, 56a12,57a21,60a30,66b3,88a16,89a13,91a13。

Impotence, Incapacity ἀδυναμία 无能19b15,46a29。

'In', a thing to be τὸ ἐν τινι δὲ εἶναι "存在于某事物"23a24。

Inassociable numbers τὰ ἀσύνβλητα 不相通数M6—8。

Incomposite entities τὰ ἀσύνθετα 非组合事物51b17,27。

Increase and diminution αὔξησις καὶ μείωσις 增减，量变42a35,69b11,88a31。

Individual, Particular (individuality) τοδέτι,καθ' ἕκαστος, ἄτομον 个别，个体，特殊(殊分，

个别性）995b29,999a12,981a17,3a7。第一原理为个别抑或普遍？M10,3a7, 71a20;同于实现,14a21;先于感觉次序18b33;同于数一999b33;普遍不离个别 86b5;有无可离个体而独立存在之事物？999a26,60a3(参看"这个")。

Indivisible ἄτομον("原子")ἀδιαίρετον 不可区分物 B3,Δ6,Ι1,M8。在品种上,在数量上 论不可区分999a2,14a27,16a19;在科属上论18b6;最后不可区分个体58b9;不可 区分线与量度992a22,83b13,84b1;品种,形式之为不可区分物998b29,34a8, 58a18;不可区分之两式52b2;德谟克利特之不可区分物("原子")39a9。

Induction ἐπαγωγῆς 归纳。异于实证,定义992b33,48a36;应用归纳法25b15,35a6, 35b17,58a9,64a9;苏格拉底之归纳思辨78a28。

Infinite,the(indefinite),τὸ ἄπειρον "未定",无限(无尽)α2κ10;66b35。无定限物作为本 体与原理987b16,990a9,4b33;由"大与小"组成987b26;与"空"并论48b10;没有无 尽量度,73a10;潜在地可有"无限",但"无限"没有实现的存在48b9—14;以元一为 "未定物"53b16;"无限"不能确想994b22,997a27;数是否无限？83b36;原因并非为 数无限α2,74a29;原理为数为穷(阿那克萨哥拉)984a13。

Infinite regress(ad infinitum)εἰς ἄπειρον βαδίζεται 无尽延展994a3,8,20,994b4,0b28, 6a9,10a22,12a12,b22,22b9,30b35,32a3,33b4,41b22,60a36,70a2,74a29。

instances,the method of setting out, ἔκθεσις 例证法(παραδειγματικῶς 举实例)992b12, 995a6,31b23。

Intellect διανοίας 理知(参看"思想","理性","判断")。

Intelligible νοητή 可理知事物(理性事物)。异于可感觉事物990a31,999b2,36a3,10, 45a34,70b7。

Intermediate('between'),Medias,μεταξὺ,μέσον 间体,中项994a10,57a21,69a3,68b30。 相反(矛盾)不容间体Γ7,55b1,57b34,69a3;间体由诸对成组合Ι7;柏拉图间体 987b16。

Itself αὐτὸ "本"(自身)用以表明"意式"41a1。由己(propter se)καθ' αὐτὸ Δ18,29a14, 31a28。

Judgement,Understanding,διανοίας 判断,理解9a5,25b7,74b36。常人均有多少判断能 力8b12—31。

Knowledge,Science ἐπιστήμη 知识(认识),学术(科学)学艺。概论知识Α1,2;求知为人 类本性980a21;基于感觉980a28;知识之最高目的982b1,996b13;知识异于意见 8b27,30,39b32;知识依凭实证和定义86b34;知识异于感觉999b3;先于知识 18b30,28a32;知识为事物之量度57a9;真理必需是"一致的认识"39b31;知识二义

87a15;知识异于实现48b15;学术研求事物之诸因983a25,993b23,994b29,25b6;普遍智识与个别知识(潜在与实现)3a14,59b26,60b20,86b6,87a25;知识之普遍性M10;学艺为一种理知公式28a32,46b7,59b26。诸对成各归于同一门学术996a20,61a19,78b26;偶然属性不能成立专门学术Z15,987a34,26b3,27a20,64b30—65a5,77b35。

本书所涉及之学术分类:

    学术总类三:理论学术 θεωρητική,制造学术 ποιητική,实用学术 πρακτικής,E1,982a1,993b20,25b21,46b3,64a11—19。

    理论学术三类:物学,数学,哲学,37a15,62b2,K3,4。

    数理各门:几何,包括测量 γεωδισίας 78a23,997b26;光学 ὀπτικά,997b20,77a4;算术,包括声学 ἁρμονική(乐律)77a5;

        天文为数学之一门,与哲学尤相切近73b4。

    物学各门:本书涉及力学 μηχανική 78a23。

    实用学术包括伦理,政治,经济等,本书曾涉及:分析法(名学)ἀναλυτική,辩证法 διαλεκτική,伦理学 ἠθική,987b4,78b24。

    制造学术,64a13。本书曾涉及者为:建筑,雕塑,音乐,医学,健身术(64a1)卫生(制造学术即艺术与技术)。

Learning μάθησις,παιδεία 学习(学问)。技艺必先经学习46b36;学习一门知识应先知道一些前提992b33;学习在渐进48b25。

Like ὅμοια 相似0b5,18a15,21a11,54b3。

Limit πέρας 限,定限(界限)Δ17。毕达哥拉斯学派之定限987a15,990a8,4b32;事物之定限(界限)(数与线,面,体)2b10,17b17,60b16。

Line γραμμῆς,μῆκος 线2a5,16b26,36b12,43a33,89b12。线不由点组成1b18;可见线998a1;线与线本(意式线)36b13;不可区分线992a22,84b1。

Logic(analytic) ἀναλυτικά 分析法(名学,逻辑)5b4。

Love(eros,desire) ἔρως 爱,情欲(希萧特与巴门尼德)984b24,988a34。友爱 φιλότης(恩培多克勒)985a3,24,988a33,0b11,75b3;友爱为善988b9,91b11。

Luck,Chance τύχη 机遇,运道981a5,984b14,32a29,65a30。为创生四原因之一Z7,49a3,76a6。

Magnitude (geometrical or spatial) μέγαθος 量度(空间或几何量度)990a13,20a12,52a28,85a32。如何组成? 1b7—25;数理量度如何成一,77a20;没有无限之量度73a10。

Makings (products) ποιήσεις 制品（产品）。异于自然产物 Z7,32a26,32b11,33b7,34a11；间体制品（半制品）32b17。

Male and female ἄρρην καὶ θηλην 雌雄（男女）988a5,Ⅰ9,78a7。

Many πολλὰ "多"。异于"一"Ⅰ3,6；异于"好多"πολύ 56b15；多为一之物质（材料）75a33；"多与少"（柏拉图学派）87b16。

Mathematical objects τὰ μαθηματικὰ τῶν πραγμάτων 数理对象。异于可感觉事物 987b15,989a32,990a15,36a4；异于意式 B 6,28b20,76a20,83a23,90b26；是否本体？M 1—3,42a11,69a35；不能独立 59b13；作为事物之第三系列 59b6；数学材料 992b2,59b16。

Mathematics μαθηματική 数学（数理）981b23,985b24,992a32,996a29,4a926a7—19,61a28,64a32,77b18,78a33。数学与物理为哲学之分支 61b33；数学言语 995a6,80b26；数理异于制造之学 64a1；数理各门 4a7；数学数 M6,76a20,86a5（参看"数"）。

Matter ὕλης 物质（材料）H3,4,983b7—984a18,15a7,17a5,29a20,42a26,58b6,14。同于底层 983a29,985b10,988a11,992b1,22a18,24b8,32b9,42a26,61b22,70a11；异于底层 44b9；作为一原理 983b7,986a17,46a23；异于定义,形式,实现,完全实现,986b20,29a5,35a8,38b6,41b7,43a6,45a35,50a15,70a1,71b21,74a34,76a9,78a30,84b9；是否本体？Z3,42a27,49a36,77a36；同于潜在 39b29,42a27,b9,49a23,50a15,60a20,69b14,70b12,71a10,88b1,92a3；原始物质 15a5—13,42b15—24,42a27；最后（即基层）物质 ὕλη ἐσχάτη 45b18,69b36,70a20；切身物质 ὕλη οἰκεία 44a17；可感觉物质异于可理知物质 36a9,36b35,45a34；物质不灭 42a30；科属为品种之物质 24b8,38a6；物质无决定性 37a27,49b1；不能摒离物质而解释创生与变化 32a17,42a32,44b27,69b3；创生,位移,动变等所涵物质 26a3,42a34,b6,69b26；诸对成所涵物质 75b22,87b1；实现随物质而异 43a12；不同事物各具不同物质 69b25；底层物质为第三要素 τω τρίτον τι εἶναι 75a32。

Measure μετρὸς 计量,以单位之一为计量 52b18,87b33；各级计量单位 52b26；计量务求精确,计量与被计量必须同性而相通,52b36,53a23,88a2,14；知识为一计量,计量与被计量 μετρὸν καὶ μετρητῶ 入于关系范畴 56b33—57a11；人为一切事物之计量（普罗塔哥拉）53a36,62b14,19,63a4；各种计量单位,Θ1,2,87b34—88a3,例示：颜色单位,"白"；乐律单位,四分之一音程；韵律单位,节拍；言语单位,音注；图形单位,三角（参看"单位"）。

本书涉及的希腊度量衡单位：脚（尺）ποῦς 52b33,87b36；期丹第 στάδιον 53a3；肘 πύχυς 28a16,53a35,63a25,89a18；指 δάκτυλος 87b36；泰伦 τάλαντον 53a3。

Medicine, ιατρική 医学。(医学——通式,医师——动因,健康与疾病——正与反两主题,或"持有"与"阙失"作为各种示例,30a34—b2,Z7,9,49a3,49b14,70a31,70b28;温暖为医疗之要理 32b20,26,34a28。

Memory μνήμη 记忆 980a29。

Middle, Excluded οὐδὲν μεταξύ 排中律(不容间体)Γ7。

Mind νοῦς 心(参看"理性")。

Mixture, Intermixture τὸ μῖγμα 混合物 989b2,42b29,82a21,92a24。恩培多克勒与阿那克萨哥拉混合物 29b22。

Motion (spatial) φορά 空间运动 69b12,26,72b5。动变之第一类 72b8,73a12;单纯运动 73a29;圆运动的第一级空间运动 52a27,71b11,72a10;行星运动 Λ8;单纯,延续,永恒,常规运动 53a9,71b9,72a16,78a13。

Most part, for the ἐπὶ τὸ πολύ "大多数如此"E2。

Motive cause κινήσεως 动因,效因 Λ3,4,983a30,984a27,988b27,996b6,13b9,24;必有动因 991b5,80a4;先于被动 10b37,70a21;火为动因 984b6。

Movement κίνησις 运动(动变,动作)。动静对论 4b29,10a36,12b23,25b20,49b7;同于活动(实行)20b20,22a7,b5,23a18;异于实现 48b28;出于本性之自然动变 25b20;动变涉及感觉,物质,989b32,26a3,36b29;动变释为潜能进行实现之过程 65b17;运动的运动 K12;永恒运动 κίνησις ἀΐδιος(留基伯与柏拉图)50b20,71b7,33。

Music, of Spheres συμφωνία 天体合唱(宇宙交响)986a2,93b4。

Mutilated κολοβὸν 剪裁 Δ27。

Myths μῦθος 神话 982b15,983b29,995a4,0a9,18,71b27,74b1,75b26,91a34。

Nature φύσις 自然,本性 Δ4。异于自发,机遇,思想 32a12,65a27,70b30,71b35;异于创造 989a15;同于物质 14b33,24a4;异于强力 15b15,52a23,71b35;异于技术(人工)32a12,70a17;同于形式,完全实现,正面状态 32a24,44a9,70a11;异于潜能 49b8;自然产物与非自然产物 33b33;自然产物与技术制品 34a32;自然体系不是一个坏剧本 μοχθηρὰ τραγωδία 90b20。

Necessity ἀνάγκη (ἀναγκαῖον) 必需,必然(必需品)Δ5,6b32,26b8,50b19,64b33,72b11。"必然"异于"常常","大多数如此"。"偶然",25a15—20,26b20,27b8,64b31—65a6。

Negation ἀντίφασις 否定。异于阙失,4a12;与对反共论,12a9,46b13;褫夺性的否定 56a17,29。

Night νύξ 夜 71b27,72a8,91b6(奥菲克宗宇宙观)。

Not-being, Non-ens μὴ ὄν 非是。非是三义 Λ2;虚假为非是 E4;N2;潜在为非是 N2。

Number ἀριθμός 数(算术数或数学数与意式数 μαθηματικὸς ὁ ἀριθμὸς καί τοῖς ὡς ἴ(ἴδη) M6—9, N1—3, 5, 6, 20a13, 39a12, 53a30, 57a3, 76a20, 80a21, b6, 83b3, 85b22, 88a5, 90b33, 91a24。不同级别之系数 76b37;数之创生,属性,要素 986a17, 4b10, 84a3, b28, 87b15, 89b12, 90a21, 91a23, 29;数作为原理,本体 985b26, 986a16, 987a17, 987b24, 1a25, b26, 36b12, 76a31, 80a13, 83a23, 90a4, 23, 92b16—26;数与意式共论, 991b9, 76a20, 80b12, 22, 81a7, 21, 83b3, 86a6, 88b34, 90a16, b33, 91b26;数与定义并举 43b34, 45a8, 87b12;于数为一, 999b26, 16b31, 18a13, 54a34, 60b29, 87b12;列数如何各合成为一整体?992a1, 44a3, 45a8;可相通数与不相通数 M6—8;可感觉数异于理知数或意式数, 990a31, 90b36;数为有限抑无限?83b36, 85b25;数为串联 85a4;数由抽象单位组成 80b19, 30, 82b6, 83b17, 92b20;数以一为起点 16b16, 21a13, 52b24, 88a6;素数 987b24, 52a8, 81a5;数以十为限, 986a9, 73a20, 84a12, 32;数之为方与立方 20b4, 93a7;数构成全宇宙, 80b19;数比 λόγος 985b32, 991b13—19, 993a17, 1b30, 53a16, 61b1, 92b14—31。

Odd(oddness) περιττος(περισσότης)奇数(奇性)(毕达哥拉斯学派)986a18, 990a9, 91a23。以奇性为一 84a36。

One τὸ ἕν 一,元一, Δ6, I1—3。[元一,统一性 ἑνός, ἑνότητος,单位之一 μονάς,原一(第一个一) ἓν πρώτην,抽象之一 μοναδικόν,本一(意式一) αὐτὸ τὸ ἕν,非一 μὴ ἕν,元一之为元一 ὡς ᾗ ἕν。]元一非本体 I2, 40b18;元一非科属 998b22, 45b6;一为不可区分物 999a2, 41a19, 52a18;一为数之起点与计量 52b18, 84b18, 87b33;一作为数 56b34;一不在数列之内 88a6;一之四类(1.延续体, 2.整体, 3.个别, 4.普遍), ΘI, 52a35;由接触, 混合, 粘合而为一 45a11, 82a22;于定义为一并非于数为一 87b12;数为一整体与定义之为一整体 Z12, H6, 992a1, 44a3;于量, 于数, 于科属, 于品种上比拟而为一 999a2, 999b25, 32, 16b31, 18a13, 33b31, 39a28, 54a34, 60b29, 87b12;一异于单纯 72a32;于定义,于形式,于延续 16b9;元一与至善 91b14, 25, 32;"一与多" τὸ ἓν καὶ τὰ πολλά I3, 6, 87b28, N1;一多诸对成 54a20—30, 85b32—b33;一多关系(一与若干一, 计量与被计量)56b33—57a11。元一与实是 τὸ ἓν καὶ τὸ ὂν I2, 998b22, 1a5, 3b22, 40b16, 45b6。"以一统多"(one-over-many)990b7, 13, 991a2, 40b30, 79a3, 10(参看"意式")。先哲各家之元一:毕达哥拉斯学派 986a19, 987a18, 27, 1a10, 53b16;埃利亚学派 986b15, 1a33;柏拉图 M, N, 987b21, 992a8, 1a5;阿那克萨哥拉 Λ2, 69a22。

Opinion δόξα 意见。异于知识 8b28, 30, 39b33。

Opposition, The opposites ἀντίκειται, ἀντικείμενα 相反,对反(四式:相对 ἐναντία,相反 ἀντίφασις,相关 τὰ πρὸs τι,阙失 στέρησις)Δ10,54a23,55a38,57a33,67b20。相反变化 11b34,57a31,69b4;相反差异 16a25;相反的潜能 50b8,30。

Order τάξις 秩序,次序 984b17,985b14,42b14。

Otherness ἕτερος 别 18a9,54b14。于种有别 I8,9,18a38;于属有别 24b9,别于科属 58a7;别性与差异不同 54b23;毕达哥拉斯学派之"别"87b26。

Paradox, Absurdity παραδόξα, ἄτοπον, ἀλόγα 悖理(悖解,荒谬)[Reducio ad absurdum 归谬]。998a17,999b22,7b30,12a24—b33,26b16—21,30b35,60a24,70a30,70b36, 75b6,82a9,b38,83a24,84a25,87a35,91a7。

Part μέρος 部分 Δ25,34b32。定义各部分,综合实体各部分 Z10,11。

Participation μέτεξιν 参与,参加 987b13,991a14,b5,30a13,31b18,37b15,45a18,b8, 79b18。意式可参与 990b28,40a27,75b19,79b25。

Passivity(susceptibility, receptive) παθεῖν 被动(容受)(参看"主动")。被动变与不受动变之性能 46a13;容受性 68b19。

Perpelexity,(doubts, difficulty, problem) ἀπορία(疑难,迷惑,问题)B1—8,Z1,K1,2。

Petitio Principii αἰτεῖσθαι τὸ ἐν ἀρχῇ 丐理 6a17,20。

Philosophy φιλοσοφία 哲学。为最精确之纯学术 A2;起于对自然之惊异 982b12;统研一切事物 4a34;研究公理(通则)Γ3,K4,995b8;研究单纯而共通之实是 τῶν ἁπλῶν καὶ κοίνων 61a11—b12;研究实是之所以为实是 Γ1,2,K3;与各门理论学术相比较 4a17,26a18;与神话并论,982b18;被转成为数学 992a32;异于辩证法与诡辩术 4b17,61b9。

Physics, Natural Philosophy φυσικὴ 物学,自然哲学,(自然哲学家 φύσεως)986b14, 989b30,990a3,7,992b4,995b18,1a12,5a31,b1,6a3,25b19,26a4,59b16,61b6,28, 62b22,69a36,71b27,75b27,78b19。物学为第二哲学 37a14。

Place, Space, τόπος 处,地方(空间)18b12,92a17(参看"范畴")。"共处"与"分离" 68b27;"对处"68b31;处变(位变)42a34,69b13。

Plane, Surface ἐπιπέδα, ἐπιφάνεια 面 992a13,b14,997a26,16b28,28b17,77a32,85a8,90b7。

Pleasure ἡδονή 乐 981b21,72b17,24。

Plurality πλῆθος 众(众多性)20a8,54a22,57a3,85a34,87b6,91b34。众多与单一对举 4a10,4b29,87b28;绝对之众为有限抑无限? 85b27。

Point στύγμα 点 992a10—19,1b10—19,16b26,60b18,85b27。点为创制几何量体的要素 85b29。

Position θἐσις 位置 985b4,15,16b26,22b2,24a20,42b14,77b30。

Possible δύναμις 可能 19b22。

Posterior ὕστερα 后于(看"先于")。

Potency δύναμις 潜在,潜能,能 Δ12,Θ1—9。元素是否为潜在 2b33;潜在与实现之别 7b28,69b15,71a6,b23;潜在与实现孰先? Θ8,3a1;同于物质 42a27,b10,50a15,60a21,69b14,70b12,71b10,88b1,92a3;异于理性,技术,本性,25b22,27a6,33b8,49b8,64a13;潜在与实现合一 45b21;理知潜能与非理知潜能 Θ2,47b31,48a4,50b33;相反互为潜在 50b8,30,51a6,71b19;原始潜能 49b13;"无限"与"空"之为潜在的实义 Θ7;几何学上之"能"δύνασθαι 19b33,46a7;永恒事物非潜在 50b7。

Potent δυνατόν 能者 19a34。

Practical knowledge πρακτική实用之学 993b21,25b21,25,64a11—19。

Predication,figures of σχήματα τῆς κατηγορίας 云谓诸格(参看"范畴")。

Primary (first) τὸ πρῶτος 原始(第一)三含义 28a31。

Prime numbers τὸ πρῶτον 素数 987b34,52a8。

Prime mover κινοῦν πρῶτον 原动者 49b26,50b5。自己不动的原动者 τὸ πρῶτον κινοῦν ἀκίνητον αὐτὸ Λ7,12b31;为万物总动因,为宇宙第一动因 70b35,72a16,71a36。

Principle, Beginning(starting point, source) ἀρχή原理,原始(起点,渊源)Δ1。物质原理 983b7,24,984a6,986a17,987a4,46a23;动变原理 984a27,46a14,b3,49b6,70a7,b25;终极原理 50a7;形式原理 69a28,76a24,80b6,32;对成原理 986a22,b1,4b31,75a28,87a30;原理有三:通式与其阙失和物质 69b34,70b10—22;原理与原因有四 70b26;实证原理 993b28,996b26,5b9—22,6a5,62b3;第一原理 983a8,a2;科属是否为基本原理 998a21;灭坏与不灭坏事物原理是否相同? 0a6;原理为普遍性抑个别性? M10,3a7,60b20,69a26,71a20;原理于类为一,或于数为一 Λ4—5,999b24,60b29;以单纯为原理 59b34;原理异于要素 41b31,70b23;切身原理 71a18哲学,研究实是之原理 Γ1,E1;"原理"与"善"如何为相关 91a30,92a11;原理(物原)为数无穷(阿那克萨哥拉)984a13。

Prior(priority)and posterior (posteriority) πρότερα καὶ ὕστερα 先于与后于(先天与后天) Δ11。于创生,本性上论先后 989a15;于感觉,认识,定义上论,18b30;于公式,时间,创生上论 38b27;于公式,本体,时间上论 49b11;于创生,形式,本体上论 50a4,于定义上论 54a28,78a9;于定义,本体上论 77b1;数论所涉之先于与后于 80b12。

Privation στέρησις 阙失 Δ22,4a12,19b7,46a31,88b27。阙失为对反两项之一,4b27,11b18,55b14;阙失异于常态(持有),形式 19b7,44b32,55b13,70b12;基本阙失

46b14；完全阙失55a35；异于否定,对反,4a12,55a33；褫夺性否定56a17,29。

Production γένησις 制造(生产)Z7—9(参看"创生")。人工制造两步骤：(1)思想(设计),(2)制作(施工)32a26—b23。

Productive knowledge ποιητική 制造之学 982a1,b11,25b21,25,64a1。

Proof, negative ἔλεγχος 反证 6a16。

Property (attribute, characteristic predication) ὑπάρχοντα 质性(属性,禀赋,性能),3a13,4a8,5a15,21b7,22a29,25b12。普遍质性38b16,特质(特殊禀赋)78a6。

Qua δὲ τὸ ᾗ 作为,当作 65b23。

Quality, Such, (such—and—such) ποιόν (τὸ δὲ τοιόνδε) 质,素质("如此如此")14,28a15,68b18,89a13。数之质20b3；后于量83a11；决定性在质不在量63a27；质变69b10(参看"范畴")。

Quantum, Quantity ποσόν (τὸ δὲ τοιόνδε) 量,量元,("那么大小")Δ13,89a14。量之属性20a19；计度而后知量52b20；非决定性63a28；先于质83a11；运动与时间之量性20a29；量变69b10。

Quibble (sophistic objections, elenchos) σοφιστικὸς ἔλεγχος 诡辩忮词,("爱伦沽")32a6,49b33,64b22—30。

Ratio, Proportion λόγος 比例(数比)985b32,991b13—17,993a17,1b30,13b33,53a16,61b1,92b14,31。

Reality, Complete realization, Entelechia ἐντελέχεια 完全实现("隐得来希")7b28,39a7,65b16,74a36,78a31。异于物质38b6,78a30；本体为完全实现44a9；实现与完全实现之别47a30,50a23。

Reason (thought, mind) νοῦς 理性,理知(思想,心)[思想活动νόησις,思想τὸ νοεῖν,思想对象νοητή, τὸ νοούμενον,理知,理解,διάνοια] Λ7,9,70a25—35。理性为宇宙之心984b15；人心(人的理性)993b11,75a7；理知异于技术与机能25b22；理知与欲望之对象各别,72a29；阿那克萨哥拉之理性,984b15,989b15,69b31；巴门尼德之理性9a23。思想与所想者(思想对象)相接触72b22；思想为最虔敬的事物74b16；纯思想(神的理性)为思想于思想之思想 ἡ νόησις νοήσεως νόησις 74b35。

Relatives, the (relations) τὰ πρός τι 相关(关系)Δ15,56b34,89b6,14。相关异乎绝对990b20；关系为最微末的范畴88a22,30；本性(由己)关系与属性关系Δ15；关数之意式990b16,79a12；相关词为对反四类之一(参看"对反")；知识(认识)与可知物(可识物),计量与被计量物之为相关I6。

Same, the (identity) τὸ ταὐτό 相同(同)995b21,21a11,Δ9,54a32。品种相同18b7,

49b18,29,58a18;因偶然(属性)而为同 37b6。

Scale, musical (harmonia) ἁρμονία 乐调,音律 985b31,986a3,93a14。本书所涉及音乐名词：八度音程 διαπασῶν 13a28,13b33;四分之一音符 δίεσις 16b22,87b36;中间音符 μεταξύφθόγγος 57a24。

Science ἐπιστήμη 学术(科学)(参看"知识")。

Sensation, Sense, "Perception" αἴσθησις,αἴσθημα 感觉,"视觉"980a23,10b32,53a32,34。由感觉进而成记忆 980a28;异于智慧 981b10;异于知识 999b3;感觉涉及身体(生理)变异 9b13,10b15—26;各官感与所感觉为类必相符 10b2;错觉 9b2,10b4,11a25,62b34—63a9。

Sensible, "perceptible" αἰσθητή 可感觉事物(感性事物),"可见事物"987a33,997b12,10a3,42a25,69a30,b3,78b16。别于意式或可理知事物(理性事物)990a31,999b2,36a3,9,45a34,90b35;异于数理事物 989b31,990a15;个别可感觉事物无从认识也无可定义 987a34,Δ15;非感觉本体是否存在？993a34,2b12,59a39;可感觉实体 67a24,70b11;可感觉诸对成 61a32。

Separable, the (capable of existing apart) τὸ χωριστόν 可分离物(能独立存在者)(独立性),17b25,25b26,26a9,28a34,29a28,39a6,42a29,48b15,59b13,60a4,8,78b30,86a33。分离(动字 χωρίζω)989b3,40b28,68b27,78b31,86b15。

Separation (the divided) διαίρεσιν (τὸ χωρίς)析离。与组合对举 E4;以离合论真假 51b3。

Seven ἑπτά 七(毕达哥拉斯学派)93a13。

Shape μορφή 形状。与公式并举 42a28;与终极并举 23a34;与实现并举 43a25—31;合一于切身物质 45b18;同于形式 999b16,15a5,17b25,33b5,52a22,60a22,b26。

Sight ὄψις 视觉。于诸感觉中尤为重要 980a23。

Simple, the (simplicity) τὸ ἁπλοῦν 单词,单纯。单纯同于必然 15b12;单纯者为原理 59b35;单纯异乎一,72a32;单纯物体 984a6,17b10,42a9;单纯为致精之本 78a10;单纯创生 69b10,88a33;单纯观念,单纯本体,27b27,41b9,72a32;单纯运动 53a8,73a29。

Snub σιμός 凹鼻喻 Z5,25b30—34,30b15—33,64a20—28。

Solid στερεός 立体,体。是否为本体 997a26,77a32;理想(意式)立体 992a13,85a8,90b7;几何学家把人看作一个立体 78a27。

Sophistics (sophistes) σοφιστική 诡辩术(诡辩家,智者)4b18;61b9。诡辩家以"非是"为业 26b14,64b29;诡辩枝词,参看"枝词"。

Soul ψυχή 灵魂。为生物之本体 28b24,35b14,43a35;同于怎是(形式)36a1,43b2,45b11;为生活所归结 50b1;灵魂之研究也属于自然哲学家 26a5;灵魂的理性部分存在于身体灭坏之后 70a26;有灵魂物(动物)别于无灵魂物 46b36。

Species εἶδος 品种 998b7。为不可区分 998b29,34a8;"品种有别"I8,9,18a38,54a28;一于品种 999a2,16b31,18b7,49b18,29,58a18;最低品种 998b15,15b9,16a30,23a27,61a29;品种为科属之部分 999a4,23b18,25;科属为品种之部分 23b24;科属为品种之物质 24b8,38a6,58a23;品种由科属与差异组合而成 39a26,57b7。

另作"形式"解 I10(参看"级类")。

Sphere of Empedocles Σφαῖρος "斯拉法"(球)(恩培多克勒)0b13。

Spheres of the stars σφαῖρας 天球(轮天)Λ8。

Spontaneity (the spontaneous) αὐτομάτον 自发(自发生成物)。与机遇并述,异于自然生成与技术制造,984b14,32a13,b23,34a10,15,b4,70a7。

Star ἄστρον 星(星辰,列宿)Λ8,73a34。称为"神物"θείων σωμάτων 74a30。

Statue ἀνδριάντος 造像,雕像。为四因示例 13b5;为物质与形式,潜能与实现示例,17b6,29a4,48a32。

Strife τὸ νεῖκος 斗争(憎)(恩培多克勒)0a27,92b7。作为恶的本质 75b2—7。

Substance (permanent essence) οὐσία 本体 Z,H,Θ8,Λ1。等于终极主题(底层)2a3,7a31,17b13,19a5,29a8,38b15,42a26;异于秉赋,演变,属性 983b10,985b10,7a31,38b28,71a1;以底层与物质论本体 985b10,992b1,b29,27,44b15,49a36,77a35;数是否本体? 987a19,1b26,76a30;数理对象作为本体 M1—3,42a11,69a35;本体三类:可感觉者二,不动变者一,69a30-b2;可感觉本体 997a34,42a25,69a30,b3;有无非感觉本体? 997a34,59a39;原始本体 5b1,32b2,69a26;第一本体 Λ7—8;本体为原始实是(基本实是)28a14,30;元一与实是并非事物之本体 I2,40b18;自然本体 42a8,44b3,70a5;综合本体 54b4;非组合本体 51b27;永恒不动变本体 26a30,Λ6;惟本体为可独立存在 28a34,42a31;同于个体 30a19;先于定义,认识,时间,28a32;在本体上为先于 49b11,50a4,77b2。

本体为物质,形式,亦为综合实体 35b1,70b13;物质是否为本体 Z3;物质本体(材料本体)49a3;本体等于形式,怎是 987b21,93a18,32b1,35b22,37a29,38b14,41b9,50b2;别于综合实体 35b22,37a29。

潜在本体与现实本体 42a11,42b10;本体实现上之诸差异 42b15—24。

怎是,普遍,科属,底层四项是否为本体? 28b33;诸普遍不是本体 Z13,3a7,53b16,60b21,87a2;本体不同于科属 42a21,53b21;本体如何成多? 89b31。

Substratum(subject) ὑποκείμενον 底层（主题）28b36,38b5,49a28。同于物质 983a30, 985b10,992b1,22a18,42a26,70a11；异乎物质 44b9；切身底层（最后主题）τὸ ἔσχατον 10a20,17b24,24b10,49a34；对反演变预拟有底层（第三要素）75a32,87a36；底层为容受材料 τῷ δεκτικῷ 55a30,55b9。

Successive(consecutive,succession) ἐξῆς,ἐφεξῆς 串联者，串联，27b25,68b31。数之串联 85a4。

Such(univerality) τοιῶνδε,τοιόντον，"如此"（普遍性）。等于"通式"33b23；等于"普遍"60b21。

Syllogism συλλογισμός 综合论法（三段论法）14b2,15b8。"这是什么？"为综合论法之起点，34a31,78b24。

Tautology (the same thing said twice) ἠδίς(τὸ αὐτὸ λέγειν) 沓语（一事再说）30b33,31a5。

Ten δεκάς 十。10 为终数 986a8,73a20,84a12。本 10,82a1。

Terms τέρμα 词项，项目。外项 τὰ ἄκρα，中项（等项）ἴσως 994b4,14b3,31a25；正项 ὑποκειμένου，负项 οὐχ ὑποκειμένου 46b16,67b16。

"That en" ἐκινῶνον "那个的"。为事物之材料（物质）底层，亦可为属性的个体底层，33a7,Θ7。

Theology θεολογική 神学。为第一原理 26a19,64b1。

Theorems θεωρήμα 定理 90a14,26a9,83b18。

Theoretical knowledge θεωρητική 理论知识，理论学术 E1,K7,993b20。

Thinking,Thought νόησις 思想。思想合于公式 52a29,b1,75a3；思想与思想机能（心）及思想对象并论 Λ7,9（参看"理知"）；异于制作 32b15；思想 φρόνησις 与认识并举 78b16；事物的存在不依赖于人们的思想 1011b7。

"Third man" τρίτος ἄνθρωπος "第三人" 990b17,39a2,59b8,79a13。

"This" τόδε τί "这个"，个体（"这个"等于本体）2b9,17b25,30a4,39a5,42a27,70a10,89a13。

"Thisness" τὸ τόδε τί "这这个"，(等于"个别性"或独立性）29a28,39a6。

Time χρόνος 时间。时间之量性，20a29；先于时间 28a32,38b27,49a11；时间为运动之属性 71b10；时间与运动均常在，71b7。参看"范畴"。

Total ὁλότητος 共，共计 24a1—8。

Truth ἀληθής 真，真理，真实 993a3,b20,9a1,b2,Θ10,11b25。绝对真实与相关真实 11b3；真假之为"是"与"非是"E4,Θ10,65a21。

Two δύο 二（参看"未定之二"）。为第一个（或起码的）"众"56b27,85b9。

Unequal,the τὸ ἄνισον 不等 54a33,81a25,87b5,88b32,89b6—15,91b35 不等性 1b23,55b12；不等之二即"大与小"87b7；是"相等"或"不是相等"ἴσον ἢ οὐκ ἴσον 异于"等或不等"ἴσον δ' ἢ ἄνισον 55b11。

Unit (one, monad) μονάς 单位(一)16b25,43b34,89b35,M6—8。单位如一个没有位置的点84b26,异于点69a12;作为度量单位之数80b19,30,82b6;单位之差异83a2;各种单位16b21;单位之品种相同或不相同991a3,b24,M6—8。参看"计量"。

Universal, the(universality),"such","so-and-so" τοίονδι,καθόλον 普遍,共相(普遍性),"如此""一般如此"2b8,3a8,23b29,28b34,38b11,42a15,60b21,69a26,86a32;普遍非本体Z13,3a7,53b16,60b21,87a2;原理是否有普遍性M10,3a7,60b19,71a20;普遍称为"共通物身"69a30;称为"共通云谓"3a9;为认识之对象(知识依凭于普遍性)3a14,36a28,59b26,60b20,87a16;为元一四类之一类52b36;先于定义,18b32;普遍理念(意式)不离个别事物86b4。

Universe οὐρανός,(κοσμὸς)宇宙,(世界,天地)986b10,998b23,998a17,28b12,27,42a5。理性为宇宙之先天原因,65b3;宇宙(世界)为一整体69a19;宇宙诸本体不是插曲(ἐπεισοδίωδη 76a1;只有一个宇宙(世界)74a31。

Unlike ἀνόμοια 不似,(不相似)18a19,54a33。

Virtue, of itself, in(per se) καθ' αὐτὸ "由己";virtue of which in(secundum quid) καθὸ "由彼","由何"Δ18,15b17,17a7,18a4,20a15,29b13。

Void κίνον 空48b9。德谟克利特之"空"985b5,9a28。

Well-being εὐδαιμονία 人生幸福50b1。

What,"Waht a thing is",(quiddity) τί, το τί ἔστι "什么","什么是"(怎是),"何谓"。Z17,22a27,25b31,26b36,28a17,30a17,43b25,78b24,89b36。"什么"为辩论之起点34a32,78b24。

Whether…or τὸ πότερον "抑或"(用作"对论"词项)I5,(55b31)。

Whole ὅλος 全,全体13b22,52a22,Δ26。全体性同于统一性23b36;全体为元一四类之一52b36。

"Why" δία τί "怎么","为什么",(同于"原因")983a18,41a11。

Will προαίρεσις(ἡ ὄρεξις)意志(或愿望)18b23,20b24,25b25,48a11,Θ2-6,72a26。

Wisdom(philosophy)σοφία 智慧,哲理A2,Λ1,K1,2,951b28,995b12,996b9;59a18。

附 录 三

参 考 书 目

(I)"亚氏总集"近代印本及译本

1. 普鲁士研究院印本:"亚氏全集": Aristotlis Opera, Berlin 1831—1870
   卷一二贝刻尔校订希腊文本; Vol. 1, 2, Greek Text ed. by I. Bekker;

   罗司辑录残篇; Fragments ed. by V. Rose;
   卷三文艺复兴期拉丁译本; Vol. 3, Renaissance Latin trans.;
   卷四白朗第辑诠疏; Vol. 4, Scholia ed. by C. A. Brandis;

   卷五鲍尼兹编亚氏文献索引。 Vol. 5, Index Aristotelicus ed. by H. Bonitz.

   戴白纳印本(范畴,释文,解析前后 Teubner Texts.
   编,气象学,宇宙论,动物之发
   生,为亚历山大所作修辞学,尚
   未印,其余业经各家重校出版)。

2. 巴黎第杜印本:"亚氏全集"五 The Didot Edition, by Dübner, Büssemaker, and Heitz, 5 Vols. Paris, 1848—1874.
   卷。第白纳尔,俾色马克尔与
   海埃兹合校。

3. "路白丛书",希英对照本:(解析 Loeb Editions, Text and Trans. London, N. Y.
   后编,命题,诡辩,成坏论,气
   象学,动物志,动物之发生,残
   篇尚未出版)。

(II)"形而上学"(哲学)希文印本及译本

1. 德国印本与译本:
   一、希维格勒(A. Schwegler)希德对照本,附诠疏,四卷(杜平根 Tubin-

gen),1847—1848。

二、鲍尼兹(H. Bonitz)希文校印本与诠疏,二卷(波恩),1848—1849。

三、布林格尔(A. Bullinger)希文校印本(慕尼黑),1892。

四、基利斯特(W. Christ)希文校印本(莱比锡),二版,1895。

五、鲍尼兹(H. Bonitz)德文译本(柏林),1890。

六、洛尔费斯(E. Rolfes)德文译本(莱比锡),1904。

七、拉孙(A. Lasson)德文译本(耶那 Jena),1907。

2. **法文译本**

柯尔(G. Colle)法文译本附诠疏,卷一,1912;卷二、卷三,1922;卷四 1931(鲁文与巴黎)。

3. **英美印本与译本**

罗斯(W. D. Ross)希文校订本与诠疏,二卷(牛津),1924。

二、泰劳(T. Taylor)英译本(伦敦),1801。

三、麦洪(J. H. M'Mahon)英译本,附注释,与分析(伦敦),1857。

四、泰劳(A. E. Taylor)英译本,附注释,卷一(芝加哥),1907。

五、罗斯(W. D. Ross)英译本,二版(牛津),1926。

六、"路白丛书"内"哲学"希英对照本:特来屯尼克(H. Tredennick)译并注释(伦敦与纽约),1933。

路白希英对照本中所引校订用(甲)原抄本(Gr. MSS.):

E 抄本(巴黎本 Parisianus),第十世纪。

A 抄本(劳伦丁本 Laurentianus 87. 12 号),第十二世纪。

J 抄本(文杜庞本 Vindobonensis),第十世纪。

S 抄本(劳伦丁本 81. 1 号),第十三世纪。

T 抄本(梵蒂冈本 Vaticanus 256),1321。

E,J,S,T 四种抄本多相符;A 抄本异文较多。

(乙)拉丁译本:

威廉(Wilhem of Moerbeke)译本,第十三世纪下叶(Γ 抄本)。

贝沙林(Cardinal Bessarion)译本,约 1450。

4. **俄文译本**(莫斯科),1934。

(III)有关形而上学之重要参考书籍

1. 倭铿:"亚学研究之方法"　　R. Eucken, Die Method der Aristo-

耶格尔:"亚氏哲学编成历史之研究"

耶格尔:"亚里士多德"

白来坦诺:"亚里士多德与其宇宙观"

洛尔费斯:"亚氏哲学"

海埃贝格:"亚氏著作中之数理"

斯丹查尔:"柏拉图与亚里士多德之数与形式"

亚尼姆:"亚氏神学论文之编成"

哈德门:"亚里士多德与意式问题"

维埃斯:"亚氏哲学中之原理与原因"

2. 罗宾:"亚里士多德以后之柏拉图意式论与数论"

罗宾:"亚里士多德"

维尔纳:"亚里士多德与柏拉图意式论"

哈末林:"亚氏体系"

曼西翁:"亚氏对于实是之论证"

telischen Forschung (Berlin), 1854.

W. W. Jaeger, Studien zur Entstehungsgeschichte der Metaphysik des A. (Berlin),1912.

W. W. Jaeger, Aristoteles(Munich), 1923;英译本(牛津),1948.

F. Bretano, Aristoteles und Seine Weltanschauung (Leipzig),1911.

E. Rolfles, Die Philosophie des Aristoteles (Leipzig),1923.

J. L. Heiberg, Mathmatisches zu Aristoteles (Leipzig),1904.

J. Stenzal, Zahl und Gestalt bei Platonund A. (Leipzig),1924.

H. von Arnim, Die Entstehung der Gotteslehre des A. (Vienna), 1931.

N. Hartmann, A. und das Problem des Begriffs (Berlin),1939.

H. Weiss, Kausalität und zufall in der Philosophie des A. (Basel), 1942.

L. Robin, Théorie Platonicienne des Idées et des Nombres d'après Aristote (Paris),1908.

L. Robin, Aristote (Paris),1944.

C. Werner, Aristote et l'Idéalisme Platonicien (Paris),1910.

O. Hamelin, Le Système d'Aristote (Paris),1920.

S. Mansion, Le jugement d'existence Chez Aristote (Lonvain and Paris),1944.

3. 亚力山大罗夫:"亚里士多德","苏联大百科全书"卷三,6—7页;又1950年本6—12页

Г. Ф. Александров, "Аристотель"(Moscow),1934.
汉文译本(北京人民出版社),1954。

4. 格洛忒:"亚里士多德"

G. Grotë, Aristotles(London),1883.

开士:"亚里士多德"("不列颠百科全书"内,本题)

T. Case, Art. "Aristotles" in Ency. Brit. (Camb.),1910.

斯笃克斯:"亚氏学说"

J. L. Stocks, Aristotlianism(N. Y.), 1925.

慕尔:"亚里士多德"

G. R. G. Mure. Aristotles(London), 1932.

泰劳:"亚里士多德"

A. E. Taylor, Aristotles(London), 1943.

罗斯:"亚里士多德"

W. D. Ross, Aristotles (London), 1956(5th ed.).

旭特:"论亚氏著作之历史"

R. Shute, On the History of A. Writings(Oxford),1888.

龙斯:"亚氏对于自然科学之研究"

T. E. Lones, Aristotles' Research in Natural Science (London),1912.

希司:"亚氏著作中之数理"

T. L. Heath, Mathematics in A. (Oxf.),1949.

奥温:"亚氏哲学中之实是原理"

J. Owens, The Doctrine of Being in A's Metaphysics (Toronto),1951.

5. 希凡白:"亚氏书目"

M. Schwab, Bibliographie de Aristote (Paris),1896.

拉康伯:"拉丁文亚氏书详目",卷 I

G. Lacombe, Aristoteles Latinus: Codices descripsit, Vol. I (Rome), 1939.

莫赖:"亚氏著作之古代书目"

P. Moraux, Les listes anciennes des Ouvrages d' Aristote (Louvain), 1951.

不列颠博物院印本书目:"亚里士多德书目"

British Museum Cat. "Aristotle" (London),1884.

(IV)希腊哲学重要参考书

蔡勒:"希腊哲学"

E. Zeller, Die Philosophie der Griech-

	en, 4th edition (Berlin), 1921;英译本二册,1897,伦敦。
文特尔庞:"古代哲学史"	W. Windelband, Geschichte der alten Philosophie (Berlin);英译本,1899,纽约。
第尔士:"先苏格拉底诸哲残篇"	H. Diels, Die Fragmente der Vor Sokratiker, 3rd ed. (Berlin), 1912.
里特尔与柏来勒:"希腊哲学史"	H. Ritter and L. Preller: Historia Phil. Graecae, 8th ed. (by Wellmann) Gotha, 1898.
赖茨与希那特温:"希腊古谚"	Leutsch and Schneidwin, Paroemiographi Graeci.
菩纳脱:"早期希腊哲学"	J. Burnet, Early Greek Philosophy, 3rd ed. (London), 1920.

译　后　记

一　亚氏著作的编成、传习与翻译

(1)亚里士多德(公元前384—前322)著作可分三类:第一类为"对话",大都是早年在雅典柏拉图学院中(公元前366—前348)写的。公元前第二世纪初海尔密浦(Hermippus)曾编有"亚氏书目"。第一世纪安得洛尼可(Andronicus)重订亚氏全部遗著时,亦曾编有"总目",这总目今已失传。稍后又有希茜溪(Hesychius)书目。公元后第三世纪初,第欧根尼·拉尔修著"学者列传",其中亚氏本传亦附有一书目,内容与"海尔密浦书目"略同。"第氏书目"一百数十书名中列有"对话"19种。这些"对话"所含题旨、思想与笔调,都是仿效柏拉图的,叙事属句较现存讲稿为清润;公元前后的拉丁作家常传诵这些"对话",作为文章典范。这一类书籍均已逸失。

亚氏生平曾为学术研究收集了大量材料,作成札记。旧传诸"书目"中若干逸书属于此类。1890年在埃及苇纸堆中发现的"雅典宪法"应是这类遗稿中"148种希腊城邦宪法"内的一篇。亚氏札记遍涉自然科学与社会科学各部门;这一类书籍的损失甚为可惜。

第三类就是现存"亚氏全集"。其中大部分篇章为吕克昂学院中的讲义,均简略而未杀青。所涉事例,经与希腊史传相校勘,显见这些学术讲话是对公元前335—前323年的听众说的。后人常推测这些遗稿可能是学生笔记。但现存各书大体上思想一致,理解无误,造语充实,卷章亦多能互相联贯,因此,近人推论这些书,也可能大多数是亚氏自己著录的。属稿既历多年,前后或作或辍。故复沓与差池在所不免;各书往往有未完成的篇章,像是正待补缀的。凭这些讲稿的内容与旧传的诠疏,略可考订其著作的先后:"名学"六种("范畴"、"释文"、"解析前后编"、"命题"、"诡辩纠谬")"物学"、"说天"、"成坏论"、"灵魂论"、"欧台谟伦理学",可能是中年期(公元前347—前335)在亚索、里斯布、贝拉所作。"动物史"、"形而上学"(哲学)和"政治学"若干卷帙可能也在此时先已着笔,到亚氏重回雅典(公元前335)后陆续完成。"气象学"、"生物"、"生理"等自然哲学诸短篇以及"尼哥马可伦理学"、"诗学"、"修辞学"等也是这时期(公元前335—前323)讲授或著录的。现行"亚氏全集",如"贝刻尔校订本",所包括的"集题"、"异闻志"以及心理、生理、伦理若干短篇,则大都亚氏门人色乌弗拉斯托、斯特拉托(Strato)与后世漫步学派的文章。后世漫步学派的作品趋重于自然科学各个部门;这该是亚氏尚实思想所应有的后果。公元后数世纪间,漫步学派曾被当作自然科学专家,为柏拉图学派的一个分支。

(2)传说吕克昂学院第一代继任人色乌弗拉斯托,将亚氏和他自己的手稿交与门弟子纳留(Neleus)收藏。纳留后来带着这些纸卷回返小亚细亚的瑟柏雪(Scepsis)。在亚太力王朝征书民间时,这些稿件藏入了地窖,历一百五十年。约公元前100年,有蒂渥人亚贝里根(Apellicon of Teos)收购了这批故纸,归还雅典。又几经波澜,而学院第十一代继承人罗得岛的安得洛尼可(盛年公元前40)应用这些旧稿与院中传习的讲义相校勘,重新编整了"亚氏全集"。此后流传亦便增广,各个学派均诵习这些文章。亚氏行文谨于名词分析,未经藻饰,很少逞辞锋的笔触。世人慢慢的注意到其中蕴蓄有珍重的创意、深严的批判与"理知的乾光"。

公元后第二世纪亚斯巴修(Aspasius)等诠疏家兴起,相继穷治亚氏经典,完成了十分详备的注释。这种朴学遗风直至第十四世纪初,苏福尼亚(Sophonias)还在孜孜兀兀的做增补工作。其中功绩最大的当是亚茀洛第西亚的亚历山大(盛年约公元后205)。

(3)529年拜占庭皇帝朱斯丁宁(Justinian I)以亚氏学术违异宗教教义与政治体制,压抑了此项研究。亚氏学者自君士坦丁移转到波斯王朝的势力范围,散布在叙利亚及北非洲各地。亚历山大城继君士坦丁之后为亚学中心。第五世纪就有叙文注释的亚氏书籍;此后叙文译本盛行于地中海南岸,直至第十二世纪。第八世纪阿拉伯伊斯兰教勃兴,次第占领地中海南部各城市,更进展到西班牙。阿拉伯文的翻译与注释较叙利亚文为尤盛。第十到十二世纪间阿尔加瑞(Algazeh)、阿维瑟那(Avicenna)与阿微勒斯(Averröes)相继为阿拉伯的亚氏学权威。阿微勒斯生长在西班牙,并不娴习希腊文,竟将由叙文转译的阿文本亚氏全书疏解殆遍。而且这些诠疏向东又被传译为希伯来文,向北传译为拉丁文。

(4)罗马拉丁文化的发展得于希腊者甚多。然拉丁学者直接阅读希腊原著的并不多。亚氏之学,在第六世纪卑栖乌(Boethius)整理"名学"的拉丁译本并加以注释之后,才流行起来。中古时,西方各国向拜占庭地区与伊斯兰教地区求取书籍很不容易,巴黎等地的学者只得到西班牙去搜罗阿微勒斯的阿拉伯文著述,从中汲取希腊—希伯来—叙利亚—阿拉伯学术思想的含混产物。1204年十字军入君士坦丁,东西方恢复了交通。希腊学术迅速传布于西欧各国。亚氏书直接由希文译出,订正了先前转译本的许多谬误。摩尔培克的威廉(Wilhem of Moerbeke)在第十三世纪完成了全书的拉丁译文。此后拉丁诠疏家也像希腊前辈一样,积累了卷帙浩繁的注释。哥罗业(Cologne)杜敏尼修道院的亚尔培托(Albertus Magnus)素以专精亚学著称,他的学生就是托马斯·阿奎那(Thomas Aquinas,1225?—1274),把亚氏学术结合于天主教义,成为当代神哲权威。

1453年君士坦丁陷落于土耳其人手中,希腊语文学者纷纷西迁。于是意大利到处可有希腊文教师;巴图亚(Padua)一时蔚成亚学的新中心。在不列颠、法兰西、日耳曼、意大利等地,亚氏之学普遍成为高等学校的课本。十四世纪,巴黎的文教法令规定了学校中除圣经外,凡世俗一切知识均以亚氏书籍为准。十五世纪末哥伦布寻求新大陆的信心,实际得之于亚氏物学著作中的地圆诸论证("说天"298a9—15)。

(5)正在这些时候,欧洲兴起了新学,在思想上逐渐突破文化知识的传统体系。亚氏自然哲学上许多观念均被怀疑。1590年意大利的一位数学教师伽利略在碧沙的斜塔上所作铅球下坠实验,就旨在否定亚氏物理学中一条错误规律。欧洲一般学生从此不再认真修习亚氏学课。像牛津学者霍布士(Hobbes,1588—1679)竟公然加以诋毁了。事实上贤哲辈生,罗吉尔·培根、弗兰西斯·培根、哥伯尼、伽利略、牛顿、拉瓦锡、达尔文等都在思想方法与实际研究中越出了前人的藩篱,发现了更新鲜的花草,或是爬上了更高的峰峦,因而望见了更远的地平线。亚里士多德在自然科学方面的权威似乎可以在十七世纪以后加以结束,让他的著作保留为世界学术发展史上丰富而且可贵的材料。

可是亚氏许多名词、术语、观念已深入西方各门学术与人生和宇宙思想之中。十八世纪,不少抱残守阙的人相信这些古典仍然有启发人类思绪的作用。近代日耳曼哲学家,写出了不少巨著,其中可见到亚氏名学哲学的影响仍然重大。文艺界原来保持着对"修辞学"的尊敬,"诗学"残篇于这一世纪又特别风行。"哲学"1053a 页 5—14 行言及天体运动均匀而有规律,那么组成运动的时间与距离之单位,就该在天体运动上觅取。十九世纪许多的科学家在实践这样一句陈言,做了长久辛勤的努力;我们现用的标准时间与标准度量就是根据近代天文记录与地球经线测量来制订的。在生物学方面,亚氏虽用"目的论"否定恩培多克勒的"进化论",但在解剖、分类、胚胎学上,他实际是进化论的先导。所以达尔文(1809—1882)自述生平时,尝谓居维叶(G. L. C. F. D. Cuvier,1769—1832)与林耐(Linnaeus,1707—1778)各有成就,对于他仿佛是两位神祇,可是这两人比之亚里士多德老先生则犹学童而已。

(6)十九世纪,亚学研究又重新展开。柏林研究院'1830—1870 年间用四十年功夫校印了希腊文"亚氏全集"(贝刻尔本——参看附录三)供应了各国近代翻译的底本。1882—1909 年间,又以二十八年功夫编印了希腊拉丁诠疏及拉丁译文。法国第杜本也在1847—1874年间校印完成。其它各国学者也时常出版各专篇的校订本与新译本。"亚氏全书"英文译本在1908—1930年间陆续完成。革命前的俄国已出版"修辞学"、"伦理学"、"政治学"及"名学"一部分的俄文译本。1927年以后又先后译出了"名学"一部分,"诗学"、"形而上学"(哲学)以及生物、物理方面的重要著作。

(7)中国直至明末,知识分子才接触到古希腊的学术著作。徐光启、李之藻等在翻译西方天算书籍之后,已对亚氏著作进行诵习,并准备做大规模介绍西学工作。但清初的读书人又回到中国的故纸堆中。西方学术介绍工作没有人后继。亚氏崇尚理想而又切务实物,这种精神原可能对中国传统文化早作一番针砭。明清间人倘读得这些书籍,这比我们现代中国人应更有实益。现在我们将是主要地作为文化史上最重要的学案来考核这些译文。亚氏曾论及古代神话不免荒诞,而千年相承,当无数诗文皆已湮没,而此类卷帙独存于时代淘汰之余,彼视之为荒谷遗珍(1074b13);我们于亚氏的遗书也怀着同样的心情。

二 希腊各家之说与亚氏思想体系

(一)各家之说

(8)亚氏在"形而上学"(哲学)卷Ａ中历叙了希腊诸先哲思想概要,予以综合和各别的评议。其它各卷也随处夹入有对各家的批判。拉丁学者素以卷Ａ及本书为希腊哲学思想的总结。正像亚氏所说古代哲学方当年青,尚在发言嗫嚅的时代,诸先哲用词造语每简率而浑朴,或夸张过当;后世读者要明了他们的辞旨,颇费工夫。因此我们在这里将各学派的源流与其要旨作一番介绍;我们明白了这些先哲的持论,也就容易省识亚氏行文的脉络,而了解本书所用学术名词的来历与其真义。

(9)自然哲学家各派。公元前第六世纪间希腊伊雄尼亚(Ionia)沿海诸城市发展了地中海的贸易,文化知识也跟着商业而兴盛起来。米利都人泰勒斯(约公元前640—前550)开始了对全自然的探索。古希腊人本用神话来解释宇宙与万物的原始,在朦胧中透露着智慧的曙光:宇宙起于"混沌"(χάos),万物皆生于"土"(γῆ)。泰勒斯脱出了神话的隐蔽,直从物质方面寻求这"原始"(ἀρχή),他说宇宙始于"水"(ὕδωρ),万物都是水变成的;大地浮于水上。一个海洋居民发生这样的想法是很自然的。这里应注意到泰勒斯的水,包括一切润湿而可变形的液体。这"原始",或"万物的起点",就是以后哲学上的"原理",而原理与"原因"(αἴτιον)当初是可相通用的名词。他的继承者阿那克西曼德改变古哲以韵文叙事的习惯,用散文来说理,发展了泰勒斯的新思想。他认为万物原始当有某一"未定物"(τό ἄπειρον)为之基先;这未定物,无定形,无定限,不生不灭。这"未定物",因暖冷为燥湿之变,就分化为世间诸有定物,而水为最先出现的一物。第三传是阿那克西米尼,他贯通了前两代的思想,认为"气"(ἀήρ)就是这原始的"未定物"。他说"气",因冷暖或紧缩或弥散而为疏密之变,就产生云、雨、水、土以及万物;这气包括空气、蒸汽等一切气体。米利都学派是西方天文物理等实学的初创者,后世就称他们为"自然学家"(φύσεως)以别于"神话学家"(μυθικῶς)。

(10)伊雄学派。米利都城于494年毁于兵燹。自然哲学的研究传播到伊雄尼亚其它城市。爱非斯的赫拉克利特（约公元前530—前470）于万物互变思想又进展了一步。他认取冷暖燥湿之为相对反变化者,亦正在相生相成;宇宙万有莫不涵蕴有对反两仪,其间消长未有已时,而无不求归于平衡。他悬想这些互变的物原应是"火"（πὐρ）;有热,能动,善变。这样的"火"有两类命意,一是实指所见的火,另一是非目见而能致万物生灭以至全宇宙生灭的一种动力。赫氏物原是抽象也是实物,是宇宙的组成材料,也是宇宙演变的基因。赫氏于万物演变观念发展为"一切消逝"（πάντα ρεί）之说:"人不能两度涉足同一河流"就是他的名言。这样赫氏的"火"还是米利都自然哲学物原唯一论的传统;而在万物常"动"这一点上他却开启了一个新的思想途径,引出埃利亚学派的相反辩证。当时抽象名词既十分贫乏,赫氏用当代语法与实例表达他复杂的思想,常失之隐晦,因此当时大家称他为"暖昧学派"（σκοτεινός）;后世则别称之为"杂说派"或"折中派"（ἐκλεκτικός）。

(11) 埃利亚学派。相反于伊雄学派的动变论,埃利亚学派建立了不变的"实是"（τό ὄν）。亚里士多德谓一元论始出于哥罗封的曲艺家齐诺芳尼,他虽以歌咏为业而能作名学辨析,于宇宙原理主静主一,讥讪当代多神习俗,主张归于一神（θεός）。埃利亚的巴门尼德（盛年约公元前485）习知自然哲学与数论,绍述了齐氏的名学辩证。他想到人们苟有所思,必有实指的事物存在于思想之中,**"无是物"**就无可认识,无可思索;所以宇宙间应无**"非是"**（μὴ ὄν）,而万物之各是其是者必归于一**是**。巴氏摆脱了古希腊的神秘情调,也越出了自然学派的物质世界,他勘落爱非斯学派的动变观念,也否定某些多元思想,主张宇宙常住(永恒),常静(不动),有限。万物本于"元一"(ἕν [καὶ πᾶν]),始于一,终于一;万象幻化非世界实义。这些就是巴门尼德教谕诗篇中所释的"真道"(λόγος)。巴氏虽在哲学思想上引向于非物质境界,他对自然间实物的叙述,还是承认感性世界的分歧与万物的众多的。他的门弟子芝诺就独重抽象思考,轻薄事物,专务纯理论,在空实、动静、无限有限、时间、运动等观念论题上作出细致的分析;芝诺确乎可称为辩证家(διαλκτικός)。一元论派自齐氏之一于"神",巴氏之一于"名"(道),至芝诺而一于"实"(πλέον),凡三传而所一者三变。这三变与自然学家于物质上所一的水气火之三变相似。

(12)恩培多克勒。阿格里根的恩培多克勒(约公元前500—前430)稍后于巴氏,别创了新说,他以世界为地、水、气、火四种"物根"(ρτξώματα)的一个动变集体,而爱憎(φιλότης, νεῖκος)为动变的主因。他认为宇宙是完整的球体(σφαῖρος),这就是埃利亚的元一或神,却又承认物原有四种之多,这也可算是一个调和折中的学派。他说万物分离,起于憎斗;其合成则由于友爱。宇宙既爱憎并在,故万物此消彼长,或一或多,循环不息。这与赫拉克利特的两仪平衡原理相似,而恩氏更清楚的表白了"物"与"力"在宇宙间的两项基本作用。恩氏称地、水、气、火四者为"物根",同性匀整,不生,不灭,不变。这四种创造万物的素材,以后被称为"元素"(στοιχεῖα)。作为一个化学分析家,"四大"之说未免武断,作为一个理论家,这"元素"观念应可算二千余年来化学上的指导思想。

(13)伊雄新学派。克拉左美奈的阿那克萨哥拉(约公元前

500—前428)年稍长于恩氏,而立说则在后。他对于那数百年来诸先哲所追踪的物原别称之为"物种"(σπέρματα)。这些物种如禽兽之羽毛毫发为同类微粒所集成;一禽兽死后,其毛发还分解为微粒,其他禽兽又集摄此类微粒,而各成其毛发。于骨肉或其它事物亦然。这样的"物种"就不止一或四,而是为数甚多或竟为数无限了。这些就是亚里士多德所举"相似微分"(ὁμοιομέρος)。照这分析法,物原就不是单纯物而是混合物(μίγμα)。阿那克萨哥拉又由灵魂或心脑支配全身的活动这类现象推论全宇宙也得有一个大心,他说万物混杂,"理性"(νοῦς)起而为之安排,宇宙遂以立其秩序。这样,以"相似微分"为物原,以"理性"为心原,阿那克萨哥拉慎重地举出宇宙两因,该是第一个明朗的二元论者。

(14)意大利数论派。萨摩的毕达哥拉斯(盛年公元前532)的生平蔽于种种传说,后世也难以明其真际。约在公元前530年,他离乡至意大利,卜居克洛顿城,在那里创立了一个宗教团契,奉行奥非克宗,守着某些斋戒,进行天文的观察、记录与推算。毕氏为西方数理先师,其门弟子也一直以数理传宗。毕氏思想的概要:①灵魂轮回说(μετεμψύχωσις),每个灵魂均由于无明志业,从神界降生世界,或为人畜或为鸟鱼,历经轮回,净化了的灵魂就可复归神天。世间兴衰应于天象变化,人天两道为相关的有机组合。②万物皆原于一(ἑνός),万物亦合于一,一者整体,有限。一与多、奇与偶、有限与无限为对成,万物从一,从奇,从有限,以各成其为事物。③物体组成皆凭数比,数比即创造的秘密:生物由此以得其身命;琴弦由此以成其和声。八度音程的比例一向传说是毕达哥拉斯发明的(宫调 C2∶1,徵 G3∶2,变徵 F4∶3)。天体有常规的运行,万物有盛衰的节奏,皆有数(ἀριθμός)存乎其间,得其数便得有自然的秘密。

数论学派列卵石为"四阵图"(图一),这图共十点,三边,底数各四;三面看来,都是四行。四阵图表明数由一生二,进于三四,止于十,十为数限;逐行的比例是:1∶2,2∶3,3∶4,即乐律(ἁρμονία)。数的德性为完全、匀称、谐和,三者天心所示亦人心所求。数论派就把这样的数应用于各门学术。古时计数未有符号,也没有 0,更无算式,有所交易,有所谕说,就列卵石以明其数。数论派把数联系于几何图形,1、2、3、4 分别代表点、线、面、体(1090b23)(图二)。亦即决定这些形状所需要的最少卵石数。勾股平方等于弦平方的所谓"毕氏定理",正是联系算术与几何的伟大成功,当时以奇偶为限数与无限数的观念也是由卵石演出的:奇数顺次相加辄成正方形;1+3=4, 1+3+5=9 余者类推。偶数顺次相加则为长方而形不定;2+4=6, 2+4+6=12 余者类推。又双行列点可由偶然递伸至于无限 ⟶,奇数则止于末一余点 ⟶,不复可以递伸,这样"奇偶"、"一多"、"有限无限"三个品种的对成,可相比拟,或竟说可以相通了。

(图一)

(图二)

数论派再以几何图形联系于事物,如谓火的基本形式为四面体,气为八面体,水为二十面体,土为六面体,即立方,超四大元素"以太"($αηθηρ$)为十二面体。这些可算是古代的结晶学,但这是想象的结晶学。数论派把这些神秘的数应用于实物或庶事上,时常有窒碍,也有些怪诞。跟着点线面体四数以后,他们以5代表质,6代表灵魂,7代表理性……。另一系列事物则以1为脑,2为心,3为脐……。于同数的事物,其间就该有相符的德性。单位之一作为列数的基元,万物由数来组成,列数的基元便转化为物质的基元。这样的单位之一与列数就不仅是算术数,而实际上已各具有特殊的素质或秉赋。数论的基本疑难是元一有对或无对的问题:若承认一的绝对性就不得以"双"或"多"为之匹配;数论派建立"一多"对成时,无法确实说明由一生多的过程。另一方面,一元论派也无法抹掉宇宙间已有的形形色色。

数论派于当代算术、几何、天文以及一切自然科学,常有卓越的创见,也包含了好些幻想与迷信。中国古代的"河图洛书"与相类似。亚里士多德在"哲学"中用很多章节(如MN卷等)辟除这些迷信,说明列数应限于计算之用,"一"只是计量的单位,消释了几百年来各派所附加于元一与列数的神秘性(如I1、N1各章),说明无限只是数与时间等事物所具有的属性,入于关系范畴(K10)。亚氏在这方面所表现的理知,有助于数学的健康发展。可是直至二千年后,天算学家如刻卜勒还深信天体间的数比、乐律与几何图案,他发现那奠定近代天体力学的太阳系三律,只是他数十年间毕达哥拉斯式大量幻想中触及的一些真理。

(15)原子学派。米利都的留基伯(盛年公元前460)和他的弟子阿布德拉的德谟克利特(公元前460—前320)的原子理论,可说是意大利与埃利亚两派学术的综合。留基伯把数学基元应用于物质,建立了具有量度的不可区分物"原子"($\check{\alpha}\tau o\mu\alpha$),作为组成一切事物的实体基元。"原子"可以拆散,可以重新再组事物,但它们本身各都是永存而不变的,这样,"原子"基本上符合于巴门尼德"元一"的性质;原子论派为那名义上的元一,或芝诺的观念上之实一招徕了一个新的着落。原子论派也熟悉于芝诺等的"空实"、"一多"、"是与非是"等对成辩证,但他们辩证研究的功夫又转到了物质世界。德谟克利特于"原子"作成更具体的说明:原子各包含有活动的能力,于组成万物时,因形状、秩序、位置三项差异(卷A第四章,又1042b12)而产生形形色色的万物。"原子"这名称在公元后十八世纪又重新为英国化学家道尔顿所采用,这表明近代科学探索物质的途径正还是德谟克利特先已行进的途径。原子论是希腊自然哲学上最后最高的成就。

(16)苏格拉底与柏拉图学派。希腊思想原先重于自然哲学即物学方面。在后,修辞与辩证之法既盛,学者的论题逐渐从宇宙论转向社会与伦理等问题。苏格拉底(公元前468—前399)允称这方面的翘楚。亚里士多德曾说到"普遍定义"与"归纳思辨"在学术进境上两件重要发明(1078b29)应归功于苏格拉底。苏格拉底建立"定义"($\dot{o}\rho\iota\sigma\mu\acute{o}s$)以对付诡辩派(智者)混淆的修辞,从而勘落了百家的杂说。但他的道德观念与社会思想不符希腊人的传统素习,他的风尚也不合于当代的政治气氛,竟在七十岁时被当作诡辩杂说的代表,以惑乱青年的罪名受刑。好多相从的青年在苏氏殁后,以学术成名,开辟了好些新学派,其中柏拉图尤为杰出。

(17)苏格拉底在辩证中,由某些事例引出一些"公式",再逐次增上,归纳新的事例来扩充或修订这些公式,由公式造成的"定义",就可作为是非的标准。这可说是"意式"($ἰδέα$)的先启。关于柏拉图(公元前427—前347)的意式论,其中多少得之师说,多少是他自己的思想,至今尚无定论。柏拉图曾从意大利学派承受了丰富的数理知识,也从克拉底鲁那里详悉了赫拉克利特的"消逝"说。他的意式可以看作是苏格拉底的"定义",也可以看作是意大利学派的"数比"。赫拉克利特既明识于感觉世界之刻刻变化而不可捉摸,柏拉图因而指望在非感觉事物上求得不动不变的实是。从若干事物中抽绎其共通性质,为之设立通名,这通名就代表了这一类事物的永恒实是。这样人们于变动不息的万物原来无法认识者,就可由这些常住实是求得其真知识。巴门尼德一元论派执一拒多,执是拒非;柏拉图的意式则"以一统多"($τὸ\ ἓν\ ἐπὶ\ πολλῶν$);抽象而具有普遍性的"意式"由此凌驾于物质个体之上。

但我们若想从柏拉图诸"对话"中完全确定意式论的实义是不可能的。这些"对话"既是半文艺半哲学的体裁,所用名词后世也难严格加以界定。柏拉图的思想与年俱进,前篇与后篇思致并不完全一贯。亚里士多德在"哲学"中所诽议的意式论大多是柏拉图殁后,亚卡台米中所流行的学说。譬如MN卷反复论述数与意式各题时,迭举"一多"($τὸ\ ἓν\ καὶ\ πλῆθος$)对成诸品种:(1)"一"与"大和小",(2)"单位"与"未定之两",(3)"等"与"不等",而诘责其间的谬妄,这些从意大利学派的"有限"与"无限"(或有定未定)对成中发展的别名,实际是斯泮雪浦等持论的重点。在数学成长初期,这些应是重要的疑难;在今日数理上已有许多确定的名词与公认的定理,这些迷惑大都就不复存在。在没有完善的数学语言时,要想精确地说明数学问题,总是十分费劲。本书译文的一些注释多少表达了数学语言成长的经历。

柏拉图认为计点事物的数可以脱离那一堆事物而成为本2、本3等意式数(象数),这些象数若作为自然数来应用,便毋庸訾议。意式论者有时超过这些想法,企图从数上找出它实际不具备的特质,这常引人入于幻误。他们于意式数与可感觉事物的计点数之间另设一系列的间体数,也是过度的虚拟。柏拉图从可感觉物形态上看,很少有准确的几何图形,但几何却在处理那些理想的"象形",他比照着,推想在数上亦应有类此的"象数"。这些象形既有独立存在,那些象数也应独立存在。这些都难作成确解。数学家过度重视数的作用,这在各民族文化发展史上是相同的。柏拉图学院的继承者们重数学过于哲学,几乎忽忘了先师的"意式",而以"象数"为"基本实是"。亚氏因此不惮烦的反复申述哲学研究的范围,慎重指明大家所要考察的本体应为星辰、生物以及自然万有,而不该是数和图形与意式;数与图形只是数理各门中的专门材料。

(二)亚里士多德的思想体系

(18)亚里士多德作为一个思想家,其主要成就在于名学分析;他用几何论证方式或归谬法使人见到各家立论或假设之悖解处,常是简明而锐利;批评诸先哲时,常能洞中前人的弱点。有些辩难,今人看来或觉烦琐,在古时则这些都是被重视的问题。我们已知道"哲学"的编成是多年间断续的论文、讲稿或笔记的汇合;文内多套语,保留着讲堂气味。哲学议论要求精审而又务广涵,故造句甚为繁复。运用古代不丰富的字汇作析微阐幽的功夫,精粹的论断与反复的叮咛往往互见。列宁在"哲学笔记"中尝称誉亚氏的思想条理能够摧毁柏拉图唯心主义和一切唯心主义,但在许多问题的辩证中也陷于质朴的混乱。我们若发现这书中一些不符的行文与晦涩的句逗,应该不足深异。全书综合而论,大致贯串而且具备着哲学论文上应有的细致。

(19)矛盾律。于列叙前贤哲学思想并历举了哲学诸主题后,他对于神话学家的"混沌"传说,赫拉克利特的"永恒消逝",阿那克萨哥拉的"万物混合",普罗塔哥拉的"人为物准"等名论,都用相反(矛盾)律加以勘察。Γ卷与K卷第五第六章否定折中论者与诡辩学派的"意见两可"与"现象两可"论,彻底消除了在论理上的两可("是又不是")与两不可("也无是也无不是")的模棱态度,使世人认识这些学说虽似各具胜义,谈言微中,却实际无益于格物致知。他的辩难有时似亦简率,并未举出充分理由;但就建立矛盾律的诸证明看来,他要为人世昭明是非而维护公理的心愿是悃愊而诚挚的。

(20)范畴与本体。凡物必有所"是",或是人,是马;或是白是黑,或是长是短。日常的言谈或学术的理论就只在各述其所"是"。这样的云谓,亚氏曾在较早的名学著作中厘定了十"范畴"($\sigma\chi\eta\mu\alpha\tau\alpha\ \tau\grave{\eta}s\ \kappa\alpha\tau\eta\gamma o\rho\acute{\iota}\alpha s$)(参看"索引""范畴"条,见338面)(1)本体——人,(2)质——白,(3)量——六尺长,(4)关系——倍,(5)时——今朝,(6)处——室内,(7)主动——抚摩,(8)被动——被抚摩,(9)状态——健康,(10)位置——坐着。在"哲学"中他依照这些范畴(或"云谓诸格")处理各种各类的事物;其中 9 与 10 两范畴常被删除,而 4—8 五范畴也有时不论。在前三范畴上,哲学特重本体。在本体中亚氏又分别了可感觉本体与非感觉本体。他所论述的非感觉本体仍有所实指,在卷 Λ 中提示了(甲)原动者,(乙)寄托在群星的精灵,(丙)灵魂在身死后可以独立存在的理性部分,这三项为非感觉本体。意式论者所重的理知对象如"意式"、"意式数"、"假想直线"、"本圆"等,以及通名如"普遍"、"科属"与"底层"等他都认为不能脱离个别事物而独立存在,也就不能确乎为"本体"。

(21)是非、真假、主从之辨。在"实是"上,他又析出了三类重要分别:(1)诸范畴之是非出于感觉,其为"是"为"非"与"有无"相同。(2)而"真假"之为是非则为理知或判断上的或确或误;前者就一单纯事物认明其是非,后者则因两事物之"离合"以求其是非。(3)另一类如"某某是人",其所是者为"本性之是";"某某是有文化的",则其所是者为"属性之是"。哲学所尚为"由己"之是;"偶然"从属的事情不能确立专门的学术。这些分别好像是通俗常谈,实际则往往贤哲还不免弄错。大家懂得"事有轻重、物有本末",但在现世的纷纭中,事物却常被颠倒了本末轻重。

(22)物质与通式。亚氏的基本思想"物质与形式"(器与理)(ὕλη καὶ εἶδος)类似毕达哥拉斯学派的"无定限与有定限物",也类似柏拉图的"未定之两"与"一"。亚氏于数百年来各家所立诸对成(τἀναντία)研究有素(参看索引三,"对成"、"对反"条),于对反的性质也作出了说明,并确言"不能在一科属或一底层上同时出现者方为真对反",他把"形式与物质"作为每一个体所通有的原理或原因,并不完全当作对成看待。他所用名词与所引事例比其前人为切实而通达。虽近代各国翻译都用 matter 这字为之代替,他所谓ὕλη并不限于可感觉物质;例如"科属"并不是能由官感认取的实物,亚氏却也将"科属"作为"品种之物质"。他的"物质",其基本含义为未定形的材料。可感觉事物有好些等级:(甲)那些仅有空间运动的如星辰,(乙)那些能改换的(具有质),(丙)那些能增减的(具有量),(丁)那些能生灭的(本体)。后一等级逐级包含前各等级。感性事物可以包含理性材料。物质与通式常相联结,永不分离,各不作独立存在。物质又有各级差异,每一差异都有相应的通式;差异由原始物质演进至于最后切身物质,相应地也就由原始形式演进至于最后特殊形式;最后的形式(理)与物质(器)之结合就是一个个别本体。例如:土水火气为原始物质,凭某种形式(比例)结合而成肌肉、血液;肌肉、血液等物质,又凭某种形式结合成手足五官等;手足五官等,作最后的切身物质(即躯体),与灵魂相结合,就成为一个活人。这可算在诸先哲分歧的一元论与各式各样的对成观念上获得了最后的综结。

(23)四因。亚氏在"物学"中曾标举了四因(αἰτία)也就是四理或四原(ἀρχή):(1)物因(底因),(2)式因(本因),(3)动因(效因),(4)极因(善因)(ὕλη, εἶδος, ὑφ' οὗ, τέλος)。他把"动变渊源"与"终极目的"两项加之于上述"物质"与"形式"两项,凭这四项,解释一切事物与其演变。卷 A 对于诸先哲批评的要点就在说自然哲学家们只见到"物因",后起的思想家如柏拉图则又见到了"式因",而忽于阐明动变渊源;阿那克萨哥拉的理性类似"动因",但他生平未曾把"理性"变代清楚；其他各家也都没有省识到宇宙有止于至善的终极目的。亚氏在本书各卷中随处列示四因，于Λ卷中又特举了宇宙的总动因，也论到了"善"这重要题目。但旧书目中所记亚氏"论善"的专篇现已失传。四因在应用上有时将式因、动历、极因三者合并为一类，以与物因相并称，这样，四理仍又还原为"物质与通式"两理。

(24)潜能与实现。在把一切独立本体分析成一个通涵的理器综合之后，亚氏再以相比拟的平衡分析阐明了"潜能与实现"(δύναμις καὶ ἐνέργεια)。这是从研究动变与生灭过程中所得的新观念。倘一事物成为X，则原来必非X。但演变或创生不能出于绝对不存在的事物；这必须先有一个能变成为X的事物存在。这"潜在"事物与完全"实现"的事物，作为一个动态对论，相应于上述那个"物质"与"形式"的静态对论。一元论者的"执一拒多"总难否定世上形形色色的万有之创生与其存在；二元论或多元论的症结，在难于说明"由无成有"或"由一化多"的机缘。亚氏以这些对成两端之一为潜在，另一为实现，大理石潜在地是一个艺神雕像，这样来解答希腊哲学史上传统的迷惑。

(25)原动者。亚氏追求万物动因而想到必须有一个自身不动而致动于万物的永恒实是，这在Λ卷中作了详细论述。他以当代的天文学为依据，从日月星辰来推论"原动者"(κινοῦν πρῶτον)的存在与其性质，是纯理知的产物，并无宗教感情。他说这原动者就是理性，也就是神；这神已不同于希腊神话中人神相拟的诸神，也不是后世圣经中所崇拜的上帝。若说毕达哥拉斯是迷信与智慧的混合，亚里士多德该是理知的化身。但在他建立这宇宙"最高实是"

时，他又显露了柏拉图纯意式的气息。先师殁后，他行遍了当代文化学术的旷野，毕竟还常出入于柏拉图的篱落。只是在他自己的历程中，发现了许多实事实物，找到好些认识万物、分析万物的方法，开辟了不少学术研究的门径。这些方法嘉惠了后学。希腊晚出的思想家们丰富的想象力超越了感性事物而群务以抽象观念为本体；这些抽象事物往往将人们引出现实世界，使之自囿于这些抽象事物所点缀的迷园。亚氏嘱咐后学：可感觉世界的万物正是学术研究的主题(1090a28)；他硁硁然以自然本体为重，坚持着"理知要符于对象"，"普遍不离个别"，"通式不自外于万有"。

图书在版编目(CIP)数据

形而上学/(古希腊)亚里士多德著;吴寿彭译.—北京:商务印书馆,1959.12(2024.2 重印)
(汉译世界学术名著丛书)
ISBN 978-7-100-01136-5

Ⅰ.①形… Ⅱ.①亚…②吴… Ⅲ.①形而上学 Ⅳ.①B081.1②B502.233

中国版本图书馆 CIP 数据核字(2010)第 157150 号

权利保留,侵权必究。

汉译世界学术名著丛书
形 而 上 学
〔古希腊〕亚里士多德 著
吴寿彭 译

商 务 印 书 馆 出 版
(北京王府井大街 36 号 邮政编码 100710)
商 务 印 书 馆 发 行
北京市艺辉印刷有限公司印刷
ISBN 978-7-100-01136-5

| 1959 年 12 月第 1 版 | 开本 850×1168 1/32 |
| 2024 年 2 月北京第 24 次印刷 | 印张 13⅜ |

定价:68.00 元